掌尚文化

Culture is Future

尚文化·掌天下

本专著受 2020 年广东普通高校创新团队项目"区块链和科技金融研究团队"（项目编号 2019WTSCX080）、2020 年广东省哲学社会科学规划项目一般项目"我国债券市场的风险传染与危机处理机制研究"（项目编号：GD20CYJ35）、东莞理工学院"科技金融重点实验室项目"（合同编号：KCYXM2019001）、2020 年东莞理工学院特色学科建设"应用经济学"（经费编号：2061008014）、2018 年广东省自科基金"金融去杠杆背景下地方政府债券创新与风险管理研究"（项目编号：2018A030313039）的资助。

REAL LOGIC OF THE CAPITAL MARKET

Research on Investor Structure, Wealth Effects, and Risk Control of China's Capital Market

李　湛
唐晋荣
尧艳珍
阳建辉
著

真实的资本市场逻辑

中国资本市场
投资者结构、财富效应和
风险控制研究

经济管理出版社
ECONOMY & MANAGEMENT PUBLISHING HOUSE

图书在版编目（CIP）数据

真实的资本市场逻辑：中国资本市场投资者结构、财富效应和风险控制研究/李湛
等著．—北京：经济管理出版社，2022.6
ISBN 978-7-5096-8509-9

Ⅰ.①真…　Ⅱ.①李…　Ⅲ.①资本市场—投资者—研究—中国　Ⅳ.①F832.51

中国版本图书馆 CIP 数据核字（2022）第 097453 号

组稿编辑：宋　娜
责任编辑：宋　娜　康国华
责任印制：黄章平
责任校对：张晓燕

出版发行：经济管理出版社
　　　　　（北京市海淀区北蜂窝 8 号中雅大厦 A 座 11 层　100038）
网　　址：www. E-mp. com. cn
电　　话：（010）51915602
印　　刷：唐山昊达印刷有限公司
经　　销：新华书店
开　　本：720mm×1000mm/16
印　　张：24.5
字　　数：382 千字
版　　次：2022 年 7 月第 1 版　　2022 年 7 月第 1 次印刷
书　　号：ISBN 978-7-5096-8509-9
定　　价：98.00 元

序　言

为实现新时代的高质量发展，中国经济需要从粗放式增长方式向创新驱动方式转型。创新驱动的增长模式离不开对创新的风险容忍度更高的资本市场的支持，这也是推动金融供给侧结构性改革、推出科创板的重要背景。同时，在此背景下，中国经济结构转型的顺利实现需要金融市场在快速发展的同时保持良好的系统稳定性，系统性风险防范至关重要。公司债市场作为中国金融市场的重要组成部分，在2015年1月《公司债发行与交易管理办法》发布后规模快速扩张，其市场总体规模已经不容小觑，由2014年底的7740亿元迅速攀升到2021年底的近6万亿元。在突出强调防范系统性风险的政策大背景下，公司债市场的结构性问题凸显，潜在的风险问题值得重视。总体而言，本书主要围绕中国资本市场的投资者结构、财富效应以及风险控制展开。

首先，第一章比较研究了国际股票市场的投资者结构。围绕投资者结构问题展开研究，分析了美国、德国、日本和中国香港、中国台湾的股市投资者结构现状，比较了相关市场的投资者结构差异，并探讨了造成这些差异的历史背景、体制机制因素，同时总结了发达国家（地区）投资者结构改进、市场效率提升和稳定性改进的相关经验。

其次，第二章深入探析了资本市场的财富效应。具体而言，简要分析了A股市场宏观经济层面的财富效应，并以美国股市为参照，深入分析了影响投资者参与我国资本市场，获得投资回报的两大主要途径——资本利得和股利支付的相关因素。

再次，第三章和第四章深入分析了债券市场的风险控制问题。其中，第三章对分析师声誉评估及金融产品智能化进行了研究。基于智能算法、大数据分析与计量理论，本着简单适用、市场逐利、市场数据、市场选择、市场评判等一般原则，采取层层叠进策略和权重自适应调整方法，从市场溢价、禀赋效应等宏微观视角构建分析师声誉动态评估机制。在金融产品创新与智能化方面，根据知名分析师具有市场价值、知名分析师的荐股标的相对有价值这一逻辑，衍生出分析师声誉排名—分析师池—股票池—策略组合产品—产品智能管理等逻辑思路，研究动量策略与反转策略组合产品，借以着重考察知名分析师荐股标的的声誉影响与溢价效应。在分析师声誉评估、产品智能化管理方面，基本实现智能、动态与实时管理；在策略组合及个股方面，实现智能筛选、智能止损与风险自适应规避等管理。第四章为公司债市场的风险预警与控制研究。在定量分析中国公司债市场各参与主体结构特征和市场交易特征的基础上，梳理了中国公司债市场的潜在风险来源，并从中长期发展的角度剖析了交易所公司债市场的内部风险，以及当前可能会对公司债市场的稳定性造成重大冲击的市场风险。同时，设定相对合理的初始条件，对公司债市场波动时采用杠杆交易的投资者进行了初步的压力测试，并测算了极端情况下信用违约冲击对交易所公司债市场的影响，以评估当前阶段公司债市场对某些潜在重大风险的可承受程度。

最后，第五章为新冠肺炎疫情冲击下的债券市场违约风险防范研究。以 2020 年新冠肺炎疫情为背景，基于新冠肺炎疫情对经济、金融的影响，以及债券市场违约风险与金融危机的联系，深入探究了新冠肺炎疫情冲击下我国债券市场违约风险的演变路径，以及债券市场违约风险对系统性金融风险的影响。

目 录 | Contents

第一章 股票市场投资者结构的国际比较研究

在中国金融市场进一步对外开放的大背景下，针对未来 A 股市场的投资者群体结构变化，深入比较分析不同股票市场投资者的结构变化及其对股市的影响，并提出改善 A 股市场投资者结构的政策建议。提高股市对资源配置的效率，改变中国股市"牛短熊长"的弊端，事关中国经济转型与居民的福祉。本章围绕投资者结构问题展开研究，首先分析了美国、德国、日本和中国香港、中国台湾的股市投资者结构现状，紧接着比较分析了相关市场的投资者结构差异，进而探讨了造成这些差异的历史背景和体制机制因素，并汲取了发达国家（地区）投资者结构改进、市场效率提升和稳定性改进的相关经验，针对 A 股市场投资者结构存在的相关问题，提出了政策建议。

第一节 导言

一、选题背景与研究意义

为实现新时代的高质量发展，中国经济需要从粗放型增长方式向创新驱动型方式转变。而创新驱动型增长模式离不开对创新的风险容忍度更高的资本市场的支持，这也是推动金融供给侧改革、推出科创板的重要背景。同时，如何通过鼓励居民家庭以更有效的方式积极参与资本市场，从中国经济增长中获得财富保值增值的更好渠道，提升民众的获得感，也是政府部门极为关切的问题。另外，在新时代中国金融市场高水平对外开放的阶段，随着合格境外机构投资者/人民币合格境外机构投资者（QFII/RQFII）等渠道的进一步畅通，以及A股在摩根士丹利资本国际指数（MSCI指数）的权重扩大，国际投资者对A股市场的参与积极性也在快速提升，其投资交易行为对A股市场的影响值得深入分析。为此，需要从风险定价的有效性、资本市场的稳定性角度出发，在中国金融市场进一步对外开放的大背景下，针对未来A股市场的投资者群体结构变化，深入比较分析不同股票市场投资者的结构变化及其对股市的影响，并提出助力中国资本市场效率改进的政策建议。

从理论的角度看，流动性充裕的二级市场可以为一级市场的定价提供验证机制，同时，二级市场的健康稳定运行对一级市场的投融资行为至关重要。因而，稳定高效的市场是联结两者的重要环节。培育一个活跃的二级市场是改进A股运行效率的核心目标之一。如何改善股市投资者结构并据此提高股市对资源配置的效率、改变中国股市"牛短熊长"的弊端，事关中国经济转型与居民的福祉。

投资者群体作为二级市场的参与主体之一，其投资交易的行为差异很大，同时，诸多制度也会对投资者的行为产生影响，并最终体现在股市的稳定性和有效性方面。因而，本书拟围绕投资者结构问题展开深入研究，通过比较分析国内国际市场的投资者结构差异，探讨造成这些差异的历史背景、体制机制因素，并汲取发达国家（地区）投资者结构改进、市场效率提升和稳定性改进的相关经验，为改善A股投资者结构、提高A股市场稳定性提供可操作、可落地的政策建议。

二、本书研究框架与主要内容

第一章主要围绕投资者结构问题展开研究，分析了美国、德国、日本和中国香港、中国台湾的股市投资者结构现状，比较了相关市场的投资者结构差异，并探讨了造成这些差异的历史背景、体制机制因素，同时总结了发达国家（地区）投资者结构改进、市场效率提升和稳定性改进的相关经验。

主要结论如下：①美国、德国、日本和中国香港、中国台湾等相对成熟的市场都经历了从个人投资者持股占比较高向机构投资者成为主导力量转变的过程。②个人投资者起主导作用时，市场交易活跃度较高，市场运行更容易出现大起大落的波动。随着机构投资者的影响力逐步加大，市场运行的稳定性也会相对提高。③随着资本市场开放度逐渐加大，国际投资者的参与度逐渐提高，这可以为股市稳定运行带来增量的积极因素。④中国的机构投资者所偏好的行业与美国差异较大，这主要是由两国的上市公司的行业结构差异所导致的。⑤个人投资者在市场交易中占据主导地位，是中国个人投资者行为的显著特征之一。在个人投资者持股占比方面，中国与美国的差距并不太大。未来中国 A 股的个人投资者占比下降空间相对有限，但与美国个人投资者参与股市投资比较依赖共同基金相比，中国的个人投资者直接交易额长期占据了全市场交易额度的 80%以上，是最活跃的参与者。⑥具有大资金规模的机构投资者在持股份额和市场交易的影响力方面存在明显不足，市场主要指数运行呈现显著的"牛短熊长"特征，是中国股市有待改进的重大问题。同时，国际投资者在 A 股市场的持股份额占比仍然较低，未来 A 股市场在这些方面仍然有很大的提升改进空间。

基于研究结论，提出如下政策建议：①A 股市场赚钱效应不明显，未来需要从更宏观的政策层面入手，改进上市公司结构，以增进 A 股市场的长期投资价值。②养老金等大体量、长周期资金的规模严重不足，是中国经济高速发展阶段存在的短板，也是造成中国股市投资者结构问题突出的重要原因，未来需要着力培育和鼓励大体量资金机构进入股市。③有必要继续扩大 A 股市场的境外合格投资者资金规模。④完善金融产品供应，适当放宽交易规则约束，让机构投资者有更多工具和方式参与市场交易。⑤在个人投资者方面，监管部门需要适度转变监管理念，改进相关交易规则，鼓励个人投资者以合理的方式理性参与股市。⑥创新税收激励机制，如税收递延和资本利得税，合理引导、鼓励个人投资者通过机构投资者间接参与市场。

第二章简要分析了 A 股市场宏观经济层面的财富效应，并以美国股市为参照，深入分析了影响投资者参与我国股票市场，获得投资回报的两大主要途径——资本利得和股利支付的相关因素。

主要研究结论如下：①我国监管部门持续关注上市公司回馈投资者的问题，陆续制定股利监管政策，形成全方位、有层次、公开透明的股利监管政策体系，对上市公司股利支付行为进行直接或间接的引导。②中国和美国两国股票市场财富效应对消费的影响均呈现出边际递减的趋势，两国差异较小。从影响股票市场投资回报的角度看，我国股票市场股利支付倾向高于美国，但股利支付率和股息率均低于美国股票，我国股利监管政策在其中起到了明显的引导作用；我国股票市场的资本利得水平较低且波动剧烈，而美国股票市场的资本利得较显著且波动较小，我国股票市场资本利得形式的财富效应明显弱于美国股市。③中小创公司的股利支付行为具有明显的迎合监管政策的倾向，并且中小创公司具有融资分红的特点，高送转是融资分红的重要手段。④我国股票市场的资本利得波动剧烈，不同年份之间差异巨大，在多个年份出现了累计收益率低于无风险利率的情形，这使得我国股票市场的择时效应显著高于价值效应。⑤个人投资者更倾向于直接参与股票市场，而非通过基金间接参与股票市场，而且个人投资者参与股票市场的意愿和投资收益容易受到股票市场波动的影响，但通过基金间接参与的投资收益及其稳定性明显高于直接参与的投资者。⑥控股股东属性将会显著影响上市公司股利支付行为，私营企业股利支付倾向更高，但股利支付率较低，而国有企业的股利支付倾向弱于私营企业，但股利支付率更高且稳定。企业生命周期和管理层侵占也对股利支付行为具有一定的影响。我国上市公司的利润波动与名义 GDP 具有一定的相关性，我国股票市场的资本利得水平较低且不稳定，这与市场估值有密切的联系。

基于研究结论，提出如下政策建议：①着力培育一批具有行业成长性、创新能力强、国际营收占比高的巨型上市公司，奠定 A 股走出长牛行情的基本面基础。②想方设法增厚 A 股上市企业的利润空间，在一定程度上缓解市场对 A 股估值过高的担忧，进而有利于股票市场走出慢牛长牛的行情。③继续多方着力改善 A 股市场的投资者结构，如加速国内金融机构改革，引导理财资金参与股票市场投资，考虑类似强制跟投的机制加速社保基金入市，加大改革，提升国际投资者资金自由的便利性，进一步积极引入国际投资者。④长期坚持并落实"建制度、不干预、零容忍"的监管原则，让市场对监管规则形成稳定的长期预期。监管部门应当秉持监管中立原则，摒弃过度父爱主义式监管；进一步推进改革，夯实股票市场基础制度，有序加大注册制的推进力度，同时要加大垃圾股票的退市力度；从严从重处罚上市公司恶意的违规行为。⑤进一步优化当前的分红和税收制度规则。主要措施包括：根据不同类型上市公司的实际情况，调整上市公司融资分红比例；提高上市公司的公司治理效率。在股利支付引导规则方面，可以考虑增加股票股利的支付成本，并加快股票市场税制改革等。

第三章基于智能算法、大数据分析与计量理论，本着简单适用、市场逐利、市场数据、市场选择、市场评判等一般原则，采取层层叠进的策略和权重自适应调整的方法，从市场溢价、个性禀赋效应等宏观和微观视角，构建分析师声誉动态评估机制。

实证结果表明：①在不同时间维度下，情绪溢价显著驱动分析师声誉综合影响力。在羊群行为与情绪集聚的双重作用下，情绪溢价对分析师声誉排名的驱动效力具有短期性，短期溢价效应显著强于长期。②在5%的显著性水平下，禀赋效应显著影响分析师声誉，相对而言，在不同时间维度下，禀赋效应对分析师声誉排名的影响机制相对均衡与平稳。③分析师声誉具有强惯性效应。④经与《新财富》最佳分析师榜单对比发现，在申万27个行业中（剔除综合），有23个行业囊括《新财富》2017年度最佳分析师榜单，行业拟合优度接近85%。声誉评估机制所评测出的最佳分析师与《新财富》2017年度最佳分析师榜单的吻合度接近80%，分析师声誉动态评估机制具有优异的拟合优度、准确性与一般适用性。

在金融产品创新与智能化方面，根据知名分析师具有市场价值、知名分析师的荐股标的相对有价值这一逻辑，衍生出了分析师声誉排名—分析师池—股票池—策略组合产品—产品智能管理等逻辑思路，研究了动量策略与反转策略组合产品，着重考察了知名分析师荐股标的的市誉影响与溢价效应。在分析师声誉评估、产品智能化管理方面，基本实现智能、动态与实时管理；在策略组合及个股方面，实现智能筛选、智能止损与风险自适应规避等管理。

第四章在定量分析中国公司债市场各参与主体结构特征和市场交易特征的基础上，梳理了中国公司债市场的潜在风险来源，并从中长期发展的角度剖析了交易所公司债市场的内部风险，以及当前可能会对公司债市场的稳定造成重大冲击的市场风险。同时，设定相对合理的初始条件，对公司债市场波动时采用杠杆交易的投资者进行了初步的压力测试，并测算了极端情况下信用违约冲击对交易所公司债市场的影响，以评估当前阶段公司债市场对某些潜在重大风险的可承受程度。

主要结论如下：①从公司债的发行情况看，自2015年公司债发行与管理制度改革实施以来，公司债开始进入快速发展期；从存量公司债的信用等级看，公司债的评级相对优质，超过95%的公司债发行主体的信用评级在2A及以上，超过72%的公司债存量余额的债项评级在2A及以上。②公司债市场的行业集中度较高，房地产相关行业（包括房地产和建筑业）、制造业等行业的发债余额占公司债存量余额的58.93%，周期性行业的集中度过高，不利于公司债风险的控制。③从公司债的投资者类别上看，交易所公司债市场的参与主体主要有基金公司专户、证券公司自营、公募基金产品等16种类型。参与主体的托管规模差异很大，基金公司专户、证券公司集合理财、银行及银行理财产品的托管规模占交易所债券市场总规模的50%以上。④从债券市场交易特征来看，我国债券市场流动性水平较低，流动性风险是公司债市场需要防范的风险之一，也是制约我国债市发展的重要因素。⑤从交易所债券市场的场内杠杆来看，交易所债券市场的加权平均杠杆和净杠杆总体都处于持续下降的阶段，主要参与主体的杠杆水平相对较低，资金承压能力小的机构的杠杆水平已经处于相对安全的水平，因而来自回购市场的风险可能相对可控。⑥从公司债市场的风险来源看，公司债发行者可能冲击市场的风险主要源自信用风险；投资者的风险主要是整体的流动性风险和资产负债错配风险；市场风险主要来自恐慌情绪和中央对手方制度（Central Counter Party，CCP）在极端情况下的风险暴露；监管风险主要来自政策节奏和过大的力度，以及协调性不佳的政策，导致不同监管部门间的政策可能存在叠加放大效应。造成这种放大效应的原因主要是金融机构间的资金链条和业务内容相互叠加嵌套。⑦给定初始条件，对公司债市场价格波动、净杠杆率水平和投资收益的关系进行压力测试，结果表明，由于净杠杆率水平较低，投资者的收益率理论上应该相对可观，且债券市场的风险相对可控。但当前阶段市场机构普遍存在资金赎回压力，市场的抛压较大。从调研访谈的结果来看，这主要是因为在监管收紧的情况下，多数机构都面临着投资者资金赎回压力，机构难以继续获得稳定的负债来源资金以进行后续补充性投资，因而现阶段的市场压力反映出的是市场资金流动性的匮乏，而非债市投资机会的匮乏。⑧从公司债市场风险防范的角度看，质押式回购市场的潜在风险可能正在逐步下降。信用风险爆发与债市波动的关系分析表明，需要高度关注外生性冲击与信用违约集中爆发时债市的潜在不稳定性问题。⑨通过分析公司债市场发展所面临的问题可以发现，相较于银行间市场而言，公司债市场在流动性和信用利差的灵敏性方面都有优势，但公司债市场仍然面临着换手率有待继续改善、周期性行业的集中度过高等问题。⑩提出债券市场出现极端情况的假设，初步的测算表明，在房地产行业信用风险大规模爆发的极端情况下，公司债市场的风险仍然相对可控。但如果整个交易所公司债市场出现类似的情况，可能会对中国结算公司和主要的投资者产生较大影响，公司债市场的整体稳定性将受到极大挑战。

基于研究结论，提出如下政策建议：①从公司债市场风险预警的角度看，在产品结构层面，需要重点关注存量规模、行业集中度、到期期限、信用评级、信用利差等指标；在市场流动性层面，需要重点关注不同类型投资者的月度交易规模、市场月度换手率等指标；在回购市场层面，需要重点关注不同投资主体的回购未到期规模、场内净杠杆、场外杠杆等指标；在系统性风险防范层面，需要重点关注行业性违约概率、公司债市场违约总规模、CCP风险敞口、有场外杠杆的投资者风险敞口、无场外杠杆的投资者风险敞口、潜在的流动性缺口等指标。②从风险控制的政策操作角度看，有必要继续着力改善公司债市场的流动性，在交易所市场的利率债规模进一步壮大以后，可以考虑引入做市商制度，以提升公司债市场的流动性状况；同时，需要对发债的行业集中度进行必要控制，密切关注部分行业企业的债券兑付能力，并坚持持续控杠杆，确保公司债市场的杠杆风险保持在可控水平；另外，为应对极端情况，有必要提前做好制度安排，理顺中国结算公司对大规模违约事件的紧急处理流程。

第五章以 2020 年新冠肺炎疫情为背景，基于对新冠肺炎疫情如何影响经济金融，以及债券市场违约风险与金融危机的联系的分析，深入探究了新冠肺炎疫情冲击下我国债券市场违约风险的演变路径，以及债券市场违约风险对系统性金融风险的影响。

主要结论如下：①新冠肺炎疫情是影响债券市场违约风险变化的重要因素。从 2020 年上半年我国债券市场违约情况来看，债券市场违约风险具有四个方面特征：一是违约频发且集中在民营企业，仍处于上一轮债市违约潮的余震之中；二是违约行业呈分散化；三是违约方式多样化，延期兑付案例增多；四是信用债发生违约后的回收率偏低，主因是违约主体的偿付能力弱、偿付意愿低。②新冠肺炎疫情进一步从四个方面影响债券市场违约风险变化：一是疫情冲击下市场风险偏好走低，市场配置需求集中在中短久期，信用债等级利差及期限利差均走阔，弱资质企业长期限融资难度上升；二是疫情下逆周期调节政策持续发力，企业融资改善缓释信用风险，引导实际利率的下行，缓解中小企业融资难和融资贵的问题将是下一阶段政策发力的重点，企业融资持续改善，信用债市场信用风险边际改善；三是新冠肺炎疫情冲击下企业经营严重受创，部分行业信用风险抬升，休闲服务、交通运输、采掘、化工和纺织服装五个行业的盈利能力及偿债能力指标整体出现较为显著的弱化；四是经营亏损是企业评级下调的主因，警惕部分企业风险暴露。从隐含评级的下调次数来看，银行、建筑装饰、综合、房地产和交通运输业的隐含评级下调次数最多，疫情冲击之下，部分行业经营受到冲击，导致信用资质出现了较为明显的弱化。③普通、局部的债券市场风险事件不会演变为全局性的系统性金融风险，债券市场违约风险演变、扩散为系统性金融风险需要通过货币政策和信用传导、流动性冲击、预期冲击等途径发生，这些传导渠道是债券市场违约风险防范的重要内容。银行体系是系统性金融风险的主要爆发场所，所有的金融危机归根结底都是银行危机。债券是银行的重要投资对象，债券市场的波动会通过经济预期、资产负债表等渠道影响银行信贷行为，进而给货币政策和信用传导带来冲击，需要密切关注银行体系对债券市场的风险暴露，包括债券评级、投资集中度等，避免债券市场波动成为影响银行信贷决策的重要方面。债券市场违约的集中爆发或冲击市场的流动性引发流动性风险。防范化解金融体系流动性风险是中国人民银行宏观审慎监管的重要职能，中国人民银行有必要将债券市场流动性风险纳入关注视野。当债券市场出现流动性风险，并且流动性风险向金融体系其他领域蔓延时，通过向金融体系注入流动性、预期管理等方式及时平抑债券市场流动性冲击。资本市场一旦出现一致性悲观预期，就可能会导致金融市场出现剧烈波动，进而引发金融风险。监管层应及时纠偏债券市场中的一致性悲观预期，引导金融市场预期运行在合理轨道上。

基于研究结论，提出如下政策建议：①在宏观经济政策方面，应保持货币政策合理宽松力度，推动社会融资规模保持合理增速，提升债券市场流动性水平，提高债券发行主体融资便利性，同时"放水养鱼"，通过营造良好的宏观经济环境改善企业经营效益。②在金融监管层方面，应推动建立并完善以风险和问题为导向的信息披露制度；强化主体责任，加大违法违规惩处力度；建立健全多元的违约债处置机制；密切监控债券市场波动对系统性金融风险的传导渠道。③在债券市场参与者方面，投资者应主动强化自身的风险识别和风险处置能力，建立完善的投资体系，减少债券违约带来的损失；发行人应避免债券欺诈发行、虚假陈述、侵占公司财产、损害投资人利益以及逃废债等问题的发生，合理化负债结构，开辟多融资渠道，降低违约风险；中介机构应提升自身专业能力，强化自身内部控制，公正履行自身职责。

三、相关研究文献回顾

从国内外相关研究状况来看，目前已有的相关研究主要从资本市场整体层面对西方发达国家以及中国的投资者结构进行相应分析，如吴晓求（2002）在投资者结构以及资本市场发展的研究中发现结构的变化导致资本市场的发展；朱伟骅（2007）的研究表明，现阶段中国证券市场中投资者群体以噪音交易者为主，投资者结构尤其是投资者资金结构还不成熟，这导致了国内投资理念与交易策略不成熟，参与者有明显的正反馈策略倾向，这样的交易策略博弈很容易导致股价泡沫尤其是结构性泡沫的产生；李竹薇（2011）的研究表明，投资者结构和行为与资本市场之间是一种互动机制，一方面，投资者结构的完善、投资者行为的规范会对资本市场的健康发展起到积极的促进作用；另一方面，资本市场对投资者结构和行为具有重要影响。

在机构投资者和股票市场波动方面，许多学者的研究指出，机构投资者与股票市场的波动存在相关性，但他们对于机构投资者对市场的具体影响有着不同的看法。祁斌、黄明和陈卓思（2006）通过对历年的季度数据进行对比研究发现，中国资本市场中机构投资者的持股比例与股价波动性之间显著负相关，与公司规模正相关，机构投资者有助于降低市场整体波动性。Faugere 和 Shawky（2003）的研究也得出了类似的观点，即机构投资者有稳定股票市场的作用。周学农和彭丹（2007）研究发现，机构投资者增加，股指收益波动性数值减少，波动的平稳性增加，波动的杠杆效应减弱。宋冬林、毕子男和沈正阳（2007）的研究表明，在市场整体下降或者盘整的时期，机构持股比例越高，市场波动率越低；但在市场快速拉升的时期，机构持股比例增加，则市场波动率会相应提升。他们的研究认为，长期而言，机构投资者与市场波动性并不是简单的线性关系，不能直接得出机构投资者减轻或加剧中国股票市场波动的结论。He、Ng 和 Wang（2004）的研究表明，将机构投资者作为一个整体来对待，忽略了不同类型的机构投资者的交易行为差异，由此得出的市场影响结论可能存在一定偏差性。徐浩峰和朱松（2012）研究发现，中国国内机构投资者的交易风格具有投机特征，导致证券价格偏离内在价值，引发了股市泡沫。孙玲（2011）指出，美国、日本、英国、法国、德国等成熟市场与新兴市场的显著不同在于，机构投资者发展历史长、规模庞大、市场占有率高，且市场波动率较为平稳。

在股票市场实际运作中，在机构投资者与散户投资者行为的差异和互动性方面，李广川、邱菀华和刘善存（2009）假定市场中仅存在散户和机构，他们之间存在过度自信的差异和注意力分配方式的差异，中国股市以散户为主的投资者结构意味着大部分投资者具有较高的过度自信程度，同时对多期信息进行简单的平均处理，这造成了散户为股价异常波动负责的结果，而发达国家的市场则恰恰相反，他们的投资者结构以机构为主导，因此，在特定情形下，机构为股价异常波动负责。陈鹏程和周孝华（2016）的模型结论表明，首次公开募股是否破发主要取决于散户投资者的情绪，而不是机构投资者的私人信息，并且散户投资者的情绪越乐观，首次公开募股破发的可能性就越小；同时发现首次公开募股首日回报率与散户投资者的情绪正相关，与机构投资者的私人信息负相关。吴悠悠（2017）探究了中国资本市场散户和机构投资者情绪的关联性，实证结果表明，散户投资者对机构投资者的情绪具有先导性和传导性的影响，而机构的操盘则因为隐蔽性的缘故，其情绪往往不太会直接影响散户投资者的情绪。周晓苏和吴锡皓（2014）分别从机构投资者和散户的视角探析了会计稳健性对盈余价值相关性的影响，结果表明，投资者的信息甄别能力起到了重要的作用，稳健性的非对称及时性特征和投资者的信心甄别能力共同影响了盈余的价值相关性。

四、研究方法与创新点

本章主要采用以下研究手段和方法：

（1）比较分析。基于中国 A 股市场的实际特征，在投资者结构、换手率等方面与美国、德国、日本、中国香港和中国台湾的市场进行比较，从股市结构演变经验教训入手，提出改善中国 A 股市场投资者结构的政策建议。

（2）统计分析。梳理中国 A 股投资者交易换手的统计特征，分析影响投资者交易换手的因素，为相关改进政策的操作提供经验证据。

本章的主要创新之处在于：

第一，资本市场的演变具有共性因素，深入分析并梳理成熟市场的历史经验教训，突出研究的前瞻性。

第二，基于国别数据的梳理，借鉴现有相关研究的逻辑进行量化测算，提高研究逻辑和分析结果的科学性。

第三，基于量化分析结果，根据中国 A 股市场的现实情况提出改进措施，突出政策建议的针对性。

第二节 国内外主要股市的投资者结构现状分析

比较分析不同股市的投资者结构特征，首先需要梳理不同股市投资者结构的现状。为此，本节整理了美国、德国、日本、中国香港和中国台湾的股市投资者结构现状特征，主要包括各类投资者的持股规模、占比结构，拆解分析了某些特定类型投资者（如美国共同基金）的具体资金来源，并相应梳理了 A 股市场的投资者结构现状，以便后续章节进行比较分析。

一、美国股市投资者结构现状

美国股票市场经历长时间的发展已经形成了较为稳健且均衡的投资者结构，国内专业机构、个人投资者以及外资是美股的三大支柱，其中，国内专业机构的力量最为显著。从时效性、权威性以及避免相关统计数据口径不一的角度考虑，对于美国股市投资者结构细分数据来源，本节皆采用美国联邦储备银行的官方数据库，且各部门持股方式均为直接持股。

截至 2019 年第一季度，美国股市总市值为 48.02 万亿美元。国内专业机构、个人投资者以及外资直接持有美股市值分别为 20.68 万亿美元、17.49 万亿美元和 7.28 万亿美元，占比依次为 43.1%、36.4%以及 15.2%（见图 1-1）。这三大部门总共直接持有美股市值 45.45 万亿美元，占美国股市 94.7%的份额。

从各部门数据细分组成来看，个人投资者数据是美国联邦储备银行（以下简称"美联储"）数据列表中市值最大的单一细分项。但通过运算可知，个人投资者持股市值主要是美联储通过总量减去其他各部门细分持股市值得出的，因此，这一数字实际包含了非营利组织直接持股市值等未知数据的投资者类型。所以，真实的个人投资者的持股市值会略微低于美联储公布的数据。外资持股数据则同时包含了所有境外机构以及个人持有的美国股票市值。

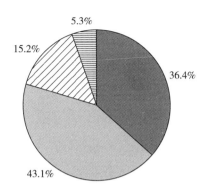

图 1-1　各部门直接持有美股规模

资料来源：美国联邦储备银行。

国内专业机构数据由共同基金（Mutual Funds）、封闭式基金（Closed-end Funds）、交易所交易基金（Exchange-Traded Fund，ETF）、私人养老基金（Private Pension Fund）、州及地方政府退休基金（State and Local Government Retirement Fund）、保险公司（Insurance Companies）组成。共同基金类似于中国内地的公募基金以及中国香港的互惠基金，美联储在数据库中统计的共同基金主要是指开放式基金。共同基金直接持股市值达 10.83 万亿美元，占据国内专业机构近一半的份额，远超其他国内机构，是美国股市关键的引领力量，其次是 ETF 以及州及地方政府退休基金，保险以及封闭式基金份额较少（见图 1-2）。

除上述三大部门外，美国股市投资者类型还包括：非金融公司合计持股市值 1.95 万亿美元，占比 4.1%；联邦政府、州政府及地方政府合计持股市值 0.31 万亿美元，占美股市值 0.6%；特许存款类机构持美股 0.1 万亿美元；经纪人和交易商持美股 0.1 万亿美元。

二、德国股市投资者结构现状

2018 年的统计数据显示，在德国股市投资者中，外国投资者占 44%，金融企业占 19%，非金融企业占 19%，个人投资者占 14%，政府部门占 3%，如图 1-3 所示。外国投资者和机构投资者在德国股市中占主导地位。

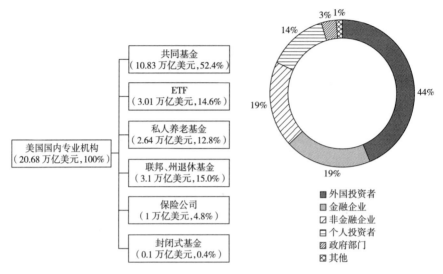

图 1-2　美国国内专业机构直接持股规模　图 1-3　2018 年德国股市投资者结构现状

资料来源：美国联邦储备银行。　　　　　资料来源：德国中央银行。

在机构投资者中，占比最高的分别为经纪商（30%）、公募基金（28%）以及银行（22%），另外，中央银行占比为 9%，对冲基金占比为 8%，是主要机构投资者（见图 1-4）。从表 1-1 可以看出，在机构投资者中，公募基金与银行投资者在 2018 年的增长幅度最大，其交易规模分别为 1334 亿欧元与 1037 亿欧元，同比增速分别为 3.25% 与 3.60%。

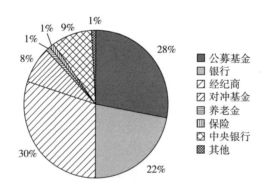

图 1-4　2018 年底德国股票市场机构投资者占比情况

资料来源：德国联邦金融监管局。

表 1-1　2017 年与 2018 年德国股票市场投资者交易规模

单位：亿欧元

类型	2017 年	2018 年	同比增长率（%）
公募基金	1292	1334	3.25
银行	1001	1037	3.60
经纪商	1407	1397	-0.71
对冲基金	369	370	0.27
养老金	44	43	-2.27
保险	41	39	-4.88
中央银行	584	432	-26.03
其他	52	42	-19.23

资料来源：德国联邦金融监管局。

三、日本股市投资者结构现状

日本股票市场投资者结构以外资为主导，同时商业公司、金融机构占比也较大。截至 2018 年底，东京证券交易所上市公司市值达 582.67 万亿日元，股票交易规模达 793.82 万亿日元。在东京证券交易所上市的国内股票分为第一市场部和第二市场部两大类，第一市场部的上市条件要比第二市场部的条件高。新上市股票原则上先在交易所第二市场部上市交易，每一营业年度结束后，考评各上市股票的实际成绩，以此作为划分部类的标准。此外，东京证券交易所根据企业的发展阶段对应外国企业开设了外国部、Mothers（Market of the high-growth and emerging stocks）两个市场。企业根据公司的规模及企业形象可选择任意一个市场。Mothers 市场面向具有很高成长性的公司和国外新兴企业，外国部则面向全球大型外国企业和业绩优良的企业。在四大板块中，第一市场部的总市值占比最大，达 90% 以上，因此，以下讨论皆基于东京证券交易所第一市场部数据。从投资者结构来看，在日本证券市场中，外资为主导机构，根据 2017 年数据，商业公司、国内金融机构（含证券公司）、外资、个人投资者的比例分别是 22.10%、30.70%、30.10%、17.10%（见图 1-5），且个人在持股结构中的占比基本上呈逐年减少趋势（见图 1-6）。

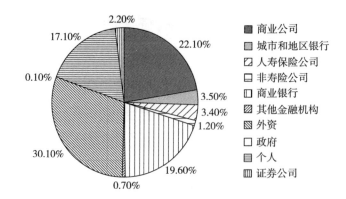

图 1-5　2017 年东京证券交易所第一市场部投资者持股结构情况

资料来源：东京证券交易所。

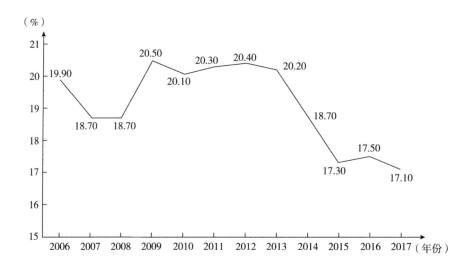

图 1-6　个人投资者持股占比变化趋势

资料来源：东京证券交易所。

日本个人投资者不活跃的原因主要是日本人极度厌恶风险，从图 1-7 可以看出，2018 年，日本家庭资产配比中占比最大的为储蓄，且有升高趋势，其中，活期存款占比为 26.3%，定期存款占比为 37.5%，另外，养老保险占比也较大，为

20.7%，而股票仅占 13.4%。

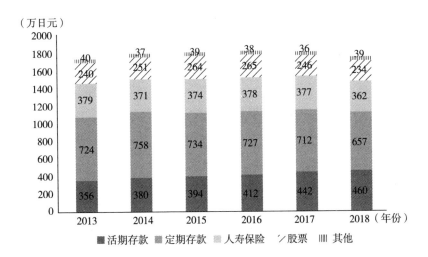

图 1-7　2013 年至 2018 年日本家庭资产配比结构

资料来源：日本总务省统计局。

日本个人投资者风险偏好较低的主要原因有三个：第一，长期的通货紧缩让日本股市一直表现不佳，相当比例的日本人认为，投资股市无法实现收益。尤其是当今的年轻人，在平成年代前 20 年经济最不景气的时期长大，耳濡目染了几次全国性的金融诈骗事件，大部分人认为，股票就是类似于赌博的投机行为。也有不少经济学家把股市的问题归结为以银行为主导的间接融资体系的失败。

第二，由于过度加杠杆投资于住房和土地，家庭的债务负担严重制约了股票投资的能力。同样来自总务省统计局的数字显示，2018 年日本两人以上家庭的平均负债金额是 559 万日元，在负债的构成里面，住宅占了 90% 左右（见表 1-2）。

第三，近些年，日本股市整体表现有所好转，但是外资的高度介入使得市场定价效率颇高，散户在其中很难赚到差价。另外，日元资产从 2000 年以后开始充当避险资产的角色。每当全球系统性风险上升，权益资产波动加大，大量的资金就会向日本国内回流，推动本币升值，同时也让国内权益市场的定价变得更复杂。

表 1-2　日本两人以上家庭负债结构

项目	2017 年	2018 年			
	金额（万日元）	金额（万日元）	构成比（%）	同比增幅（%）	负债持有财产占比（%）
负债总值	517	558	100	7.90	39
住宅、土地负债	463	501	89.80	8.20	28.80
公有机关	56	71	12.70	26.80	4.70
民间机关	394	420	75.30	6.60	23.90
其他	13	10	1.80	−23.10	1.40
非住宅、土地负债	37	40	7.20	8.10	8.40
公有机关	5	5	0.90	0	1.80
民间机关	28	32	5.70	14.30	6.30
其他	4	3	0.50	−25	1.40
月度、年度分期负债	17	18	3.20	5.90	14.70

资料来源：日本总务省统计局。

四、中国香港股市投资者结构现状

沪港通①和深港通②相继推出，提升了中国内地投资者在中国香港股票交易市场的占比（见表 1-3）。截至 2018 年，中国香港交易及结算所有限公司（简称"港交所"）股票市场成交总额达到 26422762 百万港元，相较 2016 年同比提升了61%。另外，随着沪港通（2014 年）及深港通（2016 年）的相继推出，参与中国香港股票市场的投资者更加多元化。2018 年，沪港通平均每日成交金额达到 8171百万港元，占全市场平均每日成交金额的 7.6%，较 2016 年提升了 125%。2018 年，深港通平均每日成交金额达到 4536 百万港元，占全市场平均每日成交金额的4.2%，较 2016 年提升了 791%。通过以上沪深港通③的数据可以看出，中国内地投

---

　　① 沪港通，是沪港股票市场交易互联互通机制的简称，指上海证券交易所和香港联合交易所建立技术连接，使内地和香港投资者可以通过当地证券公司或经纪商买卖规定范围内的对方交易所上市的股票。

　　② 深港通，是深港股票市场交易互联互通机制的简称，指深圳证券交易所和香港联合交易所建立技术连接，使内地和香港投资者可以通过当地证券公司或经纪商买卖规定范围内的对方交易所上市的股票。

　　③ 沪深港通包括沪港通和深港通。

资者成交金额在中国香港股票交易市场的占比逐年提升。

表1-3　港交所股票市场概况（2018年与2016年的对比）

	股票市场概况（2018年）	较2016年变化
成交总值（百万港元）	26422762	61%
交易日数	246	—
平均每日成交金额（百万港元）	107410	60%
沪港通项下港股通买入及卖出的成交总额（百万港元）	1822098	120%
交易日数	223	—
平均每日成交金额（百万港元）	8171	125%
深港通项下港股通买入及卖出的成交总额（百万港元）	1011556	—
交易日数	2233	—
平均每日成交金额（百万港元）	4536	791%
港股通交易额（单边）占市场成交额的百分比（％）	5.4	—

资料来源：香港联合交易所有限公司。

中国香港股票交易市场机构投资者以及交易所参与者本身成交金额比重逐年提升。从中国香港股票交易市场投资者结构来看，主要分为五大类：本地个人投资者、本地机构投资者、外地个人投资者、外地机构投资者及交易所参与者本身。数据显示，2018年，中国香港股票市场成交金额占比最大的是外地机构投资者（35.1%），其次是交易所参与者本身（28.9%），外地个人投资者占比仅为个位数。整体来看，2018年，中国香港股票交易市场机构占比高达83.7%，个人投资者占比为16.3%。对比2016年与2018年的数据可以看出，外地机构投资者的占比由33.3%已提升至35.1%，交易所参与者本身由23.8%提升至28.9%；相反，个人投资者交易总金额正在逐年萎缩，外地个人投资者由6.9%减少至6.0%，本地个人投资者由15.9%缩减至10.3%（见表1-4）。

表 1-4　香港股票交易市场整体机构占比

投资者分类	2018 年股市成交金额分布（%）	2016 年股市成交金额分布（%）
外地个人投资者交易	6.0	6.9
本地个人投资者交易	10.3	15.9
本地机构投资者交易	19.7	20.1
交易所参与者本身交易	28.9	23.8
外地机构投资者交易	35.1	33.3

资料来源：香港联合交易所有限公司。

五、中国台湾股市投资者结构现状

细分中国台湾证券市场的投资者结构情况，在台股纳入摩根士丹利资本国际公司（MSCI）后，不管是从市值还是持股市值占比来看，台湾股市机构投资者占比均呈现逐年提升的趋势（见图 1-8）。从交易额来看，截至 2016 年，机构投资者占比已提升至 48%，而个人投资者占比则下滑至 52%。从持股市值占比来看，台湾股市机构投资者占比已提升至 60%，个人投资者占比下滑至 40%。

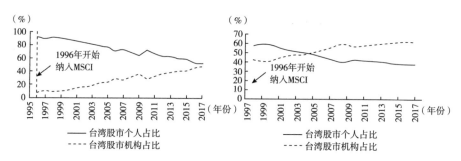

图 1-8　台湾地区股市个人与机构投资者占比变化趋势

注：左图按交易额，右图按市值。

资料来源：广发证券股份有限公司。

六、中国股市投资者结构现状

从整体投资者结构来看，与欧美股市投资者结构较为不同的是，A 股存在庞大的一般法人持股比例，且境内专业机构、境外资金持股比例都相对较低，个人投资者持股比例则与美股相似。由于上海证券交易所（简称"上交所"）披露的年鉴数据只截至 2017 年，深圳证券交易所（简称"深交所"）年鉴中缺乏具体的投资者结构数据，此处采用 Wind 客户端的数据作为主要来源。因为本书主要研究的是处于实际可流通状态下的各部门持股情况，因此，口径上主要采用 A 股中的自由流通股，排除了限售股，且各部门持股方式均为直接持股。2019 年第一季度，A 股流通总市值为 45.39 万亿元。

截至 2019 年第一季度，一般法人持有 A 股流通市值 24.16 万亿元，占 A 股总流通市值的 53.20%，为 A 股持股结构中最大的组成部门。其次是个人投资者，持有 A 股流通市值 14.38 万亿元，占 A 股流通市值的 31.60%。境内专业机构总共持有流通股市值 5.26 万亿元，占据 11.60% 的份额。境外资金持有 A 股流通市值 1.62 万亿元，占流通市值的 3.60%，其中，QFII 和 RQFII 持股 0.59 万亿元，陆股通①持股 1.03 万亿元。总体来看，A 股投资者结构较为不均衡，四大部门中一般法人和个人投资者占据了超过 80% 的份额（见图 1-9）。

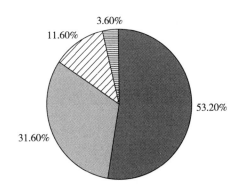

3.60%
11.60%
53.20%
31.60%

■ 一般法人　▨ 个人投资者　▨ 境内专业机构　▦ 境外资金

图 1-9　流通口径下 A 股投资者结构

资料来源：Wind 数据库。

---

①　陆股通：沪股通和深股通的统称，其中沪股通是指投资者委托香港经纪商，通过联交所设立的证券交易服务公司，向上交所进行申报，买卖规定范围内的上交所上市股票。深股通是指投资者委托香港经纪商，通过联交所设立的证券交易服务公司，向深交所进行申报，买卖规定范围内的深交所上市股票。

从境内专业机构细分上看，截至 2019 年第一季度，公募基金（含公募基金和基金专户）合计持有 A 股流通总市值 1.95 万亿元，占 A 股流通总市值的比重为 4.3%，是境内专业机构中最大的单一组成。其次是保险资金，持有 A 股流通市值 1.58 万亿元，占流通市值的比重为 3.5%（见图 1-10）。

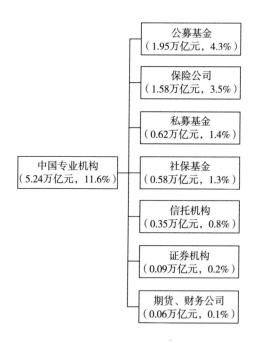

图 1-10　流通口径下中国专业机构细分持股情况

资料来源：Wind 数据库。

私募基金、社保基金、证券机构、信托机构、期货和财务公司等第一季度合计持有 A 股流通市值 1.70 万亿元，占流通市值的 3.8%。其中，私募基金流通股持股市值达 0.62 万亿元（占比 1.4%），社保基金流通股持股市值达 0.58 万亿元（占比 1.3%），信托机构流通股持股市值达 0.35 万亿元（占比 0.8%），证券机构流通股持股市值达 0.09 万亿元（占比 0.2%），其他期货、财务公司等共持有流通股市值达 0.06 万亿元（占比 0.1%）。

第三节　国内外主要股市的投资者结构演变路径分析

从历史上看，在主要发达国家（地区）的股市发展成熟之前，都经历了一个明显的投资者结构转变并逐步稳定的过程。这些市场的投资者结构演变历程可能对我们认识 A 股市场的投资者结构现状、未来可能的转变趋势，以及推动投资者结构朝着更加合理的方向发展，具有较好的启发意义。为此，本部分主要梳理了美国、德国、日本和中国香港、中国台湾的股市投资者结构的演变过程，并分析了对各个市场投资者结构转变产生较大影响的历史事件和政策因素等，希望能为完善中国股市投资者结构提供有用的经验证据。

一、美国股市投资者结构演变的主要路径分析

1. 市场基本情况演变

（1）上市公司总规模及证券化率演变。

从总市值规模来看，美国股市从 1975 年至 2018 年整体处于上升态势，只在 2001 年互联网泡沫破裂以及 2008 年全球金融危机时期出现了明显的回撤，单从普通股考虑，美国股市已经接近 30 万亿美元规模。而与不断成长的市值规模不同，上市公司总数量经历了触顶回落的过程。

出于口径以及权威性考虑，为了方便后文与其他各国（地区）的相关数据进行比较，此处数据采用世界银行集团（简称"世界银行"）的统计数据。世界银行统计的总市值数据包括上市公司在美国纽约证券交易所（简称"纽交所"）、美国证券交易所和美国全国证券交易商协会自动报价表（简称"纳斯达克"）上市的普通股，不含在交易所上市的部分以外的股权以及外国公司发行的美国存托凭证。使用股票价格乘以国内上市公司的已发行股票数量，使用相应的年终外汇汇率转换为美元的年终值。

1975 年至 1996 年，随着美国上市公司总数的不断增加，总市值也在持续攀升。1996 年，美国上市公司数量达到顶峰 8090 家；此后，上市公司数量逐步下滑，

2011年后，数量逐步趋稳，目前维持在4000家以上。从上市公司总市值以及总数量的演变对比可以看出，美国上市公司的质量实际经历了长期的优胜劣汰过程，1996年至2018年，上市企业减少了50%，但总市值却从8.48万亿美元上涨至2018年的30万亿美元，增长了254%（见图1-11）。从美国证券化率的角度看，1994年至1999年证券化率高速增长，年复合增长率16.83%。1999年至2008年处于震荡态势，此后重新进入上升区间，2015年至2017年维持在150%上下（见图1-12）。

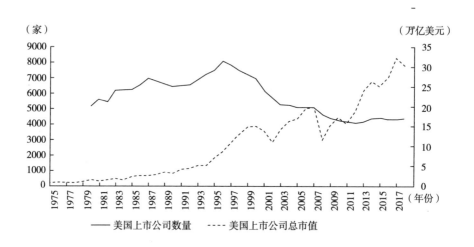

图1-11　美国上市公司数量、总市值

资料来源：世界银行集团。

（2）历年融资规模演变。

整体来看，美国股市融资能力稳步提升，近年来，以首次公开募股（IPO）融资为主，增发融资较少（见图1-13）。同时提取了纽约证券交易所、纳斯达克证券市场以及美国证券交易所1990年至2019年的数据，并进行整合。从IPO融资规模以及数量上看，美国股市整体融资能力是在不断提升的。1997年，融资规模达到了阶段性高点，当年IPO融资达到了354亿美元，随后开始波动下滑，阶段性低点出现于2003年。2004年至2016年，美国股市IPO融资能力逐步增强，阶段性高点

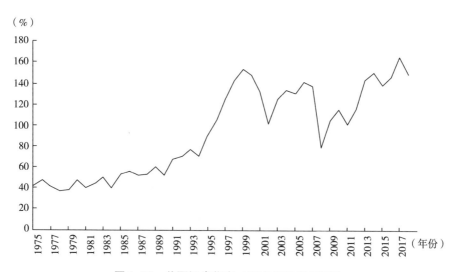

图1-12　美国证券化率（股市总市值/GDP）

资料来源：世界银行集团。

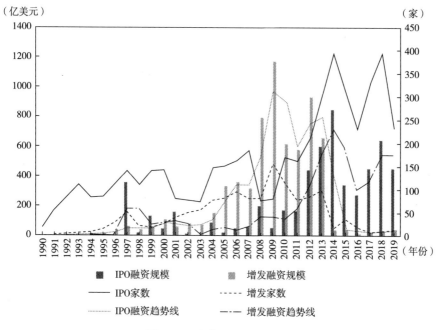

图1-13　历年融资规模演变

资料来源：Wind 数据库。

出现在 2014 年,融资额达到了 847 亿美元。2017 年至 2019 年,IPO 融资额稳定在 400 亿美元之上。另外,从增发融资规模上看,1990 年至 2009 年,规模不断扩大;2009 年,增发融资额达 1171 亿美元。此后,开始波动回落,2017 年至 2019 年,增发融资规模位于历史低位。从历年数据可以看出,美国股市整体融资水平稳步上升,近五年来,比起增发融资更侧重于 IPO 融资,年均 IPO 数量超过 300 家,年均募资额超过 500 亿美元。

(3)三大股指收益率以及换手率演变。

虽然道琼斯工业指数名称中有"工业"这两个字,但事实上此名称具有的历史意义可能比实际意义大得多——因为在如今 30 家构成企业里,大部分都已与重工业无关。由于补偿股票分割和其他的调整效果,它当前只是成分股价格的加权平均数,并不能反映成分股实际市值。运用加权平均数将使高价股比低价股在平均指数中更有影响力,如低价股 1 美元的增长可以轻易被高价股 1 美元的下跌所抵消,即使低价股相对增幅非常大。

相比之下,标准普尔 500 指数相对于道琼斯工业指数则显得报价较为充分,其抓取了全美最高金额买卖的 500 只股票,能够反映更广泛的市场变化。此外,相较于道琼斯工业指数采用股价加权,标准普尔 500 指数采用市值加权更能反映公司股票在股市上实际的重要性。

分具体时间段看,如图 1-14 所示 1970 年至 1994 年,道琼斯工业指数呈平稳上升态势,以 1970 年为基期,该期间指数由 1970 年 1 月的 744.05 点攀升至 1994 年 12 月的 3834.44 点,增长了 415.4%,年平均增长率为 7.1%。1995 年至 1999 年,该指数进入牛市,由 3843.86 点增长到 1999 年 12 月的 11497.12 点,增长了近 200%,年均涨幅接近 40%。2000 年至 2003 年 2 月,道琼斯工业指数处于熊市,回撤幅度达 27.9%。2003 年 3 月至 2007 年,道琼斯工业指数触底反弹,指数整体为上升趋势,该期间指数由 2003 年 3 月的 7992.13 点攀升至 2007 年 12 月的 13264.82 点,增长了约 66%。自 2008 年 1 月至 2009 年 2 月,受金融危机影响,道琼斯工业指数发生大幅度跳水,由 12650.36 点跌至 7062.93 点,跌幅达 44.2%。2009 年 3

月至 2019 年 7 月，道琼斯工业指数形成了十年慢牛态势，该期间指数增长了253.1%，年平均涨幅为 13.4%。

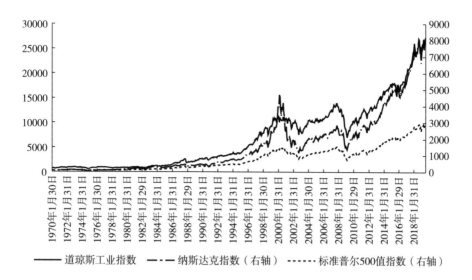

图 1-14　美股三大股指

资料来源：Wind 数据库。

与道琼斯工业指数变化趋势相类似，标准普尔 500 指数自 1970 年至 1994 年呈平稳上升态势，以 1970 年为基期，该期间指数增长了 398.4%，年平均增长率为6.9%。1995 年至 2000 年，标准普尔 500 指数处于高速增长阶段，其中，最高点为2000 年 8 月的 1517.68 点。该期间指数由 1995 年初的 470.42 点攀升至 2000 年末的1320.28 点，增长了 180.7%，年平均涨幅为 22.9%。2001 年至 2003 年 2 月，美国股市处于熊市，标准普尔 500 指数大幅度回落，跌幅达 38.4%。2003 年 3 月，标准普尔 500 指数触底反弹，至 2007 年，指数整体为上升趋势，该期间指数由 848.18点增长至 1468.36 点，涨幅为 73.1%。2008 年 1 月至 2009 年 2 月，受金融危机影响，标准普尔 500 指数发生大幅度跳水，跌幅达 46.7%。2009 年 3 月至 2019 年 7月，指数整体为长期慢牛，该期间指数涨幅为 273.4%，年平均涨幅为 14.1%。

纳斯达克综合指数整体呈平稳上升趋势，1971 年末至 1994 年末，指数增长了 559.6%，年平均涨幅为 8.5%。自 1995 年至 1999 年，美国股市迎来长达五年的牛市，纳斯达克综合指数上涨了 441.8%，年平均涨幅为 52.6%。于 1999 年 12 月达到 4069.31 点。2000 年至 2002 年，纳斯达克综合指数由 3940.35 点降至 1335.51 点，下落了 66.1%，年平均跌幅达 71.8%。2003 年至 2008 年，股票指数保持箱体震荡的格局，于 2007 年 10 月触及箱体上轨，2008 年在金融危机的刺激下调整回箱体下轨。2009 年至 2019 年 7 月 31 日，纳斯达克综合指数整体呈上升态势，该期间指数由 2009 年初的 1476.42 点增长至 2019 年 7 月的 8175.42 点，增长 453.7%，年平均涨幅为 18.7%。

从总成交额占总市值的角度考虑，近年来，美股股市整体换手率已处于低位企稳的状态，2015 年至 2018 年平均换手率为 140%（见图 1-15）。

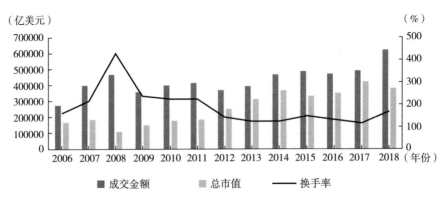

图 1-15　美股整体换手率

资料来源：Wind 数据库。

2. 投资者结构演变

（1）总趋势：个人投资者占比逐渐减少，机构投资者分别走向前台。

与全球大多数市场相似，个人投资者直接持股市值在前期占据了美国股市总市值的 90% 以上，随后机构投资者扩容，个人投资者直接持股占比逐渐下滑（见图 1-16）。从 1951 年的 93% 逐步下降至 2009 年的 35%，随后开始低位企稳，2016 年至 2018 年，个人投资者总体直接持股占比稳定在 36% 左右（见图 1-17）。

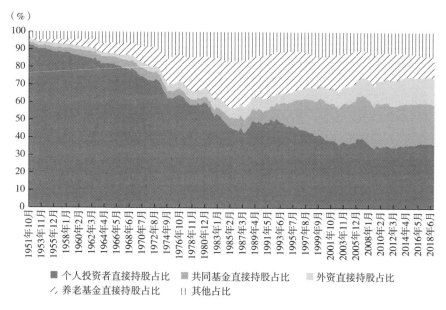

（%）

■ 个人投资者直接持股占比 ▨ 共同基金直接持股占比 ▨ 外资直接持股占比
╱ 养老基金直接持股占比 ‖ 其他占比

图1-16 历年美国股市各部门持股市值占比演变

资料来源：美国联邦储备银行。

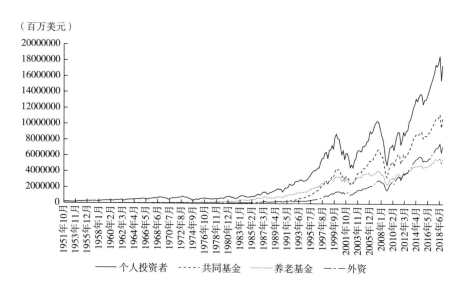

（百万美元）

—— 个人投资者 ---- 共同基金 ········ 养老基金 ─ ─ 外资

图1-17 历年美国股市各部门持股市值演变

资料来源：美国联邦储备银行。

在机构投资者方面，养老基金直接持股占比前期扩容最快，中期开始逐渐回落（见图1-16）。1974年，美国政府颁布《雇员退休收入保障法案》，其进一步放宽了养老金机构投资者的投资限制与门槛。养老金直接持股市值占比从1952年的1%快速扩容到1985年的27%，达到顶峰。随后因共同基金的崛起，养老金机构开始将部分资金交给共同基金打理，直接持股市值占比开始下滑，2016年至2018年，持股占比稳定在12%左右（见图1-17）。

与养老基金直接持股市值及其占比相比，共同基金在美国股市的扩容前期较慢，中期开始增速（见图1-16与图1-17）。从1951年至1985年，共同基金市值占比从1%提升到了5%。此后，随着各种共同基金品种的逐渐放开以及管理专业化，养老金以及个人投资者开始热衷于持有共同基金。共同基金直接持股市值在美股总体中的占比迅速上升，从1985年的5%快速提升到2007年的25%，2016年至2018年，稳定在23%左右。2019年第一季度持有总市值达到10.8万亿美元。

从外资直接持股市值及其占比演变来看，其实际上是美国股市较为稳定的一股增量资金（见图1-16与图1-17）。从1951年的2%稳步提升到2011年的15%，这期间并没有出现明显的暴增或者回撤现象。2015年至2018年，外资持股占比一直稳定在15%左右。

（2）养老投资的快速稳定发展。

美国现行的养老金体系主要分为三类：政府强制执行的社会保障计划、雇主资助的养老金计划（私营部门和政府赞助的待遇确定型计划和缴费确定型计划）、个人退休账户（IRA）。2018年底，退休总资产为27.1万亿美元，退休资产的最大组成部分是IRA和雇主赞助的待遇确定型（DC）计划，两者合起来占2018年底退休市场资产总额的60%（见图1-18）。其他雇主支持计划包括私营部门的缴费确定型（DB）养老金计划（2.9万亿美元）、州和地方政府的DB养老金计划（3.9万亿美元）以及联邦政府的DB养老金计划（1.8万亿美元）。此外，2018年底，退休计划以外的储备资金为2.1万亿美元。

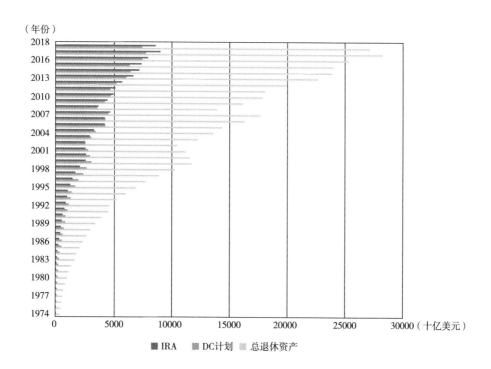

（年份）

0　5000　10000　15000　20000　25000　30000（十亿美元）

■ IRA　　DC计划　　总退休资产

图 1-18　历年美国退休资产规模

资料来源：美国联邦储备银行。

1）在 1970 年之前，美国雇主养老金计划基本采取待遇确定型模式。雇员缴费并不确定，而雇员在退休时所获的待遇是确定的。直到 20 世纪 70 年代，缴费确定模式的雇主养老金计划获得重视并迅速发展。DC 型的缴费额通常由雇主和雇员共同承担，与 DB 型计划不同，DC 型计划具有税收优惠，因而，在美国得到了迅速发展。

美国常见的 DC 计划主要分为 401（k）计划、403（b）计划、457 计划、节俭储蓄计划（TSP）、其他私人部门 DC 计划。截至 2018 年末，DC 型计划规模高达 7.5 万亿美元，其中，401（k）计划估计持有 5.2 万亿美元，占雇主赞助的 DC 计划资产的最大份额；403（b）计划与 401（k）计划相似，由教育组织和某些非营利组织提供，持有 0.9 万亿美元；457 计划为州和地方政府以及某些免税组织的雇员提供服务和 TSP，共同持有 0.9 万亿美元；没有 401（k）功能的其他私人部门 DC 计划持有剩余的 0.5 万亿美元。

2）个人退休账户（IRA）是美国养老体系的第三支柱，近年来成为美国养老金资产持续增长的最主要来源。1974 年，《雇员退休收入保障法案》（ERISA）确立了个人退休账户（IRA）制度，标志着个人储蓄养老金计划的诞生。IRA 为所有员工提供了供款式退休储蓄工具，并通过展期，为离职工人提供一种手段，以保留雇主资助的退休计划、提供的税收福利和增长机会，是美国社会保障体系的有力补充。Roth IRAs 最早于 1998 年问世，目的是在税后的基础上提供一种缴费型退休储蓄工具，并提供有条件的免税提款。此外，决策者还增加了雇主资助的个人退休协议（SEP IRAs，SAR-SEP IRAs and SIMPLE IRAs），以鼓励小企业通过简化适用于税务限制计划的规则来提供退休计划。

截至 2018 年末，IRA 资产总额为 8.8 万亿美元，占美国退休资产的 33%。2018 年末，共同基金占 IRA 资产的 45%；其他资产项目（包括部分开放的封闭式基金、封闭式基金、个别股票和债券，以及其他非共同基金证券）占 IRA 资产的 44%（3.8 万亿美元）。

3）养老金对共同基金的投资更青睐于股票型基金。2018 年末，DC 计划和 IRA 计划合计持有 8.2 万亿美元的共同基金，退休资产中有 56%（4.6 万亿美元）投资于股票基金。仅美国国内股票基金就占 DC 计划和 IRA 计划中共同基金资产的 43%（3.5 万亿美元）；世界股票基金持有另外的 13%（1.1 万亿美元）。其中，401（k）计划估计持有 3.3 万亿美元，为 DC 计划资产的 79%，占据 DC 计划资产的最大份额。

退休投资者还通过混合基金获得股票敞口，混合基金投资于股票、债券和货币市场证券。2018 年末，DC 计划和 IRA 持有的共同基金退休资产中的 24% 为混合基金。

截至 2018 年末，DC 计划和 IRA 持有的共同基金退休资产中剩余的 19% 用于投资债券基金和货币市场基金。其中，债券基金持有 1.2 万亿美元，约占 14%；货币市场基金持有 0.4 万亿美元，约占 5%。

自 1997 年末至 2018 年末，DC 计划净资产总额整体波动上升，由 1997 年的 0.8 万亿美元上升至 2018 年的 4.2 万亿美元。其中，投资于混合基金的规模增速最快，由 1997 年的 730 亿美元增至 2018 年的 11100 亿美元，占比也由 9% 增至 26%，成为提升 DC 计划资产的主要力量；股票型基金占比略有下降，从 1997 年的 68% 下降至 2018 年的 44%，但仍然占据 DC 计划资产的最大份额（见图 1-19）。

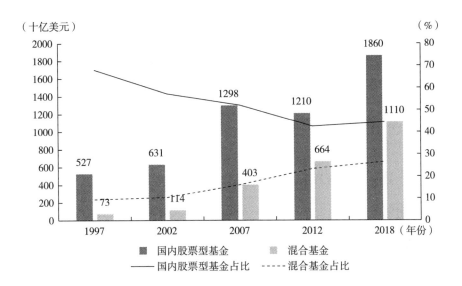

图 1-19 DC 资金对偏股型基金的投资

资料来源：美国投资公司协会。

1997 年末至 2018 年末，IRA 净资产总额呈波动上升态势，由 1997 年的 0.8 万亿美元上升至 2018 年的 4 万亿美元。其中，IRA 资金主要投向股票基金，虽然占比由 1997 年的 56% 下降至 2018 年的 41%，但仍占 IRA 资产的最大比例；混合基金增速最快，占比由 1997 年的 11% 增至 2018 年的 22%（见图 1-20）。此外，债券基金和货币市场基金均平稳增长。

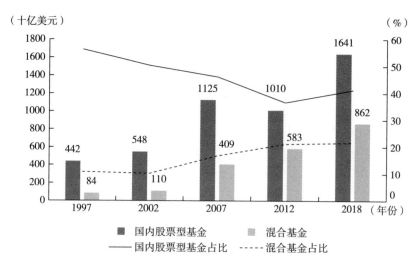

图 1-20　IRA 资金对偏股型基金的投资

资料来源：美国投资公司协会。

二、德国股市投资者结构演变的主要路径分析

1. 市场基本情况演变

（1）上市公司总规模及证券化率演变。

德国股票的市值整体呈缓慢上升的走势，如图 1-21 所示，2003 年市值为 10790.26 亿美元，2018 年为 17551.73 亿美元，整体涨幅约为 63%。分阶段来看，2003 年至 2007 年为快速上涨阶段，涨幅达 95%；2008 年至 2018 年波动较大，2008 年急剧下跌至 11105.80 亿美元，跌幅达 50% 左右，之后的 2011 年、2014 年和 2018 年分别同比下降了 17%、10% 和 22% 左右。

股票市值占 GDP 比重的走势与市值走势大致相同，如图 1-22 所示，比重基本在 30%~60% 波动。2003 年至 2007 年的占比呈现出波动上升的走势，2007 年达到 61.2%，2008 年急速下降至最低值 29.6%，跌幅达 50% 以上。2009 年至 2018 年，占比呈缓慢的波动上升走势，整体从 2009 年的 37.81% 上涨至 2018 年的 43.91%。其中，2011 年、2014 年、2016 年及 2018 年有明显的下降，2018 年下降幅度相对较大，同比下降了30%左右。

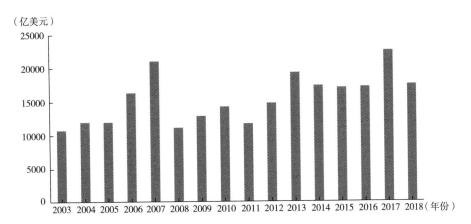

（亿美元）

图 1-21　2003 年至 2018 年德国股票市值

资料来源：世界交易所联合会。

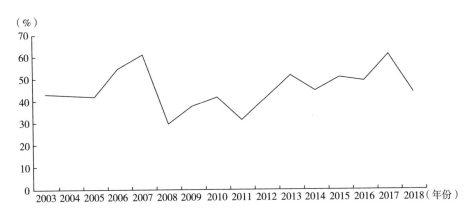

（%）

图 1-22　德国股票市值占 GDP 的比重

资料来源：Wind 数据库。

（2）股指收益率以及换手率演变。

DAX 指数是德国重要的股票指数，是由德意志交易所集团推出的一个蓝筹股指数。DAX 指数组成公司包括宝马、大众汽车、阿迪达斯、德国汉莎航空、西门子等全球知名企业。

如图 1-23 所示，德国 DAX 股指从 20 世纪 90 年代至 2018 年，总体呈波动上涨的趋势，从 1990 年 1 月的 1822.78 点上升至 2018 年 12 月的 10558.96 点，整体上升幅度达 479.3%。整体走势可分为三个阶段：第一阶段为 1990 年至 2000 年初，为快速上涨阶段；第二阶段为 2000 年至 2011 年，为波动起伏阶段；第三阶段为 2012 年至 2018 年，为波动上涨阶段。

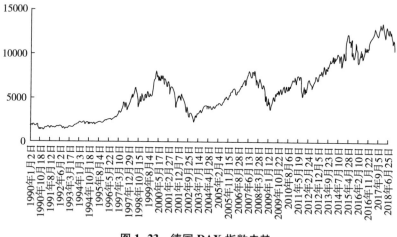

图 1-23　德国 DAX 指数走势

资料来源：雅虎财经。

从 1990 年到 2000 年初，股指呈现出上升的趋势，尤其是 1996 年至 2000 年，上升速度加快。股指从 1990 年 1 月的 1822.78 点快速上升为 2000 年 2 月的 7644.55 点，上升幅度达 4 倍多。2000 年至 2011 年，DAX 指数呈现大幅度的波动起伏，经历了三次"波峰—波谷"的循环。2000 年 2 月之后，该指数一路下行，到 2003 年 3 月，下跌至 2423.87 点，随后开始反弹，到 2007 年底，股指增长为 8067.32 点，较上年末增长了 22.3%，较 2003 年 3 月最低位上涨了 232.8%。2008 年底，股指迅速下跌至 4810.20 点，较 2007 年底降低了 40% 以上，随后股指波动上涨，增长至 2011 年初的 7514.46 点，之后又开始一路下降至年末的 5898.35 点，下降幅度达

27%。2012 年至 2018 年，股指呈现出波动上升的走势。股指从 2009 年初的 3843.74 点上升至 2017 年 10 月的最高值 13229.57 点，之后下降至 2018 年底的 10558.96 点，整体上升幅度超过 170%。

如图 1-24 所示，2003 年至 2018 年，德国股市交易额呈现出"几"字形走势：2003 年至 2007 年，股市交易额快速上升，从 2003 年的 9506.47 亿美元攀升至 2007 年的 33623.47 亿美元，上升幅度高达 254%；随后 2008 年有稍许回落，交易额为 32103.92 亿美元，较前一年下降了 5% 左右；2009 年交易额暴跌至 15165.36 亿美元，跌幅达 53%，2009 年到 2018 年，交易额维持在 15000 亿美元左右，波动幅度介于 15% 到 20% 之间。

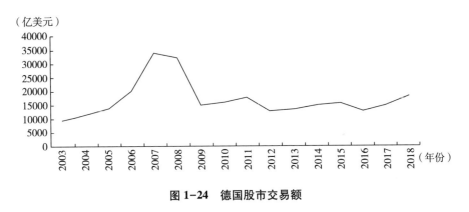

（亿美元）

图 1-24　德国股市交易额

资料来源：世界交易所联合会。

如图 1-25 所示，2003 年至 2018 年，德国股市的换手率从总体上来看呈现出缓慢下降的趋势，可分为三个阶段：第一阶段为 2003 年至 2006 年，换手率稳定在 120% 左右，波动幅度为 30% 左右；第二阶段为 2007 年至 2012 年，受全球金融危机和欧洲主权债务危机的影响，股市大幅波动，换手率的波动也很剧烈，最高值为 2008 年 10 月的 343.97%；第三阶段为 2013 年至 2018 年，换手率维持在 50% 到 100% 之间。

如图 1-26 所示，股指收益率在大部分时间为正，在 1990 年、1994 年、2000 年至 2002 年、2008 年、2011 年以及 2018 年为明显负的收益率。其中，2002 年的

−43.94%为最低收益率，2008 年收益率为−40.37%，2011 年收益率为−14.69%，2018 年收益率为−18.26%。1996 年至 1999 年的收益率较高，平均收益率为 32.93%。2003 年至 2007 年的平均收益率为 23.15%，2009 年至 2010 年的平均收益率为 19.95%，2012 年至 2017 年的平均收益率为 14.36%，收益率整体呈缓慢下降的趋势。

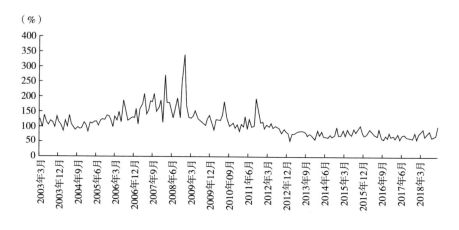

图 1−25　德国股票换手率

资料来源：世界交易所联合会。

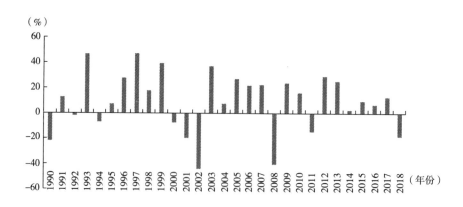

图 1−26　1990 年至 2018 年德国 DAX 指数收益率

资料来源：Wind 数据库。

影响股市涨跌起伏的因素有很多，分阶段来看：第一阶段，1990年至2000年，在此期间，大量德国国有企业进行私有化，如德国电信、德国汉莎航空、德国邮政纷纷上市，股市得到了快速发展，掀起了一股前所未有的炒股热。在2000年至2011年的第二阶段，从2000年开始，全球高科技股股价大面积下滑，DAX指数从2000年2月的7644.55点跌至2003年3月的2423.87点。在随后不到两年的时间里，德国电信的股价从高位下跌到每股8.14欧元，导致股民的信心受挫，感到恐慌，个人投资者比例相应降低。2003年至2007年，随着全球经济的迅速增长，德国经济表现出强有力的增长势头。如图1-27所示，德国GDP一路攀升，从2003年的25057.34亿美元增长至2007年的34399.53亿美元，加上举办世界杯等其他利好消息，使得国内需求强劲，为股市上涨奠定了良好的基础。另外，德国企业盈利水平大幅度提高以及企业信用违约率的下降也增强了投资者的信心，同时企业的利润增长也会影响股市的走势。例如，宝马利润的波动与股指的波动表现出较为明显的同步性，再加上众多其他德国企业稳健发展，利润提高，这在很大程度上促进了股市的上涨。到了2008年，金融危机席卷全球，德国GDP负增长，股市受灾严重，股指同比下降了40%左右。欧洲主权债务危机也影响了德国的GDP和股市，2011年4月至9月，股指下跌了27%。在2012年至2018年的第三阶段中，德国企业的盈利能力仍然对股市影响较大，宝马集团的利润从2009年后开始恢复增长，在2018年以前，增速较快，从2009年的210百万欧元增至2017年的8675百万欧元（见图1-28）。受全球经济下行的影响，2018年，德国经济基本面也有降温趋势，DAX指数的30家上市公司中，17家公司在第三季度出现经营利润下滑的现象，其中1家出现亏损。大众汽车、德意志银行、宝马、戴姆勒、西门子、巴斯夫等著名德国上市公司的股价跌幅都在两位数以上。例如，宝马2018年的利润为负增长，同比下降了17%，德国2018年的股市也陷入低迷，股指同比下降了20%左右。

2. 投资者结构演变

股市的变动在很大程度上会影响股市投资者结构的变化。德国股市投资者结构在三个时间阶段分别有着不同程度的变化与调整。

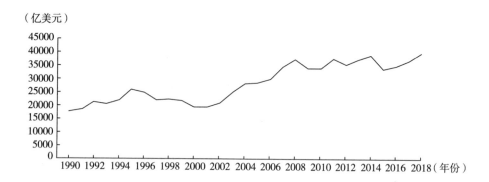

图 1-27　1990 年至 2018 年德国 GDP 变化情况

资料来源：Wind 数据库。

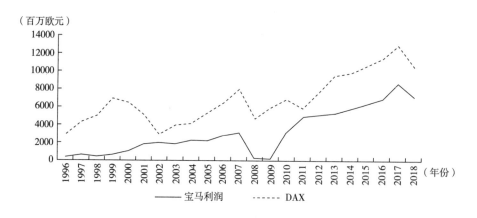

图 1-28　宝马集团利润与 DAX 股指走势

资料来源：宝马集团年报。

第一阶段，1990 年至 1999 年，在此期间，大量德国国有企业进行私有化，如德国电信、德国汉莎航空、德国邮政纷纷上市，使得股市得到快速发展，股指收益率保持在较高水平，掀起了一股前所未有的炒股热，家庭部门数量有所上升。如图 1-29 所示，1992 年到 1993 年，家庭部门持股比例上升了 2 个百分点，金融部门的持股比例也有 3 个百分点的提升。

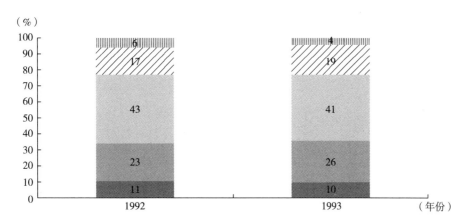

图 1-29　1992 年和 1993 年德国股市投资者结构状况

资料来源：德国中央银行。

第二阶段，从 2000 年开始，全球高科技股股价大面积下滑，DAX 指数从 2000 年 2 月的 7644.55 点跌至 2003 年 3 月的 2423.87 点。在随后不到两年的时间里，德国电信的股价从高位下跌到每股 8.14 欧元，导致股民的信心受挫，感到恐慌，家庭部门的比例相应减少，从 2000 年的 17% 降至 2002 年的 14%（见图 1-30）。2003 年至 2007 年，随着全球经济的迅速增长，德国经济也表现出强有力的增长势头。德国 GDP 一路攀升，从 2003 年的 25057.34 亿美元增长至 2007 年的 34399.53 亿美元，加上 2006 年举办世界杯等其他利好消息，使得国内需求强劲，为股市上涨奠定了良好的基础。另外，德国企业盈利水平大幅度提高以及企业信用违约率的下降也吸引了大量外国投资者的进入。2002 年至 2007 年，外国部门占比上升的同时，金融部门的持股比例相应下降，整体下降了 8 个百分点。

第三阶段，2013 年至 2018 年，德国股票市场投资者结构整体趋于稳定，各投资者占比保持在平稳的水平，其中，外国部门和金融部门持股市值占比较大，占总投资者持股市值的55%以上（见图1-31）。

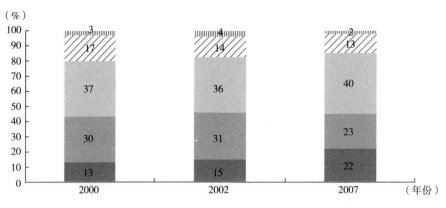

图1-30 2000年、2002年和2007年德国股市投资者结构状况

资料来源：德国中央银行。

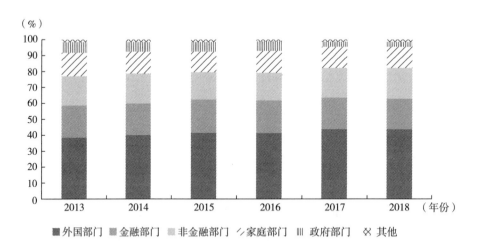

图1-31 2013年至2018年德国股市投资者结构变化

资料来源：德国中央银行。

总的来说，德国股票市场作为发达的国际化资本市场，其投资者结构呈现出

"个人低、机构高；国内低、国际高"的特点。

个人投资者的持股比例维持在较低水平，直接投资股市的热情不高，主要有以下几个原因：一是德国人有规避风险的传统，在经历了两次世界大战和货币动荡之后，加之 2008 年的金融危机和 2012 年的欧洲主权债务危机，让德国人更加谨慎消费，努力存钱，对高风险的投资更加谨慎。所以，德国人最爱的投资方式是储蓄，投资非常保守，投资需求不高。另外，德国人不喜欢欠债。德国人的消费原则是"先存钱，再消费"，年轻人亦是如此。尽管德国的储蓄利息不断下调，甚至出现负利，但依旧抑制不了德国人存钱的热情。二是德国人可投资于股票市场的资金非常有限，国家主导的社会保障制度使他们将大部分收入用于缴纳各种保险。德国证券研究所的统计数据显示，德国家庭收入的 38% 左右用于缴纳各类保险，包括医疗保险、养老保险、失业保险等，收入的 12% 左右用于储蓄存款，因此，德国人基本没有多余的资金用于投资股票市场。三是 20 世纪 90 年代一大批德国国企私有化导致的股市泡沫让德国人对炒股产生抵触情绪。比如，1996 年上市的德国电信被称为"人民的股票"，掀起了全民炒股的热情。据德国股票交易研究所调查，1996 年前，德国仅有 380 万股民，到 2000 年已经超过 600 万。但是好景不长，2000 年发生了全球科技股大崩盘，德国电信的股价从最高每股 103.5 欧元暴跌至 2002 年的最低每股 8.14 欧元，股票贬值幅度超过 90%。截至 2019 年 7 月 24 日，德国电信收盘价为 14.8 欧元，仍然与当初的巅峰价格相去甚远。尽管十几年过去了，股灾对德国人的冲击依旧很大，作为"欧洲存钱冠军"的德国人，个人投资者数量不断减少，他们更多的是通过购买基金、保险等间接方式进行股市投资。

外国投资者比重高的主要原因在于德国的开放政策和德国大企业的良好经营与回报。1999 年，德国取消了股权交易税，放松了养老金和保险金的投资数量限制，在很大程度上促进了以英国和美国为主的外国投资者进入德国市场。与此同时，一些德国的银行和保险公司为了获取更多的利益或者因为战略转型等的需求，将大量的股权转让给财力雄厚的英美投资者。因此，外国投资者逐渐成为 DAX 指数成分股企业的大股东。另外，德国企业不断发展壮大，特别是汽车、电子、机床等领域，在亚洲、欧洲、拉丁美洲拥有巨大的市场需求。企业良好的盈利与预期也加速了外国投资者的进入。

三、日本股市投资者结构演变的主要路径分析

1. 市场基本情况演变

（1）上市公司总规模及证券化率演变。

从日本上市公司市值来看，在日本泡沫经济末期，1989 年达到第一个峰值，当时的日本上市公司市值达到 4.26 万亿美元，占 GDP 比重达到近 40 年的最高位，为 139%，说明当时其证券化率已达到顶峰（见图 1-32）。随着经济泡沫破裂，日本经济在 20 世纪 90 年代始终处于低迷状态，随后峰值分别出现在 1999 年、2007 年。但随着金融危机的爆发，在 2008 年之后的一段时间内，日本上市公司市值仍处于较低位置，这一时期内日本破产企业数和破产企业负债额均创下历史新高。经过长时间的优胜劣汰，以及政府一系列经济刺激政策的出台，自 2013 年后，日本上市公司市值呈现高速增长，在 2017 年达到近年最大值，为 6.22 万亿美元，占 GDP 的 128%。

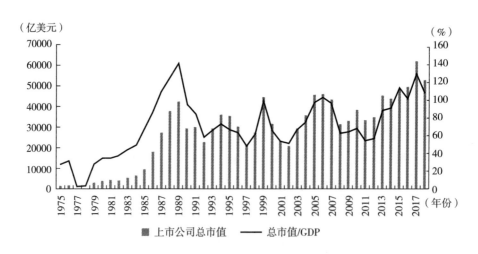

图 1-32　日本上市公司市值及证券化率

资料来源：Wind 数据库。

（2）股指收益率以及换手率演变。

日经225指数自1978年以来呈现"几"字形走势，在1989年底达到38915点顶峰后，在20世纪90年代一路暴跌下行，1990年全年跌幅达到38.72%，整个90年代平均跌幅为6.95%（见图1-33和图1-34）。在21世纪初期的经济平稳期，日经指数迎来一波小幅反弹，2005年，全年涨幅达到40.24%，在2007年初，达到18215点，但此后受到全球金融危机的影响，指数持续下滑。近年来，受到经济刺激政策的影响，日经指数重新回升，2013年涨幅达到56.72%，2017年以后，指数重回20000点以上。

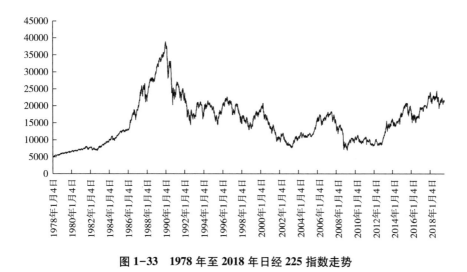

图1-33　1978年至2018年日经225指数走势

资料来源：Wind数据库。

从成交额与成交量来看，与日经指数走势大致相同（见图1-35）。在指数疯狂上涨的20世纪80年代末期，成交额与成交量在当时达到一个小高峰，成交额在1989年2月达到37.93万亿日元，成交量在1988年6月达到420.25亿股。随着股市崩盘以及全球金融危机的影响，成交额与成交量在2000年以后保持较为平稳的发展，2004年开始进入一个小高峰，市场交投恢复活跃。此轮交易热情一直持续至2013年，不过在金融危机期间成交额有所回落，但成交量一直保持高位，说明在此期间交易虽活跃但成交额度较小，这是较为明显的散户交易特征。进入2013

年以后，成交量出现回落，但成交额一直保持高位，说明持有大资金的机构投资者开始占据主导地位。

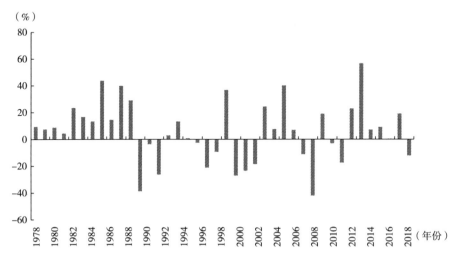

图1-34　1978年至2018年日经255涨跌幅

资料来源：Wind数据库。

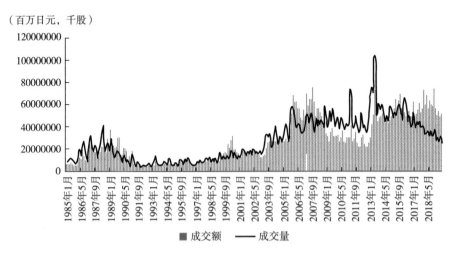

图1-35　东京证券交易所成交额与成交量

资料来源：东京证券交易所。

从日经225换手率来看，其特征与成交额和成交量大致相同（见图1-36）。两个高峰皆出现在2008年及2013年，从侧面反映出自2013年以后，日本股市市场以机构投资者为主导的结构特质基本形成，并开始保持稳定。

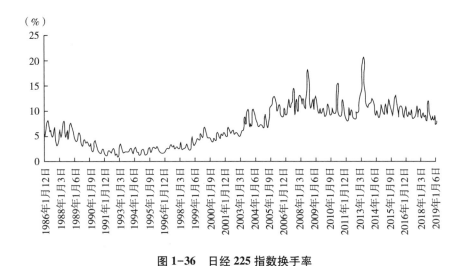

图 1-36　日经 225 指数换手率

资料来源：香港环亚经济数据有限公司。

2. 投资者结构演变

二战之后，在企业融资强调间接融资绝对优先的情况下，日本基本确立了以银行为主的经济体制，以稳定股东关系。通过长期交叉持股来维持股东关系，实现股东法人化，有效抵御外国资本恶意收购的同时，也降低了市场流动性，影响了证券市场交易。

日本 GDP 增速在 1975 年之前保持着高速增长，平均增速保持在 15% 左右，在此之后一路下降（见图 1-37）。由于受日本经济泡沫破裂以及亚洲金融危机影响，在 1998 年出现负增长。21 世纪初，日本经济整体保持平缓发展，GDP 增速维持在 2%~3%，受 2008 年全球金融危机的影响，GDP 增速降至-2% 以下，为近四十年最低值。安倍首相上台之后，推行了一系列经济刺激政策，2012 年之后，日本 GDP

增速恢复正向增长，但仍较低，保持在 2% 左右。

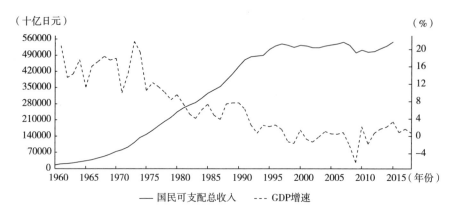

图 1-37　日本 GDP 增速及国民可支配总收入

资料来源：Wind 数据库。

整体来看，1978 年至 2018 年日经指数年均收益率为 5.97%，方差为 22.14%，在 1990 年初达到 38915 点顶峰后，至今仍处于修复期。我们大致可以将近几十年日本股市分为四个阶段：一是 1985 年之前的稳定期。在这一时期内，日本经过战后重建，经济开始复苏，GDP 年均增速保持在 15% 左右，为之后的经济迅速发展奠定了基础。二是 1985 年至 1989 年的泡沫经济时期。在这一时期，股票市场暴涨，1986 年当年的日经指数年收益率达到 43.85%，东京证券交易所（简称"东证所"）成交量与成交额达到峰值，1989 年上市公司市值占 GDP 比重高达 139%，日本经济整体呈现泡沫式飞速发展。三是 1990 年至 2011 年的经济低迷期。这一时期经历了 1990 年股市大崩盘、1997 年亚洲金融危机和 2008 年美国次贷危机，日本整体经济处于低迷状态，GDP 增速明显放缓，出现负增长，日经 225 指数年均收益率为 -4.22%，2011 年上市公司市值占 GDP 比重仅达到 56%，投资者结构在这一时期出现了明显转变，机构、政府以及外资占比逐渐提升，个人投资者占比下降（见表 1-5）。四是 2012 年至今的经济恢复期。自安倍首相上台推行刺激经济策略后，日本经济出现回暖，GDP 增速有所回升，2013 年日经指数达到了 56.72% 的年收益率，成交量与成交额再创高峰，上市公司总市值于 2017 年超过 6 万亿美元，占 GDP 比重达到 128%，证券化率较高，投资者结构逐渐形成以外资、机构为主导的平稳格局。

表 1-5　日本股票市场重大事件

年份	事件	主要影响
1985	美日签订《广场协议》	股票市场暴涨，个人投资者占比提升
1989	日经指数达到 38915.87 点峰值	股市迅猛下跌，经济泡沫破裂，个人投资者占比迅速下降
1996	"金融大爆炸"政策推行	进一步开放金融和资本市场，外资占比提升
2008	美国次贷金融危机	股市下跌明显，政府持股比例上升
2012	安倍首相出台一系列刺激经济政策	经济有所好转，外资占比持续上升

（1）1985 年之前：稳定期。

20 世纪 70 年代末，日本经济进入高速发展阶段，个人投资者为股票市场主导者。经过战后长时间的恢复之后，日本经济获得了一个强劲的增长。许多日本公司合并到一起形成庞大的产业，即所谓的"财阀"。为了应对第一次石油危机带来的冲击，日本政府实施了产业结构调整，降低了日本对石油的依赖，并且实施了日元升值。日经 225 指数从 1974 年 10 月开始走出了一轮上涨行情，到 1984 年 12 月，日经 225 指数已经上升到了 11542.6 点。在这一时期，日本股票市场仍处于发展初期，上市公司市值较低，投资情绪较为平稳。

（2）1985 年至 1989 年：泡沫经济时期。

日本投资者结构变化的原因之一是金融业的对外开放。20 世纪 70 年代，日本经济高速增长，原来的金融体制已经不能满足经济进一步发展的需要，同时随着经济全球化进程的发展，国际金融自由化的浪潮开始出现，要求日本开放金融市场的呼声日益高涨。随着美日贸易摩擦的升温，1985 年 9 月，日本签下《广场协议》，开始进入泡沫经济时期。日本全国一片繁荣，日元对美元大幅升值，日经股价指数与房地产价格不断创出新高。《广场协议》的签订使日元大幅升值，日本贸易顺差和出口额开始出现回落，为了防止日元升值带来的经济衰退，日本开始实施扩张的货币政策。从 1986 年 1 月起到 1987 年 2 月，日本银行连续 5 次降低贴现率，使贴现率从 5%降到 2.5%。这一时期货币供应明显加快，大量资金涌入了房地产和股票市场，使得这一时期日本的房地产和股市处于过热阶段，日经 225 指数于 1989 年末达到历史峰值 38915 点，成交量持续低迷。

在这一时期，商业公司法人及个人投资者占比最高，以 1986 年为例，其占比分别为 33.60%及 32.70%；其次为城市和地区银行，占比为 12.30%（见图 1-38）。非金融机构及个人投资者持股占比高，是泡沫经济时期的投资者结构特点，这与日本法人相互持股的传统分不开。

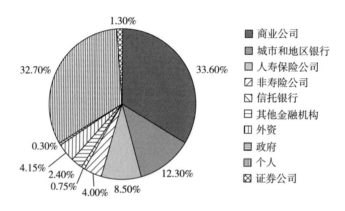

图 1-38　1986 年投资者持股占比情况

资料来源：香港环亚经济数据有限公司。

（3）1990 年至 2011 年：经济低迷期。

日本经济泡沫破裂后，个人投资者及非金融机构占比迅速下滑。1989 年，股票市值达到峰值（510 万亿日元）后迅速开始下滑，股票市值蒸发 10%。面对日本日益增长的经济泡沫，日本政府并没有选择软着陆，在 1989 年 5 月到 1990 年 8 月 5 次上调日本银行贴现率，将贴现率从 2.5%调升至 6%，同时日本政府对住房贷款量进行严格控制，家庭住房新增贷款在 1990 年至 1993 年间迅速减少，使得经济泡沫以较快的速度破灭，房价和股价开始大幅回落。1990 年，日经 225 指数从 38915.87 点下跌至 23848.71 点，仅一年时间下跌了 38.72%。受"富士银行非法融资事件"以及"兴业银行尾上缝事件"等诸多金融丑闻的影响，1991 年至 1992 年，日本股市仍然延续着下跌趋势。在 1989 年 12 月到 1992 年 7 月的这轮熊市中，日经 225 指数从 38915.87 点下跌至 15910.28 点，下跌了 59.12%。

通过对比 1986 年和 1990 年投资者占比情况（见图 1-39），我们发现，在此期间非金融机构及个人投资者占比显著下降，非金融机构占比从 1986 年的 33.60% 下降至 29.80%，个人占比从 1986 年的 32.70% 下降至 1990 年的 17.20%。在这一时期，占比提升较为显著的是金融机构投资者，其整体占比由 1986 年的 27.95% 上升至 1990 年的 37.00%，其中，城市和地区银行占比由 12.30% 上升至 18.00%，人寿保险公司由 8.50% 上升至 11.90%。

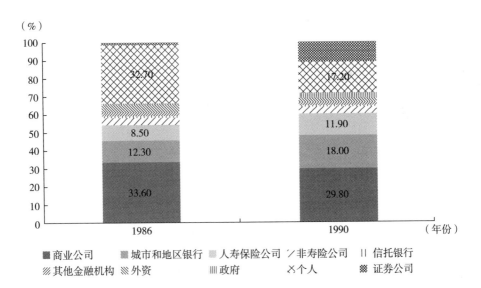

图 1-39　1986 年与 1990 年投资者持股结构对比

资料来源：香港环亚经济数据有限公司。

经过"金融大爆炸"刺激后，商业公司与外资持股占比提升。1996 年底，政府在日本经济有复苏迹象的时候，着力实施金融改革，提出了日本"金融大爆炸"计划。"金融大爆炸"计划包括推动金融机构自由化，打破银行、券商和保险之间的经营界限，进一步开放金融和资本市场，实行内外资本交易和外汇业务的自由化以及加强金融监督机制等措施，取消原来设立在大藏省内部的金融检查部门，建立直属内阁府的金融厅，增强日本银行的独立性和决策的透明度。但同时，北海道拓殖银行、长信银行、山一证券等一系列金融机构倒闭，银行不良债权问题暴露，加之亚洲金融危机带来的消极影响，日本经济遭遇了战后最严重的衰退，日本 GDP 的增长率在 1998 年降到了-1.2%。1998 年，日本破产企业数和破产企业负债额均创下历史新高。

在此期间，个人投资者信心受到强烈打击，个人持股量一路下降，到 2000 年已落后于商业公司及外资，成为第三大投资主体，占比仅为 17.50%，同时，海外投资者不断进入日本资本市场，在 2000 年成为仅次于商业公司的第二大投资主体。信托银行受到日本信托业从业机构准入限制放宽的影响，持股比例迅速上升，从 20 世纪 90 年代的 3%~6% 上升至 2000 年的 13.00%（见图 1-40）。对比此前以非金融机构及个人为主导的情况，2000 年的日本股票市场投资者结构更加多元化，1986 年，前两大投资者主体占整体持股比例的将近 70%，而 2000 年以前，两大投资者主

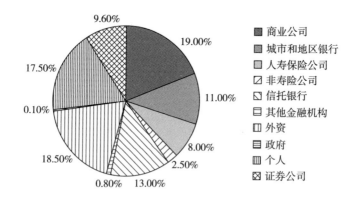

图 1-40　2000 年日本股市投资者持股结构情况

资料来源：香港环亚经济数据有限公司。

体仅占 37.50%，前五名分别为商业公司（19.00%）、外资（18.50%）、个人（17.50%）、信托银行（13.00%）、城市和地区银行（11.00%），这与当前日本投资者结构非常相似。可见经历了 1990 年股市崩盘及 20 世纪 90 年代末亚洲金融危机，日本股票市场投资主体分布更加均衡，而非主要受一方投资主体的影响，此后较长一段时间，日本股市的投资者结构基本保持稳定。

进入 21 世纪后，日本股市维持着较为平稳的增长。2006 年制定的《金融商品交易法》为日本金融市场构建起了从销售到资产管理、投资顾问再到资本市场行为的基本框架，在确保市场公平、透明的前提下，提供多样的资金运用、募集方式，在最大程度上保障投资者权益，因此吸引了大量外资投资者。然而，2007 年至 2008 年美国次贷危机引发的全球金融危机结束了日本的这轮牛市。受这轮金融危机的影响，日本经济受到了较大打击。日本 GDP 增长率从 2007 年的 0.9% 下降至 2009 年的 -6%。其间大批日本企业破产，企业破产数从 2006 年的 9351 家上升至 2008 年的 12681 家，仅 2008 年这一年破产企业负债额就达到了 11.91 万亿日元。日经 225 指数在 2007 年 6 月至 2009 年 2 月期间大幅下跌，从 18138.36 点下跌至 7568.42 点，在不到两年的时间里就下跌了 58%。

此轮金融危机过后，变化最大的为外资占比，从 2008 年的 27.40% 下降至 2009 年的 23.50%，但仍为第一大投资主体（见图 1-41）。受全球金融危机过后股票市场回暖的影响，商业公司及个人投资者占比有些许提升，商业公司从 2008 年的 21.40% 提升至 2009 年的 22.60%，成为第二大投资主体，个人则从 2008 年的 18.70% 提升至 2009 年的 20.50%，成为第三大投资主体。另外，城市和地区银行占比较 20 世纪 80 年代下降非常明显，主要原因是日本经济泡沫破裂以及金融危机的影响，日本银行业经营情况不容乐观，以日本三大银行东京三菱银行、三井住友银行以及瑞穗实业银行为例，其 2009 年底市值分别为 10.86 万亿日元、6.61 万亿日元以及 5.31 万亿日元，较 1990 年初分别下降了 63%、69% 以及 85%。因此，银行持股占比由 20 世纪 80 年代的 15% 左右，在金融危机期间下降至 4.7%~4.8%。

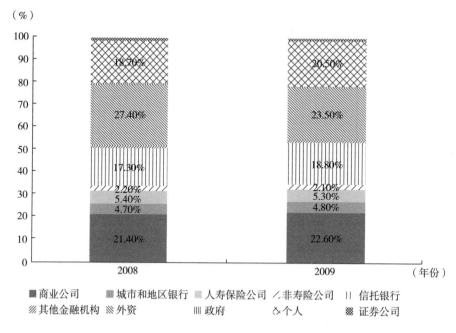

图 1-41　2008 年与 2009 年日本股市投资者持股结构对比

资料来源：香港环亚经济数据有限公司。

（4）2012 年至今：经济恢复期。

2013 年，日本政府开始实施一系列刺激经济政策，以 20.2 万亿日元的经济刺激计划来促进基础设施建设、扶持中小企业和灾后重建，日本 GDP 和消费者物价指数（CPI）的增长率有所回升，这为日本股市超过 7 年的牛市提供了有力支撑。在日本经济有所复苏的背景下，日经 225 指数自 2011 年 11 月开始走出了一波牛市，截至 2018 年底，日经 225 指数已上涨至 24448.07 点。

对比次贷危机时期的投资者结构，现阶段依然以机构为主。2013 年之后，日本股票持股结构仍以外资（30.80%）、商业公司（21.30%）、个人（18.70%）以及信托银行（17.20%）为主（见图 1-42）。其中，个人投资者占比回落至 18% 左右，而外资占比提升较为明显，在 2014 年首次突破 30%，这与日本银行持续通过 A 股行业指数交易所买卖基金（ETF）购买计划来参与日本股市有关。

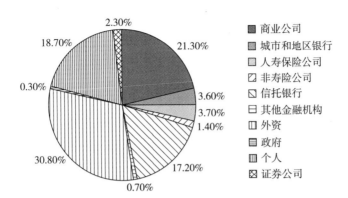

图 1-42　2014 年日本股市投资者持股结构

资料来源：香港环亚经济数据有限公司。

　　整体来看，在投资者主体中，变化最大的为海外投资。1998 年，海外投资者规模出现较大幅度的增长，持股市值规模占日本总体规模的 8.65%，且迅速成为日本市场第二大投资者，随后四年出现小幅回落。自 2003 年起，海外投资者持股市值占比逐渐稳定，从 1987 年的 4.16% 上升到 2006 年的 27.83%，增长近 6 倍。即使在 2008 年也只下降到 23.5%，2013 年后，超过商业公司成为日本股市第一大投资主体，2017 年至 2019 年占比均保持在 30% 以上。

　　日本股票市场的另一大持有主体是非金融企业（包括公立和私立），这与日本法人相互持股的传统分不开。在 1988 年以前，非金融企业持股份额一直处于领先优势，不过随着海外投资者的进入和金融机构持股的增加，非金融企业持股比例不断下降，在 2006 年达到 21.36%，虽然随后有所回升，但基本保持在 23% 左右。

　　政府部门在股票市场的份额在过去多年中一直保持平稳上升的态势（见图 1-43）。政府部门主要通过中央政府、地方政府和社会保障基金来持股，从 1979 年的 0.54% 上升到 1997 年的 3.38%，虽然接下来两年有所下降，但上升趋势依然保持，2001 年占比超过前期高点。截至 2011 年，其占比达到 6.51%，这离不开 2001 年 4 月日本政府实施的年金积立金管理体制改革。大幅改革后，年金积立金脱离了原"财投计划"，由厚生劳动省新成立的年金资金运用基金来进行市场化的投资运营。

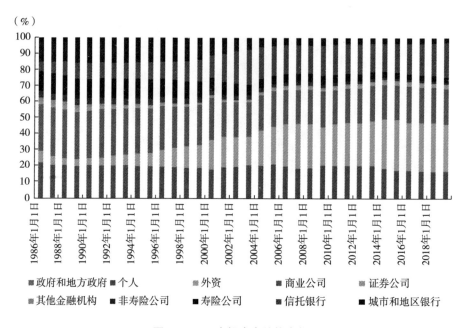

图1-43　日本投资者结构变化

资料来源：香港环亚经济数据有限公司。

四、中国香港股市投资者结构演变的主要路径分析

1. 市场基本情况演变

中国香港的证券交易出现于19世纪，1891年，香港第一家证券交易所——香港股票经纪协会成立。1914年，香港股票经纪协会改名为香港证券交易所。1921年，香港又成立了香港证券经纪人协会，成为香港第二家证券交易所。但在1947年，两家交易所合并为一家，名为香港证券交易所有限公司。随着股票市场的迅速发展，1969年，远东、金银、九龙三家证券交易所相继出现，与此同时，香港进入了所谓的"四会时代"。1973年至1974年香港股市暴跌，香港证券市场"四会"并存的局面逐步暴露出层层问题。1980年，香港联合交易所有限公司注册成立，随之四家交易所正式合并组成香港联合交易所（联交所），"四会时代"于1986年结束。1999年，香港联合交易所有限公司与香港期货交易所有限公司实行股份化，

并与香港中央结算有限公司合并，由单一控股公司香港交易所拥有。香港交易所是目前唯一经营香港股市的机构。香港分为证券市场及衍生市场，其中，证券市场包括主板、创业板（GEM）、衍生权证、可收回牛熊证、股票挂钩票据、交易所买卖基金、单位信托/互惠基金、债务证券及美国证券交易（试验计划）。接下来，我们主要对香港投资者结构现状进行分析，主要针对证券市场的股票市场进行分析及研究。

随着内地企业在港交所上市数量的增加，上市公司市值占香港 GDP 比重逐年提升。从上市公司总市值占香港 GDP 比重的变化来看，随着香港的回归，上市公司市值占香港 GDP 比重逐年上升，其中，大部分是由 H 股（在中国内地注册成立，并由内地政府机构或个人控制的公司）、红筹股（在中国内地以外地区注册成立，但由内地政府机构控制的公司）及内地民营企业（在中国内地以外地区注册成立，但由内地个人控制的公司）在香港股市上市的数量逐步增加所致。据有关数据显示，截至 2019 年 6 月，H 股数量已达到 274 家，红筹股为 176 家，内地上市企业已提升至 747 家，三大主体占香港市值总额的 68.00%，成交金额占比高达 78.60%（见表 1-6）。我们可以发现，随着香港市场的开放以及沪深港通的开通，内地企业已经成为香港交易市场的重中之重。另外，由于过多的内地企业在香港上市，上市公司总市值占香港 GDP 比重已超 1000%，截至 2018 年，其占比已提升至 1052.1%（见图 1-44）。

表 1-6　港交所内地上市企业的市值占比情况

	2018 年 6 月	2018 年	2019 年 6 月
H 股（只）	256	267	274
红筹股（只）	164	164	176
内地上市企业（家）	665	715	747
市价总值占整体市价总值的比重（%）	67.00	67.50	68.00
成交金额占整体股份成交金额的比重（%）	80.30	79.50	78.60

资料来源：香港联合交易所有限公司。

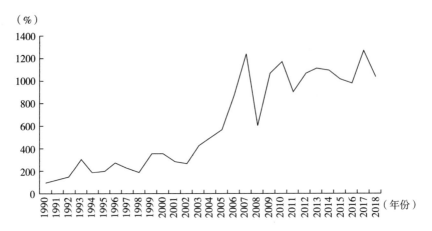

图 1-44　中国香港上市公司总市值占香港 GDP 比重

资料来源：Wind 数据库。

　　数据显示，香港股票指数的长期收益率表现较为可观。1964 年至 2018 年，香港股票市场恒生指数的年平均收益率为 17.54%，标准差为 40.8%。

　　下面回顾一下香港股票市场在不同时段的重要历史事件及股指涨跌变化，如表 1-7 和图 1-45 所示。

表 1-7　恒生指数重要事件的股指涨跌幅变化

年份	事件	股指涨跌幅度（%）
1973	香港股灾	-48.6
1986	香港市场进入了现代化和国际化发展阶段，《1986 年证券（证券交易所上市）规则》生效，香港联交所开业	46.6
1987	全球股灾	-10.3
1994	联交所正式推出受监管的股份卖空制度	-31.1
1997	亚洲金融危机	-20.3
1999	香港特区政府发行，回报紧贴恒生指数表现的集体投资基金"盈富基金"在联交所上市，联交所正式推出创业板	68.8
2000	推出创业板（GEM）指数，港交所股份以介绍方式在联交所上市	-11.0
2003	SARS（"非典"）	34.9

续表

年份	事件	股指涨跌幅度（%）
2007—2008	允许内地居民以自有外汇或人民币购汇直接参与境外证券市场，初期首选香港市场；美国次贷危机引起的香港股灾	39.31；−48.27
2009	首批共 4 只 A 股行业指数交易所买卖基金在联交所上市	52.0

资料来源：香港联合交易所有限公司，Wind 数据库。

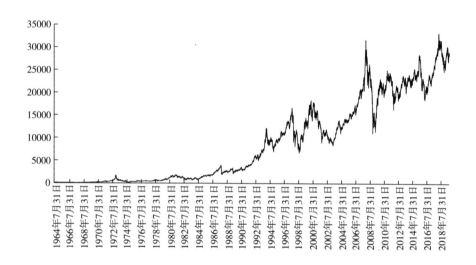

图 1-45　港股历年以来恒生指数走势

资料来源：Wind 数据库。

1986 年前的香港证券市场。1972 年，香港股票市场出现了历史上最高的年涨幅，高达 147.7%。随后，1973 年香港发生股灾，期间成交量比 1971 年全年成交量（147.93 亿元）高出 1 倍多，相当于 1972 年全年成交量（437.58 亿元）的 70%。1973 年，香港股灾是香港股票普及后的第一次股灾，全年股指下跌幅度为 48.58%。1986 年，香港市场进入现代化和国际化发展阶段，同时，《1986 年证券（证券交易所上市）规则》生效，香港联合交易所有限公司（简称"联交所"）开业，香港市场的交易品种开始逐步多元化，市场参与者日益国际化，交易手段不断完善，全年涨幅为 46.6%。

1986 年至 2000 年的香港市场。1987 年，由纽约华尔街引发的全球股市股灾导致香港股市下跌，在 1987 年 10 月 26 日当天，全日下跌 1120.7 点，跌幅高达 33.33%，创下史上全球最大单日跌幅。但从整体来看，1987 年恒生指数全年仅下跌 10.3%，对比第一次股灾而言，投资者结构进一步改善，市场监管加强，整体市场趋向成熟，跌幅有限。进入 1994 年，联交所正式推出受监管的股份卖空制度，制度发展趋向成熟化，全年跌幅为 31.1%。1997 年，整个亚洲市场出现金融危机，此次金融危机反映出世界各国的金融体系存在着严重缺陷，具有比较成熟的金融体制和经济运行方式的金融市场均在此次危机中暴露出种种问题，进一步推进了香港对金融法则和组织架构的改善。1999 年，香港联交所正式推出创业板（GEM），由香港特区政府发行，回报紧贴恒生指数表现的集体投资基金盈富基金在联交所上市，当年股指涨幅高达 68.8%。

2000 年至 2006 年的香港证券市场。进入 2000 年以来，香港证券市场已经成为全球化的国际市场，而且是以美国资金为主导的证券市场。在这期间，香港交易所股份以介绍方式在联交所上市，港交所推出 H 股指数期货及期权、新华富时中国 25 指数期货及期权，中国工商银行在香港及上海同步上市。可以发现，经过投资者结构、交易制度的逐步改善，产品形成多样化发展，香港市场趋向成熟化。

2007 年至今的香港证券市场。2007 年，受国家外汇管理局发布的允许境内居民以自有外汇或人民币购汇直接投资境外证券市场且首选香港市场的影响，个人投资港股激发了内地个人投资者的热情，2007 年，估值涨幅为 39.31%。随后受美国次贷危机的影响，香港发生严重的股灾，全年股指跌幅高达 48.27%。

2. 投资者结构演变

中国香港证券市场投资者分为经纪人和交易所参与者两大类。进入 20 世纪 90 年代，中国香港股票市场晋升为世界股市前八名，被国际金融公司列为发达股市市场之一。中国香港资本市场具有国际化的特征，对外开放程度极高，其中，境外资金投资中国香港上市股票无任何限制。在香港联合交易所的 500 多名经纪会员中，境外资金经纪会员有 80 多家，占会员总数的 16% 左右，但交易额却超过市场交易总额的 60%，这表明境外资金在香港股票市场中占有一席之地。在中国香港股市日常营运的资金中，以退休基金、互惠基金等形式出现的各类境外资金远远超过半数。从中国香港资本市场的整体投资者结构来看，其主要由地方经营机构、境外经营机构、地方企业和个人组成。其中，对中国香港市场影响最大的是以各类基金为代表的机构投资者。再细分来看，中国香港证券市场投资者分为经纪人和交易所参与者两大类，其中，经纪人分为本地及外地的个人客户和机构客户，外地投资者主要来自美国、英国、欧洲（不包括英国）、日本、中国内地、中国台湾、新加坡、亚洲部分地区及其他国家和地区（见图1-46）。

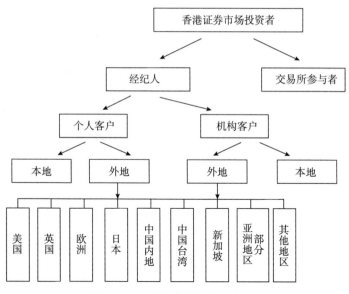

图1-46　香港证券市场投资者结构

资料来源：香港联合交易所有限公司。

中国香港证券市场的投资者结构较为均衡，本地投资者与外地投资者数量基本相同，机构投资者较个人投资者多，相比十年前，交易所本身的交易有了大幅度的提高（见图1-47）。

（％）

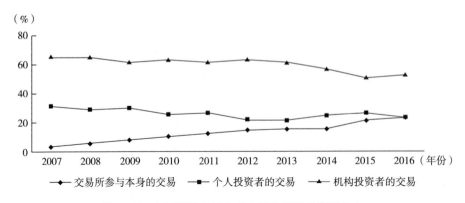

图 1-47　中国香港市场总成交额按投资者类别分布

资料来源：香港联合交易所有限公司。

从图 1-48 来看，中国香港证券股票市场成交金额约有 50% 来自机构投资者，其中，来自香港的机构投资者占到了一半；有 30% 的成交额来自个人投资者，其中有 2/3 来自香港；另有 20% 的成交额来自交易所参与者本身。

（百万港元）

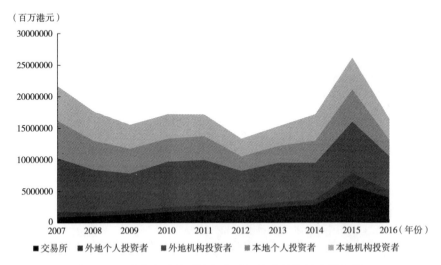

图 1-48　中国香港股票市场各类投资者的估计交易金额

资料来源：香港联合交易所有限公司。

中国香港个人投资者交易金额逐年减少。从中国香港股票市场的外地投资者和本地投资者的交易金额分布可以看出，外地投资者占42.6%，其中，外地个人投资者仅占5.0%（截至2016年）（见表1-8）。

表1-8　中国香港市场总成交金额按投资者类别分布　　　单位：%

交易类别	2007年	2008年	2009年	2010年	2011年	2012年	2013年	2014年	2015年	2016年	2007年至2016年平均占比
交易所参与者本身交易	4.2	6.1	8.5	9.9	11.7	15.5	16.3	16.4	21.9	23.8	13.4
外地投资者交易	43.1	41.5	41.8	46.3	46.1	46.0	45.7	38.7	39.3	40.2	42.9
个人	3.8	3.2	4.3	4.5	4.4	3.9	4.9	4.9	8.0	6.9	4.9
机构	39.3	38.3	37.5	41.8	41.7	42.2	40.8	33.8	31.3	33.3	38.0
本地投资者交易	52.8	52.4	49.7	43.8	42.2	38.5	38.0	44.9	38.9	36.0	43.7
个人	27.5	25.9	25.2	21.3	22.3	17.2	17.6	20.5	19.5	15.9	21.3
机构	25.2	26.5	24.5	22.5	19.9	21.3	20.4	24.4	19.4	20.1	22.4

资料来源：香港联合交易所有限公司。

中国香港证券市场参与者呈现国际化趋势。中国香港证券市场中的外地投资者来自50多个独立的司法管辖区，2018年外地投资者交易的成交额较2016年提升了65%，其中，亚洲地区投资者交易额提升最为明显，由2016年的36%提升至2018年的42%；欧洲地区投资者交易额占比下滑较为明显，由2016年的36%降为2018年的27%（见图1-49）。

近些年，中国内地个人投资者比重逐步提升（见表1-9）。从外地投资者交易中的个人与机构交易比重来看，除了部分亚洲地区，美国、英国、欧洲（不包括英国）、新加坡、澳大利亚的交易主要来自机构投资者，个人投资者基本不参与。然而，中国内地在中国香港的投资交易主要来自个人投资者，其占比高达62.1%，机构占比仅为23.2%。随着沪深港通的相继开通，中国内地个人投资者在中国香港股票交易市场的参与度逐年提升。

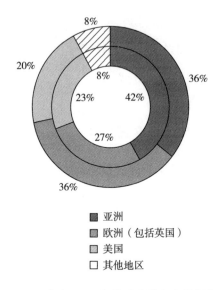

8%

8%

20%   36%

23%   42%

27%

36%

36%

■ 亚洲
■ 欧洲（包括英国）
□ 美国
□ 其他地区

图 1-49　2018 年与 2016 年外地交易者交易额分布对比

注：里圈为 2018 年，外圈为 2016 年。

资料来源：香港联合交易所有限公司。

表 1-9　外地投资者交易来源地的个人与机构投资者交易的比重分布

交易来源地	个人投资者占比（%）	机构投资者占比（%）
美国	0	88.1
英国	0	88.4
欧洲（不包括英国）	0	91.5
日本	2.5	42.3
中国内地	62.1	23.2
中国台湾	4.6	29.4
新加坡	0.2	79.4
澳大利亚	0.2	91.8

资料来源：香港联合交易所有限公司。

在换手率方面，中国香港市场随着机构投资者比重的逐步提升，整体市场换手率保持着较为平稳的发展水平。只在 2007 年至 2011 年，以及 2015 年，受到了股市较大涨跌幅的影响，香港股市换手率出现了明显波动。截至 2019 年上半年，中国香港股市换手率已经下降至 5.92%（见图 1-50）。

（%）

图 1-50　中国香港股市换手率（总成交金额/总市值）

资料来源：Wind 数据库。

五、中国台湾股市投资者结构演变的主要路径分析

1. 市场基本情况演变

中国台湾证券市场起源于店头市场，早期有 1949 年台湾当局发行的公债。1953 年后，台湾水泥股份有限公司、台湾纸业股份有限公司、台湾工矿股份有限公司、台湾农林股份有限公司等的股票及土地债券等有价证券开始在市场上流通。1962 年，台湾证券交易所正式营业，店头市场就此退出台湾证券市场。截至 2018 年，台湾股票市场的市值达到 12732884.72 百万美元，较上一年同比提升了 5.7%（见图 1-51）。

1953 年，台湾当局为推行"耕者有其田"的政策，将台湾水泥股份有限公司、台湾纸业股份有限公司、台湾农林股份有限公司及台湾工矿股份有限公司四家公营企业开放民营，并以股票三成，搭配实物土地，债券七成对地主进行补偿。当时，许多地主不了解公司股票价值，急于将股票脱手，于是，买卖股票的商号及单帮客应运而生。一时间，证券商号纷纷建立起来。

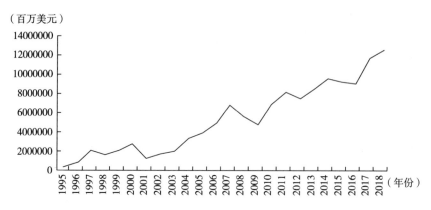

图 1-51　中国台湾证券交易所股票市值

资料来源：Wind 数据库。

1959 年，为配合经济的发展，我国台湾地区建立证券市场研究小组，开始筹建证券交易所的工作。1960 年 9 月，成立台湾地区证券管理委员会，并公布了证券商管理办法。随后，台湾证券交易所于 1961 年 2 月 9 日正式开始营业。这是台湾唯一的证券集中交易场所。

为了配合证券市场的发展，1980 年 4 月成立了专业证券金融公司——复华证券金融公司，最初只办理融资业务，1980 年 7 月开始办理融券业务，1981 年 9 月开始办理证券集中保管业务。

台湾地区的股票市场从证券交易所建立到 20 世纪 80 年代初，股市交易发展迅速。以个别股票的周转率而言，从 1962 年的 21.6% 增至 1979 年的 126.78%，远远高于同时期欧美等国家和地区 34%~40% 的水平。20 世纪 80 年代末期，台湾股市进入巅峰期，台湾加权指数曾突破 1 万点大关（见图 1-52）。

目前，台湾股票市场同香港股票市场一样，正在朝着区域化、国际化的方向发展。数据显示，台湾股票指数的长期收益率表现较为可观，1967 年至 2018 年，台湾加权指数的年平均收益率为 16.1%，标准差为 41.2%（见图 1-53）。

台湾股票市场上市公司市值占台湾地区 GDP 比重逐年提升。数据显示，上市公司市值占台湾地区 GDP 比重自 2001 年起便超过了 100%。截至 2018 年，上市公司总市值占台湾地区 GDP 比重已达 164.8%（见图 1-54）。

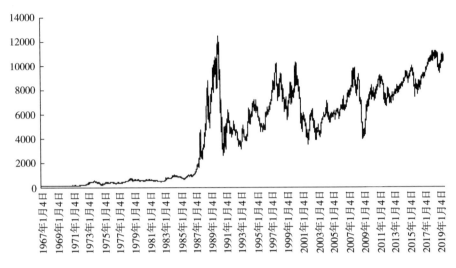

图 1-52　中国台湾加权指数走势变化

资料来源：Wind 数据库。

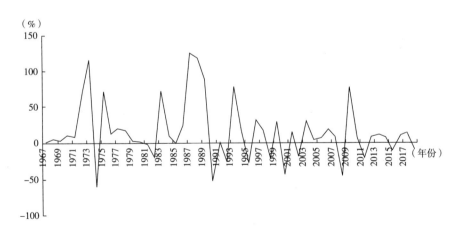

图 1-53　中国台湾加权指数年平均涨幅变化

资料来源：Wind 数据库。

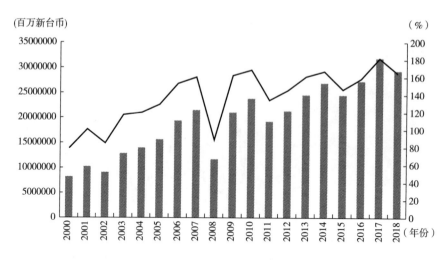

图 1-54 台湾地区上市公司总市值及其占台湾地区 GDP 比重

资料来源：Wind 数据库。

2. 投资者结构演变

台湾地区证券市场自 1983 年起开始逐步进入开放式资本市场，历经了四个阶段：1983 年至 1990 年为第一阶段，台湾地区股市开始接纳岛内投资信托公司所募集的境外基金。1991 年至 1995 年为第二阶段，台湾地区证券市场准许合格境外机构投资者（QFII）进行直接投资，1996 年，台湾地区股市正式纳入 MSCI，初始纳入因子为 50%，标志着其资本市场对外开放力度加大。1996 年至 2002 年为第三阶段，随着其纳入 MSCI，台湾地区证券市场准许一般境外机构投资者（GFII）进行直接投资，另外，2000 年，纳入因子也由 65% 提升至 80%。2003 年至今为第四阶段，QFII 制度被完全废除，纳入因子提高至 100%，标志着台湾地区股市完全纳入 MSCI，其对境外投资者全面开放（见表 1-10）。

表 1-10 我国台湾资本市场开放路径

阶段	时间	事件
第一阶段	1983 年至 1990 年	准许境外投资者以购买收益凭证的方式间接投资

阶段	时间	事件
第二阶段	1991 年至 1995 年	准许 QFII 直接投资
重要拐点	1996 年	纳入 MSCI
第三阶段	1996 年至 2002 年	准许一般境外投资者直接投资
第四阶段	2003 年至今	废除 QFII，对境外投资者全面开放

资料来源：Wind 数据库。

境外资金进入中国台湾股市后，投资者结构出现明显转变。细看台湾投资者结构的变化，其主要分为境内个人与机构投资者和境外个人与机构投资者。其中，境内投资者又分为个人、企业、信托基金、其他法人、政府与金融机构；境外投资者又分为个人、信托基金、法人与金融机构。截至 2018 年，台湾证券交易所以境内投资者持股为主，占比为 72.4%，境外投资者持股占比为 27.7%（见表 1-11）。但我们拉长时间可以发现，随着台湾股市准许 QFII 资金流入，以及股市纳入 MSCI，台湾股市投资者结构逐步出现明显变化，其中，台湾境内投资者持股占比从 1999 年的 92.8% 的高点水平迅速下滑至 2017 年 70% 多的水平（见图 1-55）；境外投资者持股占比自 2004 年起加速提升，从 20 世纪 90 年代的个位数提升至 2018 年的 27.7%（见图 1-56）。

表 1-11 我国台湾资本市场境内与境外持股比重分析

	数值	前次数值	最小值	最大值	范围
境内投资者（DI）	72.4% (2018)	72.66% (2016)	72.4% (2018)	92.8% (1999)	1997 年至 2018 年
境外投资者（FR）	27.7% (2018)	27.34% (2016)	7.2% (1999)	27.7% (2018)	1997 年至 2018 年

资料来源：香港环亚经济数据有限公司。

通过拆分台湾境内投资者结构我们可以看出，随着台湾股市对外开放，整体市场逐步转向成熟，境内机构投资者占比逐年提升，而境内个人投资者占比逐步下滑

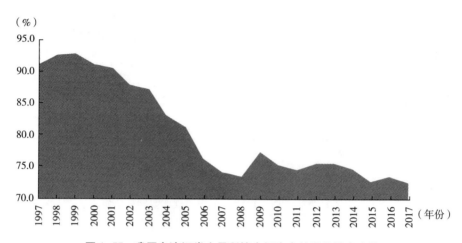

图 1-55　我国台湾证券交易所境内投资者的股份持有变化

资料来源：香港环亚经济数据有限公司。

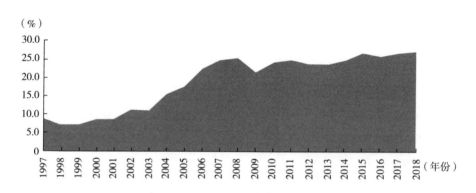

图 1-56　我国台湾证券交易所境外投资者的股份持有变化

资料来源：香港环亚经济数据有限公司。

（见图 1-57）。在境外资金还没有进入之前，中国台湾境内个人投资者成交量占比高达 92.2%，几乎占据整个市场的成交量，随着市场结构的转变，2016 年，境内个人投资者交易量占比已下滑至 47.66%（见图 1-58）。相反，随着金融机构、信托基金在台湾股市参与度提高，股份持有比例逐年提高，境内机构投资者的成交量占比由 1995 年的个位数（5.4%）提升至 2015 年的 19.63%（见图 1-59）。总体来看，虽然中国台湾证券市场成交量大部分来自境内个人投资者，但机构投资者成交量占比正在逐年提升。

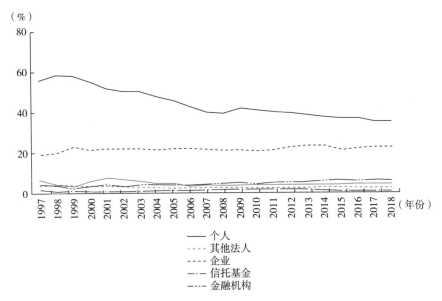

图1-57　我国台湾证券交易所境内投资者股份持有细分情况

资料来源：香港环亚经济数据有限公司。

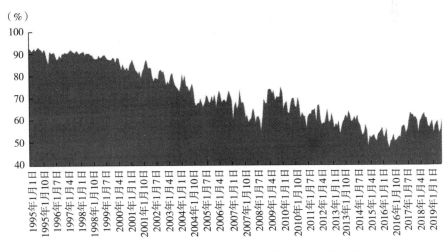

图1-58　我国台湾证券交易所境内个人投资者成交量占比情况

资料来源：香港环亚经济数据有限公司。

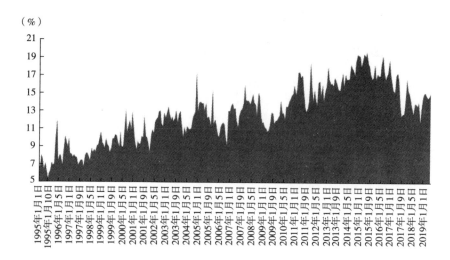

图 1-59 我国台湾证券交易所境内机构投资者成交量占比情况

资料来源：香港环亚经济数据有限公司。

台湾地区的优势产业是电子、计算机产业。随着台湾股市对外开放，境外资金自 1996 年起开始进入台湾股市，持股最多的行业为电子及计算机行业。通过拆分台湾境外投资者结构可以看出，不管是境外个人还是境外机构，成交量占比均于 2004 年开始大幅提升（见表 1-12、图 1-60）。其中，境外个人成交量占比在 2004 年至 2008 年这四年间表现较为活跃，成交量占比最高达到 2007 年的 3.21%（见图 1-61）。中国台湾境外机构投资者的股份主要来自信托基金及法人，随着股市纳入 MSCI，以及 QFII 开放，境外机构成交量占比由 1995 年的 1% 逐步提升至 2016 年的 35.31%，股市全面对外开放效应明显，成功吸引了境外机构资金进入（见图 1-62）。

表 1-12 我国台湾证券交易所境外投资者股份持有细分情况

	数值	前次数值	最小值	最大值	范围
境外：个人	0.43%（2018）	0.36%（2017）	0.34%（2010）	1.49%（1997）	1997 年至 2018 年
境外：信托基金	15.54%（2018）	15.37%（2017）	1.74%（1998）	15.54%（2018）	1997 年至 2018 年

续表

	数值	前次数值	最小值	最大值	范围
境外：法人	10.50% （2018）	10.41% （2017）	3.61% （1999）	12.24% （2008）	1997 年至 2018 年
境外：金融机构	0.94% （2018）	0.95% （2017）	0.24% （1999）	1.04% （2014）	1997 年至 2018 年

资料来源：香港环亚经济数据有限公司。

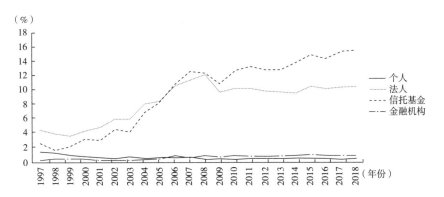

图 1-60　我国台湾证券交易所境外投资者细分持股情况

资料来源：香港环亚经济数据有限公司。

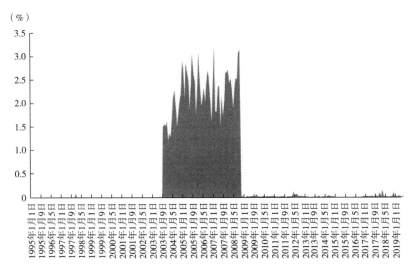

图 1-61　我国台湾证券交易所境外个人投资者成交量占比情况

资料来源：香港环亚经济数据有限公司。

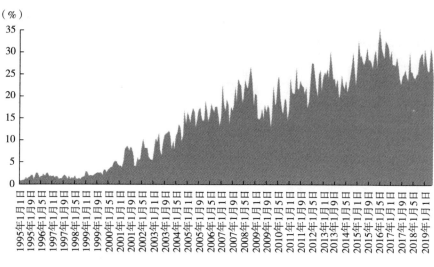

图 1-62　我国台湾证券交易所境外机构投资者成交量占比情况

资料来源：香港环亚经济数据有限公司。

　　从台湾股市换手率来看，其股市换手率出现过两次高点，另外，随着境外资金的进入，股市的境外资金投资呈现出超卖情况。台湾股市准许 QFII 资金直接投入，台湾股市从 1985 年 7 月的 600 多点冲到 1987 年 10 月的 4600 多点。1996 年，台湾股市纳入 MSCI 后，其换手率出现了几乎翻倍的情况，但在台湾股市完全纳入 MSCI 且全面放开后，其换手率出现明显下降（见图 1-63）。结合投资者结构来看，随着机构投资者持股比例的提升，个人持股占比下降，2017 年台湾股市换手率下降至

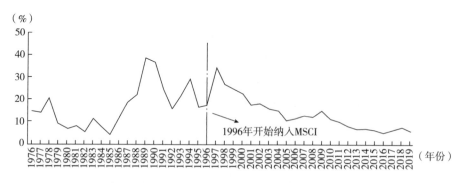

图 1-63　我国台湾股市换手率变化情况

资料来源：Wind 数据库。

6.6%，自此整体股市不再趋向于散户化交易，而是专业的机构化交易。另外，我们可以发现，进入 2011 年后，台湾地区股市换手率已经长期保持个位数且出现持续下滑趋势，截至 2019 年上半年，台湾地区股市换手率已经下滑至 6.18%。

六、中国股市投资者结构演变的主要路径分析

1. 市场基本情况演变

（1）A 股上市公司总规模及证券化率演变。

从总市值规模来看，中国 A 股从 1990 年以来整体处于上升态势，与美国股票市场不同，中国 A 股上市公司的总数量一直处于高增长状态。2018 年底，单从普通股考虑，A 股市值为 6.3 万亿美元，上市公司数量从 1991 年的 52 家发展至 2018 年底的 3584 家（见图 1-64）。从上市公司总市值以及总数量的演变可以看出，中国新增上市公司的数量在总市值规模明显回撤的时期并没有明显减弱。整体而言，A 股上市公司并没有经历类似于美国股市上市公司优胜劣汰的过程，头部公司还未

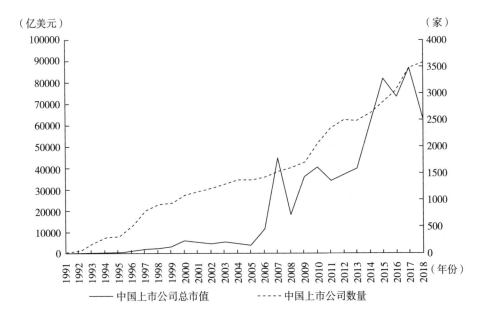

图 1-64　中国 A 股上市公司总市值和数量演变

资料来源：世界银行集团。

获得普遍性的大幅溢价。从中国 A 股证券化率的角度看，除了 2005 年至 2007 年间呈现爆发式增长并一度达到 126% 以外，整体长期处于低位。2018 年底，A 股证券化率只有 46%，仍然有大量资产并未证券化（见图 1-65）。

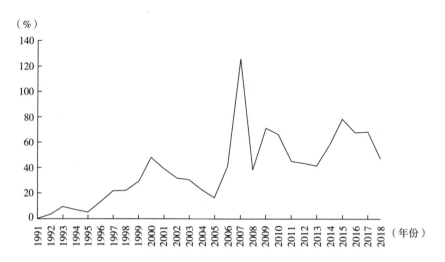

图 1-65 中国 A 股上市公司总市值占全国 GDP 比重（大陆证券化率）

资料来源：世界银行集团。

（2）历年融资规模演变。

从融资规模来看，首发融资在 2011 年以前一直是 A 股市场最主要的融资方式，但在 2011 年之后，每年的增发融资总规模都大幅超过首发融资。2016 年，双方差额达到顶峰，当年增发融资额超过 1.6 万亿元，而首发融资额只有不到 1500 亿元（见图 1-66）。定向增发已经成为 A 股再融资的绝对主力，并成为近几年股市筹码供应的最大来源。这反映出近年来市场可能倾向于认为二级市场估值偏高，否则大股东不会频繁选择增发股票来稀释自身的股权。自 2018 年以来，增发热度有所减弱，但增发规模仍明显高于首发融资。

（3）三大股指收益率以及换手率演变。

从 A 股三大股指历史走势来看，总体上 A 股年均收益率较主要发达市场低，且

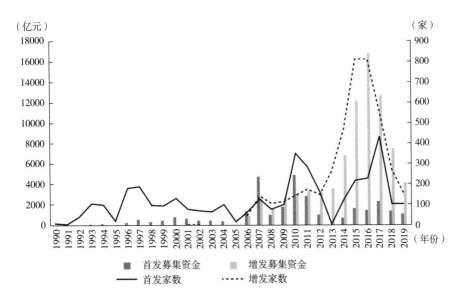

图 1-66　A 股融资规模演变

资料来源：Wind 数据库。

呈现出较为明显的牛短熊长特性，对于无法判断牛熊转折点的个人投资者而言较为不利（见图 1-67）。1990 年末至 2001 年初，上海证券综合指数（简称"上证综指"）在波动中缓慢上涨，指数由 127.61 点上涨至 2065.61 点。在 1997 年的亚洲金融危机中，指数没有大幅度地下跌，说明 A 股市场在亚洲金融危机中未被严重危及。2001 年至 2005 年，指数出现大幅回落，由 2065.61 点跌至 1161.06 点，跌幅达 43.8%，年均跌幅为 15.5%。2006 年，上证综指触底反弹，至 2007 年，整体大幅上涨，该期间指数由 1258.05 点攀升至 5261.56 点，涨幅为 318.2%。2008 年初月至 2009 年初，受全球金融危机的影响，上证综指发生大幅度跳水，由 4383.39 点跌至 1990.66 点，跌幅达 54.6%。2009 年之后，指数有所恢复，但仍未回到此次金融危机之前的水平。2010 年初至 2014 年 6 月，指数呈波动下降态势，由 2989.29 点回落至 2048.33 点。2014 年末至 2019 年 7 月，指数呈剧烈震荡态势，其中，最高点为 2015 年 6 月的 4277.32 点，最低点为 2018 年 12 月的 2440 点。

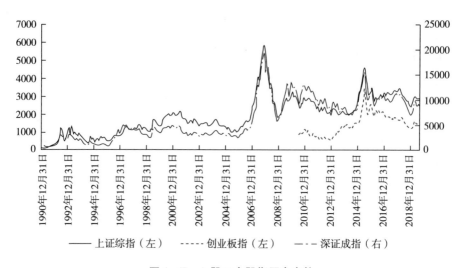

图 1-67 A 股三大股指历史走势

资料来源：Wind 数据库。

与上证综指的走势相似，1991 年至 2001 年初，深圳证券交易所成分股指数（简称"深证成指"）在波动中缓慢上涨，该期间指数由 880.98 点上涨至 3325.66 点，10 年间深证成指增长了 277.5%，年均涨幅为 14.2%。在 1997 年的亚洲金融危机中，指数虽有小幅下降，但整体未受到大的冲击。2001 年至 2005 年，指数整体呈下降态势，由 4743.37 点跌至 2863.61 点，跌幅达 39.6%，年均跌幅为 13.4%。2006 年，深证成指触底反弹，2007 年大幅上涨，该期间指数由 3242.35 点攀升至 17700.62 点，年涨幅为 445.9%。2008 年 1 月至 2009 年初，受全球金融危机的影响，深证成指发生大幅度跳水，由 15823.88 点跌至 6485.51 点，跌幅达 59%。2009 年之后，指数有所恢复，但仍未回到此次金融危机之前的水平。2010 年初至 2014 年 6 月，指数整体呈下降趋势，由 12137.2 点回落至 7343.28 点，降幅为 39.5%。2014 年末至 2019 年 7 月，指数维持箱体震荡格局，于 2015 年 5 月触及箱体上轨，达到 16100.45 点。

2010 年 6 月至 2014 年末，创业板指数（简称"创业板指"）整体呈上升态势，由 919.31 点攀升至 1471.76 点，涨幅为 60.1%。2015 年 1 月至 5 月，指数大幅上涨，由 1680.58 点涨至 3542.84 点，增长了 110.8%。2015 年 6 月至 2019 年 7 月，创业板指整体呈波动下降趋势，由 2858.61 点降至 1570.39 点，跌幅达 45.1%，年均跌幅为 16.2%。

从流通口径下看，中国 A 股整体年均换手率长期处于高位，且振幅较大，其中，2008 年和 2015 年牛市中换手率均超过 600%（见图 1-68）。

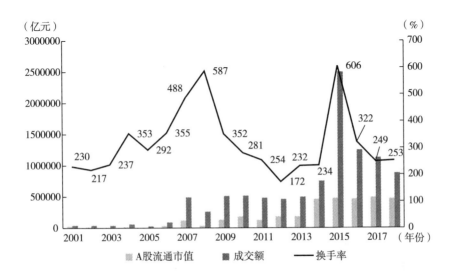

图 1-68　流通口径下 A 股整体换手率

资料来源：Wind 数据库。

2. 投资者结构演变

在实际流通口径下，一般法人持股市值占比从 2004 年的 4% 迅速上升至 2009 年的 50%，此后一般法人成为 A 股持股市值占比最大的单一组成，长期占据 A 股一半左右的流通股份额（见图 1-69）。一般法人所代表的产业资本的崛起，是由 A 股解禁限售和股票增发所推动的。自 2006 年解禁以来，市场共释放 24.33 万亿元的流通市值，尤其是 2008 年至 2010 年，解禁市值达到高峰。A 股市场上市公司的增发股票募集资金主要通过定向增发，企业是定向增发的主要配售方，因此，一般法人的持股市值大幅提升。庞大的产业资本对股市的态度也在很大程度上影响了A股的走势，其对上市公司盈利信心的减弱通常伴随着减持潮的出现，对市场容易形成压制。

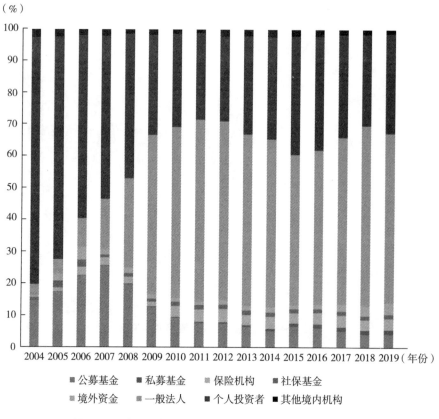

图1-69　流通口径下各部门A股持股市值占比情况演变

资料来源：Wind 数据库。

从流通A股持有比例来看，个人投资者持股市值占比持续回落。2004年至2011年，个人投资者持股市值占比从78%降至27%，随后，占比出现触底反弹。此数值已经低于美国股市近年来的个人投资者持股比例。

境内专业机构整体持有A股流通市值比例正在降低，其中，公募基金占比从

2007 年的 26%一路下降至 2019 年第一季度的 4%。保险机构持股占比在 2010 年达到 4%后基本保持稳定，目前，持有流通股市值仅次于公募基金。社保基金以及私募基金整体占比较小，长期处于 1%的规模。其他机构（包括券商、信托、财务公司等）整体持股比例位于 1%~2%。

境外资金近年来加速入场，是 A 股重要的增量资金，流通股市值占比从 2016 年的 1%上升至 2019 年第一季度的 4%，与保险机构持股规模相当。2016 年至 2018 年，国家外汇管理局对 QFII 制度相关外汇管理进行重大改革，包括完善审慎管理、取消汇出比例限制、取消有关锁定期要求等，极大便利了境外投资者通过 QFII 渠道投资境内金融市场。接下来，随着 A 股纳入国际指数的权重逐步提升，境外资金有望继续提升在 A 股中的流通占比。

第四节　投资者的行为特征分析：以中美两国为例

不同类型的投资者因为其资金来源和投资理念的差异，在股市投资交易时对风险/收益、行业偏好和交易偏好都有明显的不同。为此，本书首先梳理了中国和美国市场的各类投资者的行为特点，同时，针对近年 A 股市场上国际投资者明显扩容的现实，梳理了历史上中国台湾股市的境外投资者，并对当前中国 A 股市场的境外投资者的行为特征及其对市场的影响进行了分析。

一、美国股市的投资者行为特征

1. 美国机构投资者的行为特征

美国机构投资者是美国股票市场真正的活跃者与主导者，从庞大的交易额来看，机构的交易对手主要是机构，美股实际上是机构之间常态化博弈的市场。其中，共同基金以及养老基金是两个机构巨头，2018 年末共同基金直接持有市值占总市值的 22.55%，养老基金直接持股市值的占比为 11.97%。同时，根据北美证券管理协会的数据，2018 年，机构投资者的交易额占总交易额的 96%。由于协会缺少具体细分数据的划分，本章后续将使用 Wind 数据库中提取的数据作为测算依据，以进一步研究在美国股市占据绝对定价权与成交额的机构投资者的具体投资行为。根据测算，2018年，机构投资者交易额占全市场的98%（比北美证券管理协会公布的数据略高），当年换手率为140%（见图1-70）。

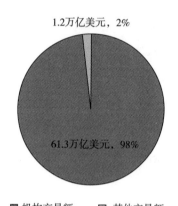

1.2万亿美元，2%

61.3万亿美元，98%

■ 机构交易额　□ 其他交易额

图1-70　2018年全年美股交易额占比

资料来源：Wind数据库。

从各行业成交额及其占比来看，信息技术和可选消费是美国机构投资者交易最为集中和活跃的两个行业板块（见图1-71）。2018年，机构投资者在信息技术板块的交易额达16.5万亿美元，在当年所有机构投资者交易额中占据27%的份额，信息技术板块无疑是美股市场最受机构投资者青睐的板块。可选消费板块全年交易额为12.8万亿美元，在机构投资者交易中占比21%。2018年，交易最冷清的行业板块依次为电信业务、公用事业和房地产，交易额占比分别为1%、2%和3%。

美国机构在头部企业抱团的行为特征非常明显。截至2018年末，以机构持股市值最高的前20家上市公司为例，机构投资者平均持股占比高达69%（见表1-13）。美国股市中的头部公司获得明显溢价，2018年末，机构在这前20家上市公司中持有的市值占机构持有美股总市值的21.77%。美股上市公司在机构投资者主导的市场中展现出强者恒强的特征。

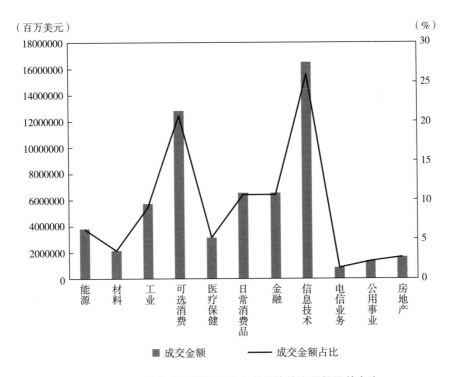

图 1-71 2018 年美国股票机构在各板块的交易额及其占比

资料来源：Wind 数据库。

表 1-13 机构持股市值前 20 的美国上市公司持股情况

公司简称	持股机构数量（家）	机构持股市值（百万美元）	机构持股占比（%）	Wind 行业分类
微软公司	2987	569984.75	73.04	软件与服务
谷歌	4461	487715.78	67.40	软件与服务
苹果公司	2929	444389.42	59.56	技术硬件与设备
亚马逊	2534	413579.16	56.08	零售业
强生公司	2673	233191.96	67.87	医疗保健设备与服务
摩根大通	2387	232918.15	72.84	银行
Facebook	2131	227659.97	60.85	软件与服务
VISA	2124	213042.13	80.77	软件与服务
联合健康集团	1797	206189.88	86.22	医疗保健设备与服务
伯克希尔哈撒韦	2287	185384.60	66.40	保险Ⅱ
辉瑞制药	2323	181136.10	72.59	制药、生物科技与生命科学

续表

公司简称	持股机构数量（家）	机构持股市值（百万美元）	机构持股占比（%）	Wind 行业分类
美国银行	1998	164534.45	69.06	银行
富国银行	1945	162029.47	76.75	银行
埃克森美孚公司	2371	157049.87	54.36	能源 II
威瑞森电信	2172	154143.66	66.35	电信服务 II
美国默克公司	2049	150628.63	76.04	制药、生物科技与生命科学
万事达卡	1666	145524.35	74.82	软件与服务
思科	2191	143174.89	73.49	技术硬件与设备
宝洁公司	2338	142950.54	62.17	家庭与个人用品
英特尔	2299	142102.83	67.05	半导体与半导体生产设备

资料来源：Wind 数据库。

由于 Wind 数据库并未对机构性质进行分类，此处将使用美国联邦储备银行的数据库，选取两个时间段，对比在股市上涨期间以及快速下跌期间美国两大机构投资者及个人投资者持股市值变化的情况（见图 1-72）。

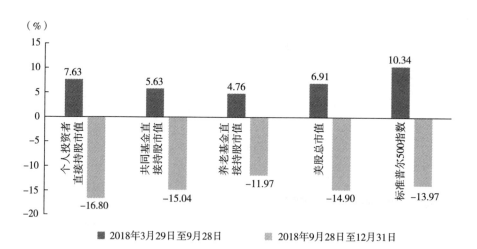

图 1-72 美股上涨和回撤期间，共同基金、养老基金以及个人持股市值变化情况

资料来源：美国投资公司协会。

从 2018 年第一季度末至第三季度末，美国股市总市值实现了平稳增长，涨幅达到了 6.91%，标准普尔 500 指数涨幅达到 10.34%。在此期间，共同基金直接持股市值涨幅为 5.63%，养老基金直接持股市值涨幅为 4.76%，个人投资者直接持股市值涨幅为 7.63%。

从 2018 年第三季度末至第四季度末，美股股市出现快速回撤的现象，总市值跌幅达到 14.9%，标准普尔 500 指数跌幅为 13.97%。此期间共同基金直接持股市值跌幅为 15.04%，养老基金直接持股市值跌幅为 11.97%，个人投资者直接持股市值跌幅为 16.8%。

整体而言，养老基金持股较稳健，无论是上涨期间还是快速回撤期间，市值变化幅度都小于共同基金；相对而言，共同基金仓位调整较为灵活。个人投资者持股市值波动最显著，快速回撤时持有市值跌幅大于标准普尔 500 指数。

2. 美国个人投资者行为特征分析：依赖于专业机构进行投资

数据显示，共同基金已经成为美国个人投资者理财的首选方式。截至 2018 年，共有 9950 万个人投资者持有共同基金。从整体比例上看，共同基金总资产的 89% 直接或者间接（养老金基金）由个人持有。在个人持有金融理财投资比例方面，自 1980 年以来，投入共同基金的比例迅速上升，2000 年后，共同基金的投资占据了个人投资者将近 45% 的金融理财份额（见图 1-73）。此外，截至 2018 年末，在共同基金个人持有者中，新生代（1981 年至 2004 年出生）的美国个人投资者持有 38% 的资产份额。

美国个人投资者群体非常关注共同基金的投资目标及其风险。根据美国投资公司协会 2018 年的调查报告，90% 的共同基金持有者在购买时会考虑基金的投资目标，其中，38% 的持有者认为投资目标是非常重要的。同时，91% 的共同基金家庭持有者会审查基金的风险等级，其中，37% 的持有者认为基金的风险等级是非常重要的（见图 1-74）。

从具体风险与收益偏好上看，美国个人投资者持有共同基金是为了追求更高的利益，并愿意承担更高的风险。共同基金持有者对高风险、高收益的偏好大幅超过个人投资者整体。其中，达到中等以上风险偏好，即愿意承担平均风险以换取平均收益及更高的风险与收益的共同基金持有者比例达到了 79%，大于整体美国个人投资者群体的 55%（见图 1-75）。

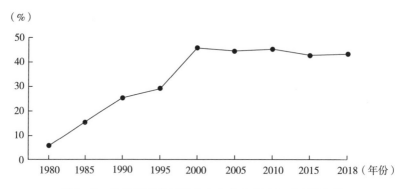

图 1-73　直接持有共同基金占个人总金融理财资产比例

资料来源：美国投资公司协会。

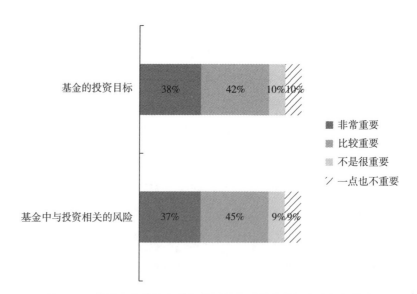

图 1-74　美国个人投资者购买共同基金时关注的投资目标和风险

资料来源：美国投资公司协会。

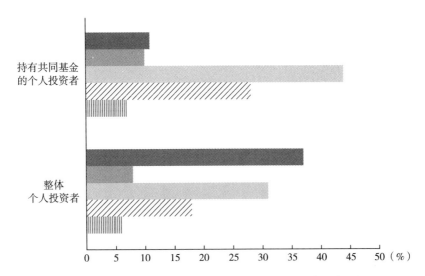

■ 无风险　▨ 较低风险及收益　▨ 平均风险及收益　╱较高风险及收益　▥高风险及收益

图 1-75　选择共同基金的个人投资者的风险及收益偏好

资料来源：美国投资公司协会。

在持有共同基金的个人投资者中，51%的持有人认为，在购买基金时，基金的历史绩效是非常重要的影响因素。88%的持有人表明，他们考虑基金的表现会与一个指标相比较，其中，36%的持有人认为，基准化分析在购买决策时起着重要的影响作用。75%的共同基金持有人看重评级机构为基金设立的等级，其中，20%的持有人认为，基金等级对于购买决策是非常重要的。极少数的家庭持有者会审查等级这部分，因为他们认为，基金已经被理财顾问预先筛选过。因此，在选择基金时，等级并不作为最终的判定标准。

基金费用及支出在选择基金时是一个重要的影响因素，从整体历史数据来看，美国共同基金费用率正在逐年下降。特别是选择偏股型共同基金的个人投资者，更加偏好低费率的基金，他们持有的偏股型基金费用率明显低于整体共同基金费用率，个人投资者的偏好倒逼共同基金压缩费用支出（见图 1-76）。

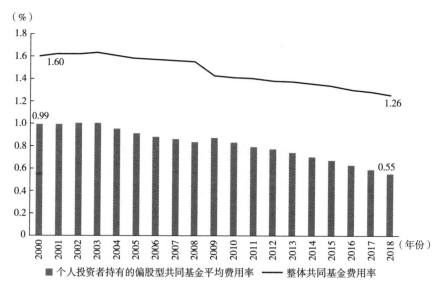

图1-76　个人投资者持有的偏股型共同基金的费用率情况

资料来源：美国投资公司协会。

二、中国 A 股的投资者行为特征分析

1. 近年来中国境内机构投资者的配置偏好

（1）公募基金。

中国境内公募基金具有季度、半年度以及年度考核制度，基金持有者可以清晰地在各个报告期对同类型、同行业各种基金的业绩进行对比。在此压力下，境内公募基金仓位配置实际较为灵活，调仓或者加仓比保险机构资金更为频繁，而且公募基金为了追求业绩弹性以及安全边际，拥有在某个时间段明显的集中抱团加仓行为。根据 Wind 数据库提取的 2014 年至 2019 年公募基金持股比例可以发现，公募基金明显更青睐日常消费板块，其持股比例从 2014 年底的 2.81% 持续上升至 2019 年中的 5.14%。其中，2018 年底至 2019 年中的阶段趋势更为突出，公募基金由于宏观环境的不确定性大幅减仓，除日常消费板块外，其他持股比例都呈现明显的集体下降趋势（见图1-77）。

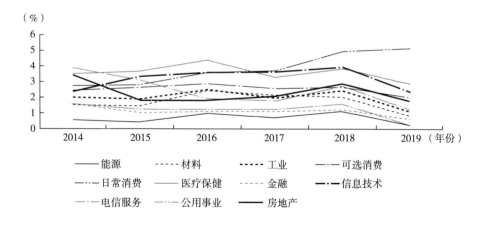

图 1-77　流通口径下公募基金持股比例变化情况

资料来源：Wind 数据库。

近年来，公募基金配置比例较低的行业是公用事业、能源以及金融板块，2019年中持股占比分别为 0.27%、0.25% 和 0.66%。除日常消费板块以外，配置比例相对较高的板块为医疗保健、信息技术、可选消费和房地产，持股占比分别为2.93%、2.4%、2% 和 1.82%。出于业绩弹性的考虑，公募基金明显更偏向于选择成长性更为突出的板块。

（2）保险资金。

由于提供资金方的属性不同（公募基金更多的是个人投资者，而保险资金通常是大机构），与公募基金相比，保险资金在 A 股的投资通常拥有更长的业绩考核年限，但同时也有更高的资金安全需求（见图 1-78）。从 Wind 数据库中提取2014 年至 2018 年的持仓数据，发现保险资金最偏好的板块为房地产，2018 年中，持仓比例逼近 9%。房地产板块是一个兼具成长性以及价值的重资产行业，其中的龙头企业发展非常稳定，因此，其最为符合保险资金的投资要求。除了房地产板块以外，保险资金在 A 股持股比例居前的行业还有金融、医疗保健、日常消费。截至 2018 年中，持股比例分别为 4.12%、4.1%、3.6%。其中，医疗保健加仓幅度较大，从 2015 年中的 1.67% 上升至 2018 年中的 4.1%，其次是日常消费板块，从 2.27% 上升至 3.6%，金融则较为稳定。总体持仓配置比例较后的板块为能源、信息技术、工业，截至 2018 年底，持仓比例分别为 0.29%、1.43%、1.87%。

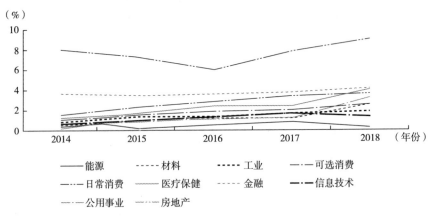

图 1-78 流通口径下保险资金持股比例变化情况

资料来源：Wind 数据库。

2. A 股市场的个人投资者行为特征

（1）近年来 A 股市场新增开户数处于历史低位。

近年来，新增个人投资者开户数量与新增个人信用账户数量均处于历史较低位（见图 1-79、图 1-80）。2018 年 1 月至 2019 年 1 月，平均每月新增个人投资者开户数量约为 78.89 万户，自 2015 年 7 月起已连续 3 年回落；2018 年，个人投资者新增信用账户开户数量不足 20 万户，不足 2015 年高点时新增信用账户开户数量总和的 10%，2018 年，机构投资者共计新增信用账户开户数量已基本与 2015 年持平。整体来看，个人投资者新开户意愿低迷，机构投资者开户意愿仍维持不变。

（万户/月）

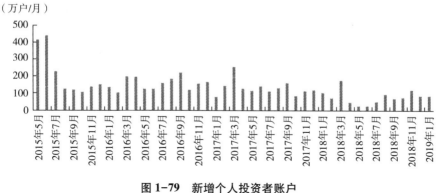

图 1-79　新增个人投资者账户

资料来源：Wind 数据库。

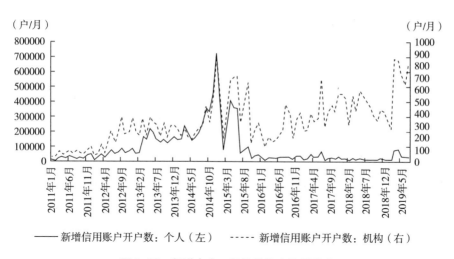

——新增信用账户开户数：个人（左）　------新增信用账户开户数：机构（右）

图 1-80　新增个人、机构投资者信用账户

资料来源：Wind 数据库。

（2）长期占据大部分交易额，连续 3 年净卖出 A 股。

根据上交所 2018 年的统计数据可以得出，个人投资者交易额长期占据全市场交易额度的 80% 以上，是最活跃的参与者（见图 1-81）。整体来看，无论是处于盈利状态还是亏损状态，个人投资者的交易量都占据绝对份额。2015 年至 2017 年，个人投资者连续三年卖出 A 股，累计净卖出额超 5600 亿元。

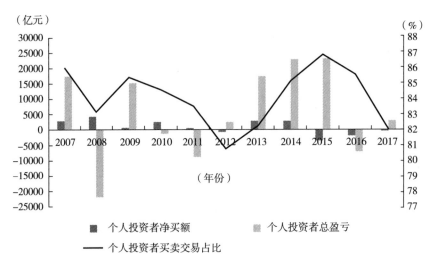

图 1-81　个人投资者交易额占比、总盈亏、净买额情况

资料来源：上海证券交易所。

三、境外投资者扩容对市场稳定性的比较分析

1. 中国台湾股市境外投资者群体扩容的市场影响

境外资金的不断扩容对中国台湾股市的市场规模及市场有效性具有相对正向作用。中国台湾股市可以分为三大阶段：第一阶段为采取外资间接投资证券；第二阶段为准许境外专业投资机构直接投资证券；第三阶段为全面开放外资直接投资证券。从我国台湾股市涨幅波动来看，随着境外投资者的进入，资金的频繁流动，其市场明显扩容，市场的有效性也明显增强，市场波动性加剧。细分来看，从 1983 年 5 月起，中国台湾股市允许境外投资基金通过境内的信托投资公司间接投资，境外所有的投资者持有一家上市公司股份的上限不能超过 10%。在允许境外资金间接投资进入证券市场的基础上，即使经历了 1987 年美国股灾和 1988 年中国台湾征收资本利得税政策的冲击，其股市依旧出现了长时间的大幅上涨。但同时，境外资金的首次进入、内部经济增长率出现持续下滑、外部冲击影响及资本管制的缺陷导致中国台湾股市出现严重泡沫。1990 年 3 月，中国台湾股市泡沫破灭，股价大跌76%。1991 年 1 月，QFII 政策出台（规定境外单个投资者持有一家上市公司股份的

上限不能超过 5%，境外所有投资者持有一家上市公司股份的上限不能超过 10%，
QFII 总额度为 25 亿美元，单个机构的额度为 500 万 ~5000 万美元。同时，本金允
许在 3 个月后汇出）后，台湾股市出现小幅回升。1992 年至 1994 年，中国台湾一
直对境外资金进入台湾股市进行不断调整改进。1994 年 4 月，QFII 在中国台湾股
市的总额度从 50 亿美元提升至 75 亿美元，单个境外合格机构投资额度也在不断提
升。但是 1995 年 2 月台湾地区宣布废除 QFII 额度后，股市开始持续下跌。从上述
的梳理可以明显看出，境外资金的流动不管是对资金流动性还是股价走势都造成了
明显的影响（见图 1-82）。

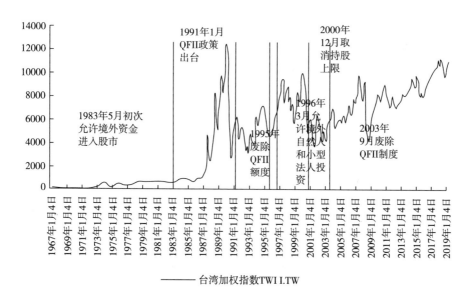

——— 台湾加权指数TWI I.TW

图 1-82　境外资金进入台湾股市所发生的股价波动

资料来源：Wind 数据库、《台湾资本市场的开放历程及对股价的影响》。

1996 年，中国台湾取消本金汇出的限制，同时允许境外自然人和小型法人投
资股市，台湾股市初步纳入 MSCI，纳入因子为 50%。另外，将境外单个投资者持
有一家上市公司的上限不断提升至 25%，单个境外合格的机构投资额度上升至 6 亿
美元。此时，中国台湾股市止跌回升。1998 年至 1999 年，中国台湾对境外资金的
流入控制再次进行调整，为此取消本金和资本利得汇出的限制，同时将单个境外合

格的投资机构额度再次提高至 12 亿美元。进入 2000 年，中国台湾完全取消了境外投资者持有每家上市公司流通上限的限制，纳入因子先后提高至 65%、80%，再次刺激台湾整体股市走势，股价开始回升。

2003 年 9 月，中国台湾废除 QFII 制度，表示所有境外投资者只要在台湾证券交易所登记就可以投资台湾股市。2005 年，中国台湾股市纳入因子提高至 100%，反映出台湾资本市场已经实现完全开放。同时，中国台湾全面开放境外资金直接投资证券。随着境外资金进一步便利流动，台湾地区股价开始持续上涨，开放政策对其起到有效的调节作用。另外，自台湾地区股市全面开放起，其大盘指数与境外机构投资者的交易，即买入和卖出量的变化呈现高度一致的特征。

数据显示，自台湾地区允许境外资金进入以来，其净流入金额呈持续增长态势。自最初境外机构只能通过间接投资我国台湾股市到 1991 年准许 QFII 直接投资，期间的境外资金净流入资金平均每年为 6.6 亿美元。1996 年，中国台湾股市被纳入 MSCI，之后，台湾证券市场开始全面废除 QFII 制度，对境外投资者进行全面开放。如图 1-83 所示，在 1998 年至 2007 年期间，中国台湾股市在此期间年均净流入规模达 142 亿美元，是初期境外资金进入市场的 22 倍。境外资金净流入金额不断扩大，进一步扩容了中国台湾股市参与资金。

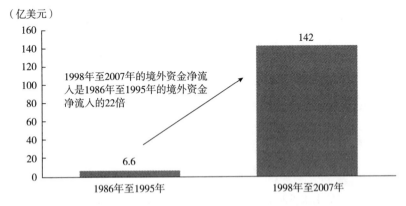

图 1-83　中国台湾两个时期境外资金净流入情况对比

资料来源：Wind 数据库，根据广发证券发展研究中心数据整理得到。

2. 中国大陆境外投资者群体扩容的市场影响

整体而言，境外资金扩容给 A 股带来了稳定的增量资金，但前期扩容速度较慢，直至沪股通以及深股通机制落地，境外资金开始加速流入 A 股，呈现出明显的净流入状态。早期，境外投资者进入 A 股的正规途径只有 QFII 以及 RQFII。2002 年 11 月，中国证券监督管理委员会（简称"证监会"）、中国人民银行和国家外汇管理局联合发布了《合格境外机构投资者境内证券投资管理暂行办法》。自 2003 年起，经过证监会审核通过的境外机构可以在国家外汇管理局设定的额度范围内进入 A 股进行交易。2011 年 11 月，为了进一步引入境外投资者、发展香港的金融中心地位以及促进人民币国际化，人民币合格境外投资者制度（RQFII）也相应建立。

从投资额度上看，总体增长态势较为平稳，QFII 投资额度从 2003 年底的 17 亿美元逐步增加到 2019 年 6 月的 1085 亿美元，RQFII 投资额度从 2013 年底的 1575 亿元人民币增长至 2019 年 6 月的 6812 亿元人民币（见图 1-84）。但从流通口径下

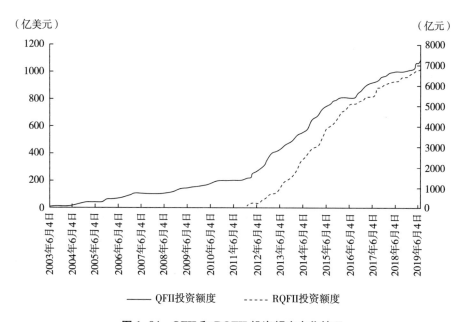

图 1-84　QFII 和 RQFII 投资额度变化情况

资料来源：Wind 数据库。

QFII、RQFII 实际持股市值比例的演变可以得出，这两种模式对境外资金而言还缺乏足够的吸引力和自由度。QFII 持股市值比例除了在 2006 年达到 4%之外，一直长期徘徊于 1%~1.5%，RQFII 则基本保持着 0.2%的比例（见图 1-85）。

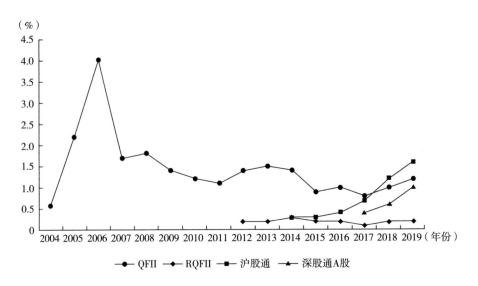

图 1-85　流通口径下境外资金持股市值占比情况

资料来源：Wind 数据库。

为了深化 A 股市场的对外开放以及吸引境外投资者，2014 年 11 月，沪股通机制正式启动，2016 年 12 月，深股通开始启用（见图 1-86）。沪股通与深股通（后文合称陆股通）的建立极大地提高了境外资金进入 A 股市场交易的便利性，因此，在经历短期的适应期后，陆股通迅速成为最受欢迎的境外资金持股方式。沪股通累计净买入从 2014 年 11 月 17 日的 120 亿元迅速增长至 2019 年 8 月 20 日的 4154 亿元，深股通则从 2016 年 12 月 5 日的 26 亿元上升至 2019 年 8 月 20 日的 3286 亿元。流通口径下，截至 2019 年 8 月 19 日，陆股通总共持有 A 股市值为 1.05 万亿元，占据总流通市值份额的 2.4%，已经超过了 QFII 和 RQFII 的总和。其中，沪股通持有市值 6582 亿元，深股通持有市值 3961 亿元。在陆股通机制的促进下，境外资金已经成为 A 股重要的增量资金，持有流通股市值大致与境内保险资金相当。

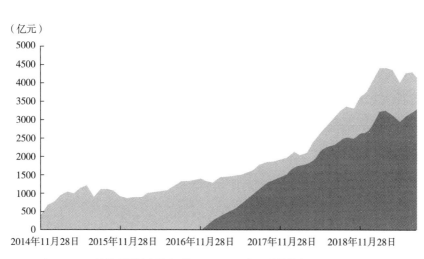

（亿元）

2014年11月28日　2015年11月28日　2016年11月28日　2017年11月28日　2018年11月28日

■ 沪股通累计净买入A股　　　■ 深股通累计净买入A股

图 1-86　QFII、RQFII 投资额度演变

资料来源：Wind 数据库。

3. 近年境外资金在 A 股市场的投资特性分析

（1）QFII 大幅加仓金融板块，其他板块持仓较稳定。

QFII 资金均来源于经过中国证监会审核的合格境外专业机构投资者，除了金融板块以外，其持仓分布都较为均匀。近年来，QFII 迅速加仓 A 股中的金融板块，其持股比例从 2014 年的 0.81% 迅速上升至 2019 年的 10.17%，远远超过其他板块。在持股比例排名前十的个股中，银行股就占据了三个。

除金融以外，医疗保健、可选消费、信息技术是 QFII 资金的三个首选板块，最新持仓比例分别为 1.62%、1.55%、1.54%。持仓比例最低的为公用事业、能源和工业板块，分别为 0.42%、0.75% 和 0.8%（见图 1-87）。2014 年中至 2019 年中，各板块持股比例整体呈稳步提升状态，只有房地产板块出现了较明显的逆趋势，从 2014 年的 1.9% 下降至 2019 年的 1%，回撤幅度较为明显。

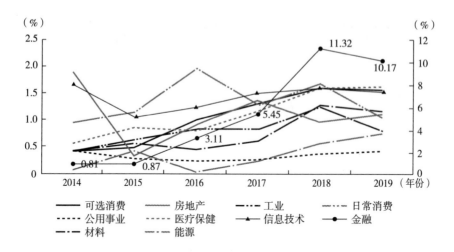

图 1-87　近年来 QFII 持仓比例变化

资料来源：Wind 数据库。

　　从个股选择上看，QFII 除了偏好银行股和各行业龙头股之外，还热衷于持仓市值处于 150 亿元左右的具有成长性的个股（见表 1-14）。

表 1-14　2018 年末 QFII 持股比例排名前十的 A 股

证券简称	QFII 持股比例（%）	净资产收益率（%）	总市值（亿元）	市盈率 PE（TTM）	市净率 PB（LF）	所属 Wind 行业
生益科技	16.33	16.11	213.02	19.76	3.60	电子设备、仪器和元件
宁波银行	15.50	16.22	844.83	7.76	1.38	商业银行
南京银行	14.87	15.26	547.95	5.07	0.85	商业银行
宁德时代	13.66	11.75	1619.92	43.95	5.02	电气设备
北京银行	13.64	10.89	1186.12	5.98	0.70	商业银行
飞科电器	13.27	33.72	166.31	19.43	7.00	家庭耐用消费品
重庆啤酒	12.66	35.00	148.72	37.36	12.81	饮料
海能达	10.97	8.11	144.96	44.61	2.47	通信设备
启明星辰	10.07	16.92	184.36	35.79	5.79	软件
德邦股份	9.60	19.73	158.88	24.52	4.20	航空货运与物流

资料来源：Wind 数据库。

（2）陆股通资金集中抱团白马股，擅长获得超额收益。

截至 2019 年 8 月 20 日，在陆股通资金持股比例前 20 的个股中，陆股通资金持有流通股的比例均超过了 20%（见图 1-88）。以 2017 年 1 月 2 日至 2019 年 8 月 20 日为时间区间，除了方正证券股份有限公司以外，所有陆股通重仓股都取得了超额收益。其中，中国中免、海天味业、贵州茅台、上海机场、爱尔眼科的超额收益均超过了 200%。

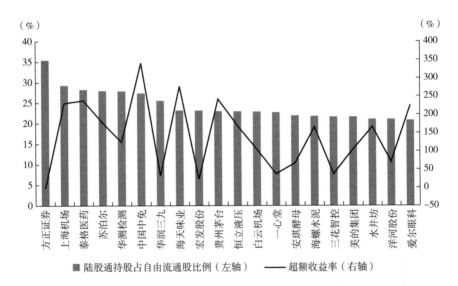

图 1-88　陆股通持仓前 20 的个股占自由流通股的比例及其超额收益情况

资料来源：Wind 数据库。

第五节　改善 A 股市场投资者结构的政策建议

从前述的比较分析可以看出，机构投资者成为股市的主导力量是市场发展成熟的标志。A 股市场的投资者存在明显的散户占比过高、机构力量不足且尤其缺乏能对市场起到稳定作用的大资金机构等明显问题，这是 A 股市场运行稳定性不足的一个重要原因。深入分析造成上述特征的深层次症结，我们认为，未来如下六个方面仍有较大的改进完善空间：

第一，A 股市场赚钱效应不明显，未来需要从更宏观的政策层面入手，改进上市公司结构，以增进 A 股市场的长期投资价值。相比于美国市场，中国经济的发展阶段、经济体制因素导致中国上市公司的利润过度集中于财政税收及金融行业，造成的一个直接结果就是 A 股市场内经济支柱产业在经济结构中的代表性不强，当前仍然缺乏一个体量巨大且具有高成长性的优质企业集群，这个培育需要资本市场之外的长期努力。

比较中国 A 股、港股和美国、日本、英国、德国等国家和地区股市的整体情况。从股票的现金股息率角度看，统计数据显示，2009 年至 2018 年，A 股市场的平均现金股息率为 2.25%，略低于美股的年平均值 2.57%，但高于港股的年平均值 2.03%。从现金股利支付率来看，2009 年至 2018 年，A 股的平均值为 31.27%，低于美股的 47.51%，但高于港股的 14.35%。因而，从股市的整体情况看，似乎 A 股市场的走势与上市公司基本面没有太大关系。但从股利支付的稳定性和支付的方式来看，中国 A 股市场的股利支付波动较大，股利分配方式频繁改变，无法保证分红的持续性和稳定性，部分上市公司甚至为达到再融资标准而分红。

通过深入分析美国、英国、德国、日本，以及中国上交所、深交所和香港股票市场的上市公司盈利和市值的关系发现，相关国际市场中的头部公司贡献了超过 80% 的净利润，上市公司整体的平均亏损率超过 22%[1]；7.2% 的大公司贡献了 66.5% 的市值；10% 的头部公司贡献了 45% 的交易量；除沪深以外的六个交易所头部公司的换手率均值为 62.5%，是尾部公司换手率均值的 2 倍[2]。

进一步分析头部公司的结构，以数字新媒体产业（TMT）和生物医药行业为新经济产业代表，数据分析表明，在 8 个国际主要交易所中，平均 27% 的头部公司属

---

[1] 以深圳证券交易所为例，头部公司三年净利润的平均占比约为 66%，明显低于上述市场。在亏损率方面，上交所和深交所的上市公司亏损率都不到 10%。

[2] 沪深两市的换手率特征显著异于这些市场，统计数据表明，中国 A 股的换手率整体水平远高于其他市场，且尾部公司的换手率远超头部和中间位置的上市公司。这可能与 A 股市场对各种噱头信息的投机氛围浓厚有密切关系。

于新兴产业，其中，纳斯达克证券交易所头部公司的60%属于新经济产业，市值占比高达91%。相比之下，中国A股深交所的占比虽然相对较高（40%），但市值占比有待提升（32%）。上交所的新经济公司数量占比仅为13%，市值占比仅为6%。因而，中国A股市场头部公司的盈利能力对经济发展趋势的高成长性引领作用仍有待改进。当前A股市场仍然是银行金融类、消费类和重资产类的公司为主要头部公司群体，其成长性和利润增长的空间较为确定，难以对风险偏好高、追求高收益的投资者产生持续的吸引力。只有当A股市场涌现出大量能代表中国经济转型方向的、具有大体量市值、高成长性的优质上市公司群体时，A股市场的赚钱能力才能更加凸显，才能更加吸引秉持长期投资价值的投资者群体参与。

第二，着力培育和鼓励大体量资金机构进入股市。养老金等大体量、长周期资金的规模严重不足，是中国经济高速发展阶段存在的短板，也是造成中国股市投资者结构问题突出的重要原因，未来需要通过多方面力量来补齐这一短板。众所周知，当散户占比过高时，由于羊群效应等原因，市场容易出现集中拥挤交易的现象，会导致股市波幅加大。从主要国际市场的比较分析可以明显看出，伴随着一国股市的发展成熟，个人投资者持股比例持续下降、机构投资者持股比例上升是一个共同趋势，这也是市场稳定运行的一个重要基础。由于A股市场散户的交易占比过高，加之市场存在的涨跌停板制度以及做空工具缺乏问题，更容易造成股市牛短熊长和股指的暴涨暴跌。

中国A股市场赚钱效应不明显，加之信托投资文化的培育仍需时日，散户投资者对公募基金的热情相对有限，导致境内公募基金规模始终未能快速成长为股市稳定的中坚力量。如前面的第二节所述，从A股市场的公募基金仅2万亿元的规模和4.3%的流通市值占比来看，中国的公募基金规模远不能承担"大机构基金稳定市场"的角色，且由于公募基金的资金很大一部分来源于个人投资者，整体资金的可投资期限较短，基金管理者面临的赎回压力较大，相应地，公募基金投资期限会受到明显约束。加之对公募基金的相关考核期限的规定约束，很多时候公募基金的行为甚至有"散户化"的倾向。

从前述的比较分析尤其是美国的市场发展历程来看，最适合做市场稳定资金的非养老基金莫属。以美国为比较对象，美国的养老保险体系由三根支柱组成，分别是社会保障计划（基本养老金）、职业年金计划和个人储蓄养老金计划。美国以其三大支柱构建起来的养老金体系，资金规模巨大，且资金的可投资期限很长。最新的公开数据显示，2018 年底，美国养老金规模超过 24 万亿美元，是美国 GDP 的120%，其中，投向股市的市值超过 5.7 万亿美元，占美股市值的 12% 以上。

相比之下，在这方面，中国仍然存在较大的短板。2019 年 4 月 19 日，中国社会科学院世界社保研究中心发布的最新数据显示，中国的养老金余额仅为 6 万亿元，占同期 GDP 的比重约为 6.7%。其中，基本养老保险（所谓的"第一支柱"）存量约为 4.4 万亿元；企业年金和职业年金（所谓的"第二支柱"）存量余额约为 1.6 万亿元；个人商业养老金（所谓的"第三支柱"）处于刚刚起步的阶段，占比可以忽略不计。相关券商的数据挖掘分析显示，从上市公司披露的十大（流通）股东的数据来看，截至 2018 年第三季度，社保基金共持有 561 只个股，规模达 2141 亿元，占 A 股流通市值的 0.54%。事实上，尽管当前中国养老金存量规模相较于美国等发达国家而言严重落后，但从 6 万亿元存量养老金中已入市的资金规模来看，不足存量养老基金余额的 3%。这表明，养老金入市积极性不高，可能是由于 A 股市场缺乏足够的吸引力来激励养老金入市参与，换言之，A 股市场的赚钱效应不足可能是一个更加基本的问题。

因而，未来中国 A 股市场投资者结构的改善同时依赖如下两个方面的改进：其一，政府部门能否通过资本市场制度以外的多维度制度改进（包括资源要素的市场化改革、扩大企业的可盈利市场、减少企业成本负担、增厚利润空间等），推动更多头部上市公司群体的基本面进一步优化结构，为投资者参与市场提供良好的赚钱效应；其二，在此基础上激励更大体量的机构投资者基金，如公募基金、养老基金等入市参与投资（以及未来有必要通过划拨国有股份等方式进一步扩大养老基金等社保基金的规模）。这两个方面可以相互助长，形成良性循环，进而推动中国 A 股市场进入良性发展的路径。

第三，有必要继续扩大 A 股市场的境外合格投资者资金规模。时至今日，境外资金在经过 2018 年下半年至 2019 年上半年的显著扩容以后，依然只持有 A 股流通市值 1.62 万亿元，占流通市值的 3.6%，相较于前文中、美、德、日和中国香港及中国台湾股市的境外机构投资者占比而言，是大幅落后的。因而，2019 年 3 月 MS-CI 宣布将中国 A 股在 MSCI 全球基准指数中的纳入因子扩大至 20%，且境外资金流入 A 股的积极性在明显增强，但这只是 A 股市场投资者结构国际化的起点，未来有必要进一步鼓励境外合格投资者参与 A 股市场。一方面，境外投资者的涌入可以提振现有各类存量投资者对 A 股市场走势的信心；另一方面，相关境外投资者的投资理念成熟，注重长期价值投资，其近期在 A 股市场上所表现出来的专业的择股和择时操作能力以及令人信服的盈利绩效可以为境内各类投资者树立较好的交易操作示范，有利于各类投资者从基本面分析入手进行理性决策，而非脱离企业基本面去频繁进行"击鼓传花式"的对赌博弈。

第四，完善金融产品供应，适当放宽交易规则约束，让机构投资者有更多工具和交易方式参与市场交易。相对于散户投资者而言，机构投资者对市场各类金融产品的理解更加准确（知道何时用哪种产品去实现交易操作的目的），其交易行为更加策略化（管理者自身的专业技能和经验，以及公司内外部的考核约束），具备更高的专业水平以及更有效进行风险管理和对冲头寸的能力。因而，放宽部分有利于市场价格发现功能的金融产品（如股指期货等），以及作为避险对冲等投资策略的相应金融衍生品工具，一方面，可以让机构更好发挥发现价值功能，进而促进市场的稳定；另一方面，相对稳定的市场可以让机构投资者更能运用其专业能力进行择股择时操作，而非频繁被散户投资者的羊群效应所裹挟，有望获得更加可观的投资回报。一旦机构投资者的长期回报率水平和波动显示出较好的吸引力，更多散户投资者可能更乐于将资金投向各类机构投资者，这有利于机构投资者资金规模的壮大。

因而，监管部门可能需要重新思考投资者在交易工具上的公平性原则。从长远的角度看，能被各类机构投资者接受而散户投资者难以承担成本的避险对冲的金融衍生品工具可能更有利于保护散户投资者（鼓励其通过机构间接参与股市，而非直接入市非理性炒股）。当然，从相关改进措施的次序来看，放宽能让机构更加便利使用的相关金融衍生品工具，可能需要建立在股市整体的基本面有实质性改善的基础上。否则，如果一个市场缺乏长期投资的价值，可供机构选择的工具越多，其对相对弱势的散户的收割力度和方式就越激进。

第五，在个人投资者方面，监管部门需要适度转变监管理念，进而改进相关交易规则，鼓励个人投资者以合理的方式理性参与股市。比较中国和美国两个国家的股市，在持股份额方面，中美实际差距较小，并不是导致结构差异的主要因素。近年来，A 股个人投资者持股占比已经在 30% 左右企稳，略低于美股 36% 的水平，进一步下行的空间已经较小，但值得关注的是，中国 A 股市场的散户交易占比畸高的问题。如前文所分析的，美国股市的散户投资者很多都是通过共同基金等方式间接参与股市的。因而，对于 A 股市场而言，未来值得思考的是如何改进交易规则，引导散户投资者理性投资，扭转境内个人投资者频繁换手交易的弊病。自然需要继续加强对境内投资者的金融理财知识教育，通过长期在全体国民范围内普及投资理财的通识教育，提高国民正确认知投资股市的风险和盈利机会。另外，在境内散户过度热衷于交易对赌等非理性行为的当前阶段，交易换手流动性过高不一定是好事。相关政府部门需要更加超脱于股指的涨跌，一方面，需要经常对外发布全市场交易及盈利状况的分析结果，教育、警示散户等整体相对弱势的投资者群体；另一方面，相关监管部门需要从理念上摒弃父爱主义的监管思维，可以思考如何设计相关的制度规则，让不适合高风险的投资者适度从股市离场，或者引导其通过公募基金等方式间接参与股市，以减小个人投资者在同比状态下的整体亏损规模。防止从保护散户的初衷去制定更多能让游资等机构利用的制度规则去围猎散户等弱势投资群体。好的投资者保护规则和市场交易规则能让各类投资者根据自己的实际情况（财务状况、资金期限和知识素养等），自动分层分流，选择不同的市场、不同的渠道（直接入市投资，或者以购买基金等产品形式间接入市）去参与资本市场，而非一味地以保护个人投资者的名义去约束限制市场，进而让整个社会弥漫着一种股市投资风险低、股市如赌场、政府不会不管股指大跌等社会认知氛围。

第六，创新税收激励机制，合理引导个人投资者。当前，中国 A 股市场仍缺乏鼓励个人投资者通过机构间接参与股市的各种税收机制。比如，当前中国缺乏税收延递和资本利得税等税收激励制度来鼓励散户投资者通过机构投资者间接参与市场。事实上，在美国股市的发展历程中，通过个人退休计划（IRAs）对散户投资者实行税收延递和免税等多种税收优惠，以及通过鼓励参与者灵活缴费，和 401（k）与 IRA 账户之间的灵活转移机制，极大地鼓励了普通个人投资者参与养老金计划投资股市的热情，并在历史上对美股的投资者结构改善起到了良好的助推作用。

另外，由于历史原因，我国一直未开征股市投资的资本利得税。但在散户投资者交易占比过高、A 股市场交易换手率过高、散户亏损面较大同时存在的背景下，在培育上市公司提升赚钱效应的基础上，是否有必要综合考虑开征资本利得税和实行差异化的印花税，以及对不同类型的投资者实行差异化的税收税率等，以此引导散户投资者培育良好的投资交易习惯，鼓励散户投资者通过机构投资者间接参与股市。这可能既有利于更加根本性地保护个人投资者利益（少参与、少交易，进而少亏钱），又有利于改善当前 A 股市场的投资者结构（散户投资者的资金分流到公募基金等机构投资者，推动机构投资者规模扩容）。

第二章 股票市场财富效应研究

在中国经济步入以国内大循环为主体、国内国际双循环相互促进的新发展格局背景下，推动实体企业从过度依赖商业银行间接融资转向更加依靠股票市场直接融资，既有利于防范化解前期累积的系统性金融风险，又有利于企业部门提升自主创新能力。同时，一个有效的股票市场还要能提高投资者的投资性收入，而投资者的财富增加将会对家庭部门消费、企业部门投资的边际倾向产生正面影响，进而体现为宏观经济学意义上的财富效应。

我国的股票市场是否具有宏观经济学意义上的财富效应，以及投资者是否愿意参与股票市场活动，主要取决于股票市场是否能为投资者提供可观的投资回报。因此，考察我国股票市场的财富效应，除了要分析股票市场对宏观经济变量（消费、投资等）的影响，还要分析股票市场能否为投资者带来财富的增值。这是投资者最为关切的问题，也是研究股票市场财富效应的核心问题。同时，从我国股票市场的多年实践效果来看，我国上市公司经营利润向股东回报的转变过程仍受到诸多不利因素的影响，这些问题值得深入探讨。

鉴于此，本章简要分析了A股市场宏观经济层面的财富效应，并以美国股市为参照，深入分析了影响投资者参与我国股票市场、获得投资回报的两大主要途径——资本利得和股利支付的相关因素，并基于上述研究结论，提出了相应的改善我国股票市场财富效应的政策建议。

第一节 导言

一、选题背景与研究意义

新冠肺炎疫情在全球蔓延，大国博弈加剧，世界正经历百年未有之大变局。充分发挥中国经济产业体系完备、国内需求市场规模巨大的优势，助力中国经济更快地转向创新驱动增长方式，推动中国经济逐步形成以国内大循环为主体、国内国际双循环相互促进的新发展格局，这离不开创新风险容忍程度更高、更能创造价值的股票市场的支持。同时，从系统性金融风险防控的角度看，推动实体企业部门从过度依赖商业银行间接融资转向更加依靠股票市场直接融资，能有效降低我国实体经济部门的杠杆率水平，有利于防范化解前期累积的系统性金融风险。因而，培育一个成熟、发达的股票市场，既有利于更好发挥股票市场的财富效应功能，又有利于降低企业融资成本，激发企业创新活力，提高中国经济增长的含金量。与此同时，投资者参与股市获得投资回报，将会对家庭部门的消费、企业部门投资的边际倾向产生正面影响，体现为宏观经济学意义上的财富效应。

我国的股票市场是否具有宏观经济学意义上的财富效应，以及投资者是否愿意参与股票市场活动，主要取决于股票市场是否能为投资者提供可观的投资回报。因此，考察我国股票市场的财富效应，除了要分析股票市场对宏观经济变量（消费、投资等）的影响，还要分析股票市场能否为投资者带来财富的增值。这是投资者最为关心的问题，也是研究股票市场财富效应的核心问题。

从研究意义上看，企业将股票市场融资用于企业生产经营，并将企业利润以多种方式反馈给投资者，让投资者获得投资收益，实现财富增长，这是投资者持续积极参与股票市场、愿意为企业提供资金支持的基本动机。因此，在深入分析的基础上，探讨如何增强股票市场的财富效应有利于鼓励投资者进行长期价值投资，有助于纠正 A 股市场长期存在的二级市场重投机轻投资的弊病。同时，从长远的角度看，分析中国股票市场的财富效应也有利于诊断影响我国直接融资市场发展空间和未来国内国际双循环发展格局的重要因素，并据此提出针对性的改进建议。

考虑到 A 股市场牛短熊长的基本事实，基于资本利得渠道的财富效应可能并不明显。因而，可能需要将较多的关注点放在企业的分红回报等方面。从影响企业收益转变为投资者的投资回报的因素来看，主要包括以下五个方面的内容：一是公司管理层是否有意愿将收益展现出来，并以股东利益为中心形成股东回报，一方面要防止管理层侵占股东财富，另一方面要激励管理层；二是大股东有动机侵占小股东利益，因为二级市场投资者相对于原始股东均处于信息劣势地位，小股东难以对大股东的行为进行有效监督；三是股利政策是否具有稳定性，不稳定的股利政策将会引发公司内部产生过度投资或投资不足的问题，进一步降低股东的股利所得；四是股票市场本身是否有效，如果股票市场处于相对有效的水平，股票市场的价值发现机制能够根据信息不对称程度对资产价格进行合理定价，从而有效约束上市公司强化信息不对称的动机，起到缓解管理层和股东、大股东和小股东之间利益冲突的作用；五是宏观经济和股票市场环境是否有利于企业获得稳定的收益，这成为上市公司在企业经营、内部治理、股票市场活动方面的宏观背景环境。

从我国股票市场的多年实践效果来看，我国上市公司经营利润向股东回报的转变过程受到了诸多不利因素的影响，这些问题值得深入探讨。因而，在本章研究中，我们将美国股票市场作为参照，探析美国股票市场财富效应的基本特征及其相关制度设计对中国股票市场的借鉴意义。最后，基于研究结论，提出改善我国股票市场财富效应的相关政策建议。

二、研究框架与报告结构

本章围绕如下内容展开研究：首先，辨析我国股票市场财富效应的主要模式及其之间的关系；其次，梳理我国股利监管政策和相关税收政策的变迁历程，试图探讨我国监管当局监管思路的演变逻辑；再次，从财富效应的消费效应、资本利得和股利支付三个维度对中美股票市场财富效应进行对比分析，并对我国股票市场财富效应的特点进行深入探讨；又次，对影响我国股票市场财富效应的机制展开分析；最后，根据研究结论，提出有针对性的政策建议。本章的研究框架如图 2-1 所示。

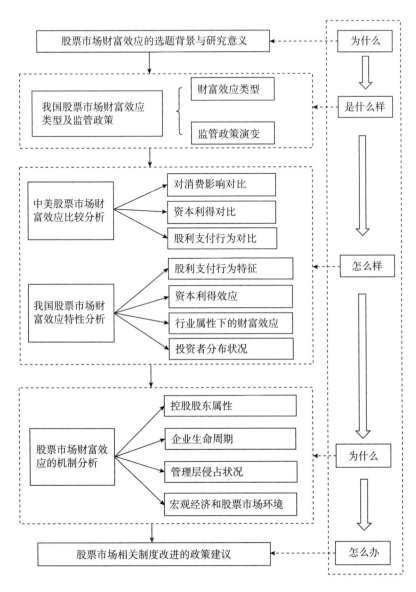

图 2-1　研究思路框架

本章各部分的主要内容如下：

第一节是导言。作为全章开篇，本节提出研究背景和研究意义，并分门别类地对现有相关文献进行了系统性整理，并对课题的研究框架、研究方法和行文结构进行了说明，指出了本章的研究意义和可能的边际贡献。

第二节是我国股票市场财富效应类型和监管政策。主要分析了我国股票市场财富效应的类型，以及监管和税收政策的演变逻辑，对股票市场财富效应类型及其内在联系进行了描绘，然后对我国股利监管政策和相关的税收政策的发展历程和演变逻辑进行了详细梳理，明确了以股利支付行为为代表的股票市场财富效应的政策环境。

第三节是中美股票市场财富效应比较分析。主要从财富效应对消费的影响、中美股票市场资本利得和股利支付行为的比较分析入手，全方位地比较分析了中美股票市场财富效应的异同点。

第四节是我国股票市场财富效应特性分析。从股利支付和资本利得两方面入手，从总体样本、板块、时间区间、行业属性四个维度对股票市场财富效应的模式展开分析，从而对我国股票市场财富效应的特征事实进行了全方位、多视角的观测，同时探讨了股票市场财富在投资者之间的分布状况。

第五节是影响我国股票市场财富效应的机制分析。基于第四节对特征事实的梳理，从公司治理特征、公司财务特征、宏观经济和股票市场环境角度对我国股票市场财富效应变化机制进行剖析，从而分析出影响我国财富效应表现形式的内外部原因的机理和特征。

第六节是增强我国股票市场财富效应的政策建议。本节在前文分析的基础上，进一步探讨了影响我国股票市场财富效应的相关症结问题，并提出了针对性的政策建议供监管部门参考。

三、相关研究文献回顾

现有文献对上市公司以股利支付行为为代表的股票市场财富效应进行了大量研究，本书在对现有相关文献进行梳理的过程中，将其划分为三种类型，即与外部制度环境有关的文献、与公司经营特征有关的文献、与公司治理有关的文献，接下来本小节将从这三个方面对现有文献进行回顾。

1. 与外部制度环境有关的文献

外部投资者的环境保护和内部治理均是重要的股利支付动因，当内部治理机制不完善时，需要依靠外部投资者的保护来提升治理。Porta 等（2000）首次将法律保护纳入股利研究之中，研究发现，公司治理的改善能够提高现金股利发放力度。Faccio 等（2001）采用类似的方法对东亚、西欧的样本进行了检验，研究发现，西欧的产权结构与东亚相比具有更强的法律保护效力。如果公司股权集中，股利分配就会较弱，为了维护股东的收益权，提高股利分配，就需要引入一定程度的外部机制来完善治理状况，因此，完善法律保护机制能促进股利分配。

我国学者在法律与金融框架下研究了法规对股利支付行为的影响。袁振兴和杨树娥（2006）利用中国数据对投资者保护与现金分配政策之间的关系进行了研究，发现中国股利分配与中小股东法律保护环境的关系在不同阶段呈现出差异化特点，在外部法律保护环境较好的阶段，现金股利与法律保护的关系适用于结果理论；在法律保护环境比较弱的阶段，现金股利分配更符合替代理论，此时，股利充当了一种治理手段。侯青川等（2017）对 2007 年至 2014 年上市公司的样本数据进行分析，发现卖空机制可以发挥保护中小股东权益的作用，能对大股东的利益攫取行为进行有效抑制，提高公司治理水平，促进现金股利分配。

相关文献表明，内部治理和外部治理对公司作用具有替代效果，当内部治理难以对公司发挥作用机制时，公司往往会倾向于利用来自外部的法律环境因素来替代缺失的内部保护。面对我国金融市场中存在的分红难题，监管部门发布了半强制分红政策，将现金股利分配与企业再融资相关联，以促进企业股利支付。张跃文（2012）利用中国 2000 年至 2010 年的数据，分析了半强制分红政策对公司股利分配的影响效应，发现股利分配水平在政策发布后有所提高，公司为了满足融资规定也更愿意向股东支付股利。陈云玲（2014）通过事件研究发现，为了满足政策要求，公司需要在融资之前使股利支付水平迅速提高。

2. 与公司经营特征有关的文献

许多学者都从公司特征出发研究了现金股利的影响因素，并形成了成熟的研究结论，本部分整理了公司特征研究中较为集中的公司盈利能力、经营现金流状况、公司规模以及成长性对现金股利影响的相关研究。

在盈利能力方面，魏刚（2000）指出，决定公司是否进行现金股利分配以及股利支付率高低的主要因素并非公司目前利润率水平的高低，而是公司是否具备持续的成长性和盈利能力。吕长江（2002）对公司规模、股东利益、盈利能力等多个因素进行分析，结果表明，公司是否具备持续的盈利能力是决定公司股利分配的最重要因素，且两者存在显著的正相关关系。吴超鹏和张媛（2017）发现，持续的盈利能力以及盈利水平不仅影响公司的股利分配政策，还影响股利支付率水平。

在经营现金流方面，杨淑娥等（2000）的研究发现，公司现金流水平的提高促进了公司分配股利的意愿和能力的提高。王帆等（2016）的研究表明，现金流是公司分配股利的主要资金来源，现金流水平的高低直接决定着公司的股利分配政策及股利支付率水平。

在公司规模方面，刘淑莲等（2003）的研究表明，大型公司通常有更高的现金股利支付水平。但目前学界对此还未形成一致结论，部分学者认为，公司规模与股利分配政策并没有直接关联；还有部分学者认为，公司规模与股利分配政策之间是反向抑制而非正向促进的关系。伍利娜等（2003）发现，公司规模与股利分配之间存在反向的抑制作用，即资产规模较大的公司有更低的股利分配意愿和更低的股利支付水平。

在企业成长性方面，Jensen 和 Meckling（1976）的研究表明，公司的成长性与现金股利分配之间是反向抑制关系。一般处于成长期的企业资金需求较大，而且其拥有更多期望回报率较高的投资机会，所以，多数成长期的企业在资金分配时都会选择对公司发展更有益处的投资项目而非分配现金股利。此外，股东也会从长期利益出发，支持成长期企业的投资活动。宋福铁等（2010）和廖珂等（2018）的研究表明，由于分配股利不仅能向外界传递正面信息，树立良好形象，还能慰藉投资者，所以，公司在发展趋于稳定、市场地位牢固时，更愿意将闲置资金用于股利分配。

3. 与公司治理有关的文献

已有文献分别从治理总体水平和公司股权结构两个方面对现金股利的影响进行

了大量的跨国经验研究。本部分先整理了公司治理整体水平对现金股利的影响，然后从股权结构角度出发，梳理了公司内部治理与现金股利关系的相关文献，经过上述两个部分后，完成公司治理对现金股利的影响因素的文献整理。

在公司治理整体水平对现金股利发放影响方面，部分文献研究发现，公司具有较好的治理水平将会对现金股利发放形成正面影响。Jiraporn等（2011）在股利"结果"模型与"替代"模型理论基础上，证明了公司治理的改善会提高现金股利的发放。肖作平等（2012）和刘银国等（2018）通过对中国上市公司的数据进行分析，发现较好的公司治理具有抑制管理层一些不当投资的作用，从而对现金股利起到促进作用。相反，部分学者通过研究分析表明，公司治理可能降低股利分配。John等（2006）通过对公司内部及外部的治理能力进行衡量，分析股利分配之间的关系，其结果显示，治理好的公司并没有治理不理想的公司的股利分配情况好。肖珉（2010）通过对中国上市公司数据进行分析，发现股利分配为大股东瓜分中小股东利益提供了机会，从而形成了一种私利的方式。

在股权结构对公司现金股利发放影响方面，原红旗（2001）及陈信元等（2003）通过研究表明，股权集中度越高，股利分配越高，因此，股利分配成为大股东获利的重要来源，也是掠夺公司利益的途径。余明桂等（2004）和侯青川等（2017）认为，大股东依靠自身持股比例较高等优势，制定较高的股利分配政策，获得更高的利益。刘峰和贺建刚（2004）的研究表明，在高股权集中的背景下，大股东将会依靠分配获得利益，而在股权集中度较分散的背景下，则会通过租赁、占用等手段进行获利。陈洪涛和黄国良（2005）认为，在股权集中度较高的背景下，大股东通过损害公司整体利益来满足个人私利的可能性较大。

在产权性质对公司现金股利发放影响方面，现有文献以中国新兴加转轨的制度为背景，发现企业微观制度下的产权性质对上市公司的股利政策具有一定影响，因国有企业兼具政治经济责任，其股利分配水平相对较高。其中，股权集中度越高，其股利分配的意愿及水平相应提高。魏刚和蒋义宏（2001）对此进行深入研究，证明了公司如果是国有性质或者法人持股比例较大，则能显著促进股利分配。武晓春

（2003）利用中国公司的数据对客户效应理论进行了论证，结果表明，相比于非国有企业，国有企业拥有更高的股利分配水平。宋玉等（2007）和王化成等（2007）的研究发现，在不同产权背景下，公司的股利分配政策存在显著差异，非国有企业的股利支付能力及股利分配水平均弱于国有企业。

四、研究方法与创新点

本章主要采用以下研究手段和方法：

（1）统计分析法。从不同维度对 A 股数据进行归类，构建多类型的统计量指标，按课题需求对不同指标的时间序列和统计指标进行展示，从而分析出统计数据的相关性和差异性。

（2）比较分析法。参照以美国为代表的国际经验，将 A 股特征与美国特征事实进行对比，分析出 A 股市场的优势与不足。

（3）逻辑演绎法。从研究出的特征事实出发，结合现有的经济学理论，对特征事实背后的机理进行深入分析，得出更为科学可靠的研究结论。

本章的主要创新之处在于：

第一，从企业治理、企业经营、外部经济金融环境三个层面对股票市场财富效应的内外机理展开探讨，突出研究的理论价值。

第二，根据 A 股市场的实际情况，深入分析股利支付行为和我国股票市场财富效应的关系，突出研究的实用导向性。

第三，与美股市场的实际情况进行比较分析，并有针对性地探究两个市场表现差异的根本症结，突出研究结论和政策建议的科学合理性。

第二节　我国股票市场财富效应类型和监管政策

一、我国股票市场上的财富效应类型

企业投资收益转化为企业持有者的收益主要包括两种方式，分别是股利发放和因股价波动而形成的资本利得。我国股票市场的资本利得收益较弱，且不易受监管部门的调控，而股利发放则与之相反，它不仅是公司反馈给股东投资回报的重要手段，还是企业估值的基础。股利是股份公司将利润按股票份额持有比例返还给股东的投资回报，在分配方式上主要包括现金股利和股票股利。不同股利政策在企业资产负债表和企业营运模式上存在不同表现形式。

现金股利是上市公司将当年利润在提取公积金后支付给股东的部分，未支付的部分留存在公司内部成为未分配利润。现金股利和未分配利润之间存在此消彼长的关系，并且会改变企业的现金留存数量和资产规模。现金股利是股东获得投资收益的最直接形式，也是上市公司估值的基础。企业发放现金股利将会向市场展现出企业具有盈利能力，并且愿意将投资收益反馈给投资者的形象。但从融资角度来看，内源融资是企业融资的优先级，发放现金股利将会削弱企业内源融资的能力，推升企业融资成本，可能会让市场产生企业经营扩张能力有限的印象。因此，对于不同类型和不同成长阶段的公司，现金股利政策存在较大差异。

股票股利存在两种表现形式，分别是送红股和转增股本。这两者的共同特点是没有改变企业总资产规模，而是在所有者权益内部出现了结构性的调整，并且增加了企业的股本数量。股票股利在增加股东股本数量的同时，没有减少企业可用资金规模，较好地维持了企业原有的流动性。两者的差异在于所有者权益内部的变动方式不一致，送红股是将留存收益转化为红股，即送红股将会减少公司的留存收益，然后在股本规模上获得相同额度的增加。转增股本是通过减少资本公积和盈余公积的方式增加企业股本数量的。留存收益主要由企业前期的经营行为决定，而资本公积则来自企业上市过程中的高溢价，我国发行制度一般会让上市企业拥有较高的资本公积，这在很大程度上影响了我国上市公司的股票股利政策的选择。与现金股利政策相比，股票股利并没有直接增加股东的财富，仅仅改变了所有者权益的内部结构，增加了股东的股票持有量，但这可能会影响二级市场的股价走势，从而对股东财富产生间接影响。

总体来看，现金股利和股票股利在本质特征、支付形式、实施条件上均存在较大差异，对企业形象和经营行为均会产生直接的影响。这两种股利发放模式在我国股票市场上普遍存在，我国监管机构在长期实践中也在不断探索最优的监管模式。

二、股利监管政策的演变历程

我国股票市场从成立至今只运行了三十余年，总体上还处于不成熟阶段，上市公司的股利政策运行机制尚不成熟，投资者倾向于博取资本利得，时常忽视了股利才是上市公司估值的基础。我国股票市场早期对股利政策的关注度总体较低，这使我国监管部门多次调整股票市场股利政策监管模式，从而对上市公司股利发放模式进行引导和塑造。

我国股利监管政策主要经历了三个阶段（见图2-2）：第一阶段是1990年至1999年，属于缺乏监管阶段，此时，监管部门并没有对股利支付方式、留存比例提出具体的要求，而上市公司为了满足配股申请要求需要调节净资产规模，从而对上市公司的股利政策产生间接影响；第二阶段是2000年至2012年，属于半强制分红监管阶段，在这段时间内，监管部门明确指出再融资条件需要与分红行为挂钩，

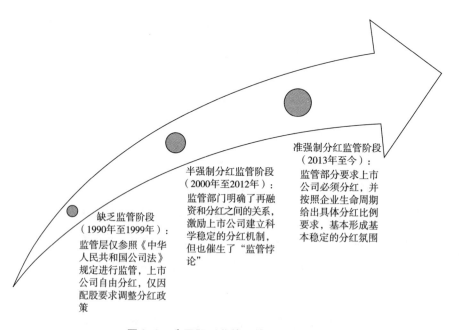

准强制分红监管阶段（2013年至今）：监管部分要求上市公司必须分红，并按照企业生命周期给出具体分红比例要求，基本形成基本稳定的分红氛围

半强制分红监管阶段（2000年至2012年）：监管部门明确了再融资和分红之间的关系，激励上市公司建立科学稳定的分红机制，但也催生了"监管悖论"

缺乏监管阶段（1990年至1999年）：监管层仅参照《中华人民共和国公司法》规定进行监管，上市公司自由分红，仅因配股要求调整分红政策

图2-2　我国股利监管政策的演变历程

这对上市公司的股利政策产生了明显的影响；第三阶段是 2013 年至今，属于准强制分红监管阶段，监管部门要求上市公司必须分红，并按企业生命周期规定具体的分红比例。接下来本节将对股利监管政策的具体发展脉络进行梳理。

第一阶段：缺乏监管阶段（1990 年至 1999 年）

1990 年至 1999 年，我国股票市场发展尚处于初期阶段，市场制度和规范还在建立和完善之中。在这一时期，证券市场监管部门只需按照 1993 年版本的《中华人民共和国公司法》（简称《公司法》）对上市公司公积金预留方式、利润留存比例以及现金股利发放方式进行监管。该版本《公司法》第一百七十七条规定："公司分配当年税后利润时，应当提取利润的百分之十列入公司法定公积金，并提取利润的百分之五至百分之十列入公司法定公益金。公司法定公积金累计额为公司注册资本的百分之五十以上的，可不再提取；……股东会或者董事会违反前款规定，在公司弥补亏损和提取法定公积金、法定公益金之前向股东分配利润的，必须将违反规定分配的利润退还公司。"该法条明确了现金股利的发放前提和违反规定后的惩罚措施，但对公司是否支付现金股利以及支付水平没有明确的要求。此时，上市公司主要考虑公司盈利状况和经营需要及时制定现金股利政策，现金股利支付行为较为随意。

此外，监管部门在 1996 年 7 月 24 日颁布了《关于规范上市公司行为若干问题的通知》，其中第二、第三、第四条对现金股利和股票股利的发放形式以及不同形式的配股模式进行了规定。此时，监管部门的思路主要还是遵循"公平、公开、公正"的原则性规定，主要明确的是现金股利和股票股利在所有股东面前均需平等对待，分红方案需要在股东大会上明确说明，不可含糊表述。随后，监管部门在 1999 年 3 月 17 日颁布了《关于上市公司配股工作有关问题的通知》（简称《通知》），明确了上市公司配股条件，《通知》的第五条指出："公司上市超过 3 个完整会计年度的，最近 3 个完整会计年度的净资产收益率平均在 10% 以上；上市不满 3 个完整会计年度的，按上市后所经历的完整会计年度平均计算；属于农业、能源、原材料、基础设施、高科技等国家重点支持行业的公司，净资产收益率可以略低，但不得低于9%；上述指标计算期间内任何一年的净资产收益率不得低于6%。"该规定将会对上市公司盈余管理产生引导，从而对股利政策造成间接影响。

在这一阶段，监管当局并没有对股利政策提出直接的要求，只有其他政策对股利政策的实施产生了间接的影响。因此，上市公司也没有过多地关注股利政策，当存在盈利时，就通过发放股利降低净资产规模；当缺乏盈利时，就不发放股利，此时股利支付的连续性较差，波动性较大。管理者和控股股东倾向于通过盈余管理操纵利润和股价，股利监督机制尚未形成，中小股东的利益没有得到保障。

第二阶段：半强制分红监管阶段（2000年至2012年）

在第一阶段后期，我国上市公司在分红倾向、分红比例以及分红稳定性等方面明显降低。公司内部人"重融资、轻回报"的管理思路不仅有损投资者的利益，还会对股票市场的健康发展产生影响。在这种情况下，有必要加强对上市公司现金分红行为的监管，以保护投资者的合法权益，促进股票市场理性投资、长期投资和价值投资，实现长期资金入市与现金分红之间的良性互动。因此，我国证监会于2000年开始对上市公司现金股利支付行为进行监管，旨在引导和推动上市公司建立科学、稳定的分红机制。为了给予上市公司现金分红行为有效的政策指导和监督约束，我国证监会在2000年至2012年间推出了一系列改革措施，将现金分红与股权再融资资格挂钩，形成了半强制的股利监管政策。在此过程中，相关政策对上市公司的现金分红要求经历了循序渐进、由抽象指引到具体制定标准的过程。

在这一阶段，监管部门对上市公司股利政策的引导主要经历了四条强化路径：上市公司新股发行资格筛查，上市后股利政策制定引导，股利发放占比不断强化，股利发放行为信息披露和激励。2001年，证监会在《上市公司新股发行管理办法》（简称《管理办法》）中以再融资对分红派息行为进行"关切和说明"的形式对上市公司连续执行股利政策提出了具体要求。《管理办法》第十一条明确指出，上市公司在最近三年未有分红派息，董事会对于不分配的理由未作出合理解释的公司不能发行新股。随后，监管部门在2004年12月颁布的《关于加强社会公众股股东权益保护的若干规定》（简称《规定》）中，将再融资的"关切和说明"要求改变为

"确定性"要求，《规定》的第四条要求："上市公司最近三年未进行现金利润分配的，不得向社会公众增发新股、发行可转换公司债券或向原有股东配售股份。"此时，上市公司再融资要求与利润分配方式直接挂钩，正式将现金股利形式的股利政策提升到新高度。现金股利政策发生了从量到质的转变，接下来一系列监管政策主要是对现金股利政策强度的调整。

2006年5月发布的《上市公司证券发行管理办法》，将现金股利政策比例明确为"最近三年以现金或股票方式累计分配的利润不少于最近三年实现的年均可分配利润的20%"。两年后，在《关于修改上市公司现金分红若干规定的决定》中对现金分红提出了更具体和更严格的要求，不仅将最近三年以现金方式累计分配的利润在年均可分配利润中的占比从20%提高至30%，而且对可分配利润的持续性、稳定性、准确性和透明度提出了要求，虽然这些要求难以量化，但也为未来的严监管提供了更多的抓手。2012年，再次发布了《关于进一步落实上市公司现金分红有关事项的通知》，为了促进半强制分红政策的有效实施，该通知文件进一步细化了半强制分红政策的实施细则，并提出配合更多元的外部监督确保股利监管政策的有效实施。2013年，上交所为了更好地引导上市公司加大现金分红比例，制定了《上海证券交易所上市公司现金分红指引》，对分红提出了更高要求，即将证监会要求的年均可分配利润修订为年度净利润，对于未达到该要求的，公司应当在审议通过年度报告的董事会公告中对具体情况进行详细披露；而对于超额完成目标的上市公司，给予再融资、并购重组等"绿色通道"待遇，并在公司治理评奖等事项中酌情给予加分奖励。

总体来看，再融资政策与现金分红政策挂钩对有再融资需求的上市公司的股利政策起到了刚性约束作用，但对没有再融资需求的上市公司没有约束力，因此称为半强制分红政策。这种股利监管政策的实施在一定程度上改善了我国上市公司现金股利分配情况，对保护中小投资者权益具有一定的积极作用。但在实践中，半强制分红政策的缺陷逐渐显现，如政策没有考虑不同公司在盈利能力、投资机会和资金需求等方面的差异，现金分红标准的制定存在不合理的地方。该政策可能迫使那些确有再融资需求但不宜分红的上市公司为获得再融资资格而分红，却难以真正约束那些理应分红但无再融资意愿的公司发放股利，从而陷入"监管悖论"的窘境。

第三阶段：准强制分红监管阶段（2013年至今）

半强制分红政策填补了我国股利监管空缺，通过要求申请再融资的公司支付一定比例的现金股利，提高了我国上市公司发放现金股利的意愿，减轻了公司管理者分红意识淡薄对中小投资者合法权益的损害。不过，半强制分红政策作为软约束存在固有缺陷，即只对具有再融资意愿的公司具有约束力。同时，半强制分红政策在实施过程中还出现了监管悖论、门槛效应、政策迎合等问题，政策效果受到限制。这对有关部门制定更为科学有效的股利监管政策提出了要求。

为了促使上市公司建立更为科学、稳定、持续的现金分红机制，我国证监会于2013年11月30日颁布了新的股利监管政策文件《上市公司监管指引第3号——上市公司现金分红》，该指引文件对现金股利和股票股利的关系做出了新的安排，主要体现在第四条和第五条。该指引文件第四条指出："上市公司应当在章程中明确现金分红相对于股票股利在利润分配方式中的优先顺序。具备现金分红条件的，应当采用现金分红进行利润分配。采用股票股利进行利润分配的，应当具有公司成长性、每股净资产的摊薄等真实合理因素。"第五条更是对现金分红政策和企业利润分配之间的关系做出了量化规定，具体包括：上市公司董事会应当综合考虑所处行业特点、发展阶段、自身经营模式、盈利水平以及是否有重大资金支出安排等因素，区分下列情形，并按照公司章程规定的程序，提出差异化的现金分红政策：（一）公司发展阶段属成熟期且无重大资金支出安排的，进行利润分配时，现金分红在本次利润分配中所占比例最低应达到80%。（二）公司发展阶段属成熟期且有重大资金支出安排的，进行利润分配时，现金分红在本次利润分配中所占比例最低应达到40%。（三）公司发展阶段属成长期且有重大资金支出安排的，进行利润分配时，现金分红在本次利润分配中所占比例最低应达到20%；公司发展阶段不易区分但有重大资金支出安排的，可以按照前项规定处理。

《上市公司监管指引第 3 号——上市公司现金分红》文件主要有以下三个特点：一是根据公司所处的成长阶段按不同比例强制分红，标志着我国监管当局开始兼顾上市公司发展阶段的差异性；二是将现金股利发放程度与股利发放行为挂钩，体现了现金股利政策的灵活性；三是让公司对自身发展阶段和重大资金支出安排的界定拥有一定的解释权，体现了监管政策的弹性。该指引文件体现了监管当局对现金分红监管的新思路，也开启了我国股利监管政策的新时代。

2013 年 12 月 27 日，国务院办公厅发布了《国务院办公厅关于进一步加强资本市场中小投资者合法权益保护工作的意见》，明确提出要优化投资回报机制，建立多元化投资回报体系，发展服务中小投资者的专业化中介机构，加强对中小投资者合法权益的保护。其主要措施包括：引导和支持上市公司增强持续回报能力，完善上市公司治理并提高盈利能力，激励上市公司主动积极回报投资者，要求首次公开发行股票、上市公司再融资或者并购重组摊薄即期回报的，应当承诺并兑现填补回报的具体措施，进一步完善利润分配制度，并指出对现金分红持续稳定的上市公司在监管政策上给予扶持。这是从中央政府层面进一步强化上市公司以现金股利为股利支付的主要形式。

2015 年 8 月，证监会联合财政部国务院国有资产监督管理委员会和原中国银行业监督管理委员会发布《关于鼓励上市公司兼并重组、现金分红及回购股份的通知》，对上市公司现金分红现状进行了回顾，分析发现，上市公司整体现金分红水平在股利监管政策引导下实现了提升，接下来再次对上市公司落实现金分红政策提出了新的要求，主要包括：一是上市公司应建立健全现金分红制度，保持现金分红政策的一致性、合理性和稳定性，并在章程中明确现金分红相对于股票股利在利润分配方式中的优先顺序，具备现金分红条件的，应当采用现金分红进行利润分配；二是鼓励上市公司结合本公司所处行业特点、发展阶段和盈利水平，增加现金分红在利润分配中的占比，具备分红条件的，鼓励实施中期分红；三是完善鼓励长期持有上市公司股票的税收政策，降低上市公司现金分红成本，提高长期投资收益回报；四是加大对上市公司现金分红信息披露的监管力度，加强联合执法检查。该文件具有两个新特点：一是股利实施中期分红，在分红比例的老要求下新增了对分红频次进行指导的建议；二是从税收政策出发，开始改进股利分配税收细则，降低上市公司现金分红成本，引导投资者进行长期投资。

2015 年之后，监管部门没有继续发布有关股利分配的新政策，但相关政府官员对市场进行了沟通指导。在 2017 年的"两会"期间，国务院国有资产监督管理委员会主任肖亚庆对国企股利政策进行了部分指导，即要求国有控股上市公司要关心股价，更要关心分红，要建立完善的分红机制，不断提高各个资本投资者的回报，中央企业要带头做积极负责任的股东。全国人民代表大会财政经济委员会副主任委员吴晓灵表示，建议《中华人民共和国证券法》修订增加上市公司现金分红制度，在尊重公司自治的前提下，要求上市公司在章程中明确现金分红的具体安排和决策程序，鼓励上市公司分红，并加强对长期不分红公司的约束，打击"高送转"行为。

三、股市税收政策的演变历程

股市税收主要分为印花税、红利税和资本利得税，我国目前仅针对前两种进行征收。长期来看，印花税的税率在逐渐下降，长期投资者的个人应纳税所得额比例也在下降；短期来看，监管层希望通过印花税税率和个人应纳税所得额比例的调整鼓励投资者长期投资，调节市场情绪。

1. 印花税

印花税是以经济活动中签立的各种合同、产权转移书据、营业账簿、权利许可证照等应税凭证文件为对象所征的税。自 1990 年深交所首次开征以来，我国一直在围绕证券印花税的税率和征收方式进行调整，整体而言，调整趋势是逐步从高税率向低税率过渡。

具体而言，1990 年，印花税首先在深圳开征，由卖出股票者按成交金额的 6‰ 缴纳，1990 年底，对股票买方也开征 6‰ 的印花税，双边征收印花税历史开始；1991 年，深圳将税率调整到 3‰，上海也开始对股票交易双边征收 3‰ 的印花税；1997 年，监管层将税率从 3‰ 提高到 5‰，之后多次下调税率至 2005 年的 1‰；

2007 年，监管层在股市过热期间，希望通过印花税调整股市节奏，将印花税税率提高至 3‰；2008 年，在股市走熊期间将税率降低至 1‰，同年，证券交易印花税调整为单边征税，此后基本维持不变。

从国际经验来看，欧美发达国家的资本市场在初期也存在印花税，随后逐渐取消，但在新兴市场中部分国家依然保留印花税制度，其原因在于监管层想要通过印花税调节市场，但是从实际情况看，印花税对市场只是有短期调节效果，根本无法改变市场运行趋势。我国印花税也经历了从高税率向低税率转变的过程，总体上呈现出与发达市场类似的变动趋势。

2. 红利税

根据《中华人民共和国个人所得税法》，个人因持有中国的债券、股票、股权而从中国境内公司、企业或其他经济组织取得的利息、股息、红利所得，需按 20% 的比例缴纳个人所得税。财政部、国家税务总局在 2005 年 6 月 13 日发布《关于股息红利个人所得税有关政策的通知》，规定对个人投资者从上市公司取得的股息红利所得，暂减为按 50% 计入个人应纳税所得额，依照现行税法规定计征个人所得税。

为了进一步引导投资者展开长期投资，证监会联合财政部国务院国有资产监督管理委员会和原中国银行业监督管理委员会于 2015 年 8 月发布了《关于鼓励上市公司兼并重组、现金分红及回购股份的通知》后，财政部开始联合国家税务总局与证监会在同年 9 月发布了《关于上市公司股息红利差别化个人所得税政策有关问题的通知》，对股利红利税收制度进行了重大调整，其修订内容主要包括：个人从公开发行和转让市场取得的上市公司股票，持股期限超过 1 年的，股息红利所得暂免征收个人所得税。个人从公开发行和转让市场取得的上市公司股票，持股期限在 1 个月以内（含 1 个月）的，其股息红利所得全额计入应纳税所得额；持股期限在 1 个月以上至 1 年（含 1 年）的，暂减按 50% 计入应纳税所得额；上述所得统一适用 20% 的税率计征个人所得税；上市公司派发股息红利时，对个人持股 1 年以内（含 1 年）的，上市公司暂不扣缴个人所得税。

从国际来看，红利税整体比较低，甚至开放的离岸金融市场（如中国香港、新加坡）均没有红利税，美国也只有 C 类公司有红利税要求（C 类公司仅占 25%）。中国在 2015 年之前的较高红利税不利于上市公司制定现金分红政策，削弱了投资者进行长期投资的意愿，随着税率制度的调整，将会起到边际改善的效果，但与国际经验依然存在一定差距。

3. 资本利得税

资本利得税是对资本利得（低买高卖资产所获收益）征税，常见的资本利得如买卖股票、债券、贵金属和房地产等所获得的收益。目前，我国尚未对资本利得税征税，就全世界范围来看，是否征收资本利得税及征收方式存在不同。

中国香港、新加坡、比利时、瑞士等国家和地区均没有资本利得税，美国、英国、法国、加拿大等地均设置有资本利得税。以美国为例，其个人和企业均要缴纳资本利得税。对个人来说，长期投资的资本利得（超过 1 年的投资）税率较低，2003 年，长期投资的资本利得被调降到 15%（对于归入最低和次低所得税缴纳人群的两类人，资本利得税为 5%）；短期投资的资本利得税率较高，与一般所得税税率相同。在 2011 年，所有被调降的资本利得税率将恢复到 2003 年前 20% 的水平。美国的资本利得税除了用来充实财政资金外，还有鼓励长期投资者、保护个人适当的资本利得收入、保护基本财产收益等作用。

四、小结

上市公司的股利支付不仅是股票市场财富效应的重要形式，还是上市公司股价上涨和资本利得的基础，因此，股利支付成为股票市场财富效应研究的核心问题。我国监管部门在股票市场成立初期对这一问题的关注度并不太高，但随着股票市场的逐渐发展，上市公司的股利支付行为受到监管当局的密切关注，监管部门陆续制定股利监管政策对上市公司股利支付行为进行直接或间接的引导，并且引导力度不断增强。在证券市场监管部门难以突破的政策领域，多部委之间也进行了较好的协商沟通，增强了各类宏观政策之间的协同性，最终形成了全方位、有层次、公开透明的股利监管政策。虽然监管当局具有良好的政策意愿，但监管政策是否一定能做到激励相容，能否最终在股票市场上实现最优的股利支付目标，这还需要对股票市场进行细致的观察和分析，探讨监管政策对市场产生的正面和负面影响。

第三节 中美股票市场财富效应比较分析

从三个维度对比分析了中美股票市场财富效应的特点，包括财富效应的宏观效果、资本利得效果和股利支付行为效果。

一、中美股票市场财富效应对本国消费的影响

从宏观经济学角度看，股票市场财富效应将会对居民部门消费产生拉动作用。如图 2-3 所示，通过对中国消费率与家庭净财富和可支配收入的比值之间的关系进行观察，可以看出家庭净财富对消费有一定的提振作用。将家庭财富细分为股票及其他财富，结合图 2-4 可知，股票财富占居民可支配收入的比例是逐年提升的，但自 2015 年起，占比趋于缓慢增长且有下滑势头。可见，中国股票市场形成的财富效应对消费具有边际递减的影响。

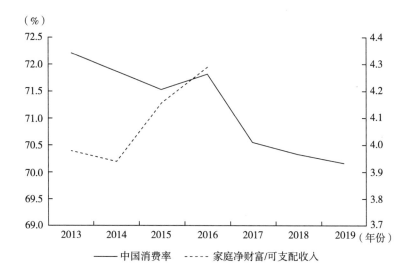

图 2-3 中国居民部门消费率和家庭财富的关系

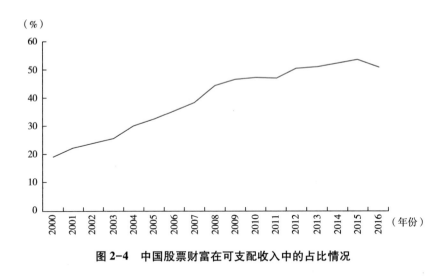

图 2-4　中国股票财富在可支配收入中的占比情况

根据中国家庭最终消费支出同比增速与沪深 300 指数走势的相关性来看（见图 2-5），2002 年至 2008 年之间，家庭最终消费支出同比增速与沪深 300 指数走势大致吻合，均于 2007 年见顶，并于 2007 年之后回落。家庭消费增速在 2009 年再次提升，沪深 300 指数显著上行，而家庭消费增速逐渐下降并趋于平稳。在 2015 年和 2017 年沪深 300 指数上行阶段，我国家庭最终消费并没有出现明显的剧烈波动。由此可见，股票市场财富效应对消费的影响能力逐渐减弱。

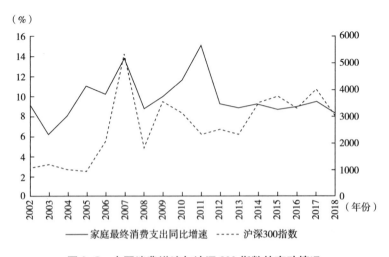

图 2-5　中国消费增速与沪深 300 指数的变动情况

对美国股票市场财富效应和家庭消费而言，美国联邦储备银行统计数据显示，在经历了较大危机后，股票财富占可支配收入的比例呈较快提升的趋势，进一步带动了整体消费率的提升。如图 2-6 所示，在 2009 年之前，股票所带动的财富效应对消费具有一定的提振作用。通过测算发现，在 1975 年至 2008 年期间，每一单位股票的财富能提升美国家庭消费 0.027 美元，高于其他财富所带来的拉动效果。但在 1975 年至 2018 年间，股票的财富对美国家庭消费的边际改善是在减弱的，这进一步表明，股票财富的边际效应对美国家庭消费的拉动是逐步弱化的。

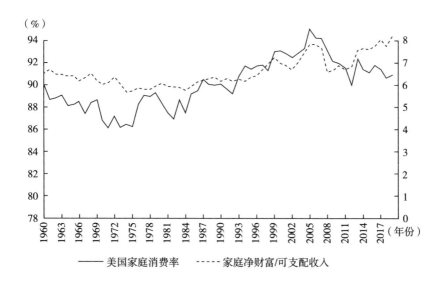

图 2-6　美国居民部门消费率与家庭财富的变动情况

由图 2-7 可以看出，美国的个人消费支出增速于 2000 年见顶，且开始加速放缓，美国道琼斯工业指数于 2000 年达到高位后回落。而在 2002 年至 2008 年，美国个人消费支出再次较美股提早见顶。从美国消费与美股走势可以看出，消费作为美国经济重要的驱动因素之一，消费的提升带动了企业的利润及资本开支的增加，从而反映在上市公司的企业利润上。相反，美国消费出现疲软后，对整个美国经济将会造成一定影响，这也会进一步反映在美国股市之中。

（%）

图 2-7　美国股票指数和个人消费支出增速的变化

美国个人消费支出增速　……道琼斯工业平均指数（右）

通过分析，我们发现从宏观经济学角度看，股票市场财富效应对消费的影响相对较弱，其内在原因在于股票市场财富形成机制受到阻碍，削弱了其对消费的影响能力。因此，接下来将从股票市场财富效应形成机制的两条路径出发，探讨我国股票市场财富效应的历史变迁过程及其背后的运行机制。

二、A 股市场和美股市场资本利得的比较研究

如前文所述，资本利得是股票市场财富效应的另一种重要的表现形式。本小节对 A 股市场主要指数的走势及其投资收益率进行了测算和展示，数据采用的是相应指数的月度均值。

图 2-8 展示了我国股票市场五类指数的时间序列走势，从总体上看，我国股票指数中枢在 2006 年出现了一次显著的上移。以上证综指为例，在 2006 年之前，指数总体在 2000 点以下区间波动，在 2006 年之后，则在 2000 点以上波动，但这两个时间段也呈现出明显的差异性。在 2006 年之前，指数波动幅度较小，此后分别在 2007 年和 2015 年出现了两次剧烈波动，其他指数也呈现出类似的走势特征。

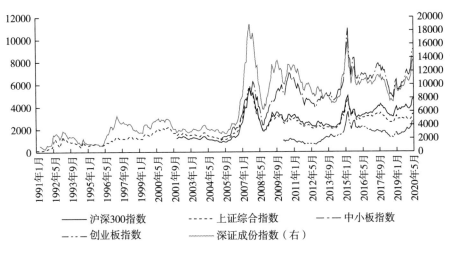

图 2-8　A 股市场主要板块指数变动情况

图 2-9 展示了上证综指和纽约证券交易所综合指数（简称"纽证综指"）、创业板指数和纳斯达克指数的历史变动趋势。从图 2-9 可以明显看出，美国股票市场的综合指数总体表现出趋势性上升的变动态势，而 A 股市场指数更多地表现出剧烈波动的特征，与此同时，伴随着中枢上移。可见，A 股和美股指数具有明显的差异性，A 股表现为牛短熊长，而美股则为牛长熊短。接下来，选定两个合理的基期，并结合中、美两国无风险利率，对比中、美两国股票市场的投资收益率。

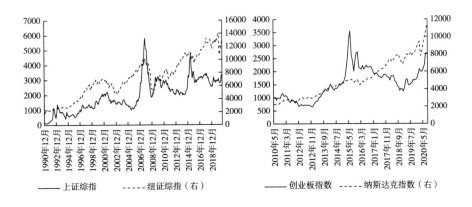

图 2-9　中、美主要股票指数历史变动趋势

  A 股和美股在 2008 年至 2009 年分别达到了各自的低点，A 股在 2007 年牛市中达到顶点，随后急速下跌，表现出牛短熊长的变动趋势；美股在 2007 年至 2008 年爆发次贷危机，股票市场估值快速下降，并于 2009 年 2 月达到最低点，然后逐渐上涨。A 股和美股在这两个时间点上具有类似性，因此，将其作为测算 A 股和美股累计收益率的起始点。图 2-10 和图 2-11 结合中美两国 10 年期国债收益率，对比分析了上证综指和纽证综指、创业板指数和纳斯达克指数累计收益率的变动方向。对比 A 股指数和中国 10 年期国债累计收益率能够发现，上证综指和创业板指数在 2010 年至 2013 年的累计收益率与国债累计收益率之间几乎无差别，但在 2014 年至 2016 年中国 10 年期国债累计收益率相对较高，可见，我国 A 股市场投资行为波动较大，并且买入持有策略在 2007 年之后对买入时点特别敏感。对比 A 股指数累计收益率和美股指数累计收益率，无论是美国的纳斯达克指数，还是纽证综指，其累计收益率相比美国 10 年期国债累计收益率均有明显的超额收益。此外，表 2-1 和表 2-2 分别展示了中、美两国股票市场上主要指数投资回报的毛收益率的对比关系，我们同样能够得到一样的结论。

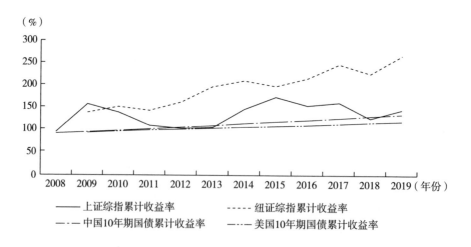

图 2-10 上证综指和纽证综指累计收益率曲线

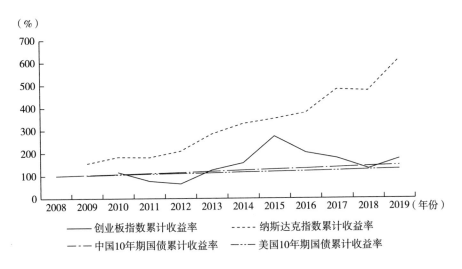

图 2-11　创业板指数和纳斯达克指数累计收益率曲线

表 2-1　A 股市场主要板块指数投资回报的毛收益率　　单位：%

中国：以 2008 年 11 月为基期	沪深 300 指数	上证综指	深证成指	中小板指数	创业板指数	中国 10 年期国债到期收益率
2008 年 12 月	108	104	112	120	—	101
2009 年 12 月	194	172	215	228	—	104
2010 年 12 月	174	152	199	288	117	108
2011 年 12 月	133	120	146	188	77	112
2012 年 12 月	128	113	134	164	66	116
2013 年 12 月	130	115	131	207	126	120
2014 年 12 月	179	160	165	234	156	125
2015 年 12 月	205	189	199	348	274	129
2016 年 12 月	186	168	166	276	203	133
2017 年 12 月	221	176	174	315	178	138
2018 年 12 月	172	137	120	207	131	143
2019 年 12 月	218	158	159	266	175	147
均值	171	147	160	237	150	123
标准差	38	28	33	65	62	15

表 2-2　美国股票市场主要板块指数投资回报的毛收益率　　　单位:%

美国:以 2009 年 2 月为基期	标准普尔 500 指数	道琼斯工业平均指数	纽约证券交易所综合指数	纳斯达克指数	美国证券交易所指数	美国 10 年期国债到期收益率
2009 年 12 月	147	144	151	155	137	103
2010 年 12 月	164	158	165	184	163	106
2011 年 12 月	164	167	156	182	171	109
2012 年 12 月	188	182	177	210	181	111
2013 年 12 月	239	222	214	285	181	114
2014 年 12 月	271	245	228	330	188	116
2015 年 12 月	271	242	215	352	165	119
2016 年 12 月	297	272	234	378	175	121
2017 年 12 月	352	339	268	481	198	124
2018 年 12 月	339	329	245	476	178	128
2019 年 12 月	420	389	289	613	189	130
均值	259	245	213	331	175	116
标准差	89	81	46	147	16	9

通过对比发现，相比美国股票市场，我国股票市场以资本利得为代表的财富效应并不明显，我国股票市场波动性较大，资本利得与择时买入卖出的相关性较高。而美股市场上资本利得形式的投资收益具有较高的稳定性，这与美股市场长期处于牛市息息相关。

三、A 股市场和美股市场股利支付行为的比较研究

本小节从三个角度对比分析了中美股利支付行为的变动趋势:一是股利支付倾向，体现的是上市公司股利支付意愿;二是股利支付率，体现的是上市公司的股利支付比例;三是股息率，其倒数代表了在折现率为 1 的基础上分红金额总额达到当前市场价格的年限，与债券的久期具有类似的含义。鉴于美股数据的可得性，采用 2005 年至 2019 年的美股数据作为样本，为了更好地进行中美对比，在 A 股市场的研究上也选定了一致的时间区间，这与我国半强制股利监管政策颁布之后的时间基本一致。

1. 支付倾向

对比美股与 A 股市场的股利支付倾向能够发现（见图 2-12），A 股上市公司的股利支付倾向明显高于美股市场，但这是由 A 股市场的股利监管政策决定的，因此，其时间序列曲线的平稳性较差，而美股市场虽然股利支付倾向较低，但其运行更为稳健。不过，随着 A 股市场监管政策趋于成熟和稳定，A 股市场上市公司的支付倾向逐渐趋于平稳。从结构上看（见图 2-13），与纽交所具有类似属性的 A 股主板市场上市公司的股利支付倾向也相对稳定，与纽交所具有相似性。但是与纳斯达克市场对应的创业板上市公司在股利支付方面具有差异化的表现形式，A 股创业板上市公司相比主板更倾向于发放股利，这与纳斯达克市场完全不一致。这一方面是由于创业板上市要求更为严格，使得 A 股创业板相比纳斯达克更具有股利支付基础，另一方面可能与创业板上市公司的融资分红和再融资意愿有关，接下来需要做进一步的对比加以确认。

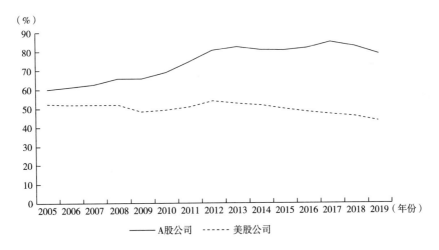

图 2-12 2005 年至 2019 年 A 股公司和美股公司的股利支付倾向

2. 股利支付率和股息率

Wind 数据库直接提供了标准普尔 500 指数、道琼斯工业指数、纳斯达克指数的股利支付率和股息率，而且这三大指数对美股市场具有较强的代表性，因此，本小节直接采用该数据进行分析。

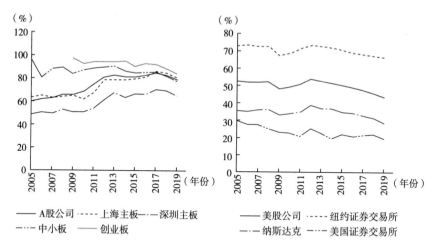

图 2-13　2005 年至 2019 年中美上市公司及细分交易所的股利支付倾向

如图 2-14 和图 2-15 所示，对比美股和 A 股在股利支付率和股息率的表现能

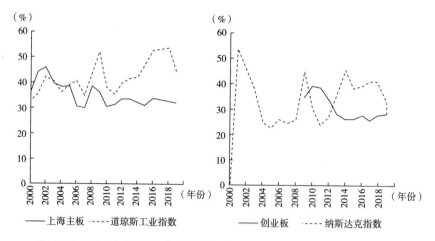

图 2-14　2000 年至 2019 年美国股票市场主要指数的现金股利支付率①

———————————

① 2000 年至 2019 年，2002 年纳斯达克指数的股利支付率做了调整，主要原因是 2002 年整体盈利能力水平较低，且估值较高，导致出现异常值，因此，我们将 2002 年的纳斯达克指数选取平均值。

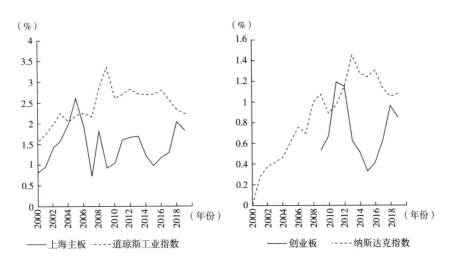

图 2-15　2000 年至 2019 年美国股票市场主要指数的股息率

够发现，总体而言，美股上市公司的现金股利支付率高于我国 A 股市场，A 股市场的股利支付率呈现出逐渐下降但趋于平稳的走势，而美股表现出中枢上移的趋势。在股息率方面，我国 A 股市场股息率的变动与公司估值的相关性更高，与估值呈现出较强的负相关关系，而美股则更大程度与股利本身有关，这也是两者的差异所在。

四、小结

通过对中国和美国不同类型的财富效应进行对比发现，财富效应在早期对消费具有一定的影响，但是最近呈现出边际减弱的趋势。在股利支付行为方面，我国股利支付行为早期波动性较大，且现金股利支付率较低。但是随着股利监管政策趋严，股利支付倾向和股利支付率均得到了较好的改善，在股利支付倾向上已超过美股，但在股利支付率方面还有待提高。在资本利得方面，我国资本利得水平比较低，且波动剧烈，相对于中国 10 年期国债的超额收益率较低，表现出较高的风险性；美股资本利得水平稳定且较高，其投资收益率相比同期 10 年期国债累计收益率拥有较高的超额收益。经过对比发现，我国股票市场资本利得形式的财富效应较弱，而股利支付形式的财富效应得到了较好的提升，但是与成熟型股票市场相比依然存在一定的差距。

第四节　我国股票市场财富效应特性分析

本节将对我国股票市场的股利支付行为和资本利得，以及财富在投资者之间的分布状况进行详细分析。本节所考察的 A 股样本的时间区间设定在 1991 年至 2019 年，采用的是年度数据，由于在研究进展过程中 A 股 2020 年的半年报尚未披露完全，因此，不考虑 2020 年的数据，相关数据均从 Wind 数据库中提取。在资本利得的研究中，直接采用板块和申万一级行业的指数数据进行分析。在股利支付行为的研究中，采用个股样本数据，全时间段中包含了 44528 条公司数据信息，其中，当年盈利大于 0 的公司样本（实现正盈利的公司）有 40074 条数据信息，在全样本中占比为 90%。分红公司数据分为两种类型：一种是实现盈利的公司进行分红，包含 28461 个样本；另一种是未实现盈利的公司进行分红，包含 132 个样本，在分红样本中的占比仅为 0.46%，两者合计 28593 个样本（见表 2-3）。

现有文献一般对股利政策的探讨设定在盈利公司的框架中，同时将未盈利分红公司看成是非理性分红行为，此外，这类公司在全样本中的占比很小，本次研究不考虑这类样本点，删除这些样本点不会对研究结论产生实质性影响。

表 2-3　研究样本和总样本的占比关系　　　　　　　单位:%

分母＼分子	盈利样本	分红样本	盈利分红样本	未盈利分红样本
总样本	90.00	64.21	63.92	0.30
分红样本	—	—	99.54	0.46

一、我国上市公司股利支付的基本情况

1. 股利支付倾向的变化特征

本节通过统计当年实现盈利的企业中发放股利和不发放股利的公司数量及其占

比，分析我国上市公司股利支付倾向的变化情况。图 2-16 展示了沪深两市 A 股盈
利公司在 1992 年至 2019 年间四种股利支付倾向的变动情况。

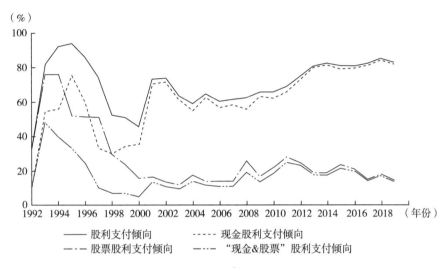

图 2-16　1992 年至 2019 年 A 股股利支付倾向的总量和分量

由图 2-16 可知，A 股股利支付倾向总体上呈现出波动上升且走势逐渐平稳的
变动态势。现金股利支付倾向曲线较股利支付倾向曲线平稳，但走势与其基本一
致；股票股利支付倾向走势与股利支付倾向变动情况几乎相反，呈现出震荡下降且
走势趋于平稳的变动态势。而同时发放现金股利和股票股利的上市公司的占比总体
上与股票股利支付倾向相一致，这说明发放股票股利的上市公司一般也会发放现金
股利。

此外，图 2-16 的图形变动的重大转折点与我国股利监管政策的调整具有较高
的吻合度。接下来结合我国股利监管政策的三个阶段对 A 股股利支付特征进行详细
分析。

（1）A 股公司的股利支付意愿分析。

第一阶段：无股利监管政策阶段（1991 年至 1999 年）。如图 2-17 所示，我国
上市公司股利支付倾向在此阶段经历了较大变化，呈现出股利支付倾向较高，但波

动极其剧烈的特征。具体来说，在我国股票市场成立初期，我国上市公司倾向于支付股票股利，并且是 A 股股利支付倾向变动的主导因素，但这种状况没有持续下去。从 1993 年开始，股票股利支付倾向逐年下降，并在 1999 年触及低点，股票股利支付倾向从 76% 降低至 15.6%。现金股利支付倾向在这一阶段也经历了较大幅度的波动，与股票股利支付倾向交替变动，两者在 1997 年再次交汇，之后出现明显分化。这段时间由于没有股利监管政策硬约束，使得股利支付行为波动性也呈现出宽幅波动的特征。

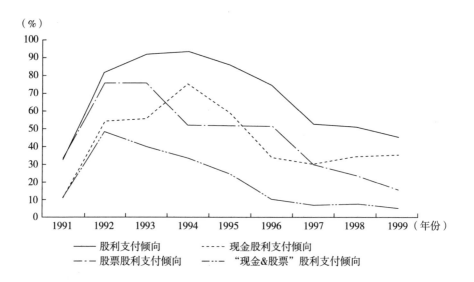

图 2-17　1991 年至 1999 年 A 股股利支付倾向的总量和分量

第二阶段：半强制分红监管阶段（2000 年至 2012 年）。从 2000 年开始，我国上市公司四种类型的股利支付倾向出现了明显的分化和群聚特征。股利支付倾向与现金股利支付倾向的相关性逐渐提高，股票股利支付倾向与现金和股票股利支付倾向高度相关，并且前者中枢维系在 65% 左右，后者则为 16%，存在一定的波动性，但波动幅度较小（见图 2-18）。

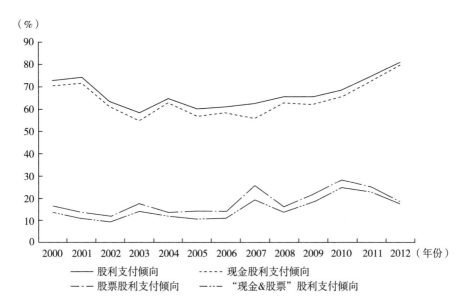

图 2-18 2000 年至 2012 年 A 股股利支付倾向的总量和分量

2001 年，我国证券监管部门开始陆续颁布上市公司股利监管政策的相关规定，逐步深化了企业再融资与现金股利支付行为的相关性。我国监管部门明确将股利发放行为与再融资结合起来，对上市公司的股利发放行为进行了有效的引导。从图 2-18 来看，虽然这类监管政策在颁布后有效引导了上市公司的股利支付行为，但并没有在市场上造成剧烈的波动，并且现金股利支付倾向从 2001 年之后波动幅度逐渐减小，呈现出窄幅波动的特征。这说明一方面监管当局在政策制定过程中与市场进行了良好的沟通，另一方面监管当局也是在市场既有的条件下制定监管政策。总体来看，这类监管政策在事前对市场起到了较好的引导作用，在事后起到了稳定市场行为的作用。

从第二阶段的中后期来看，从 2008 年开始，上市公司的现金股利支付倾向表现出趋势性上升的变动特征。2008 年 10 月，监管部门发布了《关于修改上市公司现金分红若干规定的决定》，将再融资的现金股利在年均可分配利润中的支付比例从 20% 上调至 30%。随后几年又陆续提高了监管要求，一方面市场形成了对股利政策严要求的预期，另一方面监管部门将监管高要求逐一兑现，两者相互促进，共同强化了上市公司应对监管要求的执行力度。

第三阶段：强制分红监管阶段（2013 年至今）。由图 2-19 可以发现，自 2013 年我国监管部门颁布了准强制分红政策以来，上市公司两组股利支付倾向的曲线高度重合，且现金股利支付倾向走势十分平稳，股票股利支付倾向依然呈现出下降的变动趋势。

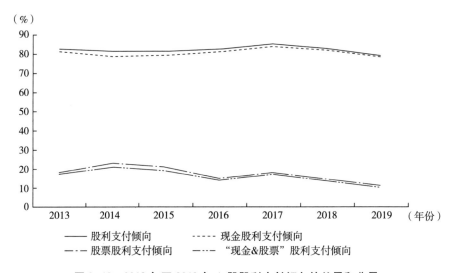

图 2-19　2013 年至 2019 年 A 股股利支付倾向的总量和分量

与监管部门在 2001 年颁布的半强制股利监管政策相类似，这一次股利监管政策同样没有引起上市公司现金股利支付倾向的剧烈波动。这说明监管部门在发布股利监管政策的时候延续了前期的行事规则，一方面事前与市场进行沟通的引导，另一方面在具体规则制定时充分考虑了市场的现状，更主要的是巩固了市场的现状，在实现严监管效果的同时，还需要降低新政策对市场的冲击。

总体来看，我国 A 股市场在监管政策的引导下逐渐形成了支付现金股利的意愿，股票股利支付意愿也逐渐下降，并得到了较好的控制，"重现金股利、弱股票股利"的支付倾向已成为市场共识。

（2）主板、中小板、创业板公司的股利支付意愿分析。

为了更全面地分析我国 A 股市场的股利支付特征，本节展示了我国 A 股市场不同板块公司的股利、现金股利和股票股利的支付倾向。我国 A 股市场一共有五个板块，分别为上海证券交易所的主板和科创板，深圳证券交易所的主板、中小板和创业板。由于科创板是在 2019 年才设立的，所以该板块的公司年度数据只有一个样本点，无法在时间序列曲线上进行刻画，本书将其忽略。

从股利支付倾向来看，我国创业板、中小板上市公司的股利支付倾向相对较高，但近年来呈现出逐年递减的趋势，逐渐向全市场均值靠近。深圳主板公司的股利支付倾向最低，低于市场均值近 15 个百分点。从股利支付形式上看，不同板块的现金股利支付倾向与股利支付倾向走势基本一致，这说明现金股利在各板块中均是主要的股利支付形式（见图 2-20~图 2-22）。但是对股票股利而言，创业板最偏好股票股利支付形式，其次是中小板，但各板块的股票股利支付形式近年来均呈下降趋势。这与监管部门鼓励现金支付，抑制股票股利的意愿相一致，其在中小板板块体现得尤为明显。

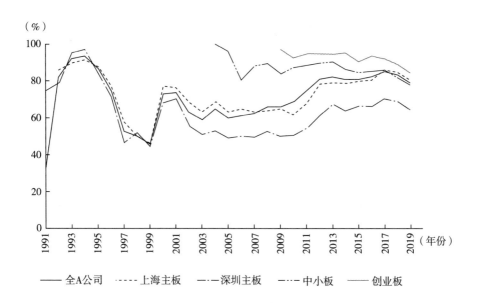

图 2-20　1991 年至 2019 年 A 股主要板块的股利支付倾向趋势

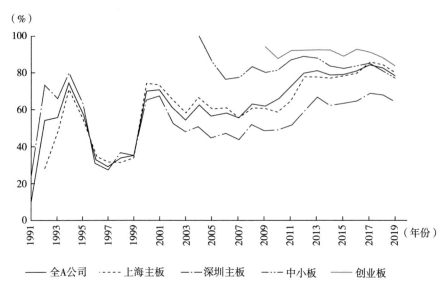

图 2-21　1991 年至 2019 年 A 股主要板块的现金股利支付倾向趋势

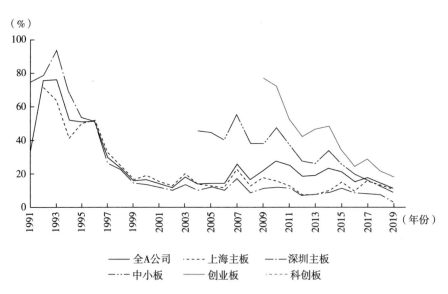

图 2-22　1991 年至 2019 年 A 股主要板块股票股利支付倾向趋势

2. 股利支付率的变化特征

（1）A 股公司的股利支付率特征分析。

前文对上市公司的股利发放倾向展开了探讨，探讨了公司股利支付的意愿。本小节进一步对上市公司的股利支付规模进行分析，该指标体现的是上市公司如何在利润和留存收益之间进行权衡，体现了上市公司现金股利金额和股票股利数量的发放程度。

根据表 2-4 可知，在 1992 年至 2019 年①，我国每股现金股利的均值为 0.16元，标准差为 0.02 元，总体来说，个股分红金额比较稳定。按前文划分的时间段来看，每股现金股利的均值和标准差均相差不大，不过在 2013 年之后，我国现金股利支付出现了一定程度的变化，金额和标准差均呈现出上升趋势。根据图 2-23所示，上市公司的每股现金股利从 2016 年开始呈现出快速上升的趋势。这是该时间段我国每股现金股利均值攀升的原因。

表 2-4 A 股股利支付统计量

年份区间	指标	每股现金股利（元）	现金股利支付率（%）	每股红股（元）	每股转增股本（股）	股票股利支付数量（股）
1992 年至 2019 年（28 年）	均值	0.16	33	0.27	0.48	0.50
	标准差	0.02	7	0.06	0.19	0.18
	变异系数	0.14	21	0.23	0.40	0.35
1992 年至 1999 年（8 年）	均值	0.17	28	0.25	0.30	0.34
	标准差	0.02	10	0.05	0.13	0.09
	变异系数	0.12	35	0.20	0.43	0.27
2000 年至 2012 年（13 年）	均值	0.16	36	0.25	0.49	0.50
	标准差	0.02	5	0.06	0.10	0.10
	变异系数	0.14	14	0.25	0.20	0.19
2013 年至 2019 年（7 年）	均值	0.17	32	0.31	0.67	0.67
	标准差	0.03	1	0.06	0.21	0.22
	变异系数	0.17	2	0.18	0.32	0.32

① 由于在计算该指标时，1991 年的数据多次出现被零除（#DIV/0!）的情形，加上这一年的样本点仅有 11 个，将其剔除并不影响整体样本性质，故将其剔除。

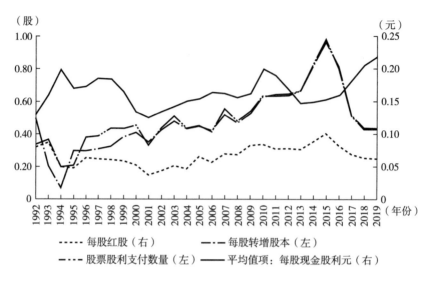

图2-23　1992年至2019年A股股利支付统计量的变化趋势

从股利支付率来看（见图2-24），我国全时间段的股利支付率均值为33%，标准差为7%，波动性大于每股现金股利。从不同时间段来看，我国现金股利支付率的高值期出现在2003年之前，随后，现金股利支付率逐渐变小且趋于平稳。尤其是在2010年之后，股利支付率维持在32%左右，且标准差仅为1%，波动幅度较

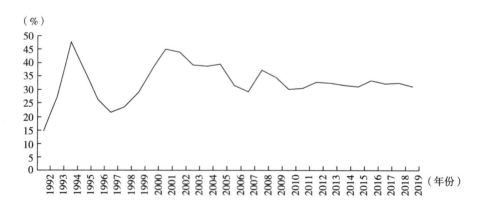

图2-24　1992年至2019年A股股利支付率的变化趋势

小。在 2013 年之前，我国上市公司的股利支付率已经达到了 30%。这为《上市公司监管指引第 3 号——上市公司现金分红》对不同成长性公司强制性股利支付率的调整提供了现实基础。与此同时，在准强制性股利监管政策颁布之后，上市公司的股利支付率更多是迎合监管政策，这导致我国 2013 年之后的现金股利支付率几乎没有太大波动，运行走势呈现出趋于平稳的变动态势。

对股票股利而言，股票股利支付数量的均值为 0.5，即每一股送 0.5 股，达到了高送转的临界值，这说明我国上市公司的股票股利政策具有明显的高送转特点。从不同时间段来看，股票股利支付数量呈现出显著的上升趋势，这说明市场对高送转依然较为偏好。从送红股和转增股本的两种形式来看，转增股本是高送转的主要方式，而送红股却难以达到高送转的要求，只能成为高送转的附属操纵形式。我们可以从图 2-23 中得到更为直观的认识，转增股本从 1996 年开始成为股票股利的主要方式，并且这种趋势不断被强化，2010 年之后，转增股本的曲线几乎与股票股利支付数量曲线完全重叠。除了相对值变化外，红股和转增股本的波动趋势基本一致，全区间的相关系数为 0.68，三个区间段的相关系数分别为 0.22、0.87、0.98，呈现出相关性不断增强的特征。

（2）主板、中小板、创业板公司的股利支付率特征分析。

不同板块的个股股利支付均值和股利支付率之间存在较大差异。就每股股利而言，上海主板的个股股利波动相对平稳，总体呈现出上升趋势，深圳主板的变化趋势和波动特征与上海主板相一致，但是从 2011 年之后，上海主板的个股每股现金股利支付均值稳定地高于深圳主板约 0.04 元（见图 2-25）。但是中小创的个股现金股利的波动性较大，在 2010 年之前，中小创的个股股利金额大于上海主板，且呈上升趋势；但在 2010 年之后，中小创的现金股利发放金额快速下降，并于 2013 年低于主板，近年来与上海主板维持了较稳定的 0.07 元的差距。

从现金股利支付率来看，各板块的差距并不十分明显，其中，中小板的波动幅度最大（见图 2-26）。对比每股现金股利的数据能够发现，现金股利支付率下的创业板与上海主板的差异并不十分显著，并且在 2013 年之后，中小创的股利支付率稳定地低于主板，这与 2013 年新发布的现金股利政策相吻合，但近年来各板块的现金股利支付率有走向一致的趋势性特征。

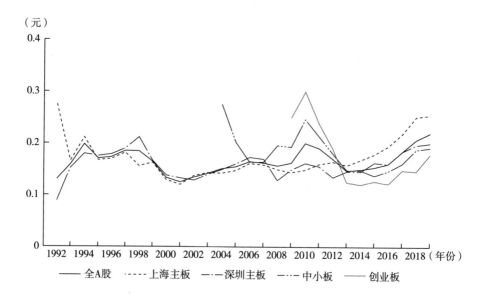

图 2-25　1992 年至 2019 年 A 股主要板块每股股利的变化趋势

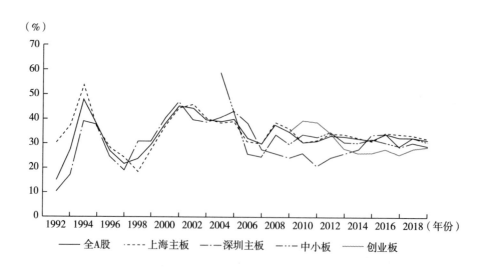

图 2-26　1992 年至 2019 年 A 股主要板块现金股利支付率的变化趋势

从股票股利支付数量来看，创业板的股票股利支付倾向最为明显，且每股股利支付数量的最低值也达 0.52 股，表现出明显的高送转特征（见图 2-27）。中小板的股票股利支付数量在 2019 年开始低于 0.5 股，其高送转的特征得到了一定程度的弱化。上海主板的高送转特征并不是十分明显，其均值在 2016 年之后均低于 0.5 股。

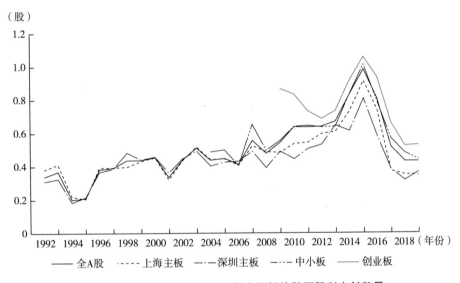

图 2-27 1992 年至 2019 年 A 股主要板块股票股利支付数量

结合各板块的股利支付、现金股利支付和股票股利支付特征来看，中小创的现金股利和股利支付率均低于主板市场，但其股票股利支付意愿却相对较强，这与中小创的企业成长和市值管理特征具有一定的相关性，而相对成熟稳定的主板市场企业的股利发放也相对稳健，且对股票股利的偏好程度相对较低。

3. 股息率的变化特征

根据股息率计算方式可知，股息率与估值负相关，与分红正相关。由于市场估值一般比分红金额波动更大，因此，总体来看，当市场处于牛市时，股息率将会下降；反之，将会上升。

从分红样本来看，我国 1992 年至 2019 年的股息率均值为 1.5%。从划分的三个时间段来看，股息率呈现出逐年下降的趋势，与此同时，股息率的波动性也在逐渐减小。从板块来看，主板的股息率相对较高，达到了 1.6%；创业板的股息率最低，仅为 0.7%，不到主板的一半；中小板的股息率也相对较高，达到了 1.3%（见表 2-5）。但各板块的股息率在三个区间段也均呈现出逐渐下降的趋势，此外，虽然中小创的股息率相对较小，但其波动性同样高于主板，这说明中小创的股息率更加不稳定。

表 2-5　A 股主要板块股息率统计量

年份区间	指标	全 A 股	上海主板	深圳主板	中小板	创业板
1992 年至 2019 年	均值（%）	1.5	1.6	1.6	1.3	0.7
	标准差（%）	0.007	0.006	0.008	0.006	0.003
	变异系数	0.46	0.37	0.48	0.49	0.41
1992 年至 1999 年	均值（%）	2.0	2.0	2.0	—	—
	标准差（%）	0.009	0.007	0.011	—	—
	变异系数	0.45	0.35	0.56	—	—
2000 年至 2012 年	均值（%）	1.4	1.5	1.5	1.4	0.9
	标准差（%）	0.006	0.006	0.007	0.007	0.003
	变异系数	0.40	0.38	0.43	0.50	0.38
2013 年至 2019 年	均值（%）	1.2	1.5	1.4	1.1	0.6
	标准差（%）	0.004	0.004	0.004	0.004	0.002
	变异系数	0.32	0.27	0.31	0.39	0.38

结合图 2-28 中每股股利的走势，以及中小创的估值特征可知，中小创的每股股利波动高于主板，而且其估值更加不稳定，波动幅度较大，这是中小创股息率较低且波动较高的主要原因。从股息率时间序列能够观测到，2017 年之后，A 股市场及其各板块的股息率呈现出上升趋势，结合每股股利走势可知，这是由于近几年股利发放力度不断提高，企业估值相对较低共同作用的结果。

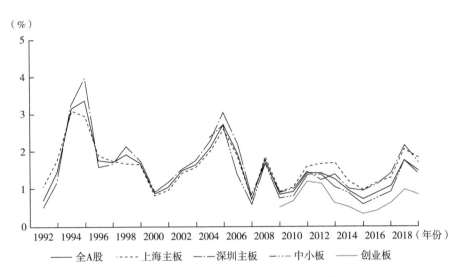

（％）

图 2-28　1992 年至 2019 年 A 股主要板块股息率的变化趋势

二、我国上市公司股利支付行为特征分析

1. 股利支付连续性的变化特征

我国上市公司中连续两年发放现金股利的公司数量占比从 1992 年至 1999 年的 17.6% 上升至 2013 年至 2019 年的 61.2%，连续三年发放现金股利的公司数量占比从 8.4% 上升至 2013 年至 2019 年的 51.2%，连续四年发放现金股利的公司数量占比从 4.1% 上升至 2013 年至 2019 年的 41.6%，可见现金股利支付连续性得到了有效的提升，并且这种阶梯式变动的特征与我国股利监管政策相吻合（见表 2-6）。从四大板块来看，上海主板和深圳主板的股利支付的连续性更具有稳定性，年度占比均在 10% 以内递减，而创业板股利支付连续性的稳定性相对较差，连续四年支付现金股利的公司占比相比前两年出现明显下降。

从股票股利支付情况来看（见表 2-7），股票股利支付连续性总体较差，全 A 公司中连续两年支付股票股利的公司占比仅为 6.9%，连续四年支付股票股利的公司占比仅为 1%，并且主要集中在创业板和中小板，这与股票股利支付特征基本一致。

表 2-6　A 股主要板块连续支付现金股利的公司占比情况　　　单位:%

年份区间	现金股利连续支付年限	全 A	上海主板	深圳主板	中小板	创业板
1992 年至 2019 年	两年	38.9	39.2	33.7	55.8	60.2
	三年	29.3	30.3	26.3	41.3	45.9
	四年	22.6	25.3	21.5	32.0	34.6
1992 年至 1999 年	两年	17.6	15.3	21.2	—	—
	三年	8.4	6.8	10.7	—	—
	四年	4.1	3.9	5.3	—	—
2000 年至 2012 年	两年	40.0	42.2	33.7	47.7	42.8
	三年	28.8	32.0	26.5	26.1	20.1
	四年	21.0	24.6	21.2	14.4	6.8
2013 年至 2019 年	两年	61.2	61.2	48.1	65.2	67.7
	三年	51.2	50.9	41.5	56.5	53.3
	四年	41.6	41.7	36.1	47.2	38.6

表 2-7　A 股主要板块连续支付股票股利的公司占比情况　　　单位:%

年份区间	股票股利连续支付年限	全 A	上海主板	深圳主板	中小板	创业板
1992 年至 2019 年	两年	6.9	5.7	6.1	8.4	11.3
	三年	2.5	2.3	2.0	2.8	4.0
	四年	1.0	1.0	1.2	1.2	1.6
1992 年至 1999 年	两年	13.4	12.9	16.7	—	—
	三年	5.4	6.0	6.1	—	—
	四年	2.4	2.7	2.7	—	—
2000 年至 2012 年	两年	4.3	3.5	2.3	11.2	13.0
	三年	1.4	1.3	0.6	3.5	2.2
	四年	0.6	0.6	0.3	1.4	0.6
2013 年至 2019 年	两年	4.4	2.5	1.2	5.3	10.6
	三年	1.7	0.9	0.4	1.9	4.8
	四年	0.8	0.4	0.2	1.0	1.9

　　总体来看，我国现金股利支付连续性在 2000 年和 2013 年得到了两次提升，这两次提升均与股利监管政策的变革有关，这种变化在创业板领域表现得尤为明

显（见图 2-29、图 2-30）。可见，创业板公司的股利支付能力和意愿均受到监管政策的强烈影响，而在监管政策之外，更倾向于实施具有相对自主性的股票股利政策。

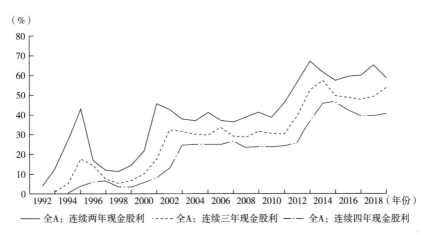

图 2-29　1992 年至 2019 年连续支付 A 股现金股利的公司占比情况

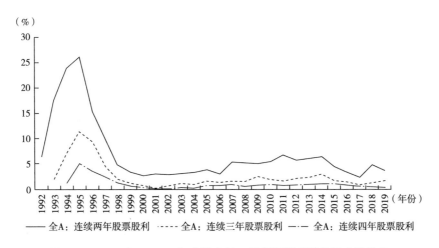

图 2-30　1992 年至 2019 年连续支付 A 股股票股利的公司占比情况

2. 上市融资后的股利支付特征

从优顺融资角度来看，以上市为代表的股权融资方式并不处于企业融资的优先级。当企业以成本相对较高的股权形式进行融资后，其应当将融资资金用于企业生产经营活动，以便创造更大的利润来摊薄融资成本。因此，企业上市后应当扩大生产，而非增加股利发放。但从表2-8可知，我国上市公司在上市融资后具有较高的股利支付倾向，这是典型的融资分红行为，不过这种行为在不同股利支付方式以及不同板块之间存在显著差异。

表2-8　A股主要板块融资分红意愿

时间	股利支付指标	全A市场	上海主板	深圳主板	中小板	创业板
上市第1年	股利支付倾向（%）	90.9	90.0	70.1	96.4	97.5
	现金股利支付倾向（%）	83.5	81.3	44.8	94.6	95.7
	现金股利支付率（%）	29.6	28.1	28.1	37.6	35.6
	股票股利支付倾向（%）	43.2	30.5	45.2	50.6	60.6
	股票股利支付数量	0.64	0.50	0.36	0.68	0.86
	股息率（%）	1.1	1.3	1.4	1.1	0.8
上市第2年	股利支付倾向（%）	88.0	87.1	69.7	92.4	95.6
	现金股利支付倾向（%）	82.3	80.3	55.7	89.0	94.1
	现金股利支付率（%）	37.8	38.7	35.6	34.5	33.7
	股票股利支付倾向（%）	31.5	25.5	30.8	35.8	38.4
	股票股利支付数量	0.56	0.47	0.37	0.62	0.69
	股息率（%）	1.3	1.5	2.0	1.2	0.8
上市第3年	股利支付倾向（%）	85.9	84.2	66.0	91.3	95.0
	现金股利支付倾向（%）	80.0	77.0	55.4	87.9	91.0
	现金股利支付率（%）	37.2	38.5	32.6	34.0	27.7
	股票股利支付倾向（%）	28.3	23.5	24.5	32.9	34.3
	股票股利支付数量	0.56	0.42	0.39	0.63	0.72
	股息率（%）	1.3	1.7	1.9	1.1	0.7
所有年限	股利支付倾向（%）	76.2	74.5	60.9	87.9	93.6
	现金股利支付倾向（%）	71.0	69.0	54.9	83.5	89.9
	现金股利支付率（%）	32.4	33.0	29.4	31.1	28.1
	股票股利支付倾向（%）	19.4	15.5	14.0	26.6	33.5
	股票股利支付数量	0.58	0.47	0.43	0.67	0.77
	股息率（%）	1.3	1.5	1.5	1.1	0.7

从全A市场来看，上市公司的股利支付倾向在上市后的前三年均高于全时间段

的平均水平，表现出一定程度的融资分红特征。但从结构上看，现金股利和股票股利两种股利政策存在一定差异，公司在上市初期具有强烈的股票股利支付意愿。从股利支付数量上看，上市第 1 年的每股送转股票数量高达 0.64 股，远高于全样本均值的 0.58 股，表现出明显的高送转特征，但随着在上市当年进行高规格的股票送转后，第 2 年和第 3 年的送转规模出现明显下降。但对现金股利支付意愿和支付数量而言，两者表现出相反的变动趋势。全 A 市场公司在上市后的现金股利支付倾向总体较高，远高于全样本均值，但在现金股利支付率上表现出相反的变动趋势，上市当年现金股利支付率仅为 29.6%，低于全样本均值的 32.4%，并且在上市后两年表现出上升趋势。总体而言，我国全 A 市场在上市融资后具有高送转特征，更愿意支付现金股利，但是股利支付率相对较低，与融资目的具有一定的吻合性。但是这种特征在不同板块上具有较大差异，而这种差异似乎在否定融资行为和融资目的的一致性。

从板块角度来看，四个板块在上市后的前三年均具有高于样本均值的股利支付倾向，并且在股票股利支付倾向和股票股利支付数量上的意愿均十分强烈，但上海主板和深圳主板并没有明显的高送转特征，而创业板和中小板的高送转特征十分明显。但在现金股利支付方面，沪深主板和中小创的差异十分明显，其中，深圳主板上市公司的现金股利支付意愿和支付率在上市当年均低于样本均值，上交所主板上市公司虽然在上市当年具有较强烈的股利支付倾向，但是其股利支付率相对较低，低于样本均值约 5 个百分点。而中小创的现金股利支付倾向和股利支付率在上市前三年均十分高，远高于样本均值，且现金支付率基本在 30% 以上。然而，中小创公司大多处于企业生命周期的成长期，其对资金需求更为强烈，理论上融资后应当充分利用这类资金扩大生产经营，但现实是其更倾向于发放现金股利和实施高送转，这表现出典型的融资分红特征。

总体来看，我国 A 股市场上市公司在上市后具有融资分红特征，其中，高送转是其主要形式，沪深主板公司在上市后的现金分红特征相对较弱，而中小创的现金股利支付意愿和支付率均十分强烈。

在此结合美国公司股票市场融资后的表现能够发现，如表2-9所示，美股上市公司在上市融资后的现金股利支付倾向低于2005年至2019年的年度均值，这说明美股上市公司的融资分红意愿较弱。从三个交易所来看，除了美国证券交易所之外，纽交所和纳斯达克证券交易所在上市当年的分红倾向均低于均值10个百分点以上，在上市后的第2年和第3年，股利支付倾向逐渐稳步提升。从每股现金分红均值来看，呈现出与现金股利支付倾向类似的特点。由此可见，美国各交易所上市公司均没有表现出明显的融资分红倾向。

表2-9 美国股票市场融资分红倾向

	指标	全美上市公司	纽约证券交易所	纳斯达克证券交易所	美国证券交易所
上市第1年	分红公司占比（%）	34.0	54.3	20.4	20.3
	现金分红平均值	0.79	0.89	0.58	0.66
上市第2年	分红公司占比（%）	40.3	62.0	25.1	21.9
	现金分红平均值	0.94	1.06	0.74	0.75
上市第3年	分红公司占比（%）	43.8	65.5	28.2	21.5
	现金分红平均值	0.98	1.12	0.74	0.77
2005年至2019年	分红公司占比（%）	49.5	70.3	34.1	22.9
	现金分红平均值	1.09	1.24	0.83	0.82

通过对比发现，A股与美股表现出完全相反的特征，A股市场融资分红现象比较明显，并且这一特征在对资金需求更为迫切的中小创公司中表现得更为明显，与成熟型股票市场具有较大差距。

三、我国股票市场资本利得效应分析

从图2-31和图2-32来看，上证综指和深证成指中枢在1995年后出现了整体上移趋势，中小板指数和创业板指数在2013年后出现了整体上移趋势。因此，对股票市场资本利得效应的探讨需要通过计算年度投资收益率，并将其与当年无风险利率进行比较研究，本小节采用的无风险利率为10年期国债到期收益率。

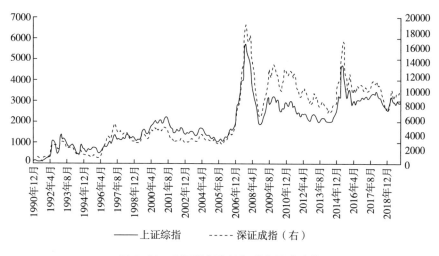

图 2-31　上证综指和深证成指历史走势

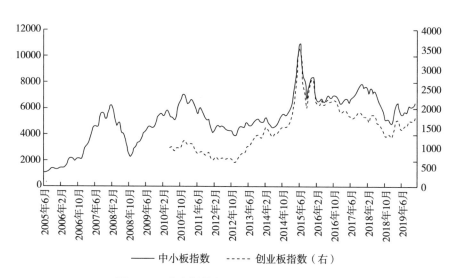

图 2-32　中小板指数和创业板指数历史走势

通过图 2-33 和图 2-34 能够看出，我国股票市场的超额收益率也呈现出剧烈波动的特点，在牛市期间其超额收益率可以达到 100% 以上，而在有些年份甚至低于无风险利率。结合表 2-10 的统计数据，我们能够发现，相对于无风险利率，上证综指的平均超额收益率为 18%，深证成指和中小板指数与之相当，而创业板指数的

155

超额收益率最低，仅为9%，但从风险角度看，创业板指数的风险最高，变异系数达到了5.22，相比而言，中小板指数和上证综指的投资收益比更好。从投资收益分布上看（见表2-11），我国主要指数年度收益率在大部分年份均不能超过当年无风险利率，即使在2010年之后大部分年份的超额收益也均为负，其中，中小板指数表现相对较好。由此可见，我国股票市场的资本利得效应相对较弱，对投资者择时能力要求很高。

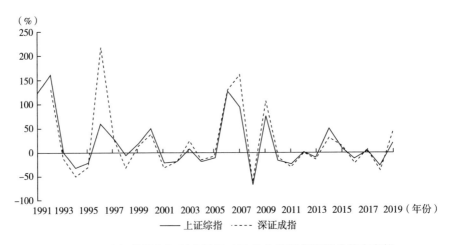

图2-33 上证综指和深证成指相对于10年期国债超额收益率走势

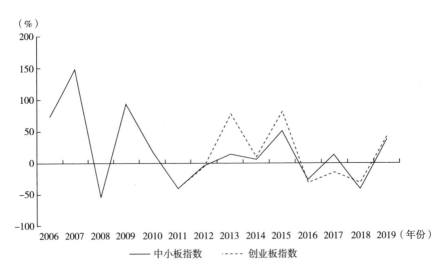

图2-34 中小板指数和创业板指数相对于10年期国债超额收益率走势

表 2-10　A 股市场主要指数收益率和超额收益率统计量

	上证综指	深证成指	中小板指数	创业板指数	中国 10 年期国债到期收益率
均值（%）	22	24	24	13	4
标准差（%）	0.54	0.70	0.57	0.47	0.02
变异系数	2.45	2.92	2.38	3.62	0.50
相对于 10 年期国债到期收益率的超额收益率					
均值（%）	18	20	20	9	—
标准差（%）	0.54	0.69	0.57	0.47	—
变异系数	3.00	3.45	2.85	5.22	—

表 2-11　A 股市场主要指数相对于国债超额收益率的占比及年份分布情况

超额收益分类占比	上证综指	深证成指	中小板指数	创业板指数
小于零	52%	54%	36%	56%
0~50%	28%	29%	36%	22%
50%~100%	10%	—	21%	22%
大于100%	10%	18%	7%	—
年份分布				
小于零	1993，1994，1995，1998，2001，2002，2004，2005，2008，**2010**，**2011**，**2012**，**2013**，**2016**，**2018**	1993，1994，1995，1998，2001，2002，2004，2005，2008，**2010**，**2011**，**2012**，**2013**，**2016**，**2018**	2008，**2011**，**2012**，**2016**，**2018**	**2011**，**2012**，**2016**，**2017**，**2018**
0~50%	1997，1999，2000，2003，**2014**，**2015**，**2017**，**2019**	1997，1999，2000，2003，**2014**，**2015**，**2017**，**2019**	**2010**，**2013**，**2014**，**2017**，**2019**	**2014**，**2019**
50%~100%	1996，2007，2009	—	2006，2009，**2015**	**2013**，**2015**
大于100%	1991，1992，2006	1992，1996，2006，2007，2009	2007	—

注：粗体部分为近几年的年份。

四、行业属性下的股市财富效应对比分析

1. 股利支付行为分析

不同行业的股利支付行为和财富效应特征具有一定差异，本小节按照申万一级

行业划分方式，对比了28个一级行业的股利支付行为，数据汇总如表2-12所示。

表2-12　A股各行业股利支付行为统计

行业	股利支付倾向（%）	现金股利支付倾向（%）	现金股利支付率（%）	股票股利支付倾向（%）	股票股利支付数量	股息率（%）
采掘	68.8	66.2	42.7	13.5	0.55	1.8
传媒	69.6	65.2	27.8	21.8	0.64	0.9
电气设备	80.8	78.8	29.9	22.2	0.68	1.0
电子	78.5	75.2	30.4	24.0	0.63	1.0
房地产	66.7	60.9	27.8	18.1	0.44	1.6
纺织服装	75.9	73.0	46.7	19.1	0.56	1.8
非银金融	67.1	62.8	31.5	13.5	0.48	1.3
钢铁	74.9	73.3	36.8	10.0	0.47	2.9
公用事业	72.8	69.0	43.4	15.4	0.55	1.6
国防军工	67.3	63.2	22.0	18.1	0.56	0.8
化工	76.4	73.6	39.7	19.9	0.58	1.3
机械设备	80.6	78.2	31.8	21.3	0.64	1.1
计算机	82.7	79.7	25.1	30.5	0.67	0.7
家用电器	77.8	74.6	38.3	23.5	0.59	1.8
建筑材料	77.9	74.8	28.7	17.5	0.56	1.4
建筑装饰	78.2	75.1	19.9	23.5	0.58	1.1
交通运输	83.1	79.8	33.4	13.1	0.48	1.8
农林牧渔	67.1	65.0	37.2	16.9	0.63	1.2
汽车	72.1	68.5	36.5	16.4	0.56	1.7
轻工制造	76.1	72.5	32.5	20.2	0.57	1.4
商业贸易	69.4	64.0	28.9	15.6	0.44	1.5
食品饮料	77.3	74.5	48.8	16.0	0.56	1.5
通信	74.8	72.6	24.2	20.7	0.65	0.8
休闲服务	63.7	60.5	31.8	10.5	0.56	1.2
医药生物	74.7	71.0	30.2	22.5	0.56	1.1
银行	95.6	94.9	29.9	19.8	0.33	3.1
有色金属	68.0	64.8	30.8	16.8	0.61	1.1

行业	股利支付倾向（%）	现金股利支付倾向（%）	现金股利支付率（%）	股票股利支付倾向（%）	股票股利支付数量	股息率（%）
综合	56.0	47.4	17.5	19.5	0.38	1.0
总计	74.5	71.0	32.4	19.4	0.58	1.3

不同行业的股利支付倾向和现金股利支付倾向表现出一致的特征，即现金股利支付倾向高的行业也是股利支付倾向高的行业，两者排序的相关系数等于1，可见，对任何行业而言，现金股利都是主要的股利支付形式。现金股利支付倾向排在前五名的行业依次是银行、交通运输、计算机、电气设备、机械设备，其中，银行业的股利支付倾向和现金股利支付倾向均在95%左右，银行业的分红意愿和分红率都十分高，尤其是近几年来每家银行都实现了现金分红，其他四个行业的两类股利支付倾向的平均值为83.4%。现金股利支付倾向排在后四名的行业依次是综合、休闲服务、房地产、非银金融，倒数第五名在股利支付倾向和现金股利支付倾向上存在差异。股利支付倾向的倒数第五名是农林牧渔，现金股利支付倾向的倒数第五名是国防军工。排在最后一名的综合类行业的股利支付倾向和现金股利支付倾向分别为56.0%和47.4%，约为银行业的一半，此外，其他四个行业的两类股利支付倾向平均为64.0%。

根据表2-13，对比不同行业现金股利支付倾向和股票股利支付倾向能够发现，两者的相关系数仅为0.46，虽然具有一定的正相关性，但是相关性并不强。这说明偏好发放现金股利的行业并不一定偏好发放股票股利，仅有一半的行业在这两方面具有一致性表现。股票股利支付倾向排名前五的行业分别为计算机、电子、建筑装饰、家用电器、医药生物，其中，计算机行业的股票股利支付倾向为30.5%，其余四个行业的支付倾向均值为23.4%，并且彼此之间的差距十分小。此外，除了医药生物行业外，计算机、电子、建筑装饰、家用电器的现金股利支付倾向同样较高，排名分别为第三、第六、第七、第九位。股票股利支付倾向排名后五位的行业分别为钢铁、休闲服务、交通运输、采掘、非银金融，其支付倾向均值为12.1%，行业之间的差别较小。但是这五类行业的现金股利支付倾向差别较大，其中，交通运输行业的股票股利支付倾向排在倒数第三位，而其现金股利支付倾向排在正数第二位，形成了鲜明的反差；股票股利支付倾向排在倒数第一位的钢铁行业的现金股利支付倾向排在第十四位，也相对靠前。但休闲服务、采掘、非银金融的现金股利支付倾向排名也相对靠后，分别为倒数第二、第八、第四位。

表 2-13　A 股各行业按不同指标排序序列的相关系数

	股利支付倾向	现金股利支付倾向	现金股利支付率	股票股利支付倾向	股票股利支付数量	股息率
股利支付倾向	1	—	—	—	—	—
现金股利支付倾向	1	1	—	—	—	—
现金股利支付率	0.07	0.07	1	—	—	—
股票股利支付倾向	0.46	0.46	−0.43	1	—	—
股票股利支付数量	0.28	0.28	−0.12	0.60	1	—
股息率	0.11	0.11	0.63	−0.51	−0.65	1

对股利支付率而言，该指标的排序与股利倾向排序的相关性差异较大，现金股利支付率与股票股利支付倾向呈现一定的负相关关系，两者的相关系数为−0.43，这说明偏好支付现金股利行业的股利支付率相对较低，不偏好支付现金股利行业的股利支付率相对较高。股票股利支付数量与股票股利支付倾向的排序相关系数为0.60，这说明偏好支付股票股利的行业将会发放较高的股票股利；反之，则不倾向于发放股票股利。但现金股利支付率和股票股利支付数量之间几乎不存在相关性，两者的相关系数仅为−0.12。从具体行业来看，现金股利支付率排名前五的行业分别为食品饮料、纺织服装、公用事业、采掘、化工，排名第一的食品饮料行业的现金股利支付率高达48.8%，随后四位的均值为43.1%。排在后五位的行业分别是综合、建筑装饰、国防军工、通信、计算机，排名最后的综合行业的现金分红率仅为17.5%，其余四个行业的均值为22.8%。将现金分红率和现金股利支付倾向进行对比能够发现，计算机和建筑装饰虽然偏好发放现金股利，但是其股利支付率特别

小，一方面说明这两类行业属于成长期，股利支付能力较弱；另一方面说明这两类行业同样具有迎合再融资政策的倾向，只进行低水平的股利发放，以满足再融资条件。股票股利支付数量与股票股利支付倾向的排序具有较强的正相关性，股票股利支付数量排名前五的行业分别为电气设备、计算机、通信、传媒、机械设备，它们的股票股利支付数量之间差别十分小，分别为0.68、0.67、0.65、0.64、0.64。而后五位的行业分别为银行、综合、房地产、商业贸易、钢铁，其差别也较小，均值为0.41。

从股息率来看，股息率排序与现金股利支付率排序具有较高的正相关关系，两者的相关系数高达0.63，并且与股票股利支付数量的排序具有明显的负相关关系，相关系数为-0.65。股息率的大小由现金股利支付数量和市场估值共同决定，其与现金股利支付数量正相关，与市场估值负相关，从而表现出如上的相关系数特征。股息率排名前五的行业分别为银行、钢铁、家用电器、纺织服装、交通运输，银行和钢铁的股息率分别达3.1%和2.9%，后三者的股息率均为1.8%。股息率排名后五位的行业分别为计算机、通信、国防军工、传媒、电子，排名最后的计算机行业的股息率仅为0.7%，其余四个行业的股息率均值为0.9%。可见，排名第一的银行业的股息率是排名最后的计算机行业股息率的4.4倍，行业之间的股息率差别十分显著。

总体来看，不同行业的现金股利支付倾向和股票股利支付倾向具有一定的正相关性，股票股利支付数量和股票股利支付倾向也有较强的正相关性，但现金股利支付率和股票股利支付倾向表现出负相关关系。银行业的现金股利支付倾向较明显，但股利支付率相对较低，食品饮料行业的现金股利支付率排在第一位，但其股利支付倾向仅排在第十位。计算机行业的股票股利支付倾向最高，并且相应的股票股利支付数量也排在第二位，电气设备的股票股利支付数量排在第一，而第一和第二的差距微乎其微。

2. 资本利得分析

前文对我国股票市场资本利得的总体效应进行了详细分析，本小节从行业角度分析了我国股票市场的资本利得水平。

从表 2-14 可知，在 2000 年 1 月至 2019 年 12 月期间，我国上证综指的年化收益率与 10 年期国债年化收益率一致，而深证成指则略高于国债收益率，但是在不同行业中存在较大差异，其中，食品饮料、家用电器、医药生物、建筑材料的区间年化收益率较高，而最低的纺织服装、公用事业、综合类的投资回报率不到食品饮料的 1/4。

表 2-14　A 股分行业在不同时段的年化收益率　　　　单位：%

	2000 年 1 月至 2019 年 12 月	2008 年 11 月至 2019 年 12 月	2016 年 2 月至 2019 年 12 月
10 年期国债	3.6	3.5	3.3
上证综指	3.6	4.2	1.4
深证成指	5.2	4.3	0.6
采掘	3.6	−0.1	−6.0
化工	4.5	4.7	−1.4
钢铁	3.4	0.1	−1.5
有色金属	4.8	6.2	−2.1
建筑材料	8.8	11.8	7.6
建筑装饰	3.3	3.2	−5.4
电气设备	7.1	7.0	−5.7
机械设备	7.0	8.0	−6.0
国防军工	6.4	10.5	−6.4
汽车	6.7	11.4	−4.2
家用电器	10.2	21.1	16.6
纺织服装	2.7	6.5	−13.2
轻工制造	3.6	9.2	−7.8
商业贸易	5.3	5.2	−8.5
农林牧渔	5.4	11.2	2.5

续表

	2000 年 1 月至 2019 年 12 月	2008 年 11 月至 2019 年 12 月	2016 年 2 月至 2019 年 12 月
食品饮料	14.1	19.3	28.1
休闲服务	0.9	16.7	1.5
医药生物	10.4	15.6	2.6
公用事业	3.0	2.6	-7.6
交通运输	3.9	3.4	-3.9
房地产	6.9	8.7	-3.1
电子	5.8	17.7	6.4
计算机	7.7	17.4	-2.0
传媒	4.3	7.5	-16.9
通信	3.7	6.4	-3.7
银行	6.7	9.2	6.9
非银金融	7.7	8.1	8.3
综合	3.0	9.8	-9.8

此外，表 2-15 还展示了不同时间区间的投资收益率情况，很容易发现在牛市行情来临时，我国各行业板块均能获得较高的超额收益率；但是当熊市来临时，各板块的负向投资收益是极其明显的，从年化收益的绝对值来看，似乎熊市来临时的投资损失率均大于牛市来临时的投资收益率。通过分行业对比能够发现我国市场资本利得的三个特点：一是我国股票市场投资存在明显的择时特点，如果能够正确地选择时点进入市场，能够获得超过无风险利率的投资回报，而一旦在错误时点进入市场，其投资损失将会很大；二是股票市场及各板块的投资收益的波动均很大，而超额收益相对较小，这说明我国股票市场的投资风险较高；三是在不同阶段，我国股票市场行业风格差异较大，从样本区间来看，食品饮料和家用电器行业最具有投资价值，但是在 2000 年至 2007 年，采掘、钢铁、有色金属、非银金融相对具有投资价值，而在 2007 年至 2015 年，计算机、传媒、通信、休闲服务、医药生物等新

兴产业和现代服务业更具有投资价值。

表 2-15　A 股分行业在不同时间区间内的年化收益率　　单位：%

	2000 年 1 月至 2007 年 10 月	2007 年行情顶点（2007 年 10 月）至 2007 年行情底点（2008 年 11 月）	2007 年行情底点（2008 年 11 月）至 2015 年行情顶点（2015 年 6 月）	2015 年行情顶点（2015 年 6 月）至 2015 年行情底点（2016 年 2 月）
10 年期国债	3.6	4.1	3.7	3.2
上证综指	19.3	−62.1	15.1	−51.2
深证成指	23.3	−61.1	15.7	−50.6
采掘	29.9	−68.1	13.5	−56.0
化工	18.9	−56.9	17.8	−50.1
钢铁	26.9	−64.5	13.5	−64.2
有色金属	29.1	−77.3	22.4	−55.0
建筑材料	21.2	−59.8	25.3	−51.5
建筑装饰	12.5	−41.7	20.2	−58.2
电气设备	18.6	−46.1	26.7	−54.4
机械设备	21.1	−57.9	29.9	−57.7
国防军工	21.5	−70.2	37.2	−62.3
汽车	19.2	−66.7	32.2	−47.6
家用电器	8.4	−51.1	35.5	−47.8
纺织服装	11.7	−58.8	29.6	−46.7
轻工制造	11.1	−61.1	31.2	−49.6
商业贸易	20.0	−56.0	25.7	−55.7
农林牧渔	6.0	−39.3	25.7	−44.0
食品饮料	21.6	−52.7	23.4	−40.9
休闲服务	17.8	−67.0	35.7	−38.9
医药生物	13.3	−41.4	34.7	−46.7
公用事业	15.4	−50.1	19.7	−55.2
交通运输	21.0	−61.1	18.8	−55.7
房地产	22.3	−63.5	24.3	−41.1
电子	5.3	−60.8	36.6	−48.5
计算机	6.0	−48.6	45.2	−55.8

续表

	2000 年 1 月至 2007 年 10 月	2007 年行情顶点（2007 年 10 月）至 2007 年行情底点（2008 年 11 月）	2007 年行情底点（2008 年 11 月）至 2015 年行情顶点（2015 年 6 月）	2015 年行情顶点（2015 年 6 月）至 2015 年行情底点（2016 年 2 月）
传媒	13.0	−54.7	37.2	−53.9
通信	9.6	−44.4	22.8	−50.4
银行	18.6	−58.5	16.1	−30.7
非银金融	28.2	−67.8	18.9	−54.8
综合	9.3	−62.3	33.6	−47.8

五、股票市场财富效应的投资者分布状况

股票市场投资者能够通过两种方式获得财富增值，一是现金股利，二是资本利得。从现金股利的角度看，其分布结构与股利税收和股票市场投资者结构有关，本节采用 2019 年证券业协会重点课题研究报告《股票市场投资者结构的国际比较研究》的研究数据，然后结合 2015 年颁布的《关于上市公司股息红利差别化个人所得税政策有关问题的通知》，通过设定一定的比例参数估算我国上市公司现金股利财富效应的分布结构。总体来看，非流通股和一般法人由于对上市公司股票持有期限较长，因此，成为持有我国股票市场现金股利的主要投资者，其次是个人投资者。我国股票市场个人投资者的占比约为 22%，但是由于个人投资倾向于短期投资，因此，分红扣税占比较高，其最终在现金分红中的占比降至 20%。对于以公募基金、私募基金、保险公司、社保基金和境外资金为代表的其他市场参与者而言，由于其市场参与度较低，分红占比也相对较小（见图 2-35）。

对于资本利得的投资者的分布状况，本节借鉴中国证券投资者保护基金有限责任公司于 2020 年发布的《2019 年度全国股票市场投资者状况调查报告》，以及中国证券投资基金业协会于 2019 年发布的《2018 年度基金个人投资者投资情况调查问卷分析报告》中个人投资者和基金投资者的数据，分析我国股票市场上个人投资者的投资收益状况。从表 2-16 可知，2018 年，我国股票市场走势总体较弱，实现

盈利的投资者占比约为 24.9%，亏损投资者占比为 55.9%，以基金形式参与股票市场的个人投资者实现盈利的占比达到了 72%，而亏损占比仅为 28%。2019 年，随着股票市场走势逐渐向好，个人投资者实现盈利的比例从 2018 年的 24.9% 提升至 55.2%，亏损占比从 55.9% 降至 27.2%，与此同时，个人投资者市场持股规模也从 2018 年的 23% 提升至 26%，这说明 2019 年个人投资者的市场参与度得到了较好的提升。由于《2019 年度基金个人投资者投资情况调查问卷分析报告》还未发布，暂时没有 2019 年通过基金参与股票市场的个人投资者盈亏数据，对此问题暂不分析。

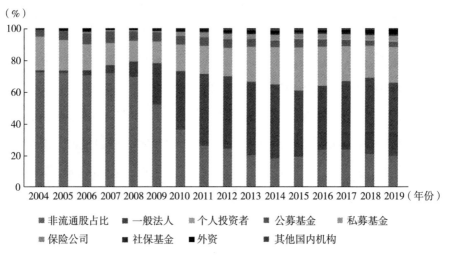

图 2-35　按投资者划分的上市公司现金股利分布情况

表 2-16　个人投资者和基金投资者盈亏占比

	2018 年个人投资者	2018 年基金投资者	2019 年个人投资者
在全市场持股占比	23%	4%	26%
投资者盈亏分布			
盈利 50% 以上	3.5	—	5
盈利 30%~50%	3.1	13.7	10
盈利 10%~30%	7.5	24.4	23.6

续表

	2018 年个人投资者	2018 年基金投资者	2019 年个人投资者
盈利 10% 以内	10.8	33.9	16.6
盈亏持平	19.2	—	17.6
亏损 10% 以内	11.1	13.3	8.7
亏损 10%~30%	22.2	14.7	10.8
亏损 30%~50%	13.4	—	4.3
亏损 50% 以上	9.2	—	3.4
当年市场主要指数收益率			
上证综指	−9%		0%
深证成指	−11%		1%
中小板指数	−8%		−6%
创业板指数	−14%		2%

总体来看，我国个人投资者直接参与股票市场行为在参与热度和投资收益方面均与股票市场走势密切相关，而基金作为专业投资者，其投资收益显著高于个人投资者。

六、小结

我国 A 股市场的资本利得形式的财富效应具有较强的波动性，不同年份之间存在较大差异，在有些年份的累计收益率会低于同期 10 年期国债累计收益率，呈现出较强的不稳定性。但我国股利支付形式的财富效应表现出了较强的稳定性，但不同板块和行业之间存在较大差异。在股利支付倾向方面，随着我国股利监管政策的不断趋严，盈利公司的股利支付倾向得到了显著提升，2013 年之后，围绕 80% 的水平上下波动，但是现金股利支付率呈现出向 30% 水平收敛的特征，从时间序列上看，虽然得到了较好的提升，但与国际市场相比依然处于较低水平。股票股利支付行为总体上得到了较好的控制，但是实施股票股利支付政策的上市公司具有明显的高送转倾向，并且这也是融资分红的一种重要手段。

在股票市场财富效应的投资者分布方面，个人投资直接参与股票市场的意愿和投资收益受股票市场波动的影响较大，而通过基金间接参与股票市场投资的收益相对更加稳定，相比而言，我国个人投资者更倾向于直接参与股票市场投资。总体来看，我国股票市场不同类型的财富效应分化较大，股利支付形式的财富效应相对较好，资本利得效应还有待改善。

第五节　影响我国股票市场财富效应的机制分析

在前一节中，本书探讨了我国股票市场财富效应的主要特征，接下来对其原因展开分析。按照现有经济理论，影响上市公司股利发放和投资者资本利得的因素主要包括：股东特性；企业所处的生命周期阶段；管理层侵占状况；宏观经济和股票市场环境。本节将从这些要素出发探讨影响股票市场财富效应的原因。

一、控股股东属性对股利支付行为的影响

如前文介绍，研究数据来源于 Wind 数据库。该数据库的股东属性数据具有两个特点：一是 2004 年之后的数据才包含相对较完整的股东属性数据；二是股东属性数据并不统一，有些股东数据由多个字符串合并而成。鉴于此，本书只分析提供了股东属性的样本点，并对股东属性进行归类，以数据格式中的实际控制人属性为标准，将国务院国有资产监督管理委员会、中央企业、中央国家机关标记为中央企业；将地方国有资产监督管理委员会、地方企业、大学标记为地方企业；将集体企业、职工持股会（工会）标记为集体企业；将境外标记为境外持股企业；将其他标记为其他类型企业。加上私营企业，共得到六类股东类型，分别为中央国有企业、地方国有企业、私营企业、集体企业、境外持股企业、其他类型企业。

按照股东属性分类，对比 2004 年至 2019 年和 2014 年至 2019 年两个样本区间，我们能够发现，近年来，我国私营企业上市公司数量占比稳步提升，国有企业占比逐渐下降，而境外持股企业、集体企业和其他类型企业的占比总体较稳定，且均维持低位（见表 2-17）。从股利支付倾向来看，私营企业股利支付倾向相对较高，并且其现金股利和股票股利两种支付方式的支付倾向均高于其他股东属性的公司，境外持股企业的股利支付倾向也相对较高。国有企业现金股利支付倾向与私营企业相

差不大，但在股票股利支付方面，国有企业表现得更为保守。

表 2-17　A 股市场按股东属性划分的股利支付行为统计量

股东属性	中央企业	地方企业	私营企业	集体企业	境外持股企业	其他类型	全市场总计
2004 年至 2019 年公司占比均值	14%	33%	47%	1%	3%	1%	—
2014 年至 2019 年公司占比均值	12%	22%	60%	1%	4%	1%	—
股利支付倾向	77.8%	73.0%	82.0%	72.5%	79.2%	64.0%	78.4%
现金股利支付倾向	74.9%	69.6%	77.7%	68.7%	75.3%	57.0%	74.6%
现金股利支付率	34.5%	34.0%	29.9%	30.4%	43.1%	20.6%	33.6%
股票股利支付倾向	11.5%	11.0%	24.8%	12.8%	21.8%	9.9%	18.6%
股票股利支付数量	0.55	0.49	0.68	0.61	0.58	0.52	0.63
股息率	1.4%	1.5%	1.1%	1.7%	1.4%	1.2%	1.3%

从现金股利支付率来看，境外持股企业的股利支付率最高，其次是国有企业，其中，中央国有企业又略高于地方国有企业，而私营企业的股利支付率相对较低。但是在股票股利支付数量方面，私营企业每股送转股票高达 0.68，具有明显的高送转特性。在股息率方面，私营企业和其他类型企业的股息率相对较低，而国有企业和集体企业的股息率相对较高。

总体来看，控股股东属性对上市公司股利支付行为具有较好的解释力。私营企业现金股利支付倾向较高，但股利支付率相对较低，这说明私营企业发放股利在一定程度上是为了满足外在要求，其自愿支付意愿并不十分强烈。此外，私营企业更倾向于发放股票股利，并且具有明显的高送转倾向。相比而言，国有企业和集体企业的股利发放模式更符合股利发放要求，虽然股利支付倾向较低，但是股利支付率较高，股息率也较高，其财富效应更加明显。

二、企业生命周期对股利支付行为的影响

根据生命周期理论，当一家公司处于初创期时，由于投资机会相对较多且利润较少，留存收益相对较低，其与总资产或净资产的比值也较小；当公司处于成熟期

时，投资机会较少且利润较多，其与总资产或净资产的比值将会增大。现有的研究主要通过测算企业留存收益在总资产或净资产中的占比来衡量企业所处的生命周期阶段。宋福铁等（2010）采用留存收益与总资产的比值作为企业生命周期的测定指标，并将数值范围划分为五个区间，分别是 0 以下、0~0.1、0.1~0.2、0.2~0.3、0.3 以上，企业在生命周期中的成熟程度依次增强。由于同一生命周期的公司资产负债率越高，留存收益与总资产的比值就越小，该比值易受资本结构的影响，因此，本书借鉴罗琦和李辉（2015）的研究，采取留存收益与净资产的比值作为测定标准，也将其划分为五个区间，分别是 -0.1 以下、-0.1~0.1、0.1~0.3、0.3~0.5、0.5 以上，其中，将留存收益权益比等于 0.1 作为成长性和成熟性公司的分界线，小于 0.1 为成长性公司，反之为成熟性公司，并且企业成熟度随着该比值的上升逐渐提升。

从表 2-18 可知，我国上市公司中处于准成熟期的企业数量占比最高，其次是成熟期的企业，接下来是成长性企业。从股利支付倾向方面，随着企业成熟度的不断提升，企业股利支付倾向逐渐提高，并且呈现出边际倾向递减趋势；处于成熟期的企业发放股利的公司数量占比接近 90%，而处于成长期的企业发放股利的公司约为 50%，两者差距十分明显。现金股利支付倾向与股票股利支付倾向具有相同的特征。现金股利支付率的变动趋势相对更为平缓，处于成长期的现金股利支付率为 23.9%，而准成熟期的企业现金支付率高达 33.5%，提升了近 10 个百分点，但随着企业成熟度的不断提升，现金股利支付率呈现出震荡的变动趋势，向上增长的趋势并不显著。

表 2-18 A 股市场按企业生命周期划分的股利支付行为统计量

企业生命周期阶段	-0.1 以下	[-0.1, 0.1)	[0.1, 0.3)	[0.3, 0.5)	0.5 以上	总计
公司分布	5.6%	9.4%	42.7%	31.2%	11.1%	—
股利支付倾向	10.4%	49.1%	78.2%	88.8%	88.9%	76.2%
现金股利支付倾向	0.4%	40.4%	72.3%	85.5%	86.7%	71.0%
现金股利支付率	0.2%	23.9%	33.5%	29.9%	35.5%	32.4%

续表

企业生命周期阶段	-0.1 以下	[-0.1, 0.1)	[0.1, 0.3)	[0.3, 0.5)	0.5 以上	总计
股票股利支付倾向	1.7%	12.3%	22.5%	21.5%	16.3%	19.4%
股票股利支付数量	0.55	0.49	0.58	0.60	0.52	0.58
股息率	0.9%	1.2%	1.2%	1.3%	1.8%	1.3%

注：表中"企业生命周期阶段"的划分方法参考罗琦和李辉（2015），具体数值表示留存收益股权比（留存收益/净资产），将比值小于 0.1 的公司定义为成长型公司，大于或等于 0.1 且小于 0.5 的公司定义为成熟型公司。

从股票股利支付特征来看，准成熟期和成熟期企业的股票股利支付倾向相对较高，并且每股股票股利支付数量也较大，具有高送转特征，而大型成熟性企业和成长性企业的股票股利支付倾向相对较弱，但股票股利依然具有高送转特征。由此可见，我国股票股利的高送转特征在企业生命周期的各阶段均十分显著。从股息率来看，大型成熟性企业的股息率相对较高，随企业成熟度的下降而逐渐快速下降，股息率也存在边际递减的变动趋势。

总体来看，企业所处的生命周期阶段是引发企业股利政策变动的因素之一，其对现金股利支付倾向和股息率的解释力十分显著，并且会对现金股利支付率产生直接影响，但是解释力对于支付倾向有所减弱；企业生命周期对股票股利支付倾向和支付数量具有一定影响性，但是影响程度相对较弱。

三、管理层侵占状况对股利支付行为的影响

在现代企业制度下，所有权和经营权的分离形成了严重的委托代理问题，企业管理层可以利用自身管理地位侵占股东利益，进而降低企业财富效应水平。在现有研究中，一般采用管理费用在公司营业收入中的比例作为企业管理费用的代理变量（魏志华，2012），本章也借用该指标探讨上市公司管理层侵占行为和股东财富之间的关系。通过计算样本中的上市公司管理费用规模，将其划分为 7 个组，组间距为 0.04，该数值越大，代表管理层侵占行为越严峻；反之，侵占行为较轻。

从公司分布来看，管理费用在企业营业收入中的占比达到 10% 以上的公司占比约为 30%，约 50% 的公司的管理费用占比在 8% 以下（见表 2-19）。从股利支付倾

向来看，随着管理费用占比的增高，股利支付倾向逐渐减小，现金股利支付倾向也表现出此类特征。当管理费用在10%以下时，现金股利支付率表现出围绕35%的水平上下波动的特征，但随着管理费用逐渐增多，现金股利支付率明显下降，两者呈现出较强的负相关关系。

表 2-19　A 股市场按管理层侵占行为划分的股利支付行为统计量

管理费在营收中的占比	[0, 0.04)	[0.04, 0.08)	[0.08, 0.12)	[0.12, 0.16)	[0.16, 0.2)	[0.2, 0.3)	0.3 以上	总计
公司分布	20.5%	33.4%	22.8%	10.8%	4.7%	4.2%	3.6%	—
股利支付倾向	78.4%	78.4%	77.2%	74.1%	71.2%	67.9%	61.3%	76.3%
现金股利支付倾向	73.2%	72.9%	72.4%	69.2%	66.5%	63.3%	56.5%	71.2%
现金股利支付率	35.2%	34.2%	36.1%	31.4%	23.3%	29.7%	30.5%	32.4%
股票股利支付倾向	17.4%	19.1%	20.9%	22.2%	19.9%	19.0%	13.3%	19.3%
股票股利支付数量	0.53	0.56	0.60	0.62	0.65	0.65	0.59	0.58
股息率	1.6%	1.4%	1.1%	1.0%	0.9%	1.1%	1.3%	1.3%

对股票股利支付行为而言，支付倾向和支付数量表现出正相关关系，这一点在股票股利支付数量上表现得更为明显。这说明当管理层过多地侵占股东利益时，其更倾向于发放股票股利，一方面履行了发放股利的要求，另一方面也可借此机会推高股价，营造出经营良好的表象。这一点从股息率也可看出，管理层侵占增加时，股息率随之下降。

总体来看，管理层侵占对股东财富效应具有一定的解释力，随着侵占行为的增加，现金股利支付倾向和支付率会减少，而股票股利支付行为会增加。

四、宏观经济和股票市场环境对资本利得的影响

前文详细分析了我国股票市场资本利得的总体特征，本小节对资本利得的影响机制展开分析。资本利得归结于指数变动，而指数变动受两个因素的影响，一个是企业盈利规模，另一个是市场估值。接下来，我们分别对 A 股市场的盈利和估值的状况进行分析。

　　图 2-36 展示了我国上市公司净利润和净资产增速与名义 GDP 增速之间的关系，并在表 2-20 中计算了这 3 个变量之间的相关系数。总体来看，上市公司的净利润和净资产之间具有较强的相关性，并且净资产增速的波动性相比净利润更小。从 1994 年开始，净利润与名义 GDP 增速的相关性明显提升，2010 年之后，两者相关性达到了 0.56，但与净资产的相关性也得到了部分提升。从增速的平均值来看，上市公司净利润和净资产在 1994 年至 2019 年的平均增速分别为 15% 和 14%，相应地我国名义 GDP 的平均增速为 14%。由此可见，我国上市公司的净利润增速和净资产增速与名义 GDP 增速基本保持一致，我国上市公司具有较好的盈利能力。

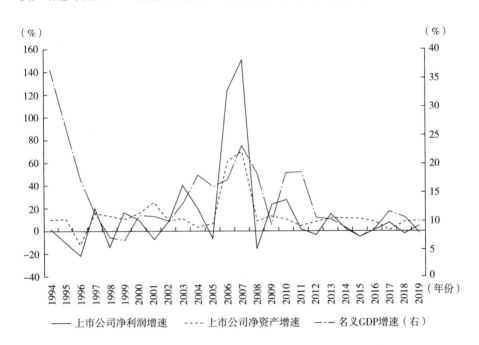

图 2-36　A 股公司净利润和净资产增速与名义 GDP 增速之间的关系

表 2-20　A 股公司净利润和净资产增速与名义 GDP 增速的相关系数

	净利润 & 净资产	净利润 & 名义 GDP	净资产 & 名义 GDP
1994 年至 2019 年	0.89	0.21	0.17
2000 年至 2019 年	0.91	0.56	0.47
2010 年至 2019 年	0.13	0.56	−0.30

但从股票市场估值角度来看，如图 2-37 所示，我国股票市场估值呈现出中枢下移的变动趋势，在 2010 年之前，我国全市场的市盈率（P/E）和市净率（P/B）波动十分剧烈，市场均值分别为 35.4 和 2.9，标准差则达到了 14.4 和 1.0，但在 2010 年至 2019 年，P/E 和 P/B 分别降至 16.6 和 1.7，标准差也降至 3.4 和 0.4。由此可见，我国股票市场的估值中枢出现了明显下移，运行得也相对更加稳健。

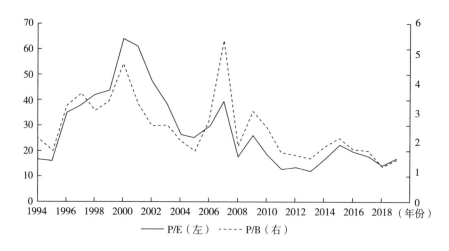

图 2-37　1994 年至 2019 年 A 股市场市盈率和市净率

由此可知，我国股票市场的资本利得效应较低的原因主要来自我国股票市场估值中枢长期处于下行通道之中，这是因为我国股票市场在成立初期具有较强的投机属性，因此，早期的估值十分高，随后便一直处于降估值、挤泡沫的过程中。

五、小结

从公司内在属性和外部经济金融环境视角分析了股票市场财富效应变动的原因，探讨了四个主要维度，包括企业治理层面的控股股东属性和管理层侵占行为，企业经营层面的生命周期阶段，外部经济金融环境层面的宏观经济周期及股票市场波动状况，对财富效应波动的机制进行了深入分析。研究发现，控股股东属性对股利支付行为具有较好的解释力，企业生命周期阶段和管理层侵占行为具有一定的解释力，因此，对上市公司股利支付行为的监管应当将股东属性因素考虑在内。在资本利得方面，我国上市公司的利润波动与名义 GDP 波动具有较强的相关性，而我国股票市场估值下行是导致资本利得较弱的主要原因。在监管政策对股票市场财富效应产生根本性影响的基础上，拓展了对股票市场财富效应特性的分析，对股票市场的理解具有较好的现实意义。

第六节　增强我国股票市场财富效应的政策建议

在当前百年未有之大变局的国际大背景下，让中国的股票市场为参与各方创造更多的增量收益，促进国内消费和投资，提振国内总需求，进而助力形成以国内大循环为主体、国内国际双循环相互促进的新发展格局，显得尤为重要。然而，从过去几十年的实际效果来看，与美股相比，无论是在宏观经济学意义上的发展股票市场促进国内消费投资层面，还是在微观金融学意义上股市为二级市场"造富"这一层面，A 股市场的表现都是不如人意的。同样如前面章节所分析的，造成这种现象的原因很复杂，有中国经济当前发展阶段的客观普遍因素，也有中国的大政府主导经济发展的特色因素，还有中国 A 股市场上市公司结构不合理、市场投资者结构有待改进等原因。另外，这也与 A 股市场存在的市场监管规则、公司治理制度等有待进一步完善等因素有关。因而，提升我国股票市场财富效应是一个长期复杂的系统工程，需要多个方面同时施策，持续推进。基于前面的分析，我们认为未来至少可以从如下五个方面着力改进：

第一，着力培育一批高成长行业的、创新能力强、国际营收占比高的巨头上市公司，奠定 A 股走出长牛行情的基本面基础。比较中美上市公司的实际结构情况，中国股市的龙头企业群体以大型国有商业银行和重资产央企为主体，美国股市的龙头企业群体以 FAAMG（Facebook、Apple、Amazon、Microsoft、Google）为代表，两个市场的龙头企业群体的行业成长性、技术和产品创新能力、产品服务可延伸的市场广度和深度不可同日而语。客观来看，美国股市在最近十年，以 FAAMG 为代表的美国新一代信息技术科技巨头企业的股价持续上涨，对于助推美股市场走出十年牛市行情是非常关键的。一方面，美国这些公司所在的行业成长性极好，技术更新迭代速度快。这些巨头公司凭借其出色的创新实力，顺应现代社会发展趋势，不断为市场创造新的需求，并引领行业不断拓展新的市场领域，使这些巨头企业的业绩（不一定体现为会计层面的高利润）多年持续高成长成为可能，而在中国股市无论是大型国有商业银行还是央企，其所在领域的成长性、创新能力和企业经营绩效都与上述的 FAAMG 存在差距。另一方面，美国这些科技巨头企业的业务触及全球市场，尤其是深度覆盖了发达国家的市场，其市场的可拓展空间非常广阔。相比之下，我国的上述龙头企业乃至绝大部分大型跨国企业仍然以中国市场为主，国际市场的参与度比较低。

因而，未来要增强中国股票市场的财富效应，首先要着力培育一批高成长行业的、创新能力强、国际营收占比高的巨头上市公司，以奠定 A 股市场能走出持续牛市行情的基本面基础。当然，A 股与美股龙头企业群体的差异，部分也与中国不少高成长性的新一代信息技术企业赴美上市有关，这反映了中国当前所处的发展阶段，在技术原创能力方面确实与美国还有相当大的差距。这涉及一个国家的基础研究实力、市场创新能力以及市场对创新的包容程度，在这些方面，我们还有很长的一段路要走，可能不是朝夕之功，需要全社会形成合力，从各方面创造条件，打造一批高质量、具有高成长性的龙头上市公司群体。

第二，给定当前 A 股上市公司的行业特征、企业技术能力水平状况，想方设法增厚 A 股上市企业的利润空间。增厚上市企业的利润空间有利于部分缓解市场对 A 股估值过高的担忧，进而有利于股票市场走出慢牛长牛的行情。客观比较中美股市上市公司的整体质量，中国头部上市公司群体的高成长性不够，企业盈利能力不强，但中国上市公司的亏损面要低于美股上市公司。另外，长期以来，中国股市的估值大幅高于其他主要国际市场（即使美股走牛十年，美国纳斯达克指数的市盈率仍低于 A 股的创业板指数）。因而，未来 A 股市场需要想方设法进一步增厚上市公司的利润空间，让股市走出长牛的基本面基础更扎实。

　　站在当前内外环境的时点上看，一方面，政府部门需要转变观念，更好地约束政府的"有形之手"，改变过去多年强势主导经济增长的做法，把更多的资源留给市场化企业。这在国民收入分配结构上的具体体现是让收入分配结构更多朝着企业和居民的方向倾斜。比如，参照国际可比标准，降低企业的直接税负水平，这样可以立竿见影地增大上市企业的利润空间。另一方面，未来政府需要承担更多的公共服务职能，通过将更多的资金比例投向医疗教育等，降低企业"五险一金"等隐性的税费水平。同时，还可以通过国企改革和要素市场改革，拓展上市公司的可进入领域范围，提高上市公司的投资回报率水平，以提高企业的利润率水平。

　　第三，继续多方着力，改善 A 股市场的投资者结构。长期以来，A 股市场散户主导交易、产业资本占比过高、机构和国际投资者占比不高且影响力不强的问题一直为各界所诟病。客观分析其原因，这与 A 股市场的演化路径（重融资轻投资、国企股本占比过高、机构投资者对 A 股上市公司的基本面信心不足，如社保基金入市资金与理论可投资金的比例不高，投资 A 股的风险与收益的性价比不高）等有关。因而，未来，可以多措并举提升内外机构投资者的占比结构：①加速国内金融机构改革，将传统商业银行体系内的理财资金，通过从商业银行体系中逐步独立分离出来的理财子公司，参与股市投资。②可以考虑类似"强制跟投"的规则分步规划，要求国家社保养老基金等逐步提高 A 股市场的持股占比，为市场其他投资者做示范，增强其他内外机构投资对 A 股市场的信心。③继续加大改革，提升国际投资者资金自由的便利性，进一步积极引入国际投资者，在这一点上 A 股市场还有很长的路要走。

　　从改进投资者结构、提升市场财富效应的效果上看，将本国长期资金引入股市和提高境外合格投资者、陆股通占比并举，加大长期投资者在股票市场中的占比。一方面可以提高股票市场的有效性，提升市场价格发现机制，降低市场波动率；另一方面通过长期投资者选择偏好激励上市公司制定更合理的现金股利支付政策，从现金支付和合理定价两方面提升股票市场的财富效应。

　　第四，长期坚持并落实"建制度、不干预、零容忍"的监管原则，让市场对监管规则形成稳定的长期预期。从提升 A 股市场的财富效应角度看，可以从三个方面入手：①监管中立。一方面，监管部门要摒弃过度父爱主义式监管呵护，过度追求股市走势的平稳性，进而在客观上助长了 A 股市场散户的投机情绪；另一方面，监管部门要保持冷静克制的心态，不能鼓吹牛市助长市场短期零和博弈的赌博情绪，防止未来再次发生 2015 年的"国家牛市"情形。②进一步推进改革，夯实股票市场基础制度。一方面，有序加大注册制的推进力度，把投资价值的判断交给投资者，有助于抑制市场频繁"炒壳"投机的情绪；另一方面，要加大垃圾股票的退市力度。在市场做出优胜劣汰的选择，及时对符合退市条件的股票进行退市处理，防止过多的垃圾股、僵尸股占据市场资金资源。③从严从重处罚上市公司恶意的违规。在新的《中华人民共和国证券法》基础上，做实对市场明令禁止的违规行为的追责。一方面，大幅提高上市公司恶意违规的成本，加大力度追究管理层的个人责任，防止市场形成"优汰劣胜"的逆淘汰机制；另一方面，借鉴发达国家市场成熟经验，探索集体诉讼制度。逐步形成利益侵害追责补偿的良性反馈机制，让更多市场参与者加入追责上市公司违规的阵营中，提高市场对公司违规行为的经济追责震慑力，提升市场投资者监督上市公司经营行为的积极性，增强市场多方合力监管的有效性。

第五，进一步优化当前的分红和税收制度规则。从前面章节对我国股票市场财富效应的量化分析能够发现，以股利支付为代表的财富效应近年来得到了较好的提升，盈利公司的股利支付倾向稳步增加，逐渐稳定在 80% 的水平。但是，上市公司的股利支付率提升幅度有限，呈现出收敛倾向。而我国股票市场资本利得的收益总体较低，且波动较大，导致上市公司股息率的稳定性不足。这说明我国上市公司的自愿分红意愿其实是较弱的，股利支付更多是为了满足监管要求。未来，监管政策应当从优化股利支付意愿入手，激励上市公司加大股利支付行为，提高股票市场财富效应，可以从如下五个方面进行优化完善：①降低上市公司融资分红比例，可以限定上市公司在上市当年和次年现金股利和股票股利支付数量上限，激励上市公司融资经营行为，弱化融资分红行为。②提高上市公司的公司治理效率。加大对以管理层侵占为代表的经营层掏空行为的打击，完善上市公司治理的监管制度。通过地方监管局等单位，定期与上市公司管理层进行交流，开展上市公司管理层经营管理合规培训，用实际违规案例事先警示心存侥幸的上市公司管理层。③在股利支付引导规则方面，可以适当考虑上市公司所处的生命周期阶段，防止企业为迎合监管而不可持续地盲目分红，进而在实质上损害股东的长期利益。④增加股票股利的支付成本，股票股利在当次利润分配中最高占比要求的基础上，引入每10股送转不超过6股等规定，降低上市公司高送转占比，同时，制定逆股票市场波动的股票股利监管政策，形成低水平且稳定的股利支付率，降低上市公司股价操控能力。⑤加快股票市场税制改革，优化股利税率和资本利得税率，构建差异化的股票市场税率体系，引导投资者进行理性长期投资，增加市场短期投机行为的交易成本。

第三章　分析师声誉评估及金融产品智能化研究

现有评估机构对声誉评估的偏颇性与非公允性，不利于分析师声誉市场良性发展：其一，影响分析师的积极性与禀赋效应的发挥；其二，给决策部门造成假象，形成"分析师能力不行"至"分析师真的没有能力"的判断等恶性循环和路径扭曲；其三，不利于分析师市场的健康有序发展。考虑到现有评估理论机制的缺陷，对于由此引致的实力扭曲、信息非对称、社会经济问题，有必要构建一套客观、公允的分析师声誉评估机制，以有效评测、动态跟踪分析师声誉，弱化信息非对称以及非公允性评估所引致的社会影响。

基于智能算法、大数据分析与计量理论，本着简单适用、市场逐利、市场数据、市场选择、市场评判等一般原则，采取层层叠进策略和权重自适应调整方法，从市场溢价、个性禀赋效应等宏观和微观视角，构建分析师声誉动态评估机制。同时，根据知名分析师具有市场价值、知名分析师的荐股标的相对有价值这一逻辑，衍生出分析师声誉排名—分析师池—股票池—策略组合产品—产品智能管理等逻辑思路，研究动量策略与反转策略组合产品，借以着重考察知名分析师荐股标的的市场声誉影响与溢价效应。

第一节　导言

一、选题背景与研究意义

《新财富》最佳分析师评选活动始于 2003 年，截至 2017 年底，已举办 15 届；"水晶球奖"最佳分析师评选活动始于 2007 年，已举办 11 届；证券业"金牛奖"排行榜始于 2010 年，截至 2017 年底，已举办 8 届。自 2003 年以来，《新财富》（每年 11 月）、"水晶球奖"（每年 1 月）以及"金牛奖"（每年 10 月）根据市场调查统计方法，对全市场近 5000 名有第一署名权的分析师进行评选与筛选（2017 年，第一署名分析师仅有 1000 余人），以评估出各行业排名居前的分析师或分析师组。

无可辩解的是，通过市场统计调查方法、人为定分法以及基金管理规模的权重方法，已为券商金融机构评选出部分能力出众、业绩优良的分析师，也在一定程度上为二流或以下的分析师提供了新的晋升通道。

究其原因如下：其一，人为定权与定分的主观性和偏颇性问题，缺少客观事实依据，诱发部分分析师利用评估机制的设置缺陷牟取利益；其二，本末倒置问题，市场声誉评估应先有权重再有市场结论，基金管理规模虽在一定程度上能反映出分析师的综合影响力，但也易诱发某种不良行为（如部分分析师曲意拜访基金经理等）；其三，分析师荐股对股价冲击的时间效力问题，研究报告所推荐的标的本身具有短期与长期效力，主观评选机制下的排名模糊了研究报告效力的界限；其四，调查统计的评估方法，间接为分析声誉培植提供了"套利"机会。在上述四个原因中，其根源在于评选机制的主观性与偏颇性，进而导致本末倒置、分析师曲意迎合基金经理偏好、主观"套利"等问题。

研究报告的月度分布间接说明，分析师存在主观"套利"行为。据统计，2009 年 1 月至 2017 年 12 月，每年研究报告数据量多的月份分别为 3 月、4 月、8 月和 10 月，研究报告的数量明显多于其他月份（见图 3-1）。每年 3 月和 4 月以及 8 月为上市企业年报、季度财务报表的密集公布期，这是每年 3 月和 4 月研究报告偏多的原因。但 8 月与 10 月研究报告居多的原因有三点：其一，上市企业预增公告集中公布期，在一定程度上影响了研究报告的数量；其二，与各行业分析师筹划和冲刺 10 月"金牛奖"、11 月的《新财富》最佳分析师评选有关；其三，时期的敏感性，间接说明分析师有逐利与声誉追求心理。

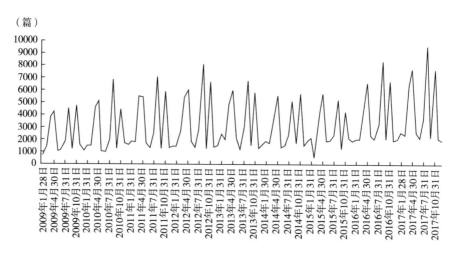

图 3-1　全市场月度公布研究报告数量

总而言之，《新财富》、"水晶球奖"以及"金牛奖"等现有分析师评估机制，虽为市场培育或筛选出了部分优秀分析师，但因其主观性、偏颇性以及本末倒置等问题，对全市的部分分析师的市场影响力评估存在偏颇，易滋生个别分析师投机取巧行为，易给用人机构、决策部门造成非公允、非客观的价值判断，未实质解决决策部门在选贤任能时的困惑，加剧了高薪低能或高薪庸能现象。

考虑到现有评估机制缺陷所引致的经济社会效应，无论是决策部门还是社会影响，有必要建立一套客观公允的分析师评估理论，以有效评测和判断分析师的市场声誉，弱化信息非对称及其所引致的社会问题，实现分析师市场公允判断、合理定价和有效配置公司资源（Merkley et al.，2015；Brown et al.，2015）等目标。

针对分析师声誉评估现状，在经济结构转型、去杠杆、防风险，中美贸易摩擦不断，以及"黑天鹅事件"频发的背景下，创新并研发分析师声誉评估系统以及相关金融产品，具有现实意义与经济意义。

不可否认，分析师声誉评估与金融产品创新研究是一项复杂的系统性工程，但分析师乐观荐股，荐股预期与市场行为偏差以及由此引起的市场情绪溢价，与分析师禀赋特征、风险智能管理与创新等，为项目进行分析师声誉评估与金融产品智能化研究提供了新的视角。

本书基于市场微观数据，应用大数据分析、人工智能等前沿技术，从分析师推荐股票的禀赋效应、预期偏差及情绪溢价视角，研究分析师市场声誉及创新型金融产品智能化等问题，其研究意义有三：

第一，理论意义，根据现有文献理论依据，创新并厘清不同行情背景下，分析荐股情绪溢价—分析师市场声誉动态评估—金融产品创新与风险智能监控的传导理论机制，这是新的尝试和理论创新。这为创新金融产品提供了新思路，因而具有显著的创新贡献。此外，市场行为溢价机制和分析师禀赋溢价机制下的市场声誉评判，是对现有分析师市场声誉评估方法的根本性创新。

第二，实践意义，荐股预期偏差视角下的分析师市场声誉评判、金融产品创新以及金融产品风险智能监控，有利于规范分析师荐股报告和荐股行为，弱化市场盲目跟风行为和声誉效应的影响，降低分析师乐观荐股的集聚风险，减少股价暴涨暴跌现象，具有预防和弱化个股风险向系统性风险转变的作用。

第三，政策意义，窥探、解析分析师荐股预期偏差、情绪溢价与禀赋效应的市场影响，既有利于理解市场行为脉络，又有利于决策部门改良现有的监管举措，制定符合市场实际需求的规制，以更加规范地预防股价暴跌，为经济结构改革平稳过渡，实体经济健康、有序发展提供金融支撑。

二、文献述论

在分析师市场声誉动态评估研究方面，现有文献尚未将情绪溢价和分析师禀赋效应提升至理论高度，基于市场客观数据，考察情绪溢价、禀赋效应对分析师市场声誉的具体效力，未将其作为评估分析师市场排名的客观依据。本章的创新点还包括：认可知名分析师具有价值，从系统至个股建立成体系的荐股系统，创新金融产品，并对产品实施智能监测与风险管理。

1. 现有评估机制存在缺陷述论

分析师声誉评估方面的理论与应用文献相对稀少。王宇熹等（2007）以《新财富》为研究对象，指出了《新财富》最佳分析师遴选方法存在的缺陷：其一，统计调查方法的主观偏差性；其二，人为打分与基金管理规模权重法的偏颇性；其三，最佳分析师评估结果的非公允性。廖明情（2015）实证研究了买方与卖方分析师的预测行为差异及其经济影响。

现有文献侧重于主观视角，无法公允评判分析师的水平，鲜有学者基于市场大数据构建客观、合理的评价体系，公允评判分析师的绩效与水平，本章的研究正好弥补了这一缺陷。

本章基于现有文献及分析师现有评估机制的缺陷，以市场微观数据为依据，克服《新财富》等最佳分析师遴选方法的不足，采取层层叠进策略、市场大数据和市场化权重等方法，结合分析师荐股行为的溢价效应和特征溢价效应，规避权重和基准值设定的偏颇性和非公允性，构建客观、有效的分析师市场声誉评估机制，从根本上革新现有评估方法。

2. 分析师乐观认知与情绪溢价述论

在经济利益的驱动下，分析师通过高估研究标的报告，煽动投资者乐观情绪，间接形成券商与投资者合谋的承销网络关系（黄瑜琴、李莉、陶利斌，2013；Bradley，Jordan and Ritter，2008）。受经济动机和认知偏差的影响，Mola 和 Guidolin（2009）发现，荐股级别与市场信息传递存在偏差。许年行等（2012）众多研究证实，分析师利益冲突、预期偏差、机构投资者投机行为皆显著影响资本市场走势，不利于资本市场的稳定发展。分析师倾向于提高荐股研报的评级和乐观荐股（蔡庆丰、杨侃、林剑波，2011；Choi and Skiba，2015），荐股评级的连锁反应，分析师乐观荐股及市场行为存在溢出效应，显著增加了资本市场风险。因此，本章从分析师荐股预期偏差、乐观荐股等视角，创新金融产品，评估分析师市场声誉，这是对现有文献的重要补充。

金融创新与智能化研究旨在顺应市场需求，降低委托代理关系所产生的道德风险与逆向选择。金融创新有利于降低券商的交易成本，增强自主品牌建设。可见，分析师声誉视角下的金融产品创新与智能化研究是为响应市场需求，建设自主品牌与培育具有市场影响力的核心竞争力。

3. 分析师荐股行为的经济影响述论

现有文献主要研究了分析师荐股的市场驱动效应和羊群效应（Bottazzi and Dindo，2014；Jegadeesh and Kim，2010），分析师荐股评级大幅度调整，影响了基金买入与卖出行为，增强了市场羊群效应与股价波动（蔡庆丰、杨侃、林剑波，2011；Choi and Skiba，2015）。这些研究涉及荐股报告的黑箱效应（Brown，Call，and Clement，2015），荐股目标价的无效性或有效性（Bradshaw，Brown，and Huang，2013；Gregoire and Marcet，2014），荐股级别与市场信息传递的偏差问题（Mola and Guidolin，2009），分析师荐股报告的短期超市场收益效应，买方与卖方分析师的预测行为差异及其经济影响（廖明情，2015），跨专业分析师的超市场效应和溢出效应（Merkley，Michaely，and Pacelli，2015），分析师乐观偏差对股价崩盘风险的金融影响（许年行等，2012），市场行为的风险溢价效应（Trivedi，2014）、分析师盈利预测股价的漂移效应等方面。

此外，有研究表明，分析师调研显著提升了市场信息的效率。分析师识别企业财报现金流披露的动机，有利于弱化市场羊群行为（Brown and Hugon，2009）。

显然，现有文献鲜有从情绪溢价行为所引致的市场波动、分析师禀赋效应视角，采取叠进策略，构建评判分析师市场综合声誉的评估机制，以探讨行业分析师的综合排名及其市场影响效力。更没有基于系统性声誉评估，依托市场大数据与人工智能等前沿技术，从分析师荐股溢价、预期偏差与禀赋效应视角，做出进一步的金融产品创新与风险智能监测、管理。这就是本章根本性创新的要点所在。

三、研究内容

研究内容共分为五节，除"导言"外，其他部分的具体内容如下：

第二节为分析师声誉动态评估理论与实证研究。基于分析师荐股的情绪溢价、禀赋效应与自适应权重调整等智能算法，动态评测、跟踪分析师市场声誉排名，比较分析其与《新财富》最佳分析师榜单的拟合优度。其主要结论包括：不同时间维度下，情绪溢价显著驱动分析师声誉综合影响力，情绪溢价对分析师声誉排名的驱动效力具有短期性，短期溢价效应显著强于长期。禀赋效应显著影响分析师声誉，其影响机制相对均衡与平稳。申万27个行业中（剔除综合），分析师声誉动态评估模型与《新财富》最佳分析师榜单的行业拟合优度接近85%。

第三节为声誉评估机制下的动量策略智能化研究。基于知名分析有价值，知名分析师的荐股标的相对有价值这一逻辑，根据分析师声誉排名—分析师池—股票池—动量组合产品的筛选逻辑，研发、智能管理动量策略组合产品。其研究结论包括：动量策略具有优良的个股择股能力，组合产品具有高 Alpha、低 Beta 的特征，有远超沪深300指数的市场收益，最低年化收益42.98%。

第四节为声誉评估机制下的反转策略智能化研究。着重从微观入手，采取自下而上的策略研究智能反转策略组合，依据如下智能算法与逻辑：分析师声誉排名—分析师池—分析师系统下的股票池 & 反转特征股票池—具有反转特征与分析师声誉特征的股票池—智能反转策略组合，智能管理反转策略组合产品。研究发现，智能反转策略组合净值稳定，具有接近10的净值收益回撤比；具有高 Alpha、低 Beta 的特征；组合与个股胜率大概率超60%，最低年化收益49.84%，远超参照值。

第五节为研究结论。归纳、总结并阐释了各章的内在逻辑，分析师声誉评估和金融产品创新研究，智能化管理的创新与智能管理逻辑以及主要结论和主要观点。

第二节　分析师声誉动态评估理论与实证研究

一、引言

在利益追逐、"用脚投票"的市场竞争体制下，分析师的实力直接决定其声誉影响与市场价值。《新财富》等现有评估机制，通常采取问卷调查的方法，评估市场分析师声誉，这种评估机制存在主观性、偏颇性等不足。其原因包括两点：其一，问卷调查的可操作性，导致反馈结果的非公允性；其二，问卷的设计者容易将主观因素带入问卷中，且被调查者容易产生从众心理和隐藏真实偏好，进而产生实力扭曲。受此影响，市场对分析师实力的定义也千姿百态，有依靠实力、精通市场而享誉盛名的分析师；也有扭曲实力、滥竽充数的"伪分析师"。耳闻熟详的"拜票"和"跪舔"等词语，客观反映出了分析师市场声誉的现状。

在信息非对称、市场关系扭曲、羊群效应与成本效应的驱动下，分析师声誉或许成为社会关系网络或实力扭曲的代名词。鉴于此，有必要基于大数据与智能算法，客观描述分析师实力及市场对分析师声誉的真实反映，以缓解现有机制下的实力扭曲、信息非对称等问题。

不可否认的是，现有分析师声誉评估机制（如《新财富》、"水晶球奖"以及"金牛奖"等）存在主观性与非公允性等缺陷（王宇熹、肖峻、陈伟忠，2007），虽客观、合理地评估出了部分一流、有实力的分析师，但也拉升了二流或三流分析师的非正常水平。这易滋生出个别分析师投机取巧的行为，易给用人机构的决策部门造成非公允、非客观的价值判断，未实质解决决策部门在选贤任能时的困惑，加剧"高薪低能"或"高薪庸能"现象。现有分析师声誉评估理论机制的缺陷，既降低了企业的经营管理效率，又不利于分析师市场公平竞争以及初入市分析师的健康成长。

此外，现有评估机制对分析师非公允性的评价，还将直接产生三种不良的社会影响：其一，影响分析师的积极性与禀赋效应的发挥；其二，给决策部门造成假象，形成"分析师能力不行"至"分析师真的没有能力"的判断等恶性循环和路径扭曲；其三，不利于分析师市场的健康有序发展。考虑到现有评估机制缺陷所引致的经济社会效应，无论是决策部门还是社会影响，有必要建立一套客观、公允的分析师评估理论，以有效评测和判断分析师的市场声誉，弱化信息非对称及其所引致的社会问题，实现分析师市场公允判断、合理定价和有效配置公司资源的目标（Merkley，Michaely and Pacelli，2015；Brown，Call and Clement，2015）。

鉴于此，本书本着简单适用、市场逐利、市场数据、市场选择、市场评判等一般原则，采取层层叠进策略和市场化权重方法，从宏观和微观视角，构建客观、有效的分析师声誉评估模型，考察并量化不同时间维度下，分析师荐股标的价值、标的追踪效应和情绪溢价效应及分析师个人禀赋，如荐股准确率、精力及其分配、研究广度与深度等个性特征及相应的社会经济效应，及其对分析师市场声誉的综合影响。

分析师市场声誉评估机制由宏观市场的情绪溢价模型和分析师禀赋效应模型两部分组成。在叠进策略下，市场响应与分析师禀赋相辅相成，两者互为递进。其理由包括：其一，市场行为所带来的情绪溢价与个性禀赋共同决定分析师的声誉及其市场声誉；其二，投资者对荐股研报及相应个股的响应与情绪躁动效应，促进分析师禀赋效应发挥；其三，分析师禀赋效应的发挥，躁动市场情绪，增强所荐个股的成功率，有利于培植分析师市场声誉。

事实表明，经市场验证的个人禀赋或魅力，通常会产生集聚效应和羊群效应（Jegadeesh and Kim，2010），提升分析师的声誉和市场号召力。市场跟风行为与分析师声誉间的螺旋递进关系，决定分析师评估机制各子系统间及其绩效衡量指标情绪溢价与分析师禀赋间的内在逻辑。

投资者情绪及其溢价由市场收益描述，反映投资者对标的个股的预期或人气指标，情绪溢价波动刻画投资者的情绪变化（Lee，Jiang and Indro，2002；饶育蕾和刘达峰，2003）。缘于信息非对称、市场逐利心理和声誉效应，分析师的荐股报告与荐股等级，对盲目跟风投资者产生集聚效应，基本决定追随者的决策意愿及其资金投向，驱动所荐股票市场价格波动（Brown，Call and Clement，2015；Bottazzi and Dindo，2014）。特别地，知名分析师的市场声誉效应及其对所荐股票的价格驱动效应尤为明显。若其他条件恒定，所荐股票的情绪溢价衡量市场情绪溢价，报告公布前后，累积情绪溢价刻画市场对分析师所荐个股情绪溢价的大小。荐股报告在不同时间维度的累积情绪溢价，描述市场情绪行为对分析师市场综合声誉的驱动效力。

　　分析师禀赋效应与市场追随行为存在协同递进关系，影响所荐股票市场波动。荐股准确率、报告质量和"露脸"频数等要素禀赋，是决定分析师市场声誉和声誉惯性的重要因素，其中，荐股准确率是禀赋效应的首要驱动变量。这主要是因为：其一，分析师荐股准确率反映了研究报告的质量，决定投资者"用脚投票"还是"用手投票"；其二，"露脸"频数与"关注面"的社会经济效应，由荐股准确率与情绪溢价通道影响分析师声誉及其对市场的驱动效力。此外，缘于市场投资者的跟风行为与逐利心理，报告质量的高低（前期荐股的准确率）与声誉效应的大小，决定市场投资者及其资金投向规模，影响所荐股票市场波动的幅度与禀赋效应社会驱动力的大小。

　　相对于现有文献而言，本章的创新点主要有三：其一，理论创新，将情绪溢价、分析师禀赋等主、客观要素提升至理论高度，从客观视角构建分析师声誉动态评估理论机制；其二，量化分析师荐股的情绪溢价与要素禀赋，结合市场自适应调整机制与叠进策略，探讨分析师声誉排名及其动态传导机制；其三，在大数据框架下，客观、公允地评价申万各行业分析声誉综合影响力，克服《新财富》等现有评估机制的主观性与偏颇性。

　　基于 Wind 数据库，手工整理全市场行业个股研究报告，实证考察分析师市场声誉动态评估机制的有效性与合理性。本章对理论机制的现实有效性做了样本外压力测试，以检验计量模型的稳健性、合理性与现实有效性。通过与《新财富》最新年度以及之前各年度各行业最佳分析榜单进行比较，发现分析师动态评估机制具有良好吻合性和稳健性。

二、分析师声誉评估机制与计量模型

　　考虑到市场行为所引致的情绪溢价与分析师特性的异质效应，本章基于现实经验与相关研究文献，从市场溢价、禀赋效应等特征着手，测度研究报告公布前后，分析师所荐股票的情绪溢价、荐股准确率、精力及其分配等要素禀赋的具体效应，据此构建评判全市场分析师综合声誉的动态评估机制。

1. 市场溢价与分析师声誉评估数理模型

在利益追逐、盲目跟风和羊群行为的驱动下，市场行为驱动股价市场波动，情绪溢价是市场行为或分析师市场声誉的具体表征（Bird, Daniel and Yeung, 2014; Breaban and Noussair, 2013）。基于此，本评估机制从即期、短期、中期和长期四个时间维度，参照各行业指数收益，将分析师在不同时间维度下的市场溢价作为声誉评估机制的基础指标。

众多文献证实（Abarbanell, 1991），市场溢价指标的选取有不复权、前复权和后复权等指标。考虑到送/配股等因素的影响，本评估机制将前复权收盘价作为情绪溢价的基准指标，以弱化除权、除息、高送转等因素对股价波动的趋势性影响，增强分析师荐股的甄别能力与技术分析的可靠性，减弱非市场因素的驱动效力。

有文献表明（王宇熹、肖峻、陈伟忠，2007），情绪溢价的测算方法有事件期市场调整模型、事件期规模调整模型、事件期行业调整模型和行业调整估算法。需指出的是，事件期的市场调整或规模调整情绪溢价方式具有非一般性，无法刻画行业指数与大盘共振特例，更无法比较异质规模股票所带来的情绪溢价差异。基于行业调整的情绪溢价估算方法克服了上述问题，且相对于行业均值法而言，基于行业调整的情绪溢价反映了各行业分析师的相对荐股能力，反映了市场行为溢价和分析师个性特征的异质效应。

需指出的是，在信息非对称环境下，经行业调整的前复权情绪溢价是分析师市场声誉评估机制的首要指标，具有如下优点：①描述市场行为对分析师所荐股票的响应程度，即市场对分析师追随效应的大小；②克服不同荐股等级研究报告对股价的异质效应；③有利于刻画不同质量层次的研究报告（如深度报告、跟踪报告、点评报告等）及其阅读量，对其所荐股票价格波动的异质影响，即研究报告份数与质量的异质效应；④消除高送转等因素对股价波动的影响。

分析师市场声誉除了受股价冲击、羊群行为等因素制约外，还受行业整体水平（权重因素）的影响，对不同分析师而言，还存在时间维度的取舍问题。考虑到金融市场的时效性与股市机会的瞬时性，本章摒弃现有的短期与中期两维思想，将时间维度分为四个时期档：即期、短期、中期和长期四个维度，结合市场化双重权重赋值法，以评估分析师在不同时间维度的市场影响值和综合声誉。

阅览现有文献发现，研究者通常以人为方式设定、调整，以迎合市场经验（王宇熹、肖峻、陈伟忠，2007）。然而，基于迎合市场经验的权重设定法具有如下缺陷：①人为设定权重颇具主观性和偏颇性，缺少客观事实依据，无法刻画行业的整体水平；②本末倒置问题，市场声誉排名的真实情况是，先有权重才有市场结论，而非先有市场结论才有相关权重；③人为权重设定无法客观描述各行业分析师的整体水平；④学术权重的设定与市场实际存在不可避免的冲突，有必要基于大数据分析方法，对行业整体水平做出自适应调整。

为克服人为权重设定的缺陷，本章基于市场大数据而非人为臆断，决定不同时间维度下，各行业分析师的整体水平。具体而言，统计出样本期内有效研究报告总数 TR，以及报告公布日即期、短期、中期和长期不同时间维度下各自具有正情绪溢价的报告份数 R_t，研究报告总数与各时间维度下具有正情绪溢价的报告份数的比值为 TR/R_t（t＝即期、短期、中期和长期），即为不同时间维度下，情绪溢价的权重 WR_t。基于此，若仅考虑时间维度的不确定性风险，分析师 i 单次推荐 j 股的市场声誉（样本期内，存在分析师 i 多次推荐 j 股等问题）得分为 RC_{it}。其数理模型如下所示：

$$\begin{cases} WR_t = TR/R_t(t=T_1、T_2、T_3、T_4) \\ RC_{it} = WR_t \times Emp_{it} \end{cases} \tag{3-1}$$

其中，T_1、T_2、T_3、T_4 表示不同的时间维度；Emp_{it}，$t \in [T_1、T_2、T_3、T_4]$ 表示 t 时间维度下的情绪溢价。通常情况下，市场声誉越大的分析师，其所荐股票的情绪溢价变动越大，即 RC 与 Emp 成正比。

此外，分析师荐股等级偏好和荐股级别变动的惯性效应制约其市场声誉及其得分（Degeorge et al.，2013；Jackson，2005），分析师对相同（不同时间）/不同股票的荐股等级不同，其市场声誉可能存在差异（Jegadeesh et al.，2004）。

鉴于此，本章基于分析师的荐股等级类别及其分布状况，统计测算出其各荐股级别的概率（$WP_{ij} \in [0, 1]$），其经济意义为刻画分析师荐股等级的偏好特征。兼顾时间维度和荐股等级因素，分析师 i 推荐 j 股的单次市场声誉得分为 RSC_{it}，其数理模型如下所示：

$$RSC_{it} = \sum_{j=1, \cdots, n} WP_{ij} \times RC_{it} \qquad (3-2)$$

其中，$n \in Z^+$ 表示评估机制约定的各荐股等级，考虑到各券商分析师研报对公司荐股评级的异质性，本章将 100 余家券商的荐股等级分为四档，即强烈推荐、推荐、中性和卖出四个等级。经总结分析师荐股规律以及统计研报荐股等级数据发现，分析师荐股等级相对偏乐观，概率 WP_{ij} 偏重于强烈推荐与推荐等级，中性与卖出等级个股不及整体样本的 5%。RSC_{it} 衡量不同荐股级别下，分析师 i 在 j 荐股等级下所荐个股的单次市场声誉得分。

2. 禀赋效应与分析师声誉评估数理模型

考虑到分析师个性特征数理模型对情绪溢价机制的承接效应，本章基于情绪溢价机制，从分析师的研究深度与广度两个角度，阐述分析师声誉评估机制下的禀赋效应。禀赋效应主要包括两部分：市场情绪所引致的荐股联袂效应与分析师个性禀赋。其数理模型涉及的关键因素主要包括分析师荐股准确率及其市场效应、分析师精力量化及分配效应，以及分析师的社会经济效应三个部分。

首先为分析师荐股准确率及其市场效应。分析师荐股准确与否，既反映了分析师对经济基本面和所荐股票股性的了解程度，又刻画了市场对分析师的认可度（Gregoire and Marcet，2014），是市场联动应与情绪驱动的直接结果。荐股报告若经不起市场考验，分析师难以形成良好的声誉和羊群效应（Jegadeesh and Kim，2010；Hong and Kubik，2003）。因此，在"用脚投票"的竞争环境中，荐股准确与否，直接考量分析师精力及其分配、社会经济关系的市场价值。荐股准确率是决定分析师市场效力及其整体声誉的首要个性特征。

本节测算了不同时间维度分析师 i 荐 j 股的准确率 WC_{ij}。基于此，分析师要素禀赋评估数理模型在荐股级别和时间权重得分的基础上，将不同时间维度的荐股准确率作为其市场声誉的考核指标，借以综合评估、汇总分析师所荐个股在时间维度和荐股等级分布上的总得分，其数理模型如下：

$$RSC'_{ij} = \sum_{t=T_1,\ T_2,\ T_3,\ T_4} WC_{ij} \times RSC_{it} \tag{3-3}$$

其中，RSC'_{ij} 为综合考虑时间维度、荐股等级分布和荐股准度率三个因素背景下，分析师 i 单次推荐 j 股的市场声誉总得分。

鉴于分析师对个股研究的追踪效应、荐股等级的首发效应、荐股准确与否的市场评判效应，模型（3-3）无法评估样本区间内，分析师 i 对其所推荐 j 股的均值影响。为了更好地平衡分析师 i 对其所推荐 j 股的整体声誉，本章以推荐 j 股的次数为基准，均值化处理分析师 i 所推荐 j 股的市场声誉得分（RSC'_{ij}），以获得分析师 i 对其所推荐 j 股的均值影响（ARC_{ij}）。

其次为分析师精力量化及分配效应。分析师精力及其分配刻画了分析师的研究广度与深度。通常情况下，分析师的精力越充沛，其关注面越广，关注的股票数量越多。分析师 i 对 j 股票的精力分配越多，其所推荐股票的研究报告越有深度，理应在个股中获得较高的市场声誉。需注意的是，在"用脚投票"的市场环境中，个股声誉不等同于整体声誉，分析师对市场声誉的追求，倒逼其合理利用、有效分配精力等资源。

分析师精力量化主要体现为其所关注的股票只数，即分析师的精力与其关注的股票或荐股总只数成正比。精力分配表现为荐股研报的份额占比，这决定了分析师的信息挖掘能力和研报的深度。

基于此，假定分析师 i 的精力等同于其关注的股票数或荐股总只数（NS_i），分析师 i 在 j 股票上的精力分配（ES_{ik}）可量化为：

$$ES_{ij} = NS_i \times N_{ij} / TR_i \tag{3-4}$$

结合数理模型（3-4）和模型（3-3），考虑分析师精力及其分配效应的市场声誉整体得分（ERC_{ij}）模型，可以表述为：

$$ERC_{ij} = ES_{ij} \times ARC_{ij} = \sum_{i=1}^{NS_i} \sum_{m=1}^{N_{ij}} RSC'_{im} / TR_i \tag{3-5}$$

最后为分析师的社会经济效应。分析师特别是卖方分析师通常以各种方式在媒体、公共场合以及交流会上频繁露脸。众所周知，露脸次数或演讲频率以及分析师所关注的内容，刻画分析师的社会经济效应及其所带来的声誉影响。露脸频数和关注面间接体现分析师的专业水平、市场广度、人际关系和隐性规则的影响（Lin and McNichols，1998），有必要将其纳入分析师市场声誉综合评估考核体系。

经验表明，若其他条件恒定，分析师声誉影响力与露脸频率正相关，分析师关注面对其市场声誉起抑制效应。鉴于此，将分析师荐股报告总数的倒数（$HZ_i = 1/TR_i$）和荐股只数作为露脸频率和关注面的替代指标。假定分析师 i 所荐全部股票（NS_i）的声誉排名得分（$\sum_{j=1}^{NS_i} ERC_{ij}$）权重为 $\dfrac{1}{NS_i \times HZ_i}$，分析师 i 市场声誉最终得分为 MI_i，数理模型如下：

$$MI_{it} = \frac{\sum_{j=1}^{NS_{it}} ERC_{ij}}{NS_{it} \times HZ_{it}} \tag{3-6}$$

值得提醒的是，分析师市场声誉评估数理模型主要采取均值化策略，旨在弱化市场特定因素（降准降息、人民币贬值、市场趋势性下跌与基本面恶化等），以及分析师要素禀赋因素的峰值影响，以有效考察分析师的整体综合实力。

3. 市场声誉评估机制的计量模型

基于情绪溢价、禀赋特征与分析师市场声誉评估的数理机制，构建计量检验模型，以验证评估机制诸多假设的有效性，进而探讨市场情绪行为和个性特征对分析师市场声誉的具体影响。

回顾分析师声誉评估数理模型，不难发现，分析师声誉主要受市场情绪与禀赋效应的双重影响。其中，市场情绪包括不同时间维度下的情绪溢价，荐股准确率作为分析师个性禀赋的首要特征变量，是排在精力及其分配、露脸频数等社会经济变量前面的优序禀赋要素。本章将着重分析不同时间维度下的情绪溢价与禀赋效应，以刻画其对分析师声誉机制的具体影响。

此外，分析师市场声誉具有惯性效应。分析师声誉的市场特征、分析师荐股研报与荐股等级的特性决定分析师声誉具有惯性效应。根据声誉模型的数理模型与分析师声誉的动态特征，若摒除市场化权重等因素的综合影响，在控制精力及其分配、露脸等社会经济变量的前提下，分析师声誉综合排名（MI_{it}）的计量模型如下：

$$MI_{it} = \partial + \rho\, MI_{it-1} + \varphi_1 Emp_{T1,it} + \varphi_2 Emp_{T2,it} + \varphi_3 Emp_{T3,it} + \varphi_4 Emp_{T4,it} + \theta_1 Endo_{T1,it} +$$

$$\theta_2 Endo_{T2,it} + \theta_3 Endo_{T3,it} + \theta_4 Endo_{T4,it} + \omega_1 NS_{it} + \omega_2 ES_{it} + \omega_3 1/(NS_{it} \times HZ_{it}) + \varepsilon_{it}$$

$$(3-7)$$

其中，（$Emp_{T1,it}$，$Emp_{T2,it}$，$Emp_{T3,it}$，$Emp_{T4,it}$）分别表示不同时间维度下的情绪溢价、（$Endo_{T1,it}$，$Endo_{T2,it}$，$Endo_{T3,it}$，$Endo_{T4,it}$）分别表示不同时间维度的禀赋效应特征变量，MI_{it-1}即 $t-1$ 期的分析师声誉综合排名。NS_{it} 为分析师的研究精力，ES_{it} 为分析师对个股的精力分配，$1/(NS_{it} \times HZ_{it})$ 为社会经济变量。

模型（3-7）中，ρ 为惯性效应待估参数，φ_1，…，φ_4 为情绪效应待估检验参数，测度不同时间维度下分析师市场声誉对市场行为（即情绪溢价）的边际响应大小；θ_1，…，θ_4 为禀赋效应待估检验参数，刻画不同时间维度下个性禀赋及市场反应对分析师声誉的边际效应；ω_1，…，ω_4 为控制变量待估检验参数；∂ 为常数项，ε_{it} 为随机扰动项。

考虑到市场情绪的短暂性与市场机会的瞬时性，不同时间维度下的情绪溢价，差异化影响分析师声誉及其市场综合影响力，我们针对情绪溢价与禀赋效应的异同，提出以下待检验假设。

首先，我们的先验预期是：分析师声誉对短期情绪的反应积极且灵敏度高，从而显著提高分析师的市场声誉。受市场机会的瞬时性冲击，相对而言，长期情绪对分析师声誉排名的冲击效力明显减弱，长期情绪的溢价效应显著弱化。针对这一先验预期，具体的待检验假设为：

（a）H_0：$\varphi = 0$，H_1：$\varphi > 0$

我们的先验预期所对应的检验结果是：对长、短期情绪溢价而言，皆拒绝原假设（a）；但就程度而言，短期情绪溢价的声誉驱动效力显著强于长期。

其次，鉴于禀赋效应寄生于情绪溢价效应，禀赋效应内生于分析师自身的实力及相关的个性特征，基于分析师自身优势进行市场声誉竞争可能是有效的，也可能是无效的。对不同的分析师而言，分析师自身实力对改善其声誉排名与市场竞争力也可能存在差异。所以，其待检验假设为：

（b）H_0：$\theta=0$，H_1：$\theta\neq0$

禀赋效应及其自身实力对分析师声誉的提升有效与否，我们很难有一个先验预期。因此，对原假设（b），我们缺乏先验判定的依据，只能看实证分析的结果。但根据直观经验判断，缘于羊群行为对市场机会的高敏感性以及对单一机会的不可持续性，在不同时间维度下，分析师禀赋效应对声誉的驱动效力显著，但存在差别。

最后，考虑到分析师荐股等级、荐股标的以及市场声誉强者恒强的集聚效应，基于市场大数据、自适应权重调整方法的分析师声誉效应存在惯性效应。针对这一先验预期，具体的待检验假设为：

（c）H_0：$\rho=0$，H_1：$\rho>0$

考虑到分析师声誉的内在传导机制，分析师市场声誉的良性反馈机制、自适应调整机制、情绪溢价与禀赋效应相互作用机制及其内在传导机理等因素的综合影响，我们对待检验假设（c）的先验判断为拒绝原假设（c）。

三、数据来源与变量设定

对于分析师市场声誉评估机制模型是否可行与适用性问题，我们基于 Wind 数据库，手工搜集样本区间内（时间范围：2008 年 1 月至 2018 年 7 月，其中，2008 年 1 月至 2018 年 2 月为模型验证样本区域，2018 年 3 月至 2018 年 7 月为样本外跟踪与压力测试区域）全市场分析师及其荐股研报，以及研报相对应的荐股等级等数据。

截至 2018 年 7 月，A 股市场先后共有分析师 4600 余名，发表各类研究报告共计超 36 万篇。经处理后，模型验证的有效研究报告 334806 份，压力测试的样本总数 23620 份，在实证检验与压力测试大数据分析框架下，分析市场声誉评估机制的有效性与合理性。此外，本章还基于声誉评估模型与申万一级行业分类标准，对申万 27 个行业的分析师声誉做出最新排名与比较分析，发现分析师声誉动态评估结果的前 10 名，与《新财富》最新年度的最佳分析师排名的吻合度接近 85%，具有良好的稳健性与有效性。

1. 数据来源与处理

实证检验之前，本章对样本区间内的样本数据做出如下处理：①删除没有评级或评级缺失的研究报告；②删除有评级但研究机构或分析师姓名缺失的研究报告；③归纳不同研究机构对荐股级别的异质特性，通过规律总结，将市场中 100 余家券商的不同荐股级别归纳为强烈推荐、推荐、中性和卖出四个荐股等级；④情绪溢价以申银万国行业分类为标准，不同时间维度下，将分析师荐股收益相对申万行业指数的收益作为其测算基准；⑤考虑到大部分研究报告出现多位分析师署名等情况，默认第一作者为研究报告的主要负责人，并据此研究其市场声誉；⑥剔除 ST 或 *ST① 个股；⑦删除归属于申万行业综合的分析师及其所荐个股；⑧剔除不规范或纠正经确认不规范或错误的源数据。

2. 变量设定与说明

所涉及的关键变量与控制变量的定义或测算方法如下：

关键变量：①情绪溢价（Emp）：参考相关研究（Abarbanell，1991），以前复权收盘价为基准，测算分析师荐股报告在不同时间维度下的情绪溢价及其对分析师声誉排名的具体效应。②禀赋效应（Endo）：不同时间维度下，将分析师具有正溢价的荐股报告数与其研究报告总篇数的比例作为禀赋效应的替代变量。③惯性效应（MI_{it-1}）：借鉴现有研究的最新成果（杨继生和阳建辉，2015），将分析师声誉排名的上一期声誉排名作为分析师声誉惯性传导的衡量指标，以描述分析声誉传导的路径依赖性。

控制变量：①研究精力（NS_{it}）；②精力分配（ES_{it}）；③社会经济变量〔1/（$NS_{it} \times HZ_{it}$）〕等。

---

① ST 或 *ST：沪深交易所从 1998 年 4 月 22 日宣布，将对财务状况或其他状况出现异常的上市公司股票交易进行特别处理，由于"特别处理"，在简称前冠以"ST"，因此这类股票称为 ST 股。从 2003 年 5 月 8 日开始，警示退市风险启用了新标记：*ST，以充分揭示其股票可能被终止上市的风险并区别于其他公司股票。

四、实证检验与压力测试：分析师声誉动态评估

基于分析师市场声誉动态评估机制，以全市场分析师为研究标的，根据荐股报告公布后不同时间维度的情绪溢价，兼顾申万各行业分析师的禀赋效应，以及其他控制变量，包括但不限于分析师精力及其分配、露脸频数和关注面等要素禀赋或社会经济变量，检验评估机制中各假设理论的合理性与有效性，进而评估出申万各行业各分析师的市场声誉综合得分及其综合排名，压力测试申万各行业分析师2018年以来的市场声誉动态排名，经追踪与比较分析，验证评估理论机制的稳健性。

实证结果表明，情绪溢价、禀赋效应显著影响分析师声誉，且情绪效应的时间效应相对明显；分析师声誉具有强者恒强、惯性效应显著的特征。经与《新财富》2014年至2015年最佳分析师榜单比较，发现分析师声誉评估机制所评测出来的前10名，囊括了《新财富》2017年度各行业最佳分析师榜单，分析师声誉评估机制具有准确性与可靠性。

需说明的是，在分析师声誉动态评测中，以星期为单位，定期动态跟踪分析师声誉排名，分析师声誉具有较强的惯性效应。对于动态面板模型，我们采用水平GMM（Gaussian Mixture Model）方法，选取 ΔMI_{it-1} 和 ΔMI_{it-2} 作为 MI_{it-1} 的工具变量，以克服分析声誉排名的内生性问题。

1. 情绪溢价、禀赋效应与分析师声誉动态评估实证

基于全市场分析师荐股研报数据，着重考察分析师禀赋、市场情绪对分析师声誉的动态效应，应用水平GMM方法，实证检验了情绪效应和禀赋效应对分析师声誉的具体效应，结果如表3-1所示。

表3-1　分析师声誉评估计量检验模型的实证

变量名称	变量符号	参数估计值	标准误	95%置信区间
惯性效应	MI_{it-1}	0.8975 **	0.0029	[0.8946, 0.9004]
情绪溢价	Emp_{iT1}	0.0324 **	0.0060	[0.0210, 0.0438]
	Emp_{iT2}	0.0257 **	0.0039	[0.0250, 0.0265]

续表

变量名称	变量符号	参数估计值	标准误	95%置信区间
情绪溢价	Emp_{iT3}	0.0140^{**}	0.0030	$[0.0080, 0.0200]$
	Emp_{iT4}	0.0103^{**}	0.0010	$[0.0067, 0.01391]$
禀赋效应	$Endo_{iT1}$	0.0122^{**}	0.0025	$[0.0092, 0.0152]$
	$Endo_{iT2}$	0.0104^{**}	0.0031	$[0.0051, 0.0153]$
	$Endo_{iT3}$	0.0093^{**}	0.0029	$[0.0064, 0.0123]$
	$Endo_{iT4}$	0.0076^{**}	0.0037	$[0.0032, 0.0130]$
控制变量	NS_{it}	0.0122^{*}	0.0643	$[0.0046, 0.0198]$
	ES_{it}	0.0002^{**}	0.0000	$[0.0000, 0.0006]$
	$1/(NS_{it} \times HZ_{it})$	0.0007^{**}	0.0001	$[0.0000, 0.0010]$

注：**、* 分别表示在5%、10%的显著性水平上显著。

首先，分析师声誉动态模型 Sargan 检验的 χ^2 检验值为482.03，P值为0.9995，这表明过度识别的工具变量集是总体有效的。

其次，情绪溢价驱动分析师声誉综合影响力，情绪溢价具有短期性，短期溢价效应显著强于长期。研究发现，在5%的显著性水平下，φ_1、φ_2、φ_3、φ_4 的估计参数显著异于零，情绪溢价的驱动效力明显，验证假设（a）的合理性。

实证结果表明，随着时间的推移，φ_1、φ_2、φ_3、φ_4 的估计参数依次减弱，短期驱动效应明显强于中长期。这表明情绪溢价具有短时性与瞬时性。究其原因：其一，投资者盲目跟风与市场机会的瞬时性，导致情绪驱动及其机制下的溢价具有短期性；其二，市场不确定性、消息冲击与时间成本弱化了情绪溢价的中、长期效力；其三，分析师依据基本面荐股，在声誉机制的驱动下，引致荐股标的具有短期溢价效应与中长期基本支撑双重属性，间接强化了情绪溢价的短期效力。

再次，禀赋效应显著影响分析师声誉，短、中、长期的影响相对均衡。研究发现，在5%的显著性水平下，θ_1、θ_2、θ_3、θ_4 的估计参数显著异于零，且相对于情绪溢价而言，禀赋效应的作用机制相对平衡。这表明禀赋效应驱动分析师声誉的效力明显，且禀赋效应对分析师声誉的影响相对稳定，验证假设（b）的合理性。其可能的原因包括：其一，荐股研报的研究质量与分析师禀赋水平息息相关；其二，分析师禀赋具有相对持久性与连续性，增强研究报告的内涵与质量；其三，分析师对荐股标的跟踪的连续性，强化禀赋效应的持久性与弱衰减性；其四，分析师的自律行为倍增禀赋效应对声誉排名的综合影响力。

最后，分析师声誉具有强惯性效应与传导效应。在5%的显著性水平上，ρ显著异于零，且为正，验证假设（c）的有效性。分析师声誉具有惯性传导效应的原因有三：其一，分析师禀赋特征，引导分析师声誉惯性传导；其二，市场盲目信任、跟风与羊群行为驱动情绪溢价，巩固并延续分析师原有声誉；其三，分析师声誉短期内不可逆等特性，导致声誉具有强短期惯性。

由此可见，禀赋效应、情绪溢价与路径依赖性三重要素禀赋基本决定了分析师声誉的综合影响力，在盲目跟风、羊群行为、投资者理性/非理性逐利与"用脚投票"的市场机制下，分析师声誉遵循"不进则退、溢价生存"的市场法则，易出现强者恒强的局面。

2. 市场声誉评估结果与《新财富》榜单比较分析

为检验评估机制的可行性和现有评估机制的吻合度，基于分析师市场声誉评估机制，量化并评估了申万行业全部有效分析师的市场声誉和排名。经与《新财富》2017年各行业最佳分析师比较，发现分析师声誉评估结果与《新财富》最佳分析师排名具有良好的吻合优度。

具体而言，在申万27个行业中（剔除综合），有23个行业囊括了《新财富》2017年度最佳分析师榜单，行业拟合优度在85%左右。声誉评估机制所评测出的最佳分析师整体与《新财富》2017年度最佳分析师榜单的吻合度接近80%（90/115），即在2017年度上榜《新财富》的115名最佳分析师中，有90名位列申万各行业前10名，具有优异的拟合优度与稳健性。

根据分析师市场声誉评估理论，综合考虑分析师荐股的溢价效应、自适应调整权重以及分析师的要素禀赋，最终评测出申万27个行业的分析师得分与先后排名。

分析师声誉评估机制对采掘、医药生物、建筑材料、商业贸易、钢铁、有色金属、通信与休闲服务等行业的拟合优度最佳，上榜《新财富》2017年度最佳分析师榜单的皆居声誉评测系统的前10名。

3. 稳健性检验：分析师声誉动态评估样本外跟踪与检验

上述研究显示，分析师声誉动态评估机制对申万各行业分析的评测结果与《新财富》最佳分析师榜单具有优异的拟合优度，分析师动态评估机制具有良好的市场适应性。为检验声誉评估机制的一般性，我们遵循一般经验，以2018年3月至2018年7月为压力测试样本区间，样本数量为23620份，以检验分析师声誉评估机制的稳健性与合理性。

鉴于此，仍以申万各行业分析师荐股研报与市场行情数据为基础，应用水平GMM方法，选取 ΔMI_{it-1} 和 ΔMI_{it-2} 作为 MI_{it-1} 的工具变量，克服分析声誉排名的内生性问题，有效估计动态面板模型各待估参数，并据此考察压力测试区域内，情绪溢价、禀赋效应等多重要素对分析师声誉的综合影响力。同时，动态跟踪了申万各行业分析师市场排名及其动态趋势，发现分析师声誉排名具有强惯性效应，在不同时间维度下，情绪溢价、禀赋效应显著影响分析师声誉及其市场综合影响力，验证了分析师动态评估模型的有效性与合理性。同时，Sargan 检验的 χ^2 检验值为367.26，P 值为0.9962，说明过度识别的工具变量集是总体有效的。压力测试样本内的检验结果如表3-2所示。

表3-2 分析师市场声誉评估计量检验模型的稳健性检验结果

变量名称	变量符号	参数估计值	标准误	置信区间
惯性效应	MI_{it-1}	0.8960**	0.0010	[0.8947, 0.8973]
情绪溢价	Emp_{iT1}	0.0275**	0.0140	[0.0000, 0.0551]
	Emp_{iT2}	0.0058**	0.0031	[0.0000, 0.0115]
	Emp_{iT3}	0.0033**	0.0009	[-0.0221, 0.0284]
	Emp_{iT4}	0.0029**	0.0008	[-0.0129, 0.0189]

续表

变量名称	变量符号	参数估计值	标准误	置信区间
禀赋效应	$Endo_{iT1}$	0.0110^{**}	0.0042	[0.0040, 0.0180]
	$Endo_{iT2}$	0.0134^{*}	0.0073	[0.0031, 0.0238]
	$Endo_{iT3}$	0.0095^{**}	0.0028	[0.0043, 0.0147]
	$Endo_{iT4}$	0.0086^{**}	0.0035	[0.0039, 0.0133]
控制变量	NS_{it}	0.0623^{**}	0.0023	[0.0451, 0.0795]
	ES_{it}	0.0063^{*}	0.0034	[0.0016, 0.0111]
	$1/(NS_{it} \times HZ_{it})$	0.0008^{**}	0.00001	[0.0000, 0.0017]

注：$**$、$*$分别表示在5%、10%的显著性水平上显著。

压力测试结果表明，在5%的显著性水平上，样本区内的φ_1、φ_2、φ_3、φ_4的估计参数显著异于零，情绪溢价显著影响分析声誉，且影响效力存在时间衰减性；在5%的显著性水平上，θ_1、θ_3、θ_4的估计参数显著异于零，θ_2在10%的显著性水平上显著异于零，禀赋效应各待估参数随时间的推移衰减速度明显弱于情绪溢价，表明其对分析师声誉具有明显的驱动效力和相对持久性；在5%的显著性水平上，ρ显著异于零，且与实证检验区的估计结果相近，再次证明分析师声誉排名具有惯性效应与强连续传导效应。分析师动态声誉受惯性效应、情绪效应与禀赋效应的三重驱动，分析师应以自身禀赋为依托，结合市场情绪及其机制下的溢价效应与声誉效应，依靠实力去打造市场声誉，而非去实力化的其他方式。

此外，动态跟踪申万各行分析师声誉综合影响力排名，据2018年8月20日最新排名测算结果，在分析师声誉动态评估系统所评测的申万27个行业前10名中，有20个行业囊括《新财富》2017年度最佳分析师榜单，占比高达74.07%；动态系统所评测的86个团队占《新财富》2017年115个团队的比例为74.78%。相对实证结果而言，吻合优度下降的原因有三个：其一，受市场震荡下行的影响，国内大型券商（如国泰君安、兴业证券）变相裁员，导致核心团队或核心成员变相离职，弱化了团队的市场影响力；其二，行业分析师核心成员主动离职，如苏雪晶团队等，降低了团队的市场影响力；其三，市场震荡下行及其预期带来的不确定性，加剧了分析师的工作难度，不利于分析师综合影响力的培育。

整体而言，分析师市场声誉排名在拟合优度等方面的整体综合影响力与2017年底《新财富》最佳分析师榜单相差无几，验证了评估机制的稳健性与有效性，同时说明本评估机制具有好良好的动态跟踪效能和可行性。

五、小结

通过构建分析师声誉对情绪溢价与禀赋效应的动态评估响应机制，从市场大数据视角，客观评判分析师综合声誉，以缓解现有声誉评估机制下的实力扭曲、信息非对称以及由此引致的诸多社会问题。经与样本期内《新财富》最新年度最佳分析师榜单比较，发现分析师动态评估机制的评测结果与《新财富》具有优异的吻合度与良好的稳健性。实证检验与压力测试结果如下：

（1）由于投资者盲目跟风、市场机会的瞬时性与不确定性以及分析师基本面荐股的综合影响，不同时间维度下，情绪溢价显著驱动分析师声誉综合影响力。在羊群行为与情绪集聚的双重作用下，情绪溢价对分析师声誉排名的驱动效力具有短期性，短期溢价效应显著强于长期。

（2）由于分析师对推荐股票的持续跟踪效应、自律管理与自我约束、基本面荐股等因素的影响，在5%的显著性水平下，禀赋效应显著影响分析师声誉，且相对于情绪溢价而言，不同时间维度下，禀赋效应对分析师声誉排名的影响机制相对均衡、平稳。

（3）受市场溢价、禀赋效应与分析师声誉短期不可逆等因素驱动，在5%的显著性水平下，分析师声誉具有强惯性效应，分析师声誉的路径依赖性显著。

（4）分析师声誉动态评估机制具有优异的拟合优度和准确性。结果显示，在申万27个行业中（剔除综合），有23个行业囊括《新财富》2017年度最佳分析师榜单，行业拟合优度在85%左右。声誉评估机制所评测出的最佳分析师整体与《新财富》2017年度最佳分析师榜单的吻合度接近80%（90/115），说明了分析师动态评估机制的有效性与合理性。

上述结论表明，分析师市场声誉主要受情绪溢价、禀赋效应与惯性效应三重因素的综合影响，在市场声誉与"粉丝"培植中提高自身实力与荐股准确率，有效结合市场情绪与标的基本面，是分析师打造或强化市场声誉的主、客观要求。最后，基于市场数据设定和检验的评估机制，较好地捕获了市场信息，其结果能较好地测度分析师市场声誉以及市场反应的基本特征。

第三节　声誉评估机制下的动量策略智能化研究

一、引言

根据前述研究成果，考虑到分析师市场声誉评判规则的有效性、智能性，研究报告紧紧围绕分析师撰写研究报告，并向机构客户、散户推荐个股标的这一逻辑思路展开。既然市场选择分析师，并给予业绩优良的分析师较好的行业排名，分析师所荐股票标的价值也就不言而喻。由此得出：知名分析师具有市场价值，知名分析师的荐股标的相对有价值。

分析师声誉价值与信息叠加，驱动股票超市场表现。分析师优中选优，个股优中选优的股票及其组合产品，可获得超市场收益。究其原因：分析师以声誉背书，分析师筛选信息并出具研究报告，诱发和促进有价值的信息叠加。具体来说包括四点：其一，按存在即合理的原则，分析师特别是知名分析师本身具有市场价值；其二，分析师推荐或强烈推荐个股本身也存在有价值的信息；其三，分析关注荐股标的并出具研究报告，表明分析师所荐标的存在未被市场预料到或未反映在股价上的信息；其四，价值信息双重叠加，分析师声誉背书，助推股价短、长期上涨。

正如前文所述，荐股标的溢价效应、市场广度、人际关系与对隐性规则的把握程度等要素禀赋，共同决定分析师市场声誉，分析师市场声誉助力个股超市场溢价。

跟踪分析师，特别是知名分析师荐股标的及其在不同时期维度下的市场表现，发现分析师荐股后，股票标的的市场反应主要有四种类型：其一，火焰末端型，即情绪躁动导致股价短期超市场波动；其二，"温水煮青蛙式"的价值型，分析师所荐标的本身具有市场价值，但未被市场发现与充分反映的股票及其组合；其三，"落井逆推式"的逆市而为型，即反转策略的变种；其四，动量驱动型策略，个股前期已有较好的市场表现，但相对于收益而言，尚处于低估状态的股票及其组合。

基于拥抱分析师的市场声誉，相信市场择优选择这一逻辑，着重研究情绪躁动型股票组合。通过分析市场大数据发现，拥抱市场声誉下的牛人组合与分析师声誉之间存在"双优"关系，即根据分析师市场声誉排名及荐股标的，实现分析师优中选优，个股优中选优，双优逻辑下的荐股组合及相关产品可获得超市场收益。牛人组合及相关产品研发的内在逻辑为：分析师声誉排名—分析师池—股票池—牛人组合产品。

情绪驱动下的动量策略股票组合主要受分析师声誉与市场情绪的双轮驱动。其中，分析师声誉具有相对持久性，市场情绪具有短期性，这要求我们高频、定期荐股与更换股票组合，以享受知名分析师荐股的市场声誉效应及分析师推荐股票的市场情绪驱动所带来的股票价值。

本章动量效应之牛人组合为情绪驱动型产品，即以高频荐股为主要研发目标，定期推出股票组合，为研发、推出新资管产品提供支持，以获取投顾费用和交易佣金收入。动量效应之牛人组合的应用场景及价值主要包括：其一，作为股票型组合产品，为公司发行资管类产品提供决策参考与支持；其二，作为投顾类产品，由公司投资顾问定期向高净值客户或购买客户推送股票组合；其三，通过产品销售与宣传，获取投顾费用和交易佣金收入；其四，若能获得超市场收益且推出成功，将具有品牌效应和驱动效应。

二、选股逻辑与操作规则

1. 动量策略组合选股逻辑

正如上述所言，分析师荐股的市场价值主要有分析师声誉价值与市场情绪价值。动量效应之牛人组合依托于分析师市场声誉模型，智能筛选与推出牛人组合产品。具体而言，动量效应之牛人组合基于大数据分析、计量模型和量化方法，智能跟踪全市最优秀分析师的荐股标的，从中筛选出优质个股，构建并推出牛人牛股产品组合。其选股逻辑如下：

其一，动态、实时更新申万行业分析师的市场声誉排名，追踪分析师的声誉发展趋势。

其二，智能、实时、跟踪与筛选声誉排名系统中排名居前的分析师。

其三，构建分析师池，追踪分析师池中各分析师的荐股标的，构建股票池。

其四，构建股票组合，实施动态资金管理，追踪业绩及相关分析。

经对 2013 年至 2017 年动量策略组合产品回测，发现其具有如下特点：其一，智能跟踪，精选全市场最佳分析师及其荐股标的；其二，历史回测和实盘跟踪发现，动量策略组合产品总体稳健，是稳健型组合产品，在没有人工干预的情况下，股灾期间的最大回撤约为比较参照的一半；其三，产品组合每期只数为 1~4 只；其四，适合低风险偏好、高频交易的投资者。

需特别说明的是，动量策略组合在筛选与推出前，需进行如下数据处理与清洗：其一，删除推出日个股涨幅超 9.5% 的个股；其二，删除 ST/*ST 个股；其三，删除归属申万综合行业的分析师及其所推荐的个股；其四，删除推出日停牌、未有成交量的个股；其五，删除荐股日早于上市日的个股；其六，剔除分析师缺失的研报及其荐股标的；其七，删除股票代码或股票名称缺失的荐股研报及相关标的；其八，剔除次新股。

2. 动量策略组合操作规则

动量策略组合智能化模拟操作规则如下：

其一，组合每期推出个股 1~4 只，大概率为 3~4 只个股，极小概率为 1~2 只个股。

其二，动量效应之牛人组合实施资金动态管理，即仓位动态调整；需指出的是，极小概率事件发生时（股灾、熔断等系统性风险，荐股只数小于或等于 2 只等情况），视情况取凯利公式计算仓位与固定仓位中的极小值。

其三，模拟操作的初始资金为 100 万元，每期金额均摊至个股。

其四，动量效应之牛人组合以"推出日开盘价+开盘价×0.25‰"买入，第三个交易日以"收盘价−收盘价×1.25‰"卖出。

三、动量策略组合产品业绩与比较分析

1. 动量策略组合产品整体业绩分析

动量策略组合产品前期以固定 6 成仓位稳定运行（资金风险管理的需要），不考虑组合收益波动等因素的影响。运行一定期数后，根据凯利公式，动态计算各期的投资仓位，并严格按照计算仓位实施资金管理。动量效应之牛人组合动态资金管理及组合产品的净值走势如图 3-2 所示。

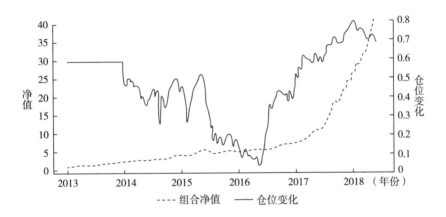

图 3-2　2013 年至 2018 年动量策略组合产品净值走势

资料来源：Wind 数据库。

经回测，根据牛人牛股的筛选逻辑与操作规则，样本期内，动量策略组合产品具有低 Beta、高 Alpha 收益特征。相对于沪深 300 指数而言，动量策略组合产品的 Beta 值为 0.3277，Alpha 值为 5.96%（月度数据计算），具有典型的低 Beta、高 Alpha 收益特征，即动量策略组合相对于沪深 300 指数而言，具有低相对波动、高绝对收益的特征（见表 3-3）。

自 2013 年以来，动量策略组合产品的年化收益高达 97.52%，Sharpe 比率与信息比率分别达 4.0167 与 2.8617，所荐个股胜率为 63.65%，组合胜率为 71.23%，

盈亏比为 1.4168。在收益回撤方面，动量策略组合产品的单期最大回撤为 4.55%，最大回撤为 20.61%，最大回撤时间为 2015 年 7 月 30 日（股灾期间），约为沪深 300 指数最大回撤（46.70%）的 1/2。

表 3-3　2013 年至 2017 年动量策略组合产品回测技术指标

Alpha	5.96%	组合胜率	71.23%
Beta	0.3277	个股胜率	63.65%
年化收益率	97.52%	盈亏比	1.4168
信息比率	2.8617	组合波动率	0.0186
Sharpe 比率	4.0167	单期最大回撤	4.55%
最大回撤	20.61%	最大回撤时间	2015 年 7 月 30 日

注：Alpha 为月度数据计算，无风险利率为一年期到期国债。

相对于沪深 300 指数而言，动量策略组合产品的收益在绝对收益上远超沪深 300 指数的 59.68%，相对收益远超同期大部分权益类组合产品。

经归纳组合产品的技术指标我们发现，动量策略组合产品的收益主要来自组合个股的风险溢价，而非系统性风险溢价，即动量策略组合产品收益主要受 Alpha 驱动，而非 Beta 驱动。动量策略组合的个股筛选逻辑合理，量化模型表现出优异的择股能力。

2. 沪深 300 指数的区间波动特点

2013 年至 2017 年，沪深 300 指数整体震荡向上，相对样本初期而言，沪深 300 指数涨幅为 59.68%，增长至 4030.8549 点。经归纳发现，样本期内，沪深 300 指数大致可划分为如下四个阶段：震荡向下期（2013 年 1 月至 2014 年 7 月）、急骤不稳定期（2014 年 8 月至 2016 年 1 月）、震荡向上期（2016 年 2 月至 2017 年 12 月）以及 2018 年以来的震荡向下期。2013 年 1 月至 2017 年 12 月期间，沪深 300 指数总体走势及其阶段划分如图 3-3 所示。

根据沪深 300 指数在 2013 年至 2017 年的区间分布特点，沪深 300 指数在震荡向下期从 2524.409 点降至 2350.251 点，涨幅-6.70%；在急骤不稳定期从 2329.402 点涨至 2946.0902 点，涨幅 26.47%；在震荡向上期从 2901.0477 点涨至 4030.8549 点，涨幅为 38.94%。在样本期内，沪深 300 指数整体震荡上行，从 2524.409 点涨至 4030.8549 点，整体涨幅 59.68%。

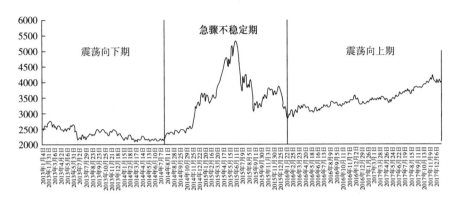

图 3-3　2013 年至 2017 年沪深 300 指数走势

资料来源：Wind 数据库。

为比较分析不同阶段动量策略组合产品在震荡向上期、急骤不稳定期以及震荡向下期的市场业绩表现，研究报告根据 2013 年 1 月至 2017 年 12 月样本期内沪深 300 指数的波动特征进行划分，以分析不同时期组合产品的收益与波动特征。

3. 2018 年以来的动量策略组合业绩分析

自 2018 年以来，动量策略组合产品风险管理严格按照凯利公式执行，在仓位动态下行的环境下产品净值趋势性上行（见图 3-4），截至 2018 年 6 月，产品绝对收益超 40%。

经回测，根据动量策略的筛选逻辑与操作规则，在样本期内，动量策略组合产品具有低 Beta、高 Alpha 收益特征。相对于沪深 300 指数而言，动量策略组合产品的 Beta 值为 0.2659，Alpha 值为 8.95%（月度数据计算），具有典型的低 Beta、高 Alpha 收益特征，即动量策略股票组合相对于沪深 300 指数而言，具有低相对波动、高绝对收益的特征（见表3-4）。

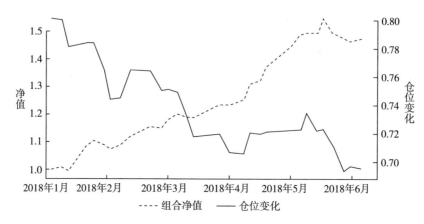

图 3-4　2018 年动量策略净值走势

资料来源：Wind 数据库。

表 3-4　2013 年至 2017 年动量策略组合产品回测技术指标

Alpha	8.95%	组合胜率	62.5%
Beta	0.2659	个股胜率	63.28%
年化收益率	92%	盈亏比	2.7286
信息比率	4.5443	组合波动率	0.0208
Sharpe 比率	5.1363	单期最大回撤	3.47%
最大回撤	5.34%	最大回撤时间	2018 年 5 月 31 日

注：Alpha 为月度数据计算，无风险利率为一年期到期国债。

自 2018 年以来，动量策略组合产品具有远超沪深 300 指数的年化收益，相对收益远超同期大部分权益类组合产品。Sharpe 比率与信息比率分别达 5.1363 与 4.5443，所荐个股胜率为 63.28%，组合胜率为 62.5%，盈亏比为 2.7286。在收益回撤方面，动量策略组合产品的单期最大回撤为 3.47%，最大回撤为 5.34%，最大回撤时间为 2018 年 5 月 31 日。经归纳组合产品的技术指标我们发现，动量策略组合产品的收益主要来自组合个股的风险溢价，而非系统性风险溢价。

4. 震荡向下期的动量策略组合业绩分析

为明晰动量策略组合产品波动特点，研究报告动态跟踪沪深 300 指数震荡向下期的资金管理与业绩表现。在资金管理方面，2013 年 1 月至 2014 年 7 月期间，动量效应之牛人组合的资金管理初步实现从固定六成仓位向动态、智能仓位管理转变，组合产品仓位经历了固定、急骤下降，再稳步上升的三个阶段，但整体仓位保持在 0.48 以上（见图 3-5）。

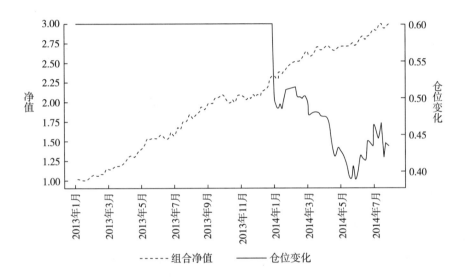

图 3-5　2013 年 1 月至 2014 年 7 月动量效应之牛人净值走势

资料来源：Wind 数据库。

在组合产品业绩方面，仓位在沪深震荡向下调整期，经过类似调整，受仓位合理调整的影响，组合产品的净值一直保持稳定、小幅回撤的增长趋势，2014 年 7 月，组合净值增至 3.00 左右，年化收益约为 98.12%（见表 3-5）。

表 3-5　2013 年 1 月至 2014 年 7 月动量策略组合产品回测技术指标

Alpha	6.56%	组合胜率	68.8%
Beta	0.4133	个股胜率	62.3%

续表

年化收益率	98.12%	盈亏比	1.5062
信息比率	3.86	组合波动率	0.0197
Sharpe 比率	3.9137	单期最大回撤	3.87%
最大回撤	5.36%	最大回撤时点	2013 年 10 月 23 日

注：Alpha 为月度数据计算，无风险利率为一年期到期国债。

与动量策略组合产品整体表现特征相似，在沪深 300 指数震荡向下期动量策略组合产品的低 Beta、高 Alpha 收益特征未变。相对于沪深 300 指数而言，动量策略组合产品的 Beta 值略有升高，增至 0.4133，Alpha 值为 6.56%（月度数据计算），具有典型的低 Beta、高 Alpha 收益特征。

在沪深 300 指数震荡向下期动量策略组合产品的 Sharpe 比率为 3.9137，信息比率为 3.86，盈亏比为 1.5062，所荐股票的个股胜率为 62.3%，组合胜率为 68.8%。即便在震荡向下期，动量效应之牛人组合筛选逻辑依然表现出优异的个股择股能力，取得优良的个股溢价。

在回撤方面，2013 年 1 月至 2014 年 7 月，动量策略组合产品的最大回撤为 5.36%，回撤时点为 2013 年 10 月 23 日，单期最大回撤为 3.87%。同期沪深 300 指数的最大回撤为 24.82%，组合产品的稳定性远强于沪深 300 指数。

5. 急骤不稳定期的动量策略组合业绩分析

与震荡向下期不同的是，在急骤不稳定期，我们未对动量策略组合产品的资金管理进行任何干预，依然根据我们的设计思路，动态实施仓位自动管理与风险智能管理。事实上，对专业的投资者而言，股灾以及熔断等系统性风险是可以规避的。

从资金管理的仓位运行态势看，在 2015 年 6 月股灾发生前期，动量策略组合产品共执行了两次极端仓位管理，这主要受当期荐股只数过少、风险无法分散和个股溢价收益的不确定性等综合因素的影响。2015 年 7 月至 2016 年 1 月，动量策略组合产品坚持自动调仓，未做人为干预。

2015 年 7 月至 2016 年 6 月，沪深 300 指数先后从 4253.021 点涨至 5353.751 点，然后降至 2946.0902 点，最大回撤高达 46.70%。从仓位的动态运行趋势看，资金管理基本与沪深 300 指数的走势保持一致。2015 年 7 月至 2016 年 1 月，动量策略组合产品仓位自动执行降仓位、低仓位运行，产品净值表现相对稳健，年化收益 42.78%。

从净值走势看，动量策略组合产品除在股灾期间与熔断期间有较大的波动、回撤外，净值整体保持稳步增长的趋势，2014 年 8 月至 2016 年 1 月期间的净值约为 1.7。动量策略组合产品的仓位及净值走势如图 3-6 所示。

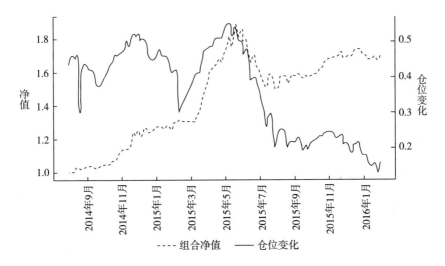

图 3-6　2014 年 8 月至 2016 年 1 月动量效应之牛人净值走势

资料来源：Wind 数据库。

从净值表现与技术参数看，与震荡向下期的沪深 300 指数相似，动量策略组合产品在沪深 300 指数急骤不稳定期依然保持低 Beta、高 Alpha 收益特征。相对于沪深 300 指数而言，动量策略组合产品的 Beta 值为 0.3245，Alpha 值略有下降，约为 2.92%（月度数据计算），具有典型的低 Beta、高 Alpha 收益特征（见表 3-6）。

表 3-6　2014 年 8 月至 2016 年 1 月动量策略组合产品回测技术指标

Alpha	2.92%	组合胜率	62.71%
Beta	0.3245	个股胜率	59.12%
年化收益率	42.78%	盈亏比	1.0856
信息比率	0.9457	组合波动率	0.0209
Sharpe 比率	1.8422	单期最大回撤	4.55%
最大回撤	20.61%	最大回撤时点	2015 年 7 月 30 日

注：Alpha 为月度数据计算，无风险利率为一年期到期国债。

在沪深 300 指数急骤不稳定期，动量策略组合产品的 Sharpe 比率为 1.8422，信息比率为 0.9457；盈亏基本平稳，盈亏比接近 1，为 1.0856；所荐股票的个股胜率为 59.12%，组合胜率为 62.71%，这说明在极端行情下，牛人牛股的筛选逻辑依然成立，但有极端个股拉低组合收益。即便在沪深 300 指数急骤不稳定期，动量效应之牛人组合筛选逻辑依然表现出优异的个股择股能力，取得优良的个股溢价。

在回撤方面，2014 年 8 月至 2016 年 1 月，动量策略组合产品的最大回撤为 20.61%，回撤时点为 2015 年 7 月 30 日，单期最大回撤为 4.55%。同期沪深 300 指数的最大回撤为 46.70%。可见，即便在急骤不稳定时期，组合产品的稳定性远强于沪深 300 指数，依然能获得良好的 Alpha 收益。

6. 震荡向上期的动量策略组合业绩分析

在震荡向上期（2016 年 2 月至 2017 年 12 月），受急骤不稳定期低盈亏比率等因素的综合影响，动量策略组合产品的资金管理仓位开始低位运行；随着组合收益改善，胜率提高，组合产品仓位逐渐动态转向高位运行，并成为常态。组合产品的动态最低仓位接近二成，持续时间相对较短；最高仓位超过八成，绝大多数时间以超五成仓位实施资金管理与买卖操作。

在组合产品净值方面，2016 年 2 月至 2017 年 12 月，动量策略组合产品在最大回撤仅有 2.8% 的情况下保持稳步向上增长，年化收益高达 129.87%。动量策略组合产品的仓位及净值走势如图 3-7 所示。

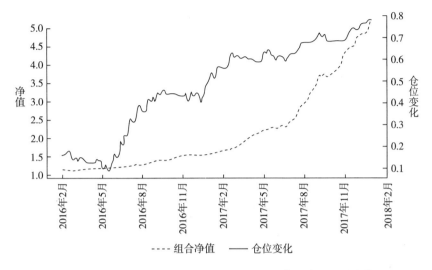

----- 组合净值 —— 仓位变化

图 3-7 2016 年 2 月至 2017 年 12 月动量效应之牛人净值走势

资料来源：Wind 数据库。

从净值表现与技术参数看，与震荡向下期以及急骤不稳定期的沪深 300 指数相似，动量策略组合产品在震荡向上期，保持低 Beta、高 Alpha 收益特征，且 Alpha 收益高达 7.16%。相对于沪深 300 指数而言，动量策略组合产品的 Beta 值为 0.2261，Alpha 值略有下降，为 7.16%（月度数据计算），依然具有典型的低 Beta、高 Alpha 收益特征（见表 3-7）。

表 3-7 2016 年 2 月至 2017 年 12 月动量策略组合产品回测技术指标

Alpha	7.16%	组合胜率	79.49%
Beta	0.2261	个股胜率	68.12%
年化收益率	129.87%	盈亏比	2.0738
信息比率	4.1424	组合波动率	0.0146
Sharpe 比率	6.2372	单期最大回撤	2.43%
最大回撤	2.8%	最大回撤时间	2017 年 9 月 21 日

注：Alpha 为月度数据计算，无风险利率为一年期到期国债。

在沪深 300 指数震荡向上期，动量策略组合产品的 Sharpe 比率为 6.2372，信息比率为 4.1424；各期盈利预期远超亏损预期，盈亏比高达 2.0738；组合所荐股票的个股胜率为 68.12%，组合胜率为 79.49%。在震荡向上期，动量效应之牛人组合筛选逻辑具有优异的个股择股能力，取得优良的个股溢价。

在回撤方面，2016 年 2 月至 2017 年 12 月，动量策略组合产品的最大回撤为 2.8%，回撤时点为 2017 年 9 月 21 日，单期最大回撤为 2.43%。同期沪深 300 指数的最大回撤为 6.61%。由此可见，在沪深 300 指数震荡向上时期，组合产品的稳定性依然远强于沪深 300 指数，具有优良的 Alpha 收益。

四、小结

本节基于分析师市场声誉模型对全市场分析师的声誉排名，根据市场大数据分析、计量模型和量化方法，智能跟踪全市最牛分析师的荐股标的，构建并定期推出牛人牛股组合产品（即动量策略组合产品），经数据回测与沪深 300 指数进行比较分析，发现牛人牛股组合产品的业绩可期。具体如下：

第一，自 2013 年以来，根据研究报告阐述的选股逻辑和操作规则，在未做任何人工干预、动态智能管理的前提下，动量策略组合产品的年化收益率为 97.52%，个股胜率为 63.65%，组合产品胜率为 71.23%，信息比率为 2.8617，Sharpe 比率为 4.0167，组合产品的 Alpha 值为 5.96%，Beta 值为 0.3277。动量策略组合产品具有典型的低 Beta、高 Alpha 特征，且收益远超沪深 300 指数，最大回撤为 20.61%，约为沪深 300 指数最大回撤（46.70%）的 1/2（见表 3-8）。

表 3-8　动量策略组合产品在不同时期下的 Alpha 值和 Beta 值

	Alpha	Beta
全时段	5.96%	0.3277
震荡向下期	6.56%	0.4133
急骤不稳定期	2.92%	0.3245
震荡向上期	7.16%	0.2261
2018 年以来	8.95%	0.2659

第二，自 2013 年以来，沪深 300 指数先后经历了震荡向下期、震荡向上期与急骤不稳定期三个阶段。在动态智能调仓的情况下，动量策略组合产品的 Alpha 和 Beta 估计值在三个不同阶段略有波动，但仍然具有低 Beta、高 Alpha 特征。

第三，在收益方面，震荡向下期、震荡向上期与急骤不稳定期的年化收益率皆超过 40%，震荡向上期的年化收益率高达 129.87%。组合在不同时期的最低胜率为 62.71%，最高胜率接近 80%；组合所荐个股在不同时期的最低胜率为 59.12%、最高达 68.12%。动量策略组合产品的择股逻辑与操作业绩优良（见表 3-9）。

表 3-9　动量策略组合产品在不同时期下的收益特征

	年化收益率（%）	组合胜率（%）	个股胜率（%）
全时段	97.52	71.23	63.65
震荡向下期	98.12	68.80	62.30
急骤不稳定期	42.78	62.71	59.12
震荡向上期	129.87	79.49	68.12
2018 年以来	92.00	62.50	63.28

综上所述，动量策略组合产品整体在各个不同时期具有低 Beta、高 Alpha 特征，分析师声誉排名—分析师池—股票池—动量策略组合产品的研发逻辑，具有优良的个股择股能力，操作逻辑上抓住了个股溢价，动量策略组合产品的回测业绩远超沪深 300 指数。

第四节　声誉评估机制下的反转策略智能化研究

一、引言

借助之前的研究成果，本节基本延续知名分析师具有市场价值，知名分析师的荐股标的相对更有价值的逻辑思路，在选股逻辑上，反转策略组合是对牛人牛股组合的一个重要补充，具体体现在：反转策略侧重于个股拐点及其趋势，而牛人组合侧重于分析师声誉影响及市场情绪延续。

具体而言，本节对微观、全局、自下而上的解释如下：微观：大数据分析下沉至个股，采取智能算法对个股进行降噪处理，剖析个股波动的趋势规律；全局：研究对象为沪深两市全部股票，打破以往局限于知名分析师及其所推荐股票标的思维；自下而上：重特征、轻声誉的筛选逻辑，即根据个股阶段性特征，去匹配知名分析师所荐个股，最终以市誉评判为依据，构建大概率有效的股票组合。

考虑到个股特征与分析师荐股的差异性与视角层次的不同，本节采取一拆为二，匹配交叉的方法，结合个股阶段特征与分析师荐股的优点，研究反转策略组合。具体如下：其一，应用指数加权移动平均法（EWMA），初步筛选出具有反转特征的个股股票池；其二，依托分析师评估系统下的知名分析师及其荐股标的，构建分析师层面的股票池；其三，交叉匹配，构建具有反转特征与市场声誉背书的股票池及其股票组合。

在理论应用方面，本节应用信号理论中的滤波降噪方法，对个股的波动趋势实施降噪处理，以确保个股趋势波动延续的稳健性。与此同时，兼顾分析师声誉评估系统下分析师声誉及其成长特征。考虑到智能反转策略的筛选更为苛刻，分析师池相对于之前的分析师池略有扩大，以增加初选股票标的。

在筛选机理上，智能反转策略显著异于前述研究成果，主要体现在：前期智能组合研究报告侧重于分析师声誉的影响，主要抓住分析师声誉机制下的分析师声誉短期效应及市场短期情绪躁动所引起的股票波动，旨在获取、识别个股新趋势或已确立市场趋势所带来的收益，侧重点在于趋势惯性或趋势延伸。本节侧重于在市场中寻找符合筛选条件的个股，并确认其下探区间或拐点，以获取个股趋势发生根本逆转所带来的收益。

综上所述，反转策略组合在理论机制、筛选机制、视角层次等方面，较牛人组合产品都有明显的区别。但一个不可忽视的事实是，反转策略依然以分析师声誉排名系统及全市场排名居前的分析师声誉背书，整合个股自2008年以来的沪深两市个股的波动规律特征，研究出具有反转特征的股票组合产品。

二、反转策略择股理论机制

1. EWMA 滤波降噪，去伪存真

在反转策略组合研究中，本节基于信号理论中的低通滤波方法，即在 EWMA 框架下，应用一阶滤波，剔除个股短期波动噪音，保留个股长期发展趋势信号，以此作为组合个股筛选的必要前提与基本准则。

在方法特征与数据处理上，EWMA 在不舍弃历史数据（保真），且对不同时期数据赋予逐渐弱化权重的前提下，兼容并利用全期平均与移动平均所长的特质，以获得 EWMA 的预测值。由此可见，预测值主要基于当期实际观察值与前一期指数平滑值的加权平均值，一般公式如下：

$$EWMA(S, t) = \partial S(t) + (1-\partial)EWMA(S, t-1) \tag{3-8}$$

其中，∂（$0 < \partial \leq 1$）是 EWMA（S，t）对历史回测值的权重系数，∂ 值越接近 1，对过去回测值的权重较低。∂ 值还刻画 EWMA（S，t）估计器跟踪对实际数据突变的反应能力，即时效性，它具有双重经济意义：其一，∂ 值越大，估计器的时效性就越强，此时，短期波动起主要驱动作用；反之，则相反。其二，∂ 值的大小还描述 EWMA（S，t）吸收瞬时突发的能力，即平稳性的重要参数指标，∂ 值越小，EWMA（S，t）的平稳性越强，此时，长期趋势信号占主导作用；反之，则相反。

考虑到 ∂ 值的异同对 EWMA（S，t）数据预测发挥的时效性或稳定性等具有异质作用。在模型构建与拟合中，∂ 值的取向影响 EWMA（S，t）预测值的数据特征（时效性或稳定性）。本节在全样本期或不同样本阶段回测样本数据时，采取相对中庸的做法，并参考 Python 官网帮助文件，取 1/span，具体而言，本节基于经验法与研究需要，设定有差异的 span 跨度值，来确定异质 ∂ 值。在实际使用中，根据不同的研究需要，∂ 值的赋值方法主要有三种，具体公式如下：

$$\partial = \begin{cases} \dfrac{1}{s} & s = span \\ \dfrac{1}{1+c} & c = center\ of\ mass \\ 1-\exp^{\frac{\log 0.5}{h}} & h = half\ life \end{cases} \tag{3-9}$$

需说明的是，我们采用基于时间跨度的方法与极大似然估计方法，对不同时期范围内的 ∂ 值进行估值，协同 EWMA（S，t-1）与 S（t）确定当前估计值，并做反转预判，预选反转初级股票池。

2. EWMA 框架下的反转策略机制

在阐释 EWMA 框架下的反转策略研究之前，本节通过将个股视为不同跑道的赛车来举例，说明大数据分析框架下沪深两市个股数据分析与处理的基本方法。正如前面所言，在 EWMA 框架下对沪深两市个股进行数据处理，其处理基本框架与逻辑思路如下：

第一，搜集沪深两市个股数据，包括但不限于前复权开盘价、前复权收盘价、涨跌幅、成交额、换手率以及最新市盈率和市净率等数据。沪深两市个股全样本的时间区间为 2008 年 1 月 1 日至 2018 年 6 月 30 日。

第二，在不同时间维度下，应用 EWMA 方法，对沪深两市每只个股进行降噪处理，并勾勒出个股信号在不同时间维度下的瞬变性与趋势性特征。

第三，在不同时间维度下，交叉剖析沪深两市个股的瞬变性与趋势性特征，聚类瞬变性强且具有短期向下探、趋势向上特征的个股，并做反转标签，构建初级反转股票池。

第四，动态跟踪全市场分析师声誉排名及荐股标的，构建阶段性分析师池—动态股票池，根据动态股票池去匹配第三点中已做出反转标签的个股，形成既包括分析师声誉，又具有反转特性的股票组合池。

第五，新建交叉股票池，着重从分析师及其荐股层面构建反转策略组合。

三、选股逻辑与操作规则

1. 智能反转策略组合选股逻辑

如前文所言，分析师荐股的市场价值主要有分析师声誉价值与市场情绪价值。与动量策略组合产品相似，在分析师层面，智能反转策略组合仍然依托于分析师市场声誉模型，根据分析师所荐个股与沪深两市具有反转特征的初级股票池，智能筛选与推出个股反转组合产品。具体而言，智能反转策略基于大数据分析、计量模型与量化方法，智能跟踪全市场最牛分析师的荐股标的及反转标签初级股票池，并从中筛选出前期有跌幅的优质个股，构建并推出牛股反转策略组合。其选股逻辑如下：

第一，动态跟踪，实时更新全市场分析师的声誉排名，并做标签。

第二，智能、实时、跟踪与筛选声誉排名系统中排名居前且荐股特征大概率反转的分析师。

第三，构建反转分析师池，实时跟踪分析师池中各分析师的荐股标的。

第四，依托反转分析师池，筛选基本面良好的标的，构建动态股票池。

第五，交叉匹配，构建分析师体制下的反转特性股票池，实时推出个股市誉靠前、前期有跌幅但趋势明显、荐股等级处于推荐级以上的个股。

第六，构建股票组合，确定每期满足条件的最多股票只数，对组合产品实施动态资金管理，追踪组合业绩，分析组合的技术参数特征。

经回测（时间范围：2013 年 1 月至 2018 年 6 月）发现，智能反转策略组合具有如下特征：其一，组合产品的净值走势相对稳健，具有相对高 Alpha、低 Beta 特征；其二，相对于动量策略组合产品而言，反转策略组合产品适合中风险与次高频投资者（周频的投资者）；其三，由于严格的筛选程序，反转策略组合推出日存在小概率无满足条件的个股出现等现象，若小概率事件发生，建议跟踪投资者空仓等待机会；其四，从操作频率上看，周频操作更易于投资者跟踪与模拟操作。

需说明的是，智能反转策略组合在筛选与推出之前，已进行了如下数据处理：①删除推出日涨幅超 9.5% 的个股；②删除包含 ST 或 *ST 个股；③删除归属申万行业综合的分析师及其所荐个股；④删除研报荐股日早于上市日期的个股；⑤剔除次新股；⑥规范全市场 100 余家券商的荐股评级；⑦删除分析师或荐股标的（股票名称或股票代码）缺失的研报；⑧剔除在原始数据日期不规范或无法确定（修改）的研报数据；⑨根据研究需要，对缺失的部分数据进行前向或后向填充；⑩删除不规范、经纠正后确认不规范或错误的其他源数据；⑪对全市场分析师声誉动态更新排名（分析师池并非一成不变），根据最新分析师声誉排名结果，每期重新构建分析池、组合产品股票池以及相应的组合产品。

2. 反转策略组合操作规则

根据业务部的建议以及投资者的实际需求，对智能反转策略组合模拟操作做出如下具体规则：

第一，反转策略组合每期最多推出 4 只股票，大概率 3~4 只，小概率 1~2 只，有极小概率无股票组合推出（即当期无股票组合买入操作）。

第二，智能反转策略组合按周频推出，每周最多推出一组组合，并做出相关买卖操作。

第三，智能反转策略组合实施资金与风险动态管理，即仓位动态调整。

第四，智能反转策略组合的初始模拟资金为 100 万元，每期根据动态仓位优化资金管理，按动态仓位将所测算意愿投资资金均摊至个股。

第五，智能反转策略组合模拟操作以"推出日的开盘价+开盘价×0.25‰"买入，下周一以"开盘价−开盘价×1.25‰"卖出。佣金、印花税和佣金等引起的交易成本不足 1%的，其上限精确至百分位。

需提醒的是，智能反转策略组合即便是在 2015 年股灾、2016 年熔断以及不可预测的"黑天鹅事件"中，也并未做出人为干预，由系统根据策略组合的收益状况及相关评估参数适时做出动态调整。

四、智能反转策略组合业绩与比较分析

为比较分析不同阶段、不同波动特征环境下，智能反转策略组合的波动趋势、收益及相关参数特征，借鉴前期对沪深 300 指数区间波动特征的时间区间划分，本书依然在样本期内（2013 年 1 月至 2018 年 6 月）将沪深 300 指数划分为如下四个阶段：震荡向下期（2013 年 1 月至 2014 年 7 月）、急骤不稳定期（2014 年 8 月至 2016 年 1 月）、震荡向上期（2016 年 2 月至 2017 年 12 月）以及 2018 年以来的震荡向下期。

本节侧重于从整体与部分（即样本全区间内、各不同时间段的波动特征）概

述组合产品的净值走势、产品特征，以及 Sharpe 比率等相关技术参数的特征。与前述研究中的样本区间划分相似，其作用包括两个方面：其一，沪深 300 指数的历史波动与子样本区间波动特征相同，没有必要再次划分；其二，便于从直观上比较分析反转策略组合与之前研究成果的异质性，进而归纳与总结其产品特征。

1. 智能反转策略组合整体业绩分析

需说明的是，为满足仓位动态管理需求，在样本区间内，智能反转策略组合前期实施固定仓位管理，考虑到市场风险及与期指市场对冲的资金需求，智能反转策略组合所设定的固定仓位为六成。若干期后，智能反转策略组合进行仓位动态管理，并严格按照凯利公式计算仓位，执行与实施资金风险管理。

与智能动量策略产品的操作逻辑一致，遇到极小概率事件时（如个股少于或等于 2 只，可预见性、准系统性风险产生时），智能反转策略组合运行仓位取凯利动态仓位与固定仓位的极小值，以规避特殊环境下的极端风险，确保组合产品平稳运行。自 2013 年 1 月以来，智能反转策略组合动态资金管理及组合产品的净值走势如图 3-8 所示。

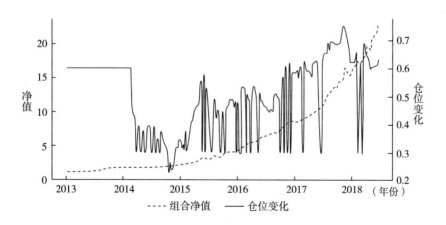

图 3-8　2013 年 1 月至 2018 年 6 月智能反转策略组合净值走势

资料来源：Wind 数据库。

经回测，相对于沪深 300 指数而言，智能反转策略组合产品全样本期内月度 Alpha 值为 5.15%，对应的 Beta 值为 0.4356，表现出高 Alpha、低 Beta 特征，即具有高收益、低波动的特征。在其他参数方面，组合产品的整体胜率为 68.56%，个股胜率为 63.71%，盈亏比为 1.86，单期最大回撤为 8.03%，最大回撤为 9.65%，最大回撤时点发生在 2015 年的股灾期间，约为沪深 300 指数（46.70%）的 1/5，Sharpe 比率与信息比率分别为 3.3207 与 2.2438（见表 3-10）。

表 3-10　2013 年 1 月至 2018 年 6 月智能反转策略组合产品回测技术指标

Alpha	5.15%	组合胜率	68.56%
Beta	0.4356	个股胜率	63.71%
年化收益率	92.49%	盈亏比	1.86
信息比率	2.2438	组合波动率	0.0281
Sharpe 比率	3.3207	单期最大回撤	8.03%
最大回撤	9.65%	最大回撤时间	2015 年 7 月 20 日

注：Alpha 为月度数据计算，无风险利率为一年期到期国债。

在组合业绩方面，在样本区间内，智能反转策略组合期末净值约为 22，年化收益率高达 92.49%；2013 年 1 月至 2018 年 6 月，沪深 300 指数涨幅约为 35.80%，远超沪深 300 指数及市场上同类权益类组合产品。

综合各项技术指标以及市场业绩表现发现，智能反转策略组合产品具有如下特征：其一，智能反转选股逻辑，筛选并抓住弱势下跌个股的反转行情；其二，智能反转组合收益主要源自 Alpha 收益，而非系统性风险收益；其三，即便是以全市场最优分析荐股标的为初级股票池，从动态仓位多次触及固定仓位水平可知，每期满足筛选条件的个股相对较少；其四，动态仓位管理使组合产品的最大回撤约为沪深 300 指数的 1/5，有效地控制了组合产品回撤风险与资金波动风险。

2. 2018 年以来的反转策略组合业绩分析

相对总体而言，组合产品风险收益比略微放大，高 Alpha、低 Beta 特征依旧显著。自 2018 年以来，智能反转策略组合收益在同期沪深 300 指数下跌 12.90%的环境下，年化收益率高达 72.02%，远超参照值（见图 3-9）。从产品特征看，智能反转策略组合产品的 Alpha 值为 7.13%，Beta 值为 0.648，Alpha 收益略强于全样本 Alpha 收益，组合产品的区间段波动性高于整体，仍然具有明显的高 Alpha、低 Beta 特征（见表 3-11）。在波动特征方面，组合产品区间内的波动率为 0.0318，略高于全样本期间的 0.0281。

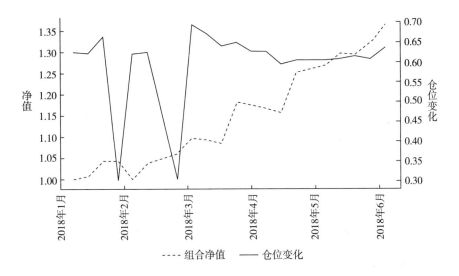

图 3-9　2018 年智能反转策略组合净值走势

资料来源：Wind 数据库。

表 3-11　2018 年以来智能反转策略组合产品回测技术指标

Alpha	7.13%	组合胜率	60%
Beta	0.648	个股胜率	61.19%
年化收益率	72.02%	盈亏比	4.0328
信息比率	3.9504	组合波动率	0.0318
Sharpe 比率	3.3492	单期最大回撤	4.58%
最大回撤	4.58%	最大回撤时点	2018 年 2 月 5 日

注：Alpha 为月度数据计算，无风险利率为一年期到期国债。

在动态仓位管理方面，自 2018 年以来，在沪深 300 指数趋势性震荡下滑的环境下，智能反转策略组合的仓位总体运行平稳，均值仓位在六成左右，但在 2018 年 1 月、2018 年 2 月两度触及主动管理仓位，其原因是当期荐股只数少于或等于 2 只时，可预见性事件所引起的主动调仓。

在技术指标方面，在 2018 年样本区间内，组合产品的个股胜率为 61.19%，组合胜率为 60%，盈亏比为 4.0328，在 2018 年 2 月 5 日发生最大回撤，为 4.58%，远小于参照值。在沪深 300 指数震荡向下期，累计跌幅超 10% 的环境下，组合产品大概率抓住个股反弹机会，组合产品总体期数及全部个股获得超 60% 的不错胜率，验证了前述选股逻辑的有效性。

3. 震荡向上期的反转策略组合业绩分析

在震荡向上期，反转组合收益 Alpha 驱动显著增强。在样本期内，智能反转组合产品的 Alpha 值为 5.81%，强于全样本区间的 5.15%；Beta 值为 0.3908，弱于全样本区间的 0.4356，组合产品收益主要受 Alpha 收益的驱动（见图 3-10）。此外，组合产品的最大回撤为 7.27%，略强于参照值 6.61%，年化收益率高达 108.52%，远超沪深 300 指数，组合收益回撤比为 14.92，远强于全时段的 9.58。

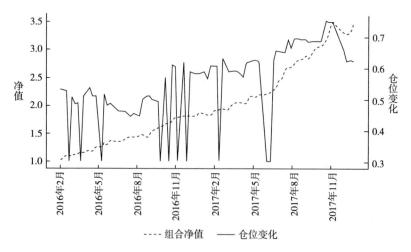

图 3-10　2016 年 2 月至 2017 年 12 月智能反转策略组合净值走势

资料来源：Wind 数据库。

动态仓位震荡上行，多次被迫调整仓位。在样本期内，组合产品的动态仓位在
0.55 以上，整体震荡上行。根据筛选条件与产品组合管理规定，满足荐股筛选条
件的股票多次未超过 2 只，导致组合产品运行仓位多次被迫调整仓位，以控制与防
范组合运行可能存在的管理风险。

在技术参数方面，在样本期内，组合胜率为 75.31%，个股胜率为 66.43%，盈
亏比高达 1.8152，在震荡向上期，组合单期最大回撤为 3.51%，最大回撤为
7.27%，最大回撤时点为 2017 年 12 月 11 日，略大于沪深 300 指数（见表 3-12）。

表 3-12　2016 年 2 月至 2017 年 12 月智能反转策略组合产品回测技术指标

Alpha	5.81%	组合胜率	75.31%
Beta	0.3908	个股胜率	66.43%
年化收益率	108.52%	盈亏比	1.8152
信息比率	2.7281	组合波动率	0.0255
Sharpe 比率	4.1057	单期最大回撤	3.51%
最大回撤	7.27%	最大回撤时点	2017 年 12 月 11 日

注：Alpha 为月度数据计算，无风险利率为一年期到期国债。

4. 急骤不稳定期的反转策略组合业绩分析

在急骤不稳定期，组合产品依然具有高 Alpha、低 Beta 特征。在急骤不稳定
期，组合产品除了表现出与震荡向上期相似的高 Alpha、低 Beta 特征外（Alpha 值
为 5.44%，Beta 值为 0.4305），还具有如下特征（见图 3-11 与表 3-13）：

第一，组合胜率与个股胜率略有下降，样本期内的组合胜率为 67.74%，个股
胜率为 65.22%，相对于震荡向上期有所下降，但整体胜率远强于市场同类产品
水平。

第二，组合动态仓位波动性显著增强，并未有明显的趋势向上特征，其原因包
括两点：其一，在急骤不稳定期，组合产品的收益不稳定，导致动态仓位剧烈变
动；其二，在急骤不稳定期，分析师降低了荐股频率，导致满足筛选条件的个股显

著减少,客观上显著降低了组合产品的仓位。事实上,在样本期内,智能反转策略组合动态仓位在0.25~0.55区间内波动,有效控制了组合产品净值波动,规避了市场剧烈波动风险。

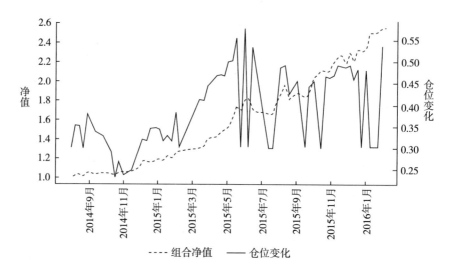

图3-11 2014年8月至2016年1月智能反转策略组合净值走势

资料来源:Wind数据库。

表3-13 2014年8月至2016年1月智能反转策略组合产品回测技术指标

Alpha	5.44%	组合胜率	67.74%
Beta	0.4305	个股胜率	65.22%
年化收益率	104.53%	盈亏比	1.7855
信息比率	1.6867	组合波动率	0.0344
Sharpe比率	3.0404	单期最大回撤	8.03%
最大回撤	9.65%	最大回撤时间	2015年7月20日

注:Alpha为月度数据计算,无风险利率为一年期到期国债。

第三,智能反转策略具有强大于市的稳健性。组合产品的最大回撤为9.65%,相对于震荡向上期以及全样本期内的最大回撤略有增加,但远弱于沪深300指数的最大回撤 46.70%。从产品净值走势看，智能反转策略组合产品具有强大于市的稳健性。

5. 震荡向下期的反转策略组合业绩分析

需说明的是，根据取短原则，智能反转策略组合产品回测起始日期为 2013 年，为资金动态管理需要，前期我们调定了一个可对冲期指风险的仓位，未实际考虑组合产品收益波动等因素对仓位的具体影响。后续严格按照凯利公式计算仓位与组合管理规则，实施资金动态管理与风险动态管理。

与震荡向上期、急骤不稳定期相似，在震荡向下期，智能反转策略组合产品的高 Alpha、低 Beta 特征未变，但数值有明显变化（Alpha 值为 3.24%，远弱于其他时间段）。但相对而言，在震荡向下期，智能反转策略组合产品业绩表现具有如下差异性（见图 3-12 与表 3-14）：

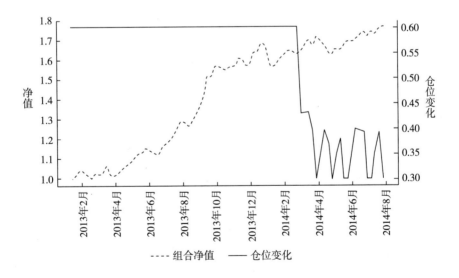

图 3-12 2013 年 1 月至 2014 年 7 月智能反转策略组合净值走势

资料来源：Wind 数据库。

第一，收益明显下降，但远强于沪深 300 指数。在样本期内，组合产品净值超

1.7，同期沪深 300 指数跌幅为 6.89%。在年化收益方面，震荡向下期的年化收益率为 49.84%，明显弱于震荡向上期或急骤不稳定期。

表 3-14　2013 年 1 月至 2014 年 7 月智能反转策略组合产品回测技术指标

Alpha	3.24%	组合胜率	60.61%
Beta	0.3464	个股胜率	59.45%
年化收益率	49.84%	盈亏比	1.7934
信息比率	1.5577	组合波动率	0.023
Sharpe 比率	2.4855	单期最大回撤	6.08%
最大回撤	7.08%	最大回撤时间	2014 年 1 月 13 日

注：Alpha 为月度数据计算，无风险利率为一年期到期国债。

第二，组合整体胜率超 60%，但相对下降明显。在样本期内，智能反转策略保持优异的整体胜率，相对于其他样本区间而言，胜率下降显著。组合整体胜率为 60.61%，较震荡向上期的 75.31% 下降了约 15 个百分点。在个股胜率方面，震荡向下期的组合胜率为 59.45%，较个股最高胜率 66.43% 下降了约 7 个百分点。在震荡向下期，智能反转策略组合的整体或个股胜率皆出现明显下降。

第三，在震荡向下期，除强制仓位外，组合产品的动态管理仓位多次触及固定仓位。其可能的原因包括：①在震荡向下期，全市场优秀分析师的荐股标的相对减少，缩减股票池的数据；②在行情低迷情况下，分析师荐股质量弱化，反转个股出现严重不足；③严格的筛选条件导致各期荐股只数相对较少。

第四，在震荡向下期，组合仓位动态管理有效地控制了产品的风险，组合收益出现明显下降，年化收益率为 49.84%，远弱于智能策略组合在震荡向上期、震荡向下期以及 2018 年以来的业绩表现。

五、小结

智能反转策略组合产品研究寄生于 EWMA 框架、分析师市场声誉系统及其衍生的动态成长系统，根据大数据分析、计量模型与智能算法，研究并智能跟踪具有反转特征的分析师及其相应的荐股标的，筛选出具有反转特征的股票组合，经与沪深 300 指数比较，发现智能反转策略组合具有如下特征：

第一，智能反转策略组合净值稳定，具有接近 10 的净值回撤比。自 2013 年回测以来，在动态智能调仓与风险智能管理的情况下，智能反转策略组合产品的年化收益率为 92.49%，个股胜为 63.71%，组合胜率为 68.56%，信息比率与 Sharpe 比率分别为 2.2438 和 3.3207，单期最大回撤为 8.03%，最大回撤时点发生于 2015 年 7 月 20 日，值为 9.65%，同期沪深 300 指数最大回撤为 46.70%，不及比较参照的 1/5（见表 3-15、表 3-16）。技术参数与回测净值曲线表明，在全样本期内，智能反转策略组合具有稳健、可连续的净值收益和良好的收益回撤比。

表 3-15　智能反转策略组合产品在不同时期下的 Alpha 值和 Beta 值

	Alpha	Beta	最大回撤
全时段	5.15%	0.4356	9.65%
震荡向下期	3.24%	0.3464	7.08%
急骤不稳定期	5.44%	0.4305	9.65%
震荡向上期	5.81%	0.3908	7.27%
2018 年以来	7.13%	0.6480	4.58%

表 3-16　智能反转策略组合产品在不同时期下的收益特征

	年化收益率	组合胜率	个股胜率	收益回撤比
全时段	92.49%	68.56%	63.71%	9.58
震荡向下期	49.84%	60.61%	59.45%	7.04
急骤不稳定期	104.53%	67.74%	65.22%	10.83
震荡向上期	108.52%	75.31%	66.43%	14.92
2018 年以来	72.02%	60.00%	61.19%	15.72

第二，智能反转策略组合具有高 Alpha、低 Beta 特征。根据沪深 300 指数的波动特征，智能反转策略组合产品经过震荡向下期、急骤不稳定期、震荡向上期以及 2018 年以来四个阶段。在动态智能调仓与风险智能管理的前提下，反转策略组合

的 Alpha、Beta 值虽在不同阶段有细微差别，但总体表现出高 Alpha、低 Beta 特征（见表 3-15）。

第三，智能反转策略组合具有远强于参照值的收益，且相对稳定。在震荡向下期、震荡向上期、急骤不稳定期以及 2018 年以来，智能反转策略组合产品整体年化收益率为 92.49%，最低年化收益率为 49.84%。组合产品胜率中的个股最低胜率为 60%，最高胜率达 66.43%，组合整体最高胜率达 75.31%。在不同的阶段，智能反转策略具有优异的收益回撤比，最高达 15.72，再次说明了组合产品收益的稳定性与相对可靠性（见表 3-16）。

综上所述，智能反转策略组合产品在全样本期以及各子样本期内皆具有高 Alpha、低 Beta 特征，且在不同特征波动阶段，皆具有超 60% 的个股胜率与组合胜率，远高于沪深 300 指数，且收益稳健。从回测结果看，再次验证从分析师声誉的角度研究权益类组合产品，可获得远强于市的组合收益；也验证了我们一直以来坚持并强调的分析师具有市场价值、知名分析师的荐股标的具有价值等观点。

第五节　研究结论

项目基于智能算法、大数据分析与计量理论，构建了分析师声誉动态评估机制，客观评判、动态跟踪分析师综合声誉与市场排名，以缓解分析师市场信息非对称、声誉扭曲等问题。进而，项目根据知名分析师具有市场价值、知名分析师的荐股标的相对有价值这一逻辑，着重分析了分析师荐股标的的市誉特征与情绪溢价特征，根据分析师声誉排名—分析师池—股票池—策略组合产品的逻辑思路，研发智能策略组合产品，并实施产品风险智能管理与智能规避，最终在分析师声誉排名方面实现智能、动态与实时管理，在策略组合及个股方面实现智能筛选、智能止损与风险自适应规避管理。具体而言，包括以下几个方面：

在分析师声誉智能评估方面具体包括四点：

（1）由于投资者盲目跟风、市场机会的瞬时性与不确定性以及分析师基本面荐股的综合影响，在不同时间维度下，情绪溢价显著驱动分析师声誉综合影响力。在羊群行为与情绪集聚的双重作用下，情绪溢价对分析师声誉排名的驱动效力具有短期性，短期溢价效应显著强于长期。

（2）由于分析师受荐股标的持续跟踪效应、自律管理与自我约束、基本面荐股等因素的影响，在5%的显著性水平下，禀赋效应显著影响分析师声誉，相对而言，在不同时间维度下，禀赋效应对分析师声誉排名的影响机制相对均衡与平稳。

（3）受市场情绪、禀赋效应与分析师声誉短期不可逆等因素的驱动，在5%的显著性水平下，分析师声誉具有强惯性效应，分析师声誉的路径依赖性显著。

（4）分析师声誉动态评估机制具有优异的拟合优度、准确性与一般适用性。实证显示，在申万27个行业中（剔除综合），有23个行业囊括《新财富》2017年度最佳分析师榜单，行业拟合优度接近85%。声誉评估机制所评测出的最佳分析师整体与《新财富》2017年度最佳分析师榜单的吻合度接近80%（90/115），说明了分析师动态评估机制的有效性与合理性。压力测试与实时跟踪结果也验证了上述结论的有效性。

在动量策略组合产品智能筛选、智能管理与业绩表现方面，项目以分析师声誉排名为依托，研发动量策略组合产品。结果表明，在震荡向下期、急骤不稳定期与震荡向上期都表现出高 Alpha、低 Beta 特征。在择股方面，荐股逻辑具有稳健且远强于市的择股能力；操作逻辑上，抓住了个股溢价，取得了可观的超市场收益。具体而言，包括三点：

（1）在动态智能管理的前提下，动量策略组合产品具有典型的高 Alpha、低 Beta 特征，且收益远超沪深 300 指数的年化收益。自 2013 年回测以来，动量策略组合产品的年化收益率为 97.52%，组合产品的 Alpha 值为 5.96%，Beta 值为 0.3277。最大回撤为 20.61%，为沪深 300 指数最大回撤的 1/2。

（2）在动态智能调仓与风险智能管理的前提下，动量策略组合产品在震荡向下期、急骤不稳定期与震荡向上期、2018 年以来以及全时间段等不同阶段均具有高 Alpha、低 Beta 特征。

（3）在收益方面，智能策略组合产品在震荡向下期、震荡向上期与急骤不稳定期的年化收益率皆超过40%，组合在不同时期的最低胜率为62.50%，组合所荐个股在不同时期的最低胜率为59.12%，最高达68.12%。

表3-17 动量策略组合产品在不同时期下的 Alpha 值和 Beta 值

	Alpha	Beta
全时段	5.96%	0.3277
2018 年以来	8.95%	0.2659
震荡向下期	6.56%	0.4133
急骤不稳定期	2.92%	0.3245
震荡向上期	7.16%	0.2261

表3-18 动量策略组合产品在不同时期下的收益特征

	年化收益	组合胜率	个股胜率
全时段	97.52%	71.23%	63.56%
2018 年以来	92.00%	62.50%	63.28%
震荡向下期	98.12%	68.80%	62.30%
急骤不稳定期	42.98%	62.71%	59.12%
震荡向上期	129.87%	79.49%	68.12%

在反转策略产品智能筛选、智能管理与业绩表现等方面，依托分析师市场声誉系统及其衍生的动态成长系统以及 EWMA 滤波去噪方法，项目基于大数据分析、计量模型与智能算法，研究、智能跟踪具有反转特征的分析师及其相应的荐股标的，研发反转策略组合产品，具体结论如下：

（1）智能反转策略组合净值稳定，具有接近 10 的净值回撤比。自 2013 年以来，在动态智能调仓与风险管理的情况下，智能反转策略组合产品的年化收益率为92.49%，智能反转策略组合产品的单期最大回撤为 8.03%，最大回撤为 9.65%，同期沪深 300 指数最大回撤为 46.70%。在全样本期内，智能反转策略组合具有稳健、可连续的净值收益，良好的收益回撤比。

（2）智能反转策略组合具有高 Alpha、低 Beta 特征。智能反转策略组合产品在震荡向下期、急骤不稳定期、震荡向上期以及 2018 年以来等各个阶段的业绩表明，在动态智能调仓与风险管理的前提下，具有高 Alpha、低 Beta 特征。

（3）智能反转策略组合具有远强于参照值的收益，且相对稳定。在震荡向下期、急骤不稳定期、震荡向上期以及 2018 年以来，智能反转策略组合产品最低年化收益率为 49.84%。组合产品胜率中的个股最低胜率为 60%，最高胜率达66.43%，组合整体最高胜率达 75.31%。

表 3-19　智能反转策略组合产品在不同时期下的 Alpha 值和 Beta 值

	Alpha	Beta
全时段	5.15%	0.4356
2018 年以来	7.13%	0.6480
震荡向下期	3.24%	0.3464
急骤不稳定	5.54%	0.4305
震荡向上期	5.81%	0.3908

表 3-20　智能反转策略组合产品在不同时期下的收益特征

	年化收益	组合胜率	个股胜率	收益回撤比
全时段	92.49%	68.56%	63.71%	9.58
2018 年以来	72.02%	60.00%	61.19%	15.72
震荡向下期	49.84%	60.61%	59.45%	7.04
急骤不稳定	104.53%	67.74%	65.22%	10.83
震荡向上期	108.52%	75.31%	66.43%	14.92

总体而言，分析师智能动态评估系统可以有效评估出全市场分析师的动态排名，且与《新财富》最佳分析师榜单具有优异的吻合优度，对全市场分析师评估具有一般性与适用性。项目还依据知名分析师具有市场价值、知名分析师的荐股标的相对有价值的逻辑思路，研发出具有高 Alpha、低 Beta，高收益回撤比等特征的动量策略组合产品与反转策略组合产品。

第四章　公司债市场的风险预警与控制研究

党的十九大报告和全国金融工作会议强调防范系统性风险的大背景下，我国的交易所公司债市场由于存在一些结构性问题，潜在的风险值得重视，需要对此进行前瞻性分析。本章在定量分析中国公司债市场各参与主体结构特征和市场交易特征的基础上，梳理了中国公司债市场的潜在风险来源，并从中长期发展的角度剖析了交易所公司债市场的内部风险，以及当前可能会对公司债市场的稳定造成重大冲击的市场风险。同时，本章还设定了相对合理的初始条件，对公司债市场波动时采用杠杆交易的投资者进行了初步的压力测试，并测算了极端情况下信用违约冲击对交易所公司债券市场的影响，以评估当前阶段公司债市场对某些潜在重大风险的可承受程度。

第一节　导言

一、选题背景与研究意义

经济新常态下中国经济结构转型的顺利实现需要金融市场在快速发展的同时保持良好的系统稳定性，系统性风险防范至关重要。党的十九大报告指出，"健全金融监管体系，守住不发生系统性金融风险的底线"。2017 年 7 月召开的全国金融工作会议要求，"要把主动防范化解系统性金融风险放在更加重要的位置，科学防范，早识别、早预警、早发现、早处置，着力防范化解重点领域风险，着力完善金融安全防线和风险应急处置机制"。从宏观数据来看，中国的非金融企业杠杆率较高，债务占比居世界主要经济体首位，债务风险逐步累积，系统性风险防范的重要性日益凸显。

在这种背景下，作为中国金融市场的重要组成部分，2015年1月，中国证监会发布《公司债发行与交易管理办法》（以下简称《管理办法》）后规模快速扩张的公司债市场，其市场总体规模已经不容小觑，由2014年底的7740亿元迅速攀升到2017年9月底的4.96万亿元。在突出强调防范系统性风险的政策大背景下，公司债市场的结构性问题明显，潜在的风险问题值得重视：第一，自2015年《管理办法》颁布以来，"井喷"式发行使公司债的到期期限较为集中，债券期限主要集中在2年至3年和4年至5年，交易所公司债的债券兑付高峰将要到来，市场风险控制的必要性日益凸显；第二，前期的发行主体主要集中在房地产和多元金融等部门，行业的集中度高，在"去杠杆"的经济工作思路下，这些行业累积的潜在风险在未来可能会进一步暴露；第三，在投资者结构特征（以商业银行、证券公司和广义基金等金融机构为主要投资者）和交易特征（广泛采取质押式回购的杠杆操作、羊群效应）以及市场潜在风险的多发性特征（宏观经济下行压力、行业景气状况、发债企业盈利状况、货币政策等宏观经济政策的变动、股债联动效应的存在、汇率波动引起的企业国际债务负担变动等）决定公司债市场快速扩容壮大的同时，其风险预警及控制问题值得格外关注。

从未来的宏观经济政策取向来看，公司债市场风险控制问题有必要摆在重要的位置。党的十九大报告提出要以供给侧结构性改革为主线，各界预计去杠杆将是未来经济工作的重点之一。这对交易所公司债市场的风险控制提出了新的挑战：从历史上看，经济去杠杆一般会经历一个各方都比较难熬的痛苦阶段，部分行业的景气程度及相关发债企业经营都会受到一定程度的影响。货币政策将积极配合经济去杠杆进程。2017年以前，中国人民银行（简称"央行"）直接与市场机构博弈，被动维持市场稳定，承压较大，未来可能更倾向于顺水推舟式地助力去杠杆。在央行对外部压力（汇率、资本外流的压力）可控的情况下，货币政策既不会主动大幅收紧，也不会过度放松，以防止市场反弹，以及复杂的金融市场资金链条过度紧绷乃至断裂。央行未来甚至可能会阶段性地绷紧资金链，以确保去杠杆过程不会停滞在某个僵持性的中间状态，这些都将给位于资金链下游①的交易所公司债市场的稳定性带来不确定性。另外，从国际视角看，美元加息趋势明显，未来人民币汇率波动加大甚至趋势性贬值的可能性将持续增加，这也将对发债企业的国际债务负担造成不利影响，可能会加重企业负债负担，增加国内存量公司债券的信用风险，进而对公司债市场造成不利影响。

本章在定量分析中国公司债市场各参与主体结构特征和市场交易特征的基础上，梳理了中国公司债市场的潜在风险来源，并从中长期发展的角度剖析了交易所公司债市场的内部风险，及其对公司债市场稳定运行造成的影响以及可能外溢到债券市场以外甚至引起系统性风险问题的公司债市场风险。同时，本章还设定了相对合理的初始条件，对公司债市场波动时采用杠杆交易的投资者进行了初步的压力测试，并测算了极端情况下信用违约冲击对交易所公司债市场的影响，以评估当前阶段公司债市场对某些潜在重大风险的可承受程度。基于这些研究结论，提出了相应的政策建议。

二、研究框架与基本结构

基于前述的研究逻辑和研究思路，本章的基本研究框架如图 4-1 所示。

本章的主要内容概况如下：

第一节导言。从经济新常态下中国经济面临下行压力的大背景出发，简述中国债券市场尤其是公司债市场快速发展和结构转型的现实情况，在此基础上指出公司债市场的潜在风险，前瞻性地研究了风险控制的必要性，据此确定研究的范围和重点。

---

① 在当前中国市场结构下，市场资金一般是沿着央行—银行间市场—金融机构—交易所市场的路径流动。处于下游的交易所市场的资金来源单一，且严重受制于上游的商业银行。因而，当央行的流动性阀门收紧，或者在当前监管格局下，商业银行出于满足相应的监管政策需要而减少对中下游部门的资金投放时，交易所市场的运行会受到显著的影响。

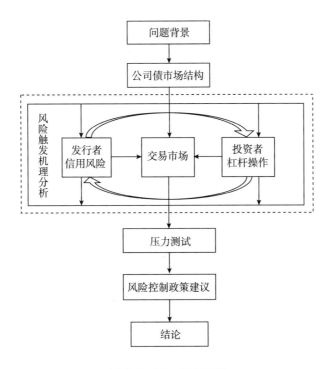

图 4-1 基本研究框架

第二节公司债市场的发展现状分析。简要介绍了中国公司债的发展历程，并使用详细的统计数据分析了公司债产品的结构特征、发行者和投资者的特征、市场交易特征，为研究的开展提供数据基础。

第三节公司债市场的潜在风险来源及可能触发机理分析。根据第二节对公司债市场构成主体和交易情况的分析，简要梳理公司债市场风险的类型，然后分别从发行者、投资者、交易市场和监管方面，分析潜在的风险来源，并初步梳理市场风险爆发的可能机制。

第四节公司债市场发展风险分析。主要基于债券市场分割的现实格局，以银行间市场的比较视角，从发行市场的特征、流动性状况和信用利差等角度分析公司债市场的运行现状及其中长期发展所面临的风险。

第五节公司债市场稳定运行风险分析。在测算出公司债主要投资者场内场外杠杆的基础上，基于系统性风险防范的视角，分析大规模信用违约事件发生时的公司债市场稳定运行能力，主要考察作为共同对手方（Central Counter Party，CCP）的中国结算公司和主要投资者的承压情况。

第六节公司债市场风险控制的政策建议。基于第四、第五节的分析结论，从公司债市场中长期可持续发展以及系统性风险防范的角度，提出了加强公司债市场风险控制的政策建议。

三、相关研究文献回顾

1. 中国债券市场不同发展阶段存在的问题

中国债券市场的发展经历了从规模较小、制度约束较多、市场化运行机制严重受限到规模增长迅速、制度约束逐步解除、市场运行自主性快速提升的过程，尽管当前中国债券市场仍然存在诸多有待完善之处，但分析其在不同发展阶段存在的问题有助于理清未来的改革发展方向。很多研究对此进行了相应分析。沈炳熙和曹媛媛（2014）从债券市场的发展与演变、市场结构、市场运行机制、亟待解决的问题四个方面，对中国债券市场的改革与发展进行了系统的分析和研究。李扬（2015）在大国开放宏观经济的背景下对中国债券市场发展的最新进展进行了系统梳理。温彬等（2010）分析了中国债券市场的场内外分割引发的审批和监管的分散化、发行者和投资者面临跨市场发行和交易的障碍等一系列问题，认为化解这些问题的首要工作是推动监管的统一，以统一的监管体系来推动其他相关问题的解决。

波动性是证券二级市场价格发现和资本配置的核心。由于波动性与反映债券市场质量和效率的其他指标（如流动性、交易成本、市场信息流动等）密切相关，因此，波动性是综合反映债券市场价格行为、质量和效率的最简洁和有效的指标之一。苏大伟等（2007）分析了中国债券市场的收益率波动特征，认为造成收益率波动的非对称性与投资者结构、市场信息传导及当时中国债券市场的制度欠完善密切相关。巴曙松（2011）认为，中国债券市场在发展早期侧重于推出高等级发行主体和高等级债券，有利于早期债券市场的培育壮大。但随着债券市场的发展，在政府的直接或者间接的过度担保介入之下，以高信用等级为主的市场导致市场的信用风险管理机制无法实现有效制衡，违约事件的缺位使信用评级提示投资风险的机制失去作用，妨碍了中国债券市场的进一步成熟。

2. 中国债券市场风险的来源及其测度

债券市场的风险需要相应的溢价予以补偿，国外学者对发达国家债券市场的经验数据进行了大量的研究，如 Campbell（1986）、DeBondt 和 Bange（1992）、Balduzzi 等（1997）、Berkaert 等（1997）、Backus 等（2001）、Ludvigson 和 Ng（2009）等。他们的研究考察了大量宏观经济指标的潜在影响，发现通货膨胀因子、实际因子、金融因子可以解释债券市场的超额回报率。范龙振和张处（2009）分析了 1997 年至 2005 年间中国债券市场超额回报率与宏观经济因素及相应的政策变量之间的关系，发现市场利率综合反映了官方利率、货币供应量增长率、通货膨胀率和实际消费的增长率。并且，这些宏观经济因素及相应的政策变量的不确定性可能会影响到债券的预期超额回报率。他们进一步实证分析发现，这些变量因素可以显著解释债券的超额回报率。市场短期利率或官方利率越大，债券的超额回报率越大；通货膨胀率越高，债券的超额回报率越大；实际消费增长率越大，债券的超额回报率越小；货币供给量增加越快，债券的超额回报率越小。刘翔峰（2015）认为，在经济下行压力持续存在、资金面持续宽松的背景下，中国债市的走高趋势将得以持续，但其潜在风险不容忽视。其分析认为，信用风险、市场风险、政策风险、宏观经济风险等几个方面的风险值得特别重视。

考虑到中国债券市场分割导致的运行机制差异，侯县平等（2013）分别测度了银行间债券市场及交易所债券市场的动态风险，比较了这两个市场的风险差异。他们的分析表明，胖尾分布和有偏性是提高债券市场风险测度准确性的典型事实。2008 年，美国金融危机爆发显著提高了中国债券市场的风险，同时，交易所债券市场和银行间债券市场的风险总体走势基本一致，但银行间债券市场的峰值风险显著高于交易所债券市场的峰值风险，除峰值风险外，交易所债券市场的风险普遍大于银行间债券市场的风险。基于交易所债券回购市场发展迅速的现实情况，曹萍（2012）有针对性地分析了交易所债券回购市场的发展状况、投资者结构特征和发展迅速的可能原因，以及针对这种发展势头的必要风险防范措施，认为需要从加强对债券回购倍数的全面管理，加强对客户和回购质押债的分类管理，引导券商完善柜台系统，完善风险事后处置制度四个方面进行风险防范。

3. 中国债券市场风险的传导机制及其防范

（1）跨金融市场间的风险传染与股债联动机制。

袁晨和傅强（2010）在使用GARCH模型分析中国的股票市场、债券市场和黄金市场间的风险传递关系时发现，当股票市场处于危机时，存在股市资产跨市场投资转移到债券市场的现象，这意味着投资者可以利用其他市场的金融产品来规避风险，这种分散化投资的作用能加强中国金融系统的稳定性和弹性。李志辉和王颖（2012）使用VEC模型分析了中国债券市场、股票市场和汇率市场间的风险传染效应，发现债券市场与外汇市场、外汇市场与股票市场之间存在金融风险双向影响机制，这两对金融市场风险互为格兰杰因果关系；而债券市场与股票市场之间则不存在双向影响机制，其中，股票市场风险会影响到债券市场风险，但债券市场风险则不是股票市场风险的格兰杰原因；当发生金融风险冲击时，股票市场风险会传染到债券市场，但是债券市场风险则不会对股票市场造成影响。乔涵（2013）运用联立方程组的方法，加入滞后项构造出修正的VAR模型，考察了中国债券市场、外汇市场和股票市场的风险传染机制，认为股票市场的变动对债券市场的波动影响较弱，而债券市场的波动对股票市场的波动影响较强；外汇市场的波动对债券市场的波动影响很强，而债券市场的波动对外汇市场的关系较弱。

成熟金融市场的相关经验表明，股市和债市之间的相关关系不稳定且变化很大，具有时变特征，会随着不同的宏观经济环境和金融市场的变动而表现出正向、负向和不相关三种情形，而非表现为简单的"跷跷板效应"（Chiang，Li，and Yang，2014；Bansal，Connolhy，and Stivers，2014）。其中，负向相关主要是当股市出现暴涨或暴跌情形时，投资资金由于避险需要（当股市暴跌时），或者由于盈利动机（当股市暴涨时），导致大量资金迅速从股市向债市转移（或者债市向股市转移），因而表现为"跷跷板效应"。导致两市正向相关的因素主要是外生性的宏观经济或者政策因素冲击（如本国或外部经济的周期性波动），以及政府为熨平经济周期变动而采取的相应宏观政策（如宽松货币政策等）。一定强度的外生性宏观经济冲击及逆周期的经济政策因素可能会同向地影响股债市场的变动趋势。与此同时，在某些情形下，股市和债市也可能表现为不显著相关的关系。一方面，这可能是由于两个市场相对稳定，且单个市场的趋势性变动不明显；另一方面，单个市场内部的产品特异性风险（如债市的行业性到期违约风险爆发、股市的行业性危机爆发等）被该市场内其他产品的替代效应所抵消，而未能外溢到另一个市场（Rankin and Idil，2014）。

中国股债市的相互影响主要从股债联动的存在性以及影响联动的因素分析展开。王斌会等（2010）利用 GARCH 模型对我国股市、汇市和债市间的价格及波动溢出效应进行研究，其结果表明，不存在收益率溢出效应，没有价格上的信息传导，股市与债市间只存在从股市到债市的单向波动溢出。王璐（2013）的分析表明，股债联动存在着机制转换的非对称性，其中，正相关状态持续期更长，且机制转换过程中存在交替的逃离效应和传染效应特征。另外，由于相关宏观经济变量因素等影响，股债两市的价格呈现出同向变动的特征。王茵田和文志瑛（2010）对相应的影响股债联动的因素进行分析，结果表明，宏观经济变量（如利率水平、货币供应量以及通货膨胀水平等）会影响到中国股债联动关系，且这些宏观经济变量对股债联动的影响可以分为直接和间接两种影响途径。

（2）债券市场的风险防范。

现有的针对中国债券市场风险防范的相关研究主要围绕市场的不同组成部分展开。陈秀梅（2012）认为，相对于信用债市场快速扩容，信用风险管理能力的改进相对滞后，由于信用债市场违约具有连锁和规模化的危害性，因而，有必要从完善信用风险管理制度体系和营造信用风险管理环境两个维度来提升债券市场的信用风险管控能力。冯光华（2014）分析了 2005 年以来非金融企业债券市场改革与发展的历程，针对信用债市场扩容过快的情况，认为有必要强化信用风险防范，并提出了完善风险揭示、风险分散分担、风险处置等市场化约束机制，以加强信用风险防范。陈晓莉和孟艳（2014）在梳理香港人民币债券市场发展历程和主要特征的基础上，分析了离岸债券市场的潜在风险来源，主要包括流动性风险、信用风险、交易对手风险、短期资本套利风险和外汇风险等几个方面，并提出了增加国债供给、扩大人民币国际化使用、建设更为坚实的金融基础设施、扩大人民币汇率波动范围等措施，进一步促进了离岸债券市场的发展。王叙果等（2014）针对地方债务负担过重的现实，分析了其形成原因及可能的演变路径，并提出了发行挂钩于 GDP 的债券的建议，以化解地方债风险。

部分研究着重分析债券市场交易导致的风险，王春峰等（2010）基于已实现的跳跃风险，分析了中国银行间债券市场回购交易动态行为特征与成因，认为大型股票 IPO 是短期 R007① 合约利率跳跃的重要原因，而且其影响已经超过了央行公开市场操作。因而，考虑到很多大盘蓝筹股等待发行 A 股，新股发行引起的利率飙升必然会使利率的剧烈波动成为常态，需要充分重视债券回购市场的利率波动对整个债市造成的影响。岳跃和邢昀（2015）的分析表明，公司债高杠杆可能会成为交易所债市的巨大潜在风险。

（3）债券市场发展的国际经验分析。

中国债券市场的发展有赖于根据中国经济发展的实际情况，充分吸取和借鉴其他国家债券市场发展的经验教训，在债券市场的产品创新、市场结构和监管制度等方面进一步完善。张自力（2009）分析了次贷危机背景下美国高收益债券市场的监管新动向，认为新近的监管动向更加注重投资人利益的保护，改进信用评级机构的透明度和问责机制以确保这些机构向投资者提供的信用等级评价和披露信息更加具有参考价值和全面性，注重多方协调监管。中国国债协会赴英国培训考察团（2010）系统梳理了英国债券市场的监管架构、职能分配方面的经验，并提出其在债券市场管理与风险控制方面积累的丰富经验，对促进我国债券市场的国债监管立法、做市商制度以及债券融资方式创新等方面具有较多的借鉴意义。

---

① R007 即七天回购利率，是银行间市场参与者以利率债为质押的 7 天期回购利率，其回购标的为债券。

四、研究方法与创新点

本章主要采用以下研究手段和方法：

（1）比较分析。基于中国公司债市场的实际特征，在换手率、系统性风险的指标选择等方面与美国进行比较，分析我国现阶段公司债市场的不足和潜在的风险隐患。

（2）统计分析。梳理公司债发行主体、交易主体和交易行为的动态数据，统计其结构特征和动态变动趋势，为量化分析市场风险提供经验证据。

（3）情景分析。对极端情况下的公司债市场进行压力测试分析，为公司债风险控制提供量化依据。

本章的主要创新之处在于：

第一，基于对中国公司债市场各参与主体结构和交易行为翔实数据的分析，探讨公司债市场风险来源和潜在触发机理，强调理论研究的前瞻性。

第二，基于调研和统计数据，借鉴压力测试方法的相关逻辑进行量化测算，提高研究逻辑和分析结果的科学性。

第三，基于量化分析结果提出有针对性的风险控制改进措施，突出政策建议的针对性。

第二节　公司债市场的发展现状分析

一、公司债市场的规模情况

受历史制度性因素的影响，中国债券市场长期存在着以银行间债券市场为主、银行间债券市场与交易所债券市场并存发展的局面。自 2015 年以来，交易所公司债市场发展迅速，对长期以来主导中国债券市场格局的银行间债券市场造成了冲击。从 Wind 数据库的统计数据来看，2015 年 4 月 30 日，公司债存量规模仅为 7863 亿元，占信用债存量规模的 12%。表 4-1 显示，2017 年 7 月 30 日，公司债的存量已经达到 4.76 万亿元，在 32 万亿元规模的信用债存量规模中，占比达 14.87%。

表4-1　中国信用债市场格局情况

类别	债券数量（只）	债券数量比重（％）	票面总额（亿元）	票面总额比重（％）
同业存单	10964	35.55	83426.80	26.07
金融债	1140	3.70	44486.23	13.90
商业银行债	221	0.72	9857.20	3.08
商业银行次级债券	322	1.04	17485.92	5.47
保险公司债	61	0.20	2172.53	0.68
证券公司债	433	1.40	11437.08	3.57
证券公司短期融资券	4	0.01	80.00	0.03
其他金融机构债	99	0.32	3453.50	1.08
企业债	2769	8.98	31148.04	9.74
一般企业债	2755	8.93	31023.72	9.70
集合企业债	14	0.05	124.32	0.04
公司债	4856	15.75	47574.99	14.87
私募债	3110	10.08	22673.44	7.09
一般公司债	1746	5.66	24901.55	7.78
中期票据	3372	10.93	47128.62	14.73
一般中期票据	3370	10.93	47124.36	14.73
集合票据	2	0.01	4.26	0
短期融资券	1508	4.89	16354.30	5.11
一般短期融资券	529	1.72	4773.20	1.49
超短期融资券	979	3.17	11581.10	3.62
定向工具	2271	7.36	20929.36	6.54
国际机构债	10	0.03	220.00	0.07
政府支持机构债券	129	0.42	14355.00	4.49
资产支持证券	3682	11.94	12442.29	3.89
交易商协会ABN	98	0.32	407.94	0.13
银监会主管ABS	562	1.82	4135.34	1.29
证监会主管ABS	3022	9.80	7899.01	2.47
可转债	20	0.06	668.38	0.21
可交换债	118	0.38	1216.02	0.38
合计	30839	100	319950.02	100

资料来源：Wind数据库。

从发行情况看，自 2015 年《管理办法》实施以来，公司债开始进入快速发展期，无论是一般公司债还是私募公司债，都出现了阶段性的"井喷式"增长，如图 4-2 所示。2016 年 4 月，单月最高发行额达到 2000 亿元左右的规模。随着供给侧结构性改革进程的推进，公司债发行审核门槛开始提高，对"两高一剩"行业部门的发债资质和要求进行了特别规定，使这些行业的发债规模得到控制。2016 年 9 月，房地产新一轮调控政策实施；9 月 28 日，上交所和深交所先后实施了房地产公司债券审核新政，收紧了公司债相关条件。该新政调整了房地产企业发债准入门槛，并对发债企业进行了分类管理。根据上交所的初步方案，发债主体评级须达到 AA 级及以上，且满足其他四类条件的其中之一。此外，发债房企还将实行分类管理，正常类、关注类可正常发行，风险类企业发债将受限。这使发债占比较高的房地产企业的公司债发行规模开始回落。因而，公司债发行规模开始回调。随着2016 年 12 月债市波动幅度加大，流动性冲击下的债市利率逐步走高，企业发债意愿快速下滑，与前期对特定行业部门的分类审核新政相互叠加，导致 2017 年公司债发行量大幅下滑。2017 年公司债存量规模约为 4.76 万亿元，每月发行 600 亿~1000 亿元。

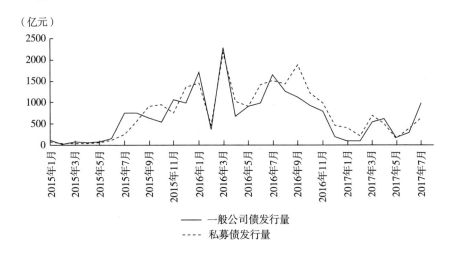

图 4-2　2015 年至 2017 年公司债月度发行规模

资料来源：Wind 数据库。

二、公司债产品的结构情况

由于公司债发行的信用等级确定需要从主体评级和债项评级两个方面进行，此处分别列示了两个层面的存量公司债的信用等级和期限结构分布情况，如表4-2和表4-3所示。

表4-2　存量公司债的主体评级和剩余期限分布情况

主体评级	余额（亿元）	金额占比（%）	1年以内	1年至3年	3年至5年	5年至7年	7年至10年	10年以上
AAA	15775.45	33.16	1050.40	4040.10	7542.45	2004.30	1048.20	90.00
AA+	12862.56	27.04	573.32	3587.38	7631.86	930.00	75.00	65.00
AA	16811.31	35.34	605.74	6803.17	8840.20	514.20	48.00	0
AA-	704.88	1.48	79.17	343.72	252.00	10.00	20.00	0
A+	59.67	0.13	7.87	40.80	11.00	0	0	0
A	11.45	0.02	4.00	2.95	4.50	0	0	0
A-	9.35	0.02	4.35	5.00	0	0	0	0
BBB+	2.00	0	0	2.00	0	0	0	0
BBB	6.50	0.01	2.50	4.00	0	0	0	0
BB	2.50	0.01	0	2.50	0	0	0	0
--	1326.82	2.79	323.88	631.93	371.00	0	0	0
合计	47572.49	100	2651.23	15463.55	24653.01	3458.50	1191.20	155.00

注：--代表主体评级为BB-及BB-以下。

资料来源：Wind数据库。

表4-3　存量公司债的债项评级和剩余期限分布情况

债项评级	余额（亿元）	金额占比（%）	1年以下	1年至3年	3年至5年	5年至7年	7年至10年	10年以上
AAA	18146.77	38.15	1172.71	4937.36	8367.90	2414.60	1099.20	155.00
AA+	9434.66	19.83	574.58	2876.57	5538.51	435.00	10.00	0
AA	8359.11	17.57	345.40	3454.08	4336.43	188.20	35.00	0
AA-	122.43	0.26	44.61	65.82	12.00	0	0	0
A+	7.23	0.02	0.33	6.90	0	0	0	0

续表

债项评级	余额 （亿元）	金额占比 （%）	1年以下	1年至 3年	3年至 5年	5年至 7年	7年至 10年	10年以上
A-	13.60	0.03	0	8.00	5.60	0	0	0
BBB+	0.92	0	0.92	0	0	0	0	0
BBB-	11.50	0.02	1.50	10.00	0	0	0	0
--	11476.22	24.12	511.17	4104.77	6392.57	420.70	47.00	0
合计	47572.44	100	2651.22	15463.55	24653.01	3458.50	1191.20	155.00

注：--代表主体评级为BB-及BB-以下。
资料来源：Wind数据库。

从存量公司债的信用等级看（见表4-2），超过95%的公司债发行主体的信用评级在AA级及以上。这与当前阶段我国债券市场信用评级虚高有关，表明我国当前信用评级制度有待进一步完善。但据此可以看出，以当前信用评级公司的标准评估，发债企业的主体信用状况还是较为优质的，因而，这在一定程度上表明公司债发债企业的资质较好，对债券的偿还能力较强。从存量公司债的期限结构看，剩余期限以1年至3年和3年至5年的为主，1年以内到期的存量公司债总规模不到3000亿元，不到存量公司债券余额的6%，这表明近期公司债的到期兑付压力可控，但在未来1年至5年则要承受较大的兑付压力。因而，未来宏观经济的走向与企业的盈利复苏状况都将对存量公司债的兑付产生重要影响，监测公司债市场风险时也应格外关注这一风险。

从存量公司债的债项评级来看（见表4-3），超过75%的公司债存量余额的债项评级在AA级及以上，表明公司债债项的评级也相对优质。但与主体评级中无评级债券占比极低的情况不同的是，债项无评级的存量余额占据存量总额的24%，因而，尽管发债企业的主体评级状况相对较好，但发债融资项目的信用状况明显要低很多，诸多主体信用等级较高的发债企业主体的兑付能力至少可以部分弥补无债项评级产品的风险。

三、公司债市场的发行者结构情况

表4-4给出了公司债发行主体的行业特征，可以看出，公司债市场的行业集中

度较高，房地产业、建筑业和制造业这三个行业的发债余额占公司债存量余额的58.07%。尤其是包括房地产业和建筑业的房地产相关行业，其发行的公司债只数占公司债存量总只数的46.77%，发行金额占存量余额的44.93%。据此可以看出，交易所公司债发行与管理制度改革也为房地产相关企业提供了相对便利的融资渠道。同时，这也意味着在未来几年，房地产行业的周期性转变可能会给公司债市场带来潜在风险。由于房地产行业的开发周期长、资金使用杠杆率较高，因而，对房地产企业的债券到期兑付能力需要给予足够关注，否则可能引发较大的信用风险。

表4-4　公司债发行主体的行业特征

行业	发行只数	发行只数占比（%）	发行金额（亿元）	发行金额占比（%）
房地产业	1007	20.07	12725.43	28.99
建筑业	1340	26.70	6993.19	15.93
综合	836	16.66	6306.17	14.37
制造业	594	11.84	5765.86	13.14
金融业	262	5.22	2589.93	5.90
电力、热力、燃气及水生产和供应业	207	4.13	2492.54	5.68
采矿业	116	2.31	2004.41	4.57
交通运输、仓储和邮政业	165	3.29	1580.25	3.60
批发和零售业	135	2.69	1370.25	3.12
租赁和商务服务业	95	1.89	808.60	1.84
水利、环境和公共设施管理业	77	1.53	457.20	1.04
信息传输、软件和信息技术服务业	28	0.56	313.77	0.71
农林牧渔业	66	1.32	206.40	0.47
文化、体育和娱乐业	67	1.34	146	0.33
住宿和餐饮业	9	0.18	56	0.13
居民服务、修理和其他服务业	7	0.14	44	0.10
教育	5	0.10	20	0.05
卫生和社会工作	2	0.04	9	0.02
合计	5018	100	43889	100

资料来源：Wind 数据库。

四、公司债市场的投资者情况

从公司债的投资者类别上看，交易所公司债市场的参与主体主要有基金公司专户、证券公司自营、公募基金产品、证券公司集合理财、保险类产品、信托公司及产品、企业年金计划、银行及银行理财产品、社保基金、保险公司、私募基金产品、法人机构、养老金产品、基金管理公司、个人投资者、期货资管产品 16 种类型。这 16 种类型的投资者的规模差异很大，截至 2017 年 4 月底，基金公司专户、证券公司集合理财、银行及银行理财产品的托管规模占据交易所债券市场总规模的 50% 以上，其次是公募基金产品、证券公司自营、保险类产品、信托公司，占交易所债市总规模的 30% 左右，其余 9 类投资者占比约为 20%。

从投资者的盈利来源来看，绝大部分投资者都以持有债券到期进行资产配置为主要盈利目的，当然，存在趋势性行情的时候，逢高抛出也是这几年债市投资盈利的手段之一。从资金的风险承受力来看，基金公司专户、证券公司集合理财、银行及银行理财产品的资金主要来自商业银行的理财和委外资金，这些资金对市场波动的敏感程度较高。在波动导致的损失可承受时，这些类型的投资者可能会率先抛售债券离场止损。相比之下，养老金产品、社保基金和企业年金计划等由于可以相对长期持有债券（当债券的信用风险本身问题不大时），它们对债市的周期性波动容忍度相对较高。而证券公司自营和公募基金产品的风险敏感系数介于前述两种类别的投资者之间，但由于这两个机构的风控机制总体较为严格，它们的投资风格一般相对稳健，因而，抗市场波动的能力也相对较强。

五、公司债市场的交易情况

1. 公司债市场的流动性状况分析

我国债券市场的流动性水平较低。图 4-3 显示，我国的存量债券只数在快速增长，目前已达到 2.3 万只。但从每日交易的券种占存量券种的比例来看，日交易成交比例极低，从 2013 年初的 25% 下滑到当前阶段的 10%。

图 4-4 显示，随着债券市场的快速扩容，我国债券市场的每日成交笔数也有上

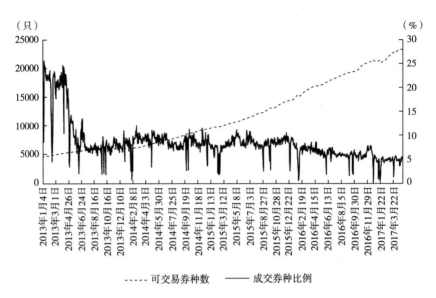

图 4-3　债券市场可交易券种数和每日成交券种占比情况

资料来源：Wind 数据库。

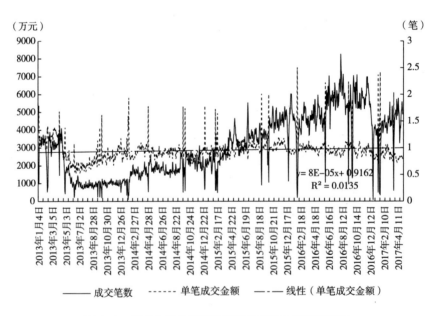

图 4-4　债券市场成交笔数和单笔成交金额变动情况

资料来源：Wind 数据库。

升的趋势，但自 2016 年 12 月以来，成交笔数经历了大幅的下挫，表明 2016 年 12 月二级市场"债灾"的负向冲击较大，导致债券市场流动性大幅下滑。同时，从单笔成交金额来看，成交金额总体保持平稳，大致在 0.8 亿元/笔的单笔成交规模。

2. 交易所回购市场情况

总体来看，2017 年 4 月份央行公开市场操作仍以对冲为主，在 4 月 13 日前央行连续 13 日暂停逆回购操作，累计回收流动性 4900 亿元，期间市场流动性仍较宽裕，交易所回购规模从上月 18076 亿元的高点连续回落。而下半月以来，随着监管政策的集中出台、银行委外资金赎回以及 4 月份财税缴款因素的叠加冲击，市场流动性再次趋紧，交易所回购规模呈现缓步增长趋势，截至月底，交易所回购未到期规模为 17328 亿元，较上月底下降 747 亿元，日均回购未到期规模为 16877 亿元，较上月增长 225 亿元（见图 4-5）。

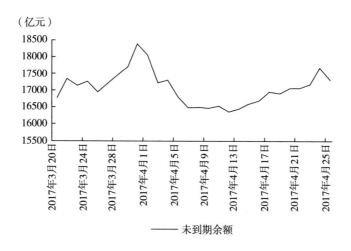

图 4-5　债券质押式回购入库量与未到期变化情况

资料来源：中国证券登记结算有限责任公司。

从回购利率的波动情况来看，自上月底的高位回落后，4 月份交易所回购利率整体维持低位水平，仅在下旬资金面较为紧张时出现小幅增长。截至 4 月底，交易所 1 天期回购定盘利率为 3.30%，较上月底大幅下跌 925BP，7 天期回购定盘利率为 3.35%，较上月底下跌 249BP（见图 4-6）。

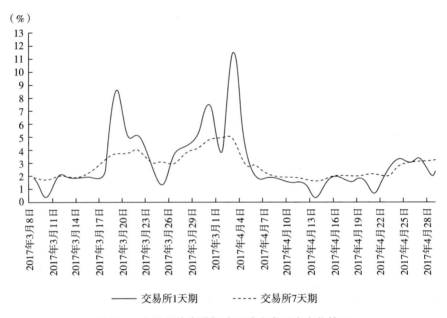

图 4-6　交易所债券质押式回购定盘利率变化情况

资料来源：中国证券登记结算有限责任公司。

从回购期限结构看，4 月份 1 天期回购交易量明显增加，而 14 天、28 天交易量均下降，回购期限结构向短期限转移，当月回购加权平均期限为 5.9 天，较上月底下降 1.6 天。具体来看，截至 4 月底，1 天、7 天期回购规模分增长至 56.5% 和 25.9%；14 天、28 天期回购规模分别下降至 6.0% 和 7.4%。

3. 交易所质押式回购的信用债结构情况

监管部门对交易所回购市场的潜在风险始终十分关注，这主要是由于交易所市场采取了中央对手方（CCP）交易模式，信用风险的短期集中式爆发和市场流动性的急剧下滑都可能对这一交易模式的稳定性造成重大冲击。因而，相关的风险控制措施和政策改进也在持续进行。2016 年 12 月 9 日，中国证券登记结算有限责任公司（简称"中国结算"）联合沪深交易所联合发布了《债券质押式回购交易结算风险控制指引》，上述风险管理措施主要着力于改善和加强质押券风险管理，实现对质押券信用风险、价格风险、流动性风险、集中度风险等的管理。其要点主要有两个方面：第一，大幅降低信用类债券，特别是低等级信用类债券的折扣系数；第二，引入了第三方债券估值，进一步提高了质押券担保盯市管理的有效性。

从交易所市场的新近情况来看，4月7日，中国结算正式开始实施新的质押券准入标准，按照"新老划断"原则，将新增公司债入库标准提高至债项评级AAA级、主体评级不低于AA级。从质押券信用等级分布来看，截至4月底，质押库内信用债占比约为78.0%。其中，AAA级信用债占比约为46.1%；AA+、AA级信用债占比分别下降至17.9%和14.0%。因而，质押式回购市场的潜在风险可能正在逐步下降（见图4-7）。

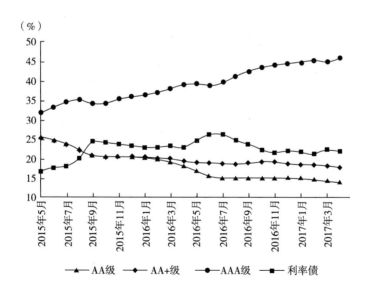

图4-7　各等级质押券占比的变化情况

资料来源：中国证券登记结算有限责任公司。

第三节 公司债市场的潜在风险来源及 可能触发机理分析

从一般性的理论逻辑来看，债券产品投资的风险主要可以归结为信用风险、流动性风险、期限风险、利率风险、税收风险和监管政策风险六个类型。其中，信用风险是最直观且普遍的风险；流动性风险可能是因为债券市场本身的换手率较低，也可能是因为市场资金的短期大幅紧缺（如央行货币政策的大幅收紧等）。监管风险是转型市场经常发生的风险之一，由于新老政策的转换过程存在较大的跳跃，参与者为实现其参与行为的合规性而被动、快速、大幅调整其行为模式，进而对整个债券市场造成较大冲击。

从监管者对市场风险控制的角度看，上述风险可能同时对市场参与各方产生影响，因而，根据公司债市场参与各方面临的风险进行区分，有利于理清市场主体间的交互行为以及风险在参与各方的传导和蔓延过程，进而提出针对性的应对措施。根据市场参与者的不同，可以将上述公司债市场风险分为来自发行者的风险、来自投资者的风险、来自交易市场的风险和来自监管层的风险四个方面。以下分别进行简要梳理分析。

一、公司债发行者的风险来源

从公司债发行者的角度看，这一主体可能冲击市场的风险主要源自信用风险，企业的经营绩效下滑、流动性管理不当等都可能导致其对已发行债券还本付息的违约，而企业的违约行为会使市场投资者直接遭受损失。如果违约的规模足够大，或者引致企业违约的因素具有行业典型性，可能引起市场风险的传染和蔓延，进而放大最初的信用违约风险。其原因在于，债券投资者以机构投资者为主，个别类型的投资者在整个金融体系里具有特殊的地位，如商业银行等金融中介，短期的重大损失可能导致其市场功能丧失，进而连带引起其他机构的正常经营运行问题；或者这些投资者为弥补资产负债表的重大损失对其他资产进行抛售，如果抛售的资产规模足够大，可能会使部分乃至整个市场的交易陷入困境，引起市场的流动性枯竭，进而对市场造成更大的负向冲击。

因而，从市场风险控制的角度分析，公司债发行者的信用风险更需要关注引致信用风险的行业性特征、债券存量规模、该类型债券的投资者特征及投资者的集中度等问题。[①] 对于发行人、评级机构、审计机构、承销机构在发行、募集资金、审计和信息披露方面存在违规的行为进行依法坚决处理，这样才能更好地避免由于相关各方的违法违规行为导致整个公司债市场增加不必要的风险因素。

前述分析已经表明，未来 1~5 年是公司债产品集中到期兑付的时期，可能处于信用风险的高发期，因而，需要密切关注宏观经济状况、行业的周期性特征和企业盈利情况，及时预判信用风险爆发可能对市场的冲击。

二、公司债投资者的风险来源

从债券市场投资者的角度看，任何类型的风险爆发对投资者的影响主要通过改变其资产（负债的买卖行为）来对整个市场造成冲击。因而，无论是债券的信用评级调整或者到期兑付违约，还是央行货币政策紧缩引起的市场总体流动性紧绷、负债结构的错配，抑或是其他恐慌性情绪的迅速蔓延引起市场的抛售，都会使投资者改变其买卖策略，进而对债券的供求关系产生影响，从而冲击市场。一方面，这与信用债产品的换手率过低有关，另一方面也与市场信息不完全、不对称时各参与者的情绪波动有关。事实上，在极端情况下，绝大部分信用债产品都可能因为阶段性缺乏对手方而瞬间陷入流动性枯竭的状况。当大规模流动性枯竭状况出现时，市场往往陷入非理性的螺旋式下跌过程，此时，需要央行发挥"最后贷款人"的角色对市场进行干预，以缓解市场的暂时性恐慌情绪。

从公司债市场风险控制的角度看，需要根据投资者的资金来源和资金的期限结构确定其对市场波动的承受力，区分不同类型投资者对价格波动的容忍度，并对市场波动尤其是大幅波动时不同类型投资者的投资策略选择进行预判。尤其需要重点

①　附录 1 和附录 2 简要回顾了公司债市场两次典型的违约事件——超日债和五洋债的违约及相应的处置过程。

关注价格敏感性投资者集中扎堆成为某些风险较大的产品相互交易的对手方。一般情况下定价可能大幅偏离其均衡价格，在市场风险暴露时会快速引起抛售，进而陷入流动性枯竭状况。

三、公司债市场的交易风险来源

从市场的风险来源来看，不确定性导致的市场情绪变动可能是公司债交易市场的最大风险来源。不确定性主要来自两个方面：第一，总量性政策的走势。这种走势既可能来源于央行货币政策的主动调控，也可能来自外部经济环境导致的国内政策的被动跟随（如美联储加息导致我国央行货币政策调控空间压缩）。第二，监管政策走势的不确定性。这在 2016 年底以来的债券市场表现尤为突出。在"去杠杆"政策方向确定的基础上，政策细则的节奏和力度由于需要前期摸底数据的支撑，在自查数据未完成上报之前，实施细则难以正式推出，使得市场始终存在极大的不确定性。不同层面的政策解读使投资者难以适从，阶段性的监管事件容易进一步加剧市场的紧张情绪，市场情绪恐慌导致抛压持续存在，使整个债券市场始终处于紧绷状态，不利于市场风险的有序释放，同时，不确定性加剧下的利率一路上行，导致企业的债券大规模暂停、推迟或取消发行，影响了实体经济企业的正常投融资行为。

另外，相关交易制度的可持续性是公司债市场特有的风险来源之一。为促进公司债的流动性，降低公司债的流动性溢价，交易所实行了以标准券进行折算的中央对手方制度（CCP），中国结算充当回购交易双方的中央对手方，对进行正/逆回购双方的债券按照不同的信用等级和折算率标准进行折价质押。这种制度在常态时可以极大地提高回购效率，交易所市场的回购规模快速增长即是典型证明。但在分业监管和监管竞争并存的结构下，潜在信用风险的上升和货币政策的收紧，可能会使中央对手方交易制度在大规模违约发生的极端情况下面临较大的风险暴露，因而，交易市场风险防范对此也需要进行密切关注。

四、公司债市场的监管风险来源

发达国家的市场监管政策延续性一般较好，加之市场与监管机构之间的交流沟通渠道相对完善，相关的监管政策出台一般不会引起市场的大幅波动。从近几年中国资本市场的运行情况看，缺乏协调的政策大幅变动，可能存在叠加效应，监管风险本身可能是引发市场波动的因素之一。

自 2017 年初以来，中国银行保险监督管理委员会（简称"银监会"）等监管部门出台一系列从严监管措施，导致市场反应过激，引发债市出现阶段性大幅波动。随着市场情绪被监管层关注，一行三会之间的政策协调性加强，市场行情随之回暖趋稳。从近期政策监管层的态度看，前期过度紧绷的监管可能会适度放松，央行维持资金紧平衡的态度逐渐明确，使得市场参与者对监管政策和资金面的预期不确定性下降，市场情绪有望逐步改善。市场情绪的改善促使 7 月份的债市反弹趋稳，主要有如下三个方面的原因：

第一，2017 年 6 月中旬，银监会允许部分商业银行延迟提交自查报告，这表明金融市场压力已经被监管部门重视，严监管、去杠杆的节奏会因兼顾市场的可承受力而稍有放缓。因而，后续的措施不太可能如市场前期预期的那样严厉。同时，前期的跨部门监管政策叠加所引起的市场过度波动也会推动一行三会加强政策协调，进而化解紧缩政策叠加引发债市大跌的担忧。

第二，当 2017 年 6 月市场情绪紧张时，6 月 8 日央行一次性投放 4980 亿元中期借贷便利（MLF），以对冲本月即将到期的 4313 亿元 MLF（分别是 6 月 6 日到期的 1510 亿元、7 日到期的 733 亿元、16 日到期的 2070 亿元）。央行这一行为虽然并不是重开流动性阀门，但这一姿态表明，其对市场资金面的状况是充分关注的，且愿意前瞻性地将资金面保持在它认为合适的水平。而从资金的净投放规模（季末大考时期也仅投放 600 亿元左右）来看，维持当前的资金紧平衡状态可能是央行所乐见的。所以，未来既不能寄希望于央行重新大放水，但也不用过度担心 6 月底会重现大规模钱荒事件。因而，市场情绪可能逐步修复。

第三，资金面的持续边际紧平衡可能会使资金利率稳中有升。从债券发行者的角度看，那些有举债能力，但希望在利率低点时再发债的企业，需要接受未来融资成本逐步提高的现实，进而压缩他们暂停发债进行观望的时间窗口，债券发行规模也有望逐步恢复常态。这也有利于债市情绪的修复。

从 2017 年初以来的债券市场波动和监管政策的出台来看，监管风险可能也是我国债券市场的一个重要的风险来源，主要原因有两个：其一，政策的方向转变较为剧烈，市场参与者不得不被动按照监管要求的转变来进行投资结构的调整，如银监会 4 月份对委外资金和理财资金的监管新要求，证监会对券商通道业务的管理新措施等；其二，分业监管制度下的政策协调性不够，不同监管部门间的监管政策可能存在叠加效应，放大了每一个部门的政策影响力，这主要是由金融机构间的资金链条和业务内容相互叠加嵌套所导致的。

因而，初衷良好的监管政策也需要把握好时机力度和部门间的协调性，避免在市场波动加大时竞争性地紧缩监管政策，导致市场风险进一步被放大并深度蔓延，这也是管控公司债市场风险时所需要重点关注的。

五、公司债市场风险的可能触发机理分析

结合国内外债券市场的历史经验，从风险的危害性来看，公司债市场的风险可以分为债券市场内部风险和外溢到债券市场以外甚至引起金融系统危机的系统性风险两个层级。以下分别对这两个层级的潜在风险的可能触发机理进行简要分析。

第一，公司债市场内部风险。这主要是指在当前阶段我国债券市场分割、监管竞争持续存在的背景下，影响公司债市场持续稳定健康发展的各类风险。具体而言，如果公司债市场的运行表现持续且大幅差于银行间市场，可能会导致发行者和投资者不愿参与公司债市场，公司债市场规模和活跃度逐步趋于萎缩停滞。这种风险可以表现为三种形式：其一，公司债的发行利率较高，发行者不愿意继续发债，市场逐步萎缩；其二，公司债的风险—收益不匹配，投资者不愿意参与，进而导致公司债市场的债券发行相较于银行间而言没有优势，市场逐渐萎缩；其三，公司债市场价格大幅波动频繁，使得投资者损失惨重，投资者不愿参与。当然，这三种情况之间本身也是相互联系的，本质都是风险定价机制失灵所引发的，需要从风险定价的角度分析哪些因素可能会导致交易所公司债市场比银行间市场的扭曲更严重。从价格形成的角度看，可以通过分析债券换手率情况以及信用利差的变动灵敏性来比较两个市场的市场有效性。

第二，公司债市场的系统性风险主要是指从公司债市场爆发的、可能引发整个国家金融体系危机的风险。从历史上国际金融危机中的系统性风险爆发的共性来看，金融系统出现重大风险往往离不开作为关键节点的部分系统重要性金融机构的传导。这些系统重要性金融机构遭受风险传染后迅速陷入经营困局，进而导致整个金融系统投融资和价值发现功能丧失，是系统性风险爆发的重要传染途径。因而，以此反观公司债市场，对公司债市场稳定可能产生重大影响的关键节点可能有作为CCP的中国结算公司，以及某些特别大型的机构投资者等。从触发因素来看，由于当前中国债券市场的投资者以配置型持有为主，因而，市场波动本身的风险应该相对有限，主要风险可能来自存量债券的大规模集中违约。

中央结算作为回购市场中投资者融入/融出资金的对手方，在极端情况下可能会遭受质押债券（质押券无征兆性地集中大规模违约，或者对质押券进行紧急处置时无买入对手方）无法及时处理所引发的CCP流动性枯竭，进而导致回购市场的投资者到期续作的资金链条断裂，债券市场价格剧烈波动，甚至很多券种的流动性枯竭。当不存在优先—劣后的结构化产品安排和回购杠杆时，价格的波动仅会导致市场流动性枯竭，投资者将债券持有到期仅会损失违约部分的债券价值。但如果投资机构存在结构化产品安排，在债市流动性丧失的极端情况下，他们可能会选择抛售持有的股票回笼资金以偿还优先级投资者，这可能会引起股市大幅波动。另外，短期大规模债券违约事件也可能重创部分重要机构投资者，这也会对金融系统造成重大冲击。

当然，这种可能性仅是极小概率的极端情况，需要同时具备三个条件：第一，市场的流动性极度匮乏（导致资本对风险的厌恶程度很高）；第二，回购市场的投资者持续高杠杆运行，且陷入深度浮亏状况（一旦续作资金链断裂，只能抛售止损，前期的账面浮亏转为业绩的实亏）；第三，质押债券大面积违约或者质押债券长时间无法及时处理（市场都紧绷时，无交易对手，且事先无紧急救助的制度性安排）。这种系统性风险具有显著的尾部风险特征，在一般情况下爆发概率极低。在市场的资金流动性极度紧张、各类投资者前期亏损严重时，爆发概率相对提高，其危害性较大，主要是因为风险演变过程是非线性的，会随着时间的推移而快速放大。对于监管部门而言，果断应对、把握极短的有利处理时机对于防止危机的蔓延至关重要。

在第二种风险类型中，可能会存在股债联动的风险。这种风险主要由公司债市场的大规模违约（或者监管政策）所引发，然后传染至股票市场，并引起股票市场大幅波动，这种风险传导过程主要基于股债联动效应。股债联动风险的关键节点主要是那些使用了结构化产品，同时在股、债市场进行投资的机构群体。这些机构群体影响资本市场内部第一种可能的情形是，当债券市场因为某些因素出现整体价格大幅跳水时，由于信用债产品的流动性极为匮乏，抛售债券及时止损的渠道可能会被暂时堵塞，为满足优先级的投资人保本收益的要求，资产管理者可能会调整资产配置，抛售部分股票以套现偿还优先级资金。第二种可能的情形是，（监管政策收紧等）推动表外资金短期大规模回撤至表内，银行理财和委外资金大规模从股债资本市场撤出，此时，债券市场的价格下跌，导致债市换手交易的流动性较差，使用结构化产品的机构可能也会选择抛售股票以保证客户的优先级权益。两种情形都是因为债券市场的流动性较差导致股票市场被动出现波动。

第四节　公司债市场发展风险分析
——基于发行和运行特征视角

在市场的总体量、投资者资金规模等方面存在显著劣势的现实约束之下，如前文分析所示，如果交易所公司债市场的运行表现比银行间市场要差，那么，从中长期的角度看，交易所公司债市场的发展可能会面临重大挑战，这是交易所中长期需要重视的问题。因而，有必要对两个市场的运行效率进行比较分析，据此分析交易所债券市场中长期发展所面临的风险。本节主要从发行成本、流动性状况和信用利差等角度进行实证分析，以比较交易所公司债市场和银行间市场同类型产品的优劣势。

一、公司债市场发行情况比较分析

首先，从发行主体的所有者属性来看，自 2015 年 1 月证监会发布《公司债券发行与交易管理办法》以来，交易所债券市场的规模迅速扩张。表 4-5 和表 4-6 显示，无论是从债券发行只数还是发行规模来看，银行间市场中期票据与交易所公司债都较为相近，但银行间市场的中期票据的发行主体以国有企业为主，国有企业（包括地方国有企业和中央国有企业）的发行总只数占市场总发行只数的 82.14%，发行额度占市场发行总额度的 87.39%，可以说，银行间市场中期票据市场的发行由国有企业主导。表 4-6 的数据表明，在交易所市场公司债发行主体中，相对于银行间市场而言，非国有企业的占比较高。其中，国有企业的发行总只数占比为 65.39%，发行额度占公司债发行总额度的 56.70%，大幅低于银行间市场中国有企业发行额度占中期票据发行总额度的比例。

表 4-5　2015 年银行间市场中不同企业的中期票据占比情况

企业性质	只数（只）	占比（%）	总额（亿元）	占比（%）
地方国有企业	597	64.61	6795.95	53.26
中央国有企业	162	17.53	4355.35	34.13
非国有企业	165	17.86	1608.16	12.60
合计	924	100	12759.46	100

资料来源：Wind 数据库。Wind 的统计将中央或地方国资委控股的企业定义为"地方国有企业"或"中央国有企业"，为便于比较，本书将除上述两类企业以外的其余类型企业都并入"非国有企业"的统计口径，下同。

表 4-6　2015 年度交易所市场中不同企业的公司债占比情况

企业性质	只数（只）	占比（%）	总额（亿元）	占比（%）
地方国有企业	842	62.14	4898.24	47.49
中央国有企业	44	3.25	949.5	9.21
非国有企业	469	34.62	4466.06	43.31
合计	1355	100	10313.80	100

资料来源：Wind 数据库。

表4-5和表4-6的数据对比表明，相对于银行间中期票据市场，交易所公司债市场更受非国有企业的欢迎。究其原因，这可能与交易所债券市场更好地适应了市场需求有关。从债券发行者的角度看，2015年1月，证监会发布的《公司债券发行与交易管理办法》扩大了公司债发行主体范围，丰富了债券发行方式，简化了发行审核流程，大幅提高了债券发行的审批效率；从投资者的角度看，改革后的公司债市场加强了债券市场监管，同时加强了对债券持有人权益的保护，有利于投资者更好地参与市场。公司债市场发展迅猛，拓宽了非国有企业的融资渠道，因而，交易所债券市场的快速发展成为银行间债券市场的一个有益补充。

其次，从两个市场的债券信用等级来看，银行间市场的中期票据主要集中于高信用等级，而公司债的信用评级总体偏低，且分布更加分散。图4-8显示，2015年，银行间市场中期票据的信用评级主要集中于AA-等级以上；而在交易所公司债中，无评级的债券只数为464只，在公司债市场只数分类中居于第二位，仅次于AA级债券的587只。

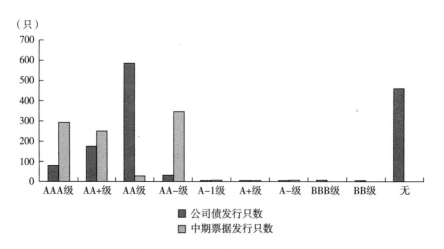

图4-8　2015年交易所公司债和中期票据发行只数与发行评级

注：横坐标中的"无"代表无评级，下同。

资料来源：Wind数据库。

交易所市场的发行主体的信用等级更加多元化，这与交易所债券市场的投资者结构有关。从投资者构成的角度看，券商和基金等机构是交易所债券市场的投资主体，其投资方向更加多元化，可以更好地发现市场机会，因而也更乐意投资不同信用等级的债券产品。从这一点可以看出，交易所市场可成为银行间市场的有益补充。

最后，从融资成本的角度看（见表4-7），以实际发行总额为权重计算，同期限、同信用等级的公司债发行成本要低于银行间中期票据，这也是造成2015年交易所公司债发行规模"井喷式"增长的重要原因。

表4-7　交易所公司债和银行间中期票据的加权平均发行利率比较

交易所公司债			银行间中期票据		
信用等级	期限（年）	加权平均利率（%）	信用等级	期限（年）	加权平均利率（%）
AAA	3	3.6686	AAA	3	3.9877
AA+	3	4.3373	AA+	3	4.8074
AA	3	5.3679	AA	3	5.8173
AAA	5	3.8987	AAA	5	4.4463
AA+	5	4.5027	AA+	5	4.9382
AA	5	5.4896	AA	5	5.5717

资料来源：根据招商证券股份有限公司提供数据，结合 Wind 数据库数据整理所得。

交易所公司债市场发行利率较低，与交易所实行的标准券制度密不可分。交易所市场的标准券制度促进了交易所债券市场回购交易的活跃，可以提高债券市场的流动性，有利于债券市场的健康发展。同时，在监管层和投资者有效控制回购杠杆风险的前提下，回购交易可以提高债券投资的收益率，降低债券的流动性风险溢价，进而有利于压低公司债的发行成本。因而，从这个角度看，相对于银行间市场的同类型产品而言，交易所的公司债产品在多个方面具有自己的鲜明特色和显著优势。

二、公司债市场流动性状况比较分析

图4-9计算了中国和美国债券市场的日均换手率情况。此处的日均换手率以各

自债市的日均交易量除以各自的年末债券托管余额得到。从图 4-9 可以看出,两国的日均换手率均有小幅下滑趋势。其中,中国的日均换手率从 2011 年的 1.13% 逐步下滑到 2016 年的 0.77%,与此同时,美国的日均换手率从 2011 年的 2.51% 下滑到 2016 年的 1.96%。从中美债市换手率之比可以看出,2016 年,中国债市的日均换手率约为美国的 40%。因而,中国债市的整体流动性仍有待进一步改善。

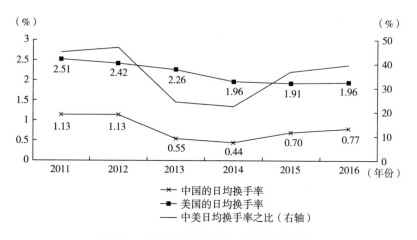

图 4-9   中国和美国债券市场的换手率比较

资料来源:根据美国证券业和金融市场协会与 Wind 数据库数据计算得到。

具体到公司债市场,图 4-10 给出了公司债日均换手率的变动情况,并将其与银行间市场较为相似的品种——中期票据的换手率情况进行比较。从图 4-10 可以看出:第一,公司债和中期票据的换手率存在下滑的趋势;第二,比较来看,公司债的日均换手率总体要低于中期票据;第三,自 2016 年 1 月和 5 月以来,中期票据和公司债的日均换手率都分别跌破 27 个月的日均平均水平,表明信用债市场的流动性风险可能会加大。

进一步将中国的公司债和中期票据的日均换手率与美国公司债的换手率进行比较,可以得到如图 4-11 所示的情况。从图 4-11 可以看出:第一,总体而言,中国的公司债和中期票据的换手率大幅低于美国的公司债,第二,中美两国的信用债换

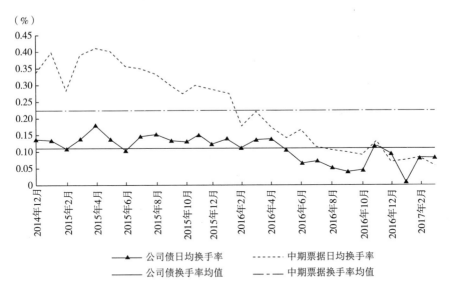

图 4-10　公司债与中期票据换手率比较

资料来源：根据美国证券业和金融市场协会、Wind 数据库数据和中国债券信息网数据计算

得到。

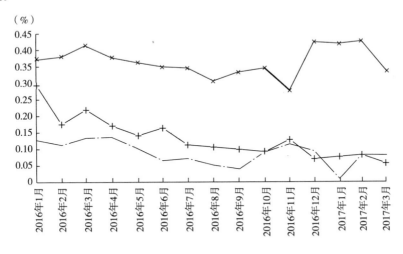

图 4-11　中国和美国债券市场的换手率比较

资料来源：根据美国证券业和金融市场协会、Wind 数据库数据和中国债券信息网数据计算

得到。

手率都有下滑趋势，且中国的中期票据换手率下滑尤为突出。对上述数据的测算显示，美国的公司债换手率基本维持在均值水平（2017 年 4 月的换手率为 0.33%，略低于 15 个月的均值 0.36%），中国的公司债换手率也在均值附近（2017 年 4 月的换手率为 0.08%，略低于 15 个月的均值 0.09%），中国的中期票据换手率下滑至不到 15 个月均值的一半（2017 年 4 月的换手率为 0.06%，低于 15 个月均值 0.13% 的 1/2）。

综合图 4-9 至图 4-11 可以看出，换手率过低导致的流动性风险依然是制约我国债市的重要问题。从美国债市成交量的结构来看，95% 以上的现券成交量为利率债和有政府信用的抵押债券。我国以公司债为主的交易所市场的流动性更差，数据测算显示，在交易所的现券交易中，2015 年，公司债总交易额为 3647 亿元，占交易所现券交易总额（33920 亿元）的 11%；2016 年，公司债总交易额为 7162 亿元，占交易所现券交易总额（5.1 万亿元）的 14%。信用债交易占比畸高的背后是交易所国债结构占比过低的尴尬处境。所以，债券产品自身的流动性风险可能是整个交易所市场所需要重点考虑的因素之一。

三、债券市场的信用利差比较分析

图 4-12 的（a）和（b）分别给出了 3 年期和 5 年期 AAA 级企业债、中期票据和公司债与同期限国债到期收益率的利差走势情况，并将这一利差同国开债和地方债、城投债与同期限国债之间的利差进行比较。可以看出，3 年期 AAA 级信用债（企业债、中期票据和公司债）的信用利差自 2016 年 12 月以来大幅走高，自 2017 年 2 月以来趋于稳定。5 年期的信用债产品与国债利差的走势类似，其差别主要在于 5 年期信用债的利差幅度稍大。进一步测算利差变动情况，如表 4-8 所示，自 2017 年 6 月以来，3 年期各品种信用债的信用利差都高于 2015 年以来的平均水平，这可能意味着这些高等级信用债已经具备了一定的配置价值。

将各时期的 5 年期 AAA 级品种收益率变动值减去 3 年期 AAA 级品种收益率变动值，可得到 5 年期与 3 年期 AAA 级信用债之间的期限利差，结果如表 4-9 所示。

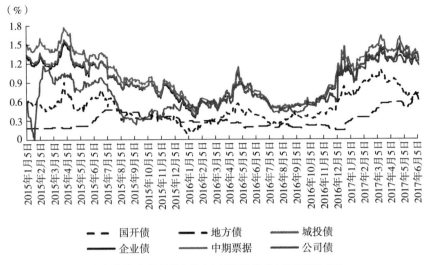

（a）各券种3年期品种收益率与国债收益率之间的利差变动

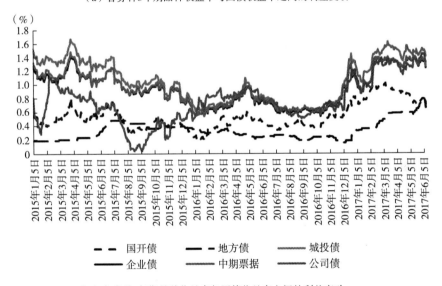

（b）各券种5年期品种收益率与国债收益率之间的利差变动

图 4-12　3 年期和 5 年期 AAA 级信用债与同期限国债收益率差值的走势

资料来源：Wind 数据库。

比较第 2 行和第 1 行的数据可以看出，2017 年 6 月，各产品的期限利差开始高于 2015 年的平均水平，且信用债的利差普遍在 8 个 BP 以上，尤其是城投债，利差值超过了 10 个 BP。这表明这些产品的 5 年期 AAA 级信用债的期限利差已经逐步走阔。

表 4-8　3 年期 AAA 级信用债与 3 年期国债到期收益率的差值

利差项	国开债	地方债	城投债	企业债	中期票据	公司债
2015 年以来平均利差（%）	0.5079	0.3132	1.0193	0.9151	0.9319	0.7499
2017 年 6 月平均利差（%）	0.7116	0.6517	1.3301	1.2054	1.2223	1.3002

资料来源：Wind 数据库。

表 4-9　5 年期和 3 年期 AAA 级信用债的期限利差变动情况

利差项	国开债	地方债	城投债	企业债	中期票据	公司债
2015 年以来平均期限利差（%）	0.03	0.02	0.04	0.03	0.03	0.01
2017 年 6 月平均期限利差（%）	0.05	0.09	0.14	0.11	0.11	0.09
差值（%）	0.02	0.07	0.11	0.08	0.08	0.08

资料来源：Wind 数据库。

进一步分析 3 年期和 5 年期 AA 级企业债、中期票据和公司债收益率与同期限国债收益率的利差走势情况，并将其同国开债和地方债、城投债与国债的利差走势进行比较。由图 4-13 可以看出，自 2016 年 12 月以来，3 年期和 5 年期的 AA 级信用债利差相应走高，且上升幅度高于同期限的 AAA 级信用债。从表 4-8 可知，自 2017 年 6 月，各品种信用债的信用利差高于 2015 年以来的平均水平（5 年期的类似，为避免烦琐，此处未列出）。但值得注意的是，从 2017 年 5 月以来的利差走势情况来看（见图 4-13），3 年期和 5 年期的 AA 级信用债利差似乎还未到稳定状态，仍然有震荡上升的趋势。

图 4-14 计算了 3 年期 AA 级与 AAA 级信用债的到期收益率差值，由于存量规模相对较大，期限结构一致，流动性状况类似，因而，这一差值在一定程度上可以表征该产品的信用风险溢价水平。同时，将差值的变动趋势与 2015 年以来公开发行的信用债违约情况进行比较分析，如下三个方面值得关注：

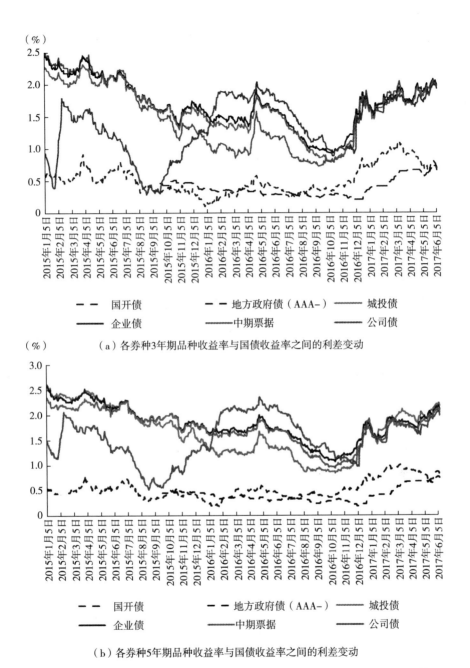

（a）各券种3年期品种收益率与国债收益率之间的利差变动

（b）各券种5年期品种收益率与国债收益率之间的利差变动

图 4-13　3 年期和 5 年期 AA 级信用债与同期限国债到期收益率差值的走势

资料来源：Wind 数据库。

第一，观察企业债、中期票据和公司债的收益率变动趋势可知，企业债和中期票据的收益率差值变动相对较小，且两者的变动趋势较为一致；公司债的收益率差值变动范围较大，且表现出与企业债和中期票据不同的变动路径。这可能与不同信用债分属于不同市场（企业债和中期票据主要集中在银行间市场、公司债仅在交易所市场）、不同市场的投资者结构和投资风格存在差异等因素有关。

第二，比较利差变动与历史违约事件的关系，尽管历史上32次公开发行的信用债违约主要集中在银行间市场（共26次），但相比较而言，公司债产品对信用违约事件更为敏感。这一点从图4-14的五个方框可以看出，当信用违约事件密集发生时，总体而言，公司债的利差反应更为迅速，且反应幅度相对更大。

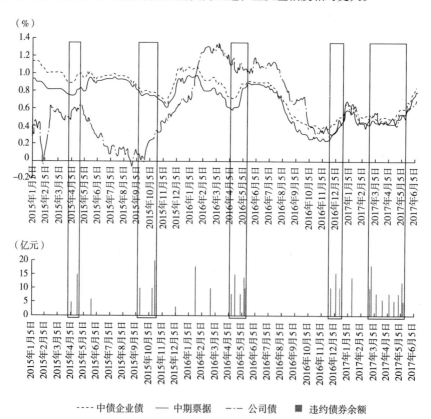

图 4-14　3 年期信用债到期收益率差值与信用债违约事件冲击的动态关系

资料来源：Wind 数据库。

　　第三，从 2017 年以来的市场走势来看，这三类券种的利差水平趋于收敛，近期的信用债密集违约事件的增加并未显著提高利差水平。但是，近期三个产品的信用利差正在从稳定波动向逐步抬升的方向发展，进一步佐证了市场的调整可能仍会继续。

　　图 4-15 给出了 5 年期 AA 级与 AAA 级信用债的到期收益率差值，可以发现与图 4-14 类似的结论，但 5 年期的信用债利差变动范围更大。这主要与久期更长的产品信用风险暴露更大有关。

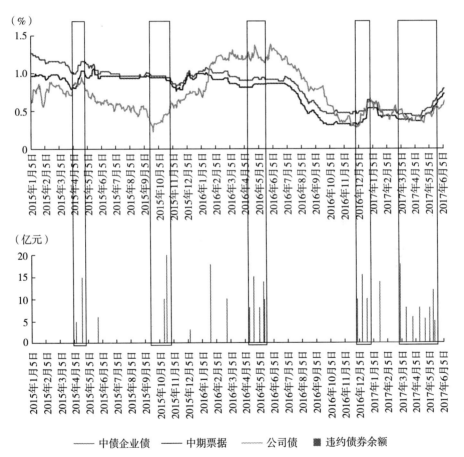

图 4-15　5 年期信用债到期收益率差值与信用债违约事件冲击的动态关系

资料来源：Wind 数据库。

四、公司债市场对违约事件的敏感性分析

前述分析表明，公司债产品对信用违约事件可能更敏感。接下来进一步分析公司债产品对违约事件的敏感性。为扩大违约事件样本，接下来的分析包括了前述的公开发行债券和其他私募发行的债券违约事件，违约事件数据来自 Wind 数据库。同时，由于近三年债市受资金面冲击的影响较大，接下来的分析还考虑了流动性冲击因素的影响。

从理论逻辑来看，信用债产品的信用风险在其他条件不变的情况下，信用债与国债到期收益率的差值主要体现产品的期限溢价、流动性溢价和信用风险溢价三个方面。以信用债的到期收益率变动来表征投资者对信用债市场风险变化的预期收益。由于到期收益率变动反映的是一系列因素的影响总和，在分析信用风险状况时，需要尽可能地将其他不相关的因素进行控制和剔除处理，需要先选择一个利率基准锚。利率基准锚的变动反映了各种宏观背景因素的冲击，这种冲击会同时对信用债和利率债产生影响。

考虑到中国债券市场的运行现实和现阶段国债的结构特征，选择 10 年期国债的到期收益率作为债市的基准，主要基于两个方面的考虑：第一，10 年期国债不存在信用风险；第二，10 年期国债的流动性极好，是较为理想的市场基准债券品种，被广泛作为债市走势的风向标。投资者之间的供求关系较为稳定，受市场的供求影响也相对较小。其价格的大幅波动一般被视为是由较大的外生性冲击所导致的，如央行货币政策紧缩、市场恐慌情绪广泛蔓延等。

一般而言，在其他因素不变的情况下，10 年期国债的收益率变动幅度极小，围绕着均衡价格水平随机窄幅波动。当市场出现较大的未预期的外生性冲击时，即使较为稳定的 10 年期国债收益率也可能因为价格的大幅变动而出现显著的变化。因而，先计算相邻两个交易日的 10 年期国债到期收益率的变动值，按照市场机构广泛采用的以到期收益率变动 5BP 的日波动率为价格是否发生较大外生性冲击的阈值，相邻连续的交易日大于或等于 5BP 则视为市场出现较大的流动性冲击。

在市场存量规模较大的情况下，到期收益率将不会受到个别债券到期兑付的影

响，因而，将不同等级和期限的公司债的连续相邻交易日进行相减，其差值表示来自市场总体层面的外生性流动性冲击和信用风险变动的冲击。将相邻交易日的信用债到期收益率差值与国债到期收益率差值再次进行相减，即可在一定程度上剔除流动性冲击因素的影响，得到信用风险变化的指标①。当然，如前述流动性风险部分所揭示的，当信用风险加大时，由于公司债产品的换手率较低，公司债的流动性风险会相应加大，但无法进一步剔除这一继发性因素的影响，因而，将这种由于换手率较低的流动性溢价变化视为是信用风险的变动所导致的。

图 4-16、图 4-17 分别给出了从 2015 年《管理办法》实施以来到 2017 年 5 月 20 日期间，信用债违约事件与不同信用等级和不同期限的公司债产品到期收益率的关系。

首先，将前述的国债收益率日均波幅大于或等于 5BP 的事件视为整个债券市场发生了较大的外生性冲击。图 4-16 的流动性冲击标志表明，2015 年和 2017 年我国的债券市场面临频繁的冲击，导致以 10 年期国债到期收益率为标志的市场基准锚持续发生大幅摆动。2016 年的外生性冲击时间总体较少，2016 年 12 月开始进入前所未有的频繁波动期，这一分析结果与债市在 2016 年底持续承压的过程较为吻合。

其次，从信用债违约的频度和规模来看，图 4-16、图 4-17 都表明，我国的信用债市场迄今为止经历了 3 次较为集中的违约潮，分别是 2015 年 10 月至 11 月、2016 年 2 月至 5 月、2016 年 12 月至 2017 年 2 月。除此之外，期间还发生了零星的信用债违约事件。这表明自 2014 年 3 月 15 日以来，我国债市的刚兑逐步被打破，这虽然加大了债市的阶段性波动，但从长远来看，有利于债市运行风险的释放。

再次，以 3 年期 AAA 级公司债的收益率差值减去 10 年期国债收益率差值来度量信用风险。从图 4-16 可以看出，从变动幅度看，除 2016 年 6 月至 11 月信用风

---

① 如前面所述，由于 10 年期的公司债发行量极少，所以，本书主要采用 3 年期和 5 年期公司债的到期收益率作为公司债产品的代表，信用债到期收益率变动值与国债收益率变动值之间还包含了一个期限溢价因素。但由于市场存量债券规模较大，期限溢价因素可近似认为是保持不变的，理论上应该只具有水平效应。因而，信用债到期收益率变动再减去国债到期收益率变动，其差值的波动情况主要反映的是信用债产品信用风险的变化。

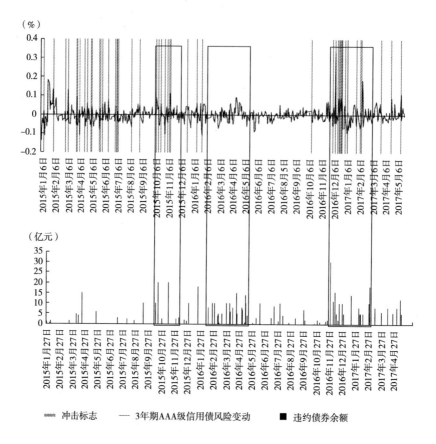

图4-16　3年期 AAA 级信用债到期收益率与信用债违约事件冲击的动态关系

资料来源：Wind 数据库。

险处于相对平稳期以外，债市的信用风险处于相对剧烈变动的周期阶段。同时，曲线的方差明显加大，其上下跳动的幅度之大、持续时间之长，是 2015 年和 2016 年 11 月之前所未见的，表明近期信用风险有加剧释放的趋势。因而，公司债信用风险的走势值得持续关注。

最后，从外生性冲击和信用风险的叠加频度看，近期的公司债信用风险也值得关注。图 4-16 表明，2015 年的外生性冲击呈频度相对分散的阶段性特征，期间也间歇性地伴随着信用风险的变动。2015 年 10 月至 11 月出现过一次阶段性叠加的时期（图 4-16 的第 1 个方框）；2016 年 2 月至 5 月信用事件频繁爆发，但债市的外生性冲击事件较少（图 4-16 的第 2 个方框）；其后，债市步入平稳运行阶段，2016年 11 月以后开始进入信用事件集中爆发与市场外生性冲击相互叠加的时期（图 4-16 的第 3 个方框），且这一特征至今仍在持续。从 2016 年 12 月到 2017 年 2 月的信用债风险波动趋势来看，外生性冲击和信用事件的叠加会显著提高信用债市场的波动幅度，不利于市场的平稳运行。因而，从公司债市场风险防范的角度看，需要高度关注外生性冲击与信用违约集中爆发时债市的潜在不稳定性。

图 4-17 给出了 5 年期 AAA 级公司债信用风险变动情况，其波动特征与 3 年期

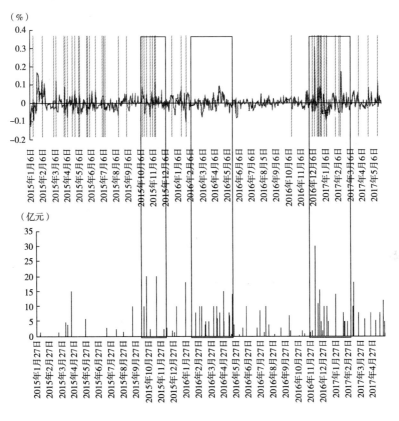

图 4-17　5 年期 AAA 级信用债到期收益率与信用债违约事件冲击的动态关系

资料来源：Wind 数据库。

AAA 级公司债的特征较为类似，但在多数风险上升时期，5 年期的波动幅度要大一些，从逻辑上看，这可能主要与信用风险爆发对更长期限产品的影响更大有关。

图 4-18 比较了 3 年期 AA 级公司债的信用风险变动与信用违约事件冲击的关系，其波动特征与 3 年期 AAA 级公司债的特征较为类似，但在多数时期，3 年期 AA 级公司债的波动幅度要大很多，尤其是在外生性冲击与信用风险爆发叠加的时期（图 4-18 的第 1 个和第 3 个方框），3 年期 AA 级公司债的信用风险大幅飙升，因而，从投资的角度看，需要留意信用等级相对低的公司债产品的抗风险能力。

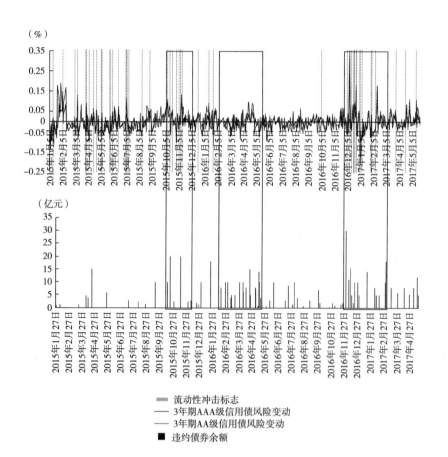

图 4-18 3 年期 AA 级信用债到期收益率与信用债违约事件冲击的动态关系

资料来源：Wind 数据库。

第五节　公司债市场稳定运行风险分析

——基于系统性风险视角

从理论上看，债券市场的走势与利率波动密切相关，因而，债券价格对央行的货币政策转变极为敏感。现有相关研究对美国和日本历史上的债市大幅波动进行了分析，认为，经济基本面上升或者经济面临通胀压力时，货币政策大幅宽松后的快速收紧容易造成10年期国债收益率的大幅飙升，这也是债灾爆发的一个重要标志。比如，日本发生在1979年8月至1980年3月、1989年8月至1990年9月的两次债灾，都是其央行的货币政策在持续宽松之后突然大幅收紧的背景下发生的。美国自20世纪60年代以来出现的7次国债收益率短期大幅上扬也都与美联储货币政策的快速转向密切相关。

对于现阶段的中国债市而言，我国债券市场的价格灵敏性仍有待加强，投资者以持有到期的配置型需求为主。因而，我国债市发生类似于美国和日本那样大幅波动的情形的概率相对要低。除2003年8月至2004年9月和2007年1月至10月的债市出现过大幅波动以外，即使在2011年的货币政策收紧阶段，由于经济增长的预期下行压力，债市也并未出现灾难性的大幅调整。

我国债市不易发生大幅波动的原因，一方面与我国债券市场对外开放的深度不够有关；另一方面是因为当前我国的金融体系仍然是一个间接融资结构主导的金融体系，工商银行、农业银行、建设银行、交通银行等国有股份制商业银行垄断了大量的金融资源，同时，大型商业银行和保险公司作为债券市场最大的两个参与机构，其持有的债券量超过全市场债券余额的一半。这些金融机构天然地对风险存在着高度厌恶的倾向，这种特性决定其持券以资产配置需求为主，频繁换手交易、从价格波动中获利的动机不强，而其他金融机构的资金实力和持券规模有限，很难对债市价格产生显著影响。因而，就产生了如前面所述的债市的总体换手率不高的情况，尤其是信用债产品的换手率，更是显著低于以美国为代表的发达国家。这一现实约束在短期内难以根本改变，只能在我国的金融结构转型过程中逐步改进。

但是，从国内宏观经济政策的视角看，宏观经济下行压力之下的政策操作是不利于公司债市场稳定运行的。去产能和去库存政策将对过剩产能部门的经营状况产生负向影响，使发债企业的资产负债状况持续承压，影响其债券续发和到期偿付能力；同时，在美联储加息的大趋势下，资金持续保持紧平衡状态，机构之间的资金链条冗长且复杂，央行货币政策调控空间受限，金融监管政策的变动容易引发市场紧张情绪，金融去杠杆政策的节奏和力度把握需要充分考虑市场的可承受性。在近期经济下行压力重现、监管政策收紧引发债券市场波动加剧的背景下，有必要高度关注公司债市场的潜在风险，据此构建起有效的预警监测体系，为未来金融去杠杆政策的有序进行和公司债市场的平稳发展提供可量化的指标体系。

当然，从债券市场的结构占比来看，公司债市场仅占其中的极小比例，不能过度夸大其对整个金融系统稳定性的影响。因而，着重从公司债市场波动对投资者收益的影响，以及公司债市场信用风险大规模爆发时，其对 CCP 制度的影响和对投资者收益状况的冲击严重程度，至于这种冲击反馈到整个金融市场乃至宏观经济之后会造成怎样的影响，可能仍然需要从更大的系统性视角进行全局分析。本书着重分析给定信用风险大规模爆发时的公司债市场中的 CCP 和主要类型的投资者的风险敞口大小。

一、异质性投资者的回购杠杆测算

前述的分析表明，交易所市场的债券以公司债产品为主，回购市场的质押券也以高等级的公司债为主，占总质押券的比例高达78%。因而，撇开央行货币政策收紧等因素的影响，交易所回购市场的风险主要也由公司债风险所决定。有必要根据不同投资者的参与深度情况，对其场内回购杠杆比例进行测算，据此判断交易所回购市场的风险。

首先，按照"回购未到期余额/（债券托管总余额−回购未到期余额）"的方法计算交易所债市的场内回购净杠杆，使用相关数据进行计算，得到交易所市场的回购净杠杆测算结果，如表 4-10 所示。

表 4-10　交易所市场回购净杠杆变动情况

时间	净杠杆率（%）
2017 年 4 月	26
2017 年 3 月	29
2016 年 12 月	28
2016 年 11 月	27
2016 年 6 月	59
2016 年 5 月	69

资料来源：根据中国证券登记结算有限责任公司提供的相关数据计算得到。

从表 4-10 可以看出，交易所市场的回购净杠杆率自 2016 年 6 月至今已经大幅下降，尤其是在 2016 年 6 月至 11 月的债市大幅波动阶段，净杠杆率的下降极为明显，从 2016 年 6 月的 59% 下滑到 11 月的 27%。2017 年 3 月至 4 月仍然在缓慢下降，当前大约处于 26% 的净杠杆水平。因而，从净杠杆率的角度看，当前的交易所债市的风险可能已经得到了较好的控制。

进一步根据相关的分项数据进行测算，不同投资者类型在交易所回购市场的加权平均杠杆和净杠杆情况如表 4-11 所示。

表 4-11　不同类型投资者的加权平均杠杆和净杠杆水平

投资者类型	加权平均杠杆率（%）			净杠杆水平（%）		
	2017 年 4 月底	较上月变动	较 2016 年 6 月底变动	2017 年 4 月底	较上月变动	较 2016 年 6 月底变动
基金公司专户	190	-13	-31	32	-4	-36
证券公司自营	280	-34	-81	88	-20	-82
公募基金产品	229	8	-25	36	-12	-47
证券公司集合理财	154	2	7	19	0	-9
保险类产品	272	-6	—	44	-4	—

续表

投资者类型	加权平均杠杆率（%）			净杠杆水平（%）		
	2017 年 4 月底	较上月变动	较 2016 年 6 月底变动	2017 年 4 月底	较上月变动	较 2016 年 6 月底变动
信托公司及产品	185	−1	−28	11	0	−75
企业年金计划	172	−3	−3	30	−2	−15
银行及银行理财产品	194	−10	−12	3	−1	−32
社保基金	288	25	−22	77	2	−54
保险公司	179	13	—	33	1	—
私募基金产品	213	−7	−57	36	−1	9
法人机构	176	−18	5	9	−1	−35
养老金产品	184	1	—	44	−2	—
基金管理公司	237	−13	—	56	−3	—
个人投资者	303	0	−121	13	−1	−152
期货资管产品	173	−3	—	23	−2	—

资料来源：根据中国证券登记结算有限责任公司提供的相关数据计算得到，"—"表示由于近期的统计口径发生变化无法与历史数据进行统计比较。

表 4-11 的测算结果表明，无论是将 2017 年 4 月底与 2016 年 6 月底的数据进行比较，还是将其与上个月（2017 年 3 月）的数据进行比较，各类型投资者的加权平均杠杆基本都处于持续下降阶段，这一趋势极为明显。作为交易所市场参与主力的证券公司自营和公募基金产品，其杠杆率较 2016 年 6 月存在显著的下降。因而，经过 2016 年底和近期的市场大幅波动，绝大部分机构已经在持续主动或者被动进入去杠杆阶段，公司债市场的潜在风险正朝着逐步释放的方向发展。

表 4-11 中的前八类投资者的债券托管规模较大，尤其值得关注的是基金公司专户、证券公司集合理财和银行及银行理财产品这三类投资者，它们债券托管份额超过交易所债券总托管量的 50%，但由于资金主要来自银行理财委外资金，其对风险的抗受能力较弱。在近期银保监会从严监管和证监会压缩通道业务规模的双重压力之下，委外的集中赎回可能不利于债券市场的稳定运行。对其进行比较分析发现，对比上月，这三个类型的投资者的加权平均杠杆率都低于 200%，且大都保持

稳定或缓慢下降（证券公司集合理财产品的加权平均杠杆水平小幅上升了 2%）。进一步测算这三者的总杠杆率为 196%，也低于 200% 的水平。同时，与 2016 年 6 月相比，除证券公司集合理财产品的加权平均杠杆水平略有上升外，其他两类都出现了明显的下降。

相较于加权平均杠杆，净杠杆水平更能反映机构对债市波动的承受力，尤其是投资资金来自银行的理财委外等，更容易受到监管政策收紧强化的影响，成为债市波动的一个潜在激化因素，表 4-11 分别对各机构的净杠杆情况进行了相应测算。

首先，从总体上看，在规模较大的投资者中，证券公司自营的净杠杆率相对较高，达到了 88% 的水平，大幅低于监管要求，同时，券商的场内杠杆本身也受到了严格限制，因而，这一杠杆值相对而言还是较为安全的。除此之外，保险类产品作为主要的参与力量（社保基金和养老金产品虽然净杠杆率相对较高，但其规模仅为数百亿元的数量级，且这些投资者能忍受较长的持有期，因而，风险相对较小，暂不讨论），其净杠杆水平达到 44%，但较上月已有所降低。由于前期保险公司规模扩张较为激进，因而，未来银保监会的去杠杆监管压力可能会对其造成阶段性的资金赎回压力，其杠杆变动状况和资金承压能力值得密切关注。

其次，看基金公司专户、证券公司集合理财和银行及银行理财产品这三类投资者，它们在交易所市场的债券托管规模都超过万亿元，是交易所债市的主要参与者，但同时其资金的稳定性也相对较差，容易受到监管机构"去杠杆"政策的冲击。从净杠杆的数据看，三者的杠杆水平都处于极低的状态，尤其是银行及银行理财产品的净杠杆水平，已经接近 0 的水平，因而，这三类投资者受后续潜在市场波动的影响可能相对较小。

综合上述分析可以看出，交易所债券市场的加权平均杠杆和净杠杆水平总体都处于持续下降阶段，主要参与主体的杠杆水平都相对较低，资金承压能力小的机构的杠杆水平已经处于极低的水平，因而，来自回购市场的风险可能相对可控。

二、不同杠杆水平下公司债市场波动的压力测试

压力测试的情景假定：投资者以不同的净杠杆率水平投资 AAA 级公司信用债

产品（使用不同的到期收益率加权方式），当公司债市场波动时（以上证公司债指数为指标变量），投资者将同时承受价格损失和利差利润，这两者的正负相加的值即是公司债市场价格波动时的投资收益，再乘以净杠杆率，成比例地放大该投资收益水平，进而测算出价格波动时的投资者收益状况。其中，信用债产品价格波动与债券的到期收益率之间的系数关系通过 OLS 回归得到，并假定价格波动与到期收益率变动之间具有线性关系，这样的假定有利于确定价格波动不同程度时到期收益率的变动幅度。

各变量的时间区间为 2012 年 1 月 9 日至 2017 年 9 月 30 日，变量的统计性描述情况如表 4-12 所示。

表 4-12　变量的统计性描述

变量	中位数	均值	最小值	最大值	标准差
公司债指数	156.67	158.40	131.42	180.98	15.62
指数变动百分比（%）	0.0002	0.0002	−0.28	0.25	0.0005
6 个月至 5 年算术加权收益率（%）	4.3253	4.2383	2.77	6.38	0.8213
3 年至 5 年算术加权收益率（%）	4.5084	4.3961	2.90	6.47	0.8283
变权重加权收益率（%）	4.4694	4.3474	2.87	6.45	0.8326

资料来源：根据 Wind 数据库的数据计算得到。

然后选择不同的加权方式，对指数变动与相应加权到期收益率进行 OLS 回归，得到的系数作为价格波动与到期收益率变动的比例关系，然后在不同净杠杆率下，计算公司债指数下跌不同百分比时的投资损益情况，具体的测算结果如附录 3 中的附表 3-1~附表 3-3 所示。

从附表 3-1 可以看出，给定初始的 4% 债券收益率假定，从存量债券余额变权重加权收益率来看，给定表 4-12 中各类投资者的净杠杆水平（低于 1 的净杠杆率水平），公司债指数小幅下跌并不会给投资者造成显著亏损，① 相反，适当的杠杆率将提高投资者的收益率水平。即使按照其他两种加权方式（见附表 3-2 和附表

---

① 附录 3 中表格的"杠杆收益年化"是指采用杠杆的净收益，只要相应的杠杆资金成本低于该收益，选择加杠杆就是有净收益的。

3-3），也可以得出类似的结论。

前述的测算结果似乎与现阶段的市场行情不太符合，投资的收益率似乎并不能如测算结果那样可观。但从我们深入调研的结果来看，当前阶段的公司债市场持续承压，主要是因为监管收紧情况下，多数机构都面临着投资者资金赎回压力，机构难以继续获得稳定的负债来源进行后续补充性投资，因而，在债券违约风险不大的前提下，前一时期的债市紧绷更多反映的是资金的匮乏，而非债市投资机会的匮乏。

当然，造成上述结果测算偏乐观的一个原因可能是，当前投资者普遍认为信用风险相对较小，公司债指数的下调幅度极小。造成潜在偏误的另一个原因如前文所述，信用债市场的换手率本身就极低，在市场资金来源单一、投资者集体抛压较大的情况下，市场很快将陷入缺少对手盘的状态。在市场流动性丧失之后，价格将僵持在高位，不容易出现投资者集体抛售踩踏的情况，因而价格可能并没有反映真实的波动情况。

三、大规模信用风险爆发时公司债市场风险分析

自 2016 年初以来，各界对公司债市场中的过剩产能行业和房地产行业发债速度较快的质疑声音较大，从当前中国经济的发展态势来看，供给侧结构性改革下的去产能政策，通过大幅压缩供给的方式，使煤炭、钢铁、有色金属等过剩产能严重的行业的经营业绩快速扭转①。因而，在限产政策的持续作用下，相关行业的业绩有望改善，企业债券违约的风险也相应降低。因而，前期过剩产能行业的债券违约风险尽管依然存在，但已经在很大程度上降低了。

相比之下，房地产行业的发展前景存在较多不确定性。如图 4-19 所示，房地产行业的公司债结构占比过高的特征较为明显，房地产企业债券总发行量中的61.7%是公司债。

---

① 当然，各界对此政策的争议较大。质疑者认为，限产能压缩供给的做法只是一种利益再分配手段，限产能导致供给下滑，产品价格上升，确实有利于上游企业的业绩改善，但会提升中下游企业的成本，因而，只是变相地将中下游企业的利润切分出来划给上游企业。此处，我们不对政策利弊展开讨论，仅从结果来看上游企业的业绩与违约风险问题。

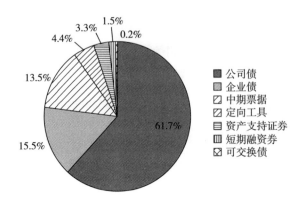

图 4-19 2015 年至 2017 年上半年房地产行业不同类型债务工具发行规模占比

资料来源：Wind 数据库。

房地产行业的债券前景不太乐观，债券违约问题的确值得关注：其一，房地产行业是一个依赖高杠杆运行的行业，近年来，稳健中性的货币政策取向不利于依赖高杠杆的行业的经营运行；其二，房地产市场过热背景下，"房子是用来住的，不是用来炒的"的政策定调，分类调控、因城施策的调控政策具有持续性，对房地产市场的紧约束持续存在，不利于高负债率房地产企业的持续运营；其三，调控背景下的房地产企业融资渠道大幅缩紧，不利于房地产企业的债务续作维持；其四，当前各地陆续推出的"租赁同权"、大力发展共有产权房和公租房等长效机制，不利于房地产价格的持续走高。因而，从中期的视角来看，在存量债务较大的情况下，房地产企业的债务违约可能性相对较大。有必要对极端情况下的房地产公司债的债务风险进行评判。

表 4-13 显示了一个简单的压力测试，从房地产公司债大规模违约时的各主要参与者（CCP 及投资者风险敞口大小）的角度来测算公司债市场风险的大小。如前面所述，由于投资者以持有到期的配置型需求为主，加之投资者的资金来源同质性较强等因素，公司债市场的流动性改善还存在很多有待改进的地方。一旦出现相对大的冲击，公司债市场的流动性很快就陷入枯竭状态，此时，投资者之间通过交易产生的交互行为并不是主导市场动态演变的主要因素，所以，表 4-13 的测算过

程更多是基于相关假设，而非采用结构化的动态模型方式进行。表 4-15 的测算也遵循类似的逻辑。

表 4-13　房地产行业公司债大规模违约时的市场压力测试

情景设定	概率	严重程度	房地产公司债冲击规模	房地产公司债违约规模	CCP风险敞口	有场外杠杆者风险敞口	无场外杠杆者风险敞口	风险程度判断
遭受类似于美国2008年金融危机的事件	5%	房地产资产缩水约30%	6700亿元投资级（最高1.5%的违约概率）和5800亿元投机级（最高16.3%的违约概率）	时点最高1040亿元左右，累计1600亿元左右	100亿元左右	221亿元左右	82.9亿元	将导致公司债1900亿元左右的市场流动性缺口

资料来源：根据笔者测算得到。

表 4-13 测算过程中的相关假定的相应说明如下：假定在当前公司债市场结构状况下，未来五年里中国爆发如美国 2008 年那样严重的、百年一遇的金融危机（计算相应概率可知，五年内发生百年一遇程度的大危机的概率为 $1-0.99^5 = 4.9\%$），导致房地产市场出现严重问题，房地产资产大幅缩水（数据显示，在 2006 年至 2011 年的房地产顶峰—下落阶段，美国房地产价格下滑 33.35%，房地产资产规模下滑 27.32%）。对相关环节数据的设定分布如下：

第一，假定中国房地产企业的公司债违约率与美国信用债的违约率保持类似比例。进一步查找美国在 2008 年金融危机期间的债券市场违约情况，表 4-14 的数据显示，美国投资级债券在 2007 年至 2011 年累计违约率为 1.91%，投机级债券的累计违约率为 25.96%，整体债券的加权累计违约率为 5.87%。

表 4-14　2000 年至 2015 年发行规模加权平均的公司债信用违约率

单位：%

年份	加权违约率	投资级债券违约率	投机级债券违约率
2007	0.155	0	0.796

续表

年份	加权违约率	投资级债券违约率	投机级债券违约率
2008	2.22	1.466	5.802
2009	2.758	0.217	16.284
2010	0.342	0.077	1.662
2011	0.39	0.152	1.411

资料来源：*Annual Default Study：Corporate Default and Recovery Rates*，1920-2015。

第二，为便于对比计算，假定房地产公司债中不具备入库资格的公司债都算作高收益债。数据显示，存量公司债中评级为 AA+ 及 AAA 等级（假设债项评级与主体评级一致）的债券规模约为 6700 亿元，AA+ 等级以下的债券规模约为 5800 亿元。按照 2% 的违约率，测算单个年度的房地产企业的违约债券最高规模约为 1040 亿元，五年的累计违约规模约为 1600 亿元。

第三，假定所有符合质押入库的房地产公司债（规模约为 6700 亿元）的质押比例约为 0.77（2017 年 4 月份的公司债实际质押使用比例），按照投资级债券五年累计违约率 1.91% 的规模计算，大约 98.54 亿元，将构成质押库里的违约债券金额。

第四，投资者杠杆的测算分为场内和场外两个部分。根据我们的走访调研，前期部分机构的场外杠杆确实普遍较高，部分机构的劣后级与优先级资金的比例甚至达到过 1∶9。但随着 2016 年 7 月《证券期货经营机构落实资产管理业务"八条底线"禁止行为细则》的发布，当前的场外杠杆普遍控制在 1∶3 的比例以内，且以资管和券商自营资金为主。根据相关数据揭示的异质性投资者场内的质押式回购杠杆 4 月份的数据，超过一半（约为 51.1%）的回购未到期余额由基金公司专户和券商自营这两类投资者所持有，场内回购的其他主要参与方（如公募基金、券商集合理财、保险类产品等）一般很少使用场外杠杆。因而，为简化测算，此处假定仅有基金子公司和券商自营两类投资者使用杠杆，且假设这两类投资者的场外杠杆都达到了 1∶3 的监管上限。然后，以这两类投资者使用的回购未到期余额做加权计算，测算出它们的场内融资规模相对于劣后级资金的净杠杆为1.91倍。因而，这两类投资者的总净杠杆为4.91倍。

第五，不同投资者对于房地产企业违约的公司债的持有量不同，假定它们是按照债券托管量比例均匀分布的，按照基金专户和券商自营这两类投资者的债券托管量约占总托管量的37.2%，那么，相应地，这两类机构持有的、进入到质押库的房地产企业违约债券持有总规模大约为37.2亿元，按照相应的净杠杆比例计算，其占用的资金总规模约为37.2×5.91＝219.9亿元。对于未使用场外杠杆的投资者而言，以融资未到期的占比为权重进行加权计算，得到的净杠杆约为0.32，因而，这些投资者的占用资金总规模为82.9亿元（100亿元×62.8%×1.32）。如果场内出现100亿元资产的房地产公司债违约，则相应会影响302.8亿元的市场资金。

按照前述五个假定，从表4-13可以看出，此时，交易所市场面临的资金风险大约相当于2014年至今违约债券的20倍（截至2017年8月中旬，交易所公司债违约金额为108亿元。发生类似于次贷危机的违约事件，市场流动性缺口将达到1900亿元），因而，风险本身是特别巨大的。但是，考虑到交易所市场的关键机构——CCP的流动性支持的日常可动用资金规模在200亿元左右，因而，这一层级的冲击对CCP制度本身还不足以构成重大威胁（此处测算的100亿元规模仅仅是CCP面临的风险敞口，而非CCP的直接结算对手——各机构交易会员的实质违约规模）。

表4-15参照类似做法给出了当整个公司债市场，而非单个房地产行业出现类似于美国次贷危机的重大冲击时，公司债市场的违约情况和市场的承压情况。从表4-15可以看出，此时，公司债违约规模约为2757亿元，CCP面临1200亿元左右的风险敞口，远超出现阶段日常可动用资金规模（200亿元）。同时，采用结构化产品的投资者面临高达2600亿元左右的流动性资金缺口，即使没使用场外杠杆的投资者，风险敞口也高达1000亿元左右。另外，整个公司债市场的流动性资金短期规模超过6300亿元，是2014年以来公司债违约总金额（108亿元）的近60倍。因而，此时整个公司债市场极有可能面临失控风险。

表4-15　公司债市场整体大规模违约时的市场压力测试

情景设定	概率	冲击幅度	公司债违约规模	CCP风险敞口	有场外杠杆者风险敞口	无场外杠杆者风险敞口	风险程度判断
债市爆发大规模违约风险，程度类似于美国2008年金融危机	5%	5年累计违约率约为5.86%	2756.55亿元	1172.36亿元	2591.31亿元	971.84亿元	6319亿元的流动性短缺

资料来源：根据笔者测算得到。

　　当然，表4-13和表4-15的市场风险程度测算仅仅是类比于美国的比较测算，也只是为了给极端情况提供一个现实的参照标准，但中国金融体系的规模、结构和运行特征与美国的差异较大，因而，即使发生这种极小概率的危机事件，冲击也不一定是按照这种路径和影响程度演化的。所以，前述的两个市场风险测试可能仅仅只有参照性的作用，是一个初步的量化分析，而非准确的量化测算结果，同时，为简化测算的过程，也对相关的参数进行了必要的加权汇总，可能导致结果本身的精确性也有待进一步提高。同时，由于上述的测算过程遵循了在极端情况下取上限的测算思路。因而，给定违约规模，这一测算过程本身对风险的测算可能是趋于高估的。但与此同时，如果这种极小概率的重大冲击一旦发生，由于银行间市场和相应各种类型的企业的运行状况可能会急速恶化，因而，违约规模可能被极大地低估了。同时，后续的相关研究可以围绕相关的参数、细化异质性投资者的类型，以及进一步精确化各类参与者的相关参数，以提高量化测算结果的精确性，为实际的政策操作提供更可靠的经验证据。

第六节　公司债市场风险控制的政策建议

一、公司债市场的风险控制原则与预警指标体系

　　从前述的公司债市场风险来源可能触发机理的分析，以及其后对公司债市场发展风险、稳定运行风险的量化分析结果可知，对于现阶段的公司债市场而言，在现

有金融市场结构和监管格局下，风险控制可能需要坚持三个基本原则：第一，市场中长期发展的可持续性；第二，有效管控住市场内部风险，确保不外溢到其他市场；第三，对外生性的系统性风险冲击具有一定的抵御能力。相应地，风险控制方案也要围绕这三个方面改进完善。

从风险预警的指标体系来看，如前述分析所示，需要在公司债市场的产品结构、市场流动性、回购市场和系统性风险防范四个层面建立预警指标体系。从产品结构的层面看，需要重点关注存量规模、行业集中度、到期期限、信用评级、信用利差等指标；从市场流动性的层面看，需要重点关注不同类型投资者的月度交易规模、市场月度换手率等流动性指标；从回购市场的层面看，需要关注不同投资主体的回购未到期规模、场内净杠杆、加权平均杠杆、场外杠杆等指标；从系统性风险防范的层面看，需要重点关注行业性违约概率、公司债市场违约总规模、CCP 风险敞口、有场外杠杆的投资者风险敞口、无场外杠杆的投资者风险敞口、潜在的流动性缺口等指标。

二、公司债市场发展风险的防范措施

1. 公司债市场中长期发展的不利因素

从市场发展的可持续性角度来看，由前述分析可知，相比于银行间市场的同类型产品而言，交易所的公司债产品在发行主体的多样性、信用评级的分散程度和企业所有制形式的异质性方面都有显著的特色，因而，交易所公司债市场作为银行间市场的有效补充角色，仍然极为必要。同时，从换手率、信用利差对市场相关信息的灵敏性来看，交易所市场也要好于银行间市场，所以，交易所市场在运行效率方面仍然具有自己的优势。但是，交易所市场在中长期发展和市场运行方面存在三个显著的不利因素：

第一，在当前的市场格局下，交易所公司债市场的容量存在明显的天花板，这主要是因为交易所市场的投资者群体可动用的总资金规模有限。如前面所述，在当前市场结构下，市场资金一般是沿着央行—银行间市场—金融机构—交易所市场的路径流动。处于下游的交易所市场的资金来源单一，且严重受制于上游的商业银行。因而，当央行的流动性阀门收紧，或者在当前监管格局下，当商业银行出于满足相应的监管政策需要而减少对中下游部门的资金投放时，交易所市场的运行会受到显著的影响。同时，由于商业银行具有资金垄断的优势，其高度厌恶风险的特性也决定其作为债券市场的主要参与者，持券以利率债资产配置需求为主。在"大型银行—国企"之间信贷融资扭曲和预算软约束问题未根本改变的背景下，间接融资的信贷市场的扭曲必然会影响直接融资市场的效率，进而导致银行间债券市场、同业拆借市场和 Shibor 报价市场等的扭曲也长期存在。交易所市场由于投资主体更为多元化、市场化程度更高，前述的分析和我们的前期研究都表明，其运行效率要高于银行间市场。因而，在全国金融工作会议确定加强金融监管协调的大方向指引下，未来的监管隔离竞争的局面可能会有所改观。在交易所债券市场运行效率好于银行间市场的现实条件下，从交易所市场长期发展的角度来看，有必要从改善我国金融市场结构、改进金融市场运行效率的角度出发，想方设法向更高层多提相关政策建议，进一步扩大交易所各参与方的资金规模和产品供给体量，以提高交易所债券市场的资金价格的稳定性和市场代表性，并据此增强市场的抗风险能力，同时，还可以倒逼银行间债市竞争机制的完善。

第二，某些周期性特征明显的行业的发行规模占比过高。统计数据显示，2015年，在交易所公司债和银行间中期票据发行主体中，银行间中期票据市场的房地产业和建筑业的年度发行金额为 2862.85 亿元，仅占中期票据市场年度发行总额的 22.44%。而在交易所公司债市场，房地产业和建筑业的发行金额高达 5652.51 亿元，占公司债年度发行总额的 54.84%。周期性行业发行规模占比过高，本身会加大交易所公司债市场的风险隐患。

第三，与银行间市场的共性问题在于，相对于美国等发达国家的债市而言，交易所公司债市场的换手率仍然偏低，市场流动性仍然存在较大的改善空间。从发达国家市场的经验来看，引入做市商制度对债券流动性的改善具有较好的促进作用。但做市商制度的顺利运行需要一系列基本的制度保障：其一，足够多的异质性投资者；其二，规模充裕的利率债；其三，支持做市的相关配套性利益补偿机制。银行间市场由于主要投资者的同质化程度过高，尽管相关部门做出了极大的努力，但其做市商制度的运行效率一直差强人意。相比之下，交易所公司债市场的投资者异质性和分散化程度更高，投资者的进场目标更为多元化，因此，如能扩大交易所市场的利率债体量，以利率债做市带动公司债做市规模，应该可以有效提升公司债市场的流动性，进而降低公司债发行端的成本，从而提升其中长期可持续发展的能力。

2. 公司债市场中长期发展风险的改进措施

从具体的改革措施看，需要扩大公司债市场投资者的资金规模，改进市场换手率过低的状况。解决这一问题可能已经超出证券监管部门的能力范畴。就具体的措施而言，从改善我国金融市场结构、改进金融市场运行效率的角度出发，可以鼓励部分大型商业银行的表外投资业务部门参与交易所债券市场，基于金融风险隔离的考虑，可以对这些部门实行业务独立核算、业绩独立考核。同时，设立必要的利率债发行协调机制，规定每年将一定比例的国债、地方政府债和政策性金融债放到交易所市场发行和托管，有利于改善交易所债券品种结构。这样一方面可以壮大交易所市场的资金力量，有助于交易所市场在条件适合时推出信用债做市商制度，进而降低企业的发债融资成本；另一方面有利于缓解交易所资金方居于资金链条下游、不利于货币政策传导的局面，也有利于改善央行货币政策调控的精准性。

这种改进的另一个好处在于，在交易所债市参与主体的资金体量达到足够的规模后，市场的参与力量增强，交易活跃度增加，可以为交易所未来扩大双创债等相对标准的私募债产品发行创造条件。而双创债等创新品种的扩容既可以为能容忍更高风险以追求更高收益的资管理财产品提供更多元的资产配置出路，同时还可以更好地支持中小创新型企业的发展，促使经济增长动能新旧转换更快实现。

另外，在当前条件下，有必要继续延续当前交易所市场积极引进地方债和政策性金融债的做法，想方设法进一步扩大交易所债券市场的利率债规模占比，既有利于增强公司债市场的抗风险能力，又有利于吸引更多投资者进入交易所市场。

三、重大外生性冲击下的公司债市场风险防范措施

从前述的定量分析可知，如果房地产行业的公司债出现类似于美国 2008 年金

融危机的极端违约情况，相关参与者可能遭受比较严重的风险敞口冲击，但公司债市场作为一个整体系统，其关键节点（CCP 和主要投资者群体）仍然具有一定的承受力。然而，如果中国经济爆发出类似于美国 2008 年金融危机时期的严重违约事件，无论是 CCP 还是主要投资者，都可能出现极大的风险敞口，整个公司债市场存在失控的风险。因而，从系统性风险防范的角度来看，需要加强公司债市场暴露出来的薄弱环节。

首先，需要持续关注投资者的杠杆变动情况。受益于资管产品的监管政策收紧，公司债市场的投资者场外结构化产品的杠杆比例大幅下降；监管部门对公司债质押式回购市场的入库标准进行提高，对质押券折算比例进行动态调整，导致各类投资的场内杠杆逐步下降。但需要跟踪关注基金专户和券商自营等某些带结构化产品的投资者的杠杆变动，尤其需要对绕过监管要求加场外杠杆的行为进行监控。对于可能的场外杠杆的监控，需要监管部门通过公开座谈、组织现场调研检查和私下沟通交流相结合的方式，积极与市场机构进行接触，提前对市场各方的操作行为模式、资金流向、真实杠杆使用情况进行摸底，以做到事先心里有数，在某些操作模式和行为具有一定的普遍性时，可以进行必要的规范性纠正干预。

其次，需要对前期发行规模过度集中的行业债券进行动态监控。一方面，要及时跟进行业发展动态、主要发债企业的业绩经营变化情况；另一方面，需要从降低系统性风险的角度出发，事先有针对性地做好这些存量债券总体规模的逐步压缩，平稳完成必要的新旧续作。后续的市场再扩容也需要从风险防控的角度出发，更加关注周期性行业的发债集中度，为化解后续市场风险奠定有利条件。

在房地产调控持续推进的当前阶段，企业间的业绩分化和行业集中度提高可能是这些行业未来发展的趋势。在行业格局可能发生较大变化的时期，可以着重从以下三个方面进行风险防范：第一，需要重点监控这些行业的公司债到期规模、到期集中度、部分可能存在兑付压力的企业的资产负债状况等信息；第二，在兑付高峰期临近的关键时点，及时跟踪监测市场投资者情绪、重点关注部分发债企业的运营状况和现金流情况；第三，在必要时，监管部门需提前敦促相关企业加大关键信息披露的频度，鼓励评级机构、交易所进行相关信息的公开披露和预警提示，以防止短时间内大量出乎市场意料的负面信息集中冲击市场。积极进行信息的事先披露一方面可以让市场提前做好冲击应对准备；另一方面也可以给涉及兑付责任的企业和担保机构形成压力，推动它们主动积极地尽早寻找解决方案。在临近违约时，企业和相关机构才被动披露无法兑付，在维稳压力较大的当前阶段，地方政府和相关机构被动卷入组织事后处置，只会加大投资者的刚兑预期，进而不利于市场违约风险的合规理性处置。

最后，完善CCP极端情形时的紧急处理流程。质押式回购的活跃降低了持券的机会成本，并提高了投资收益，是公司债市场降低发行成本的一个有效途径。尽管二级结算、净额轧差等做法保证了绝大多数情况下CCP稳定运行，但极端情况下CCP存在的潜在风险仍然值得关注。尤其是随着金融去杠杆进程的推进，在前期扩张过快的公司债市场中，各类发行（投资者）主体的急剧调整可能带来系统性风险隐患，需要事先对极端情况下CCP紧急处理抵押品、动用备付金乃至获得足够规模的流动性支持做出制度性安排，以提高整个公司债市场对极端情况下系统性风险的抵御能力。

附录1　超日债违约事件简述

上海超日太阳能科技股份有限公司（简称"超日太阳"）于2010年11月8日登陆A股市场，是一家主营光伏组件的民营企业。其股票首发价格为36元，募集资金为23.76亿元。上市后，董事长倪开禄和倪娜父女合计持有上市公司股权达43.89%。在2010年之前，公司受益于光伏产业的高增长，以及光伏组件价格的上涨，公司业绩增长较为稳定。但在2011年，由于光伏产业产能严重过剩，光伏组件价格大幅下降，超日太阳为了满足其经营需要，拓展市场，通过银行借款、债券融资、信托融资等进行资金募集。2012年3月7日，超日太阳在公开市场发行债券，简称"11超日债"，证券代码"112061"。发行规模为10亿元，期限为5年，信用级别为 AA，债券为固定利率债券，票面利率为 8.98%，发行利率高于同期发行的其他公司债。在传统意义上，通常认为 BBB 以上级别的债券都是投资级别，违约的概率相对较低，AA 级债券意味着偿债不存在太大风险。

在超日太阳发行债券后不久，公司经营状况便出现了问题。2012 年 2 月 29 日，超日太阳公布，2011 年盈利超过 8200 万元。于是，在一周之后发行的"11 超日债"受到了市场热烈的追捧。但之后，剧情发生了翻转。3 月 26 日，超日太阳公布推迟年报发布日期。4 月 16 日，公司发布业绩修正公告，2011 年亏损 5800 余万元，修改前后，相差约 1.42 亿元。除了公司盈利能力急剧下滑之外，公司的负债也大幅增加，公司的回款周期延长，在建项目后续所需的投资规模较大，债务压力巨大。随着公司经营状况的下滑，公司的债券评级也被多次下调，债券收益率大幅上行。2012 年 6 月，评级机构将"11 超日债"的评级展望由稳定调整为负面；2013 年 1 月，中证鹏元资信评估股份有限公司（原鹏元资信有限公司，简称"中证鹏元"）将公司的主体长期信用等级由 AA 级下调为 AA- 级，评级展望维持为负面，"11 超日债"信用等级由 AA 级下调为 AA- 级。同时，中证鹏元将公司主体长期信用等级和债务信用等级（AA- 级）列入信用评级观察名单。2013 年 3 月 7 日，超日太阳勉强支付了"11 超日债"首期利息 8980 万元，但公司仍未走出困境。到了 2014 年 3 月 7 日，公司能够按期支付人民币约 400 万元，付息比例仅为 4.5%，无法按时支付"11 超日债"的 8980 万元利息。至此，超日太阳开始了资产重组之路。

据测算，公司应该偿还的债务接近 60 亿元，而超日太阳全部资产评估价值仅为 4.76 亿元。2014 年 10 月 7 日，公司公布了管理人制定的重整计划草案，职工债权、税款债权以及 20 万元及以下的普通债权将全额受偿，有财产担保债权按照担保物评估价值优先受偿；普通债权超过 20 万元部分按照 20% 的比例受偿。按草案计算，普通债权受偿率约 3.95%，且实际破产清算的清偿比例可能低于预估。另外，公司还引入了其他投资人，投资人受让资本公积转增股份支付的 14.6 亿元，以及超日太阳通过处置境内外资产和借款等方式筹集的不低于 5 亿元，合计不低于

19.6亿元将用于支付重整费用、清偿债务、提存初步确认债权和预计债权，以及作为超日太阳后续经营的流动资金。经测算，用于支付重整费用、清偿债务、提存初步确认债权和预计债权的资金约18亿元。在完成重整后，大股东将被更换，江苏协鑫新能源有限公司成为第一大股东，控股21%。

实际上，在引入其他投资人的同时，公司还发了另外两个公告，就是2014年10月8日公布的两个保函：中国长城资产管理股份有限公司（简称"长城资产"）为"11超日债"出具保函，规模为7.88亿元；上海久阳投资管理中心（简称"上海久阳"）为"11超日债"出具保函，规模为0.92亿元，合计8.8亿元。长城资产和上海久阳将在8.8亿元额度范围内为"11超日债"提供连带责任保证。至此，在各方协助下，"11超日债"本息终于全额受偿。

超日太阳情况较为特殊，在公司上市不久，就遇到行业低谷，光伏产业产能严重过剩，主营产品价格暴跌，导致公司经营出现严重问题，资不抵债。公司的资产负债率从2010年底开始呈现出逐季度递增的趋势，其负债主要源于银行借款、债券融资、信托融资等。公司大股东已经将个人持有的公司股份（多为限售流通股，无法及时进行变现）几乎全部质押，以拓展私人业务，导致股东方没有足够的资金对债券进行按时偿付。行业进入下行周期，公司资不抵债，这也是此次债券违约的处理难点所在。虽然最终最大限度地完成了"11超日债"的兑付，但该解决方案具有一定的特殊性。公司引入新的投资者，新入股的大股东购买股权入驻，并实施重组，后来有"国家队"性质的长城资产的介入，为债券兑付提供了保障。

此次，虽然在各方的协助下完成了兑付，但也给投资者敲了警钟。在以后的投资中，对于处于行业下行周期，且财务状况恶化的企业，对其发行的债券要采取谨慎态度。

附录2　五洋债违约事件简述

五洋建设集团股份有限公司（简称"五洋集团"）是浙江省绍兴市上虞区一

家主营建筑施工的民营企业，创立于 1962 年。前身为浙江上虞沥东手工业社，先后经历浙江上虞沥东建筑工程公司、浙江上虞第五建筑工程公司、浙江五洋建筑集团有限公司等发展阶段，1999 年改制为五洋建设集团股份有限公司，注册资本37660 万元，拥有房屋建筑工程施工总承包特级资质。在"15 五洋债"和"15 五洋 02"发行之前具有 AA 的评级，经营范围涉及建筑、房产、酒店旅游、物资贸易、能源开发以及金融、高科技投资等多个领域。

公司在 2015 年 8 月和 9 月面向合格投资者公开发行了两期公司债券，简称"15 五洋债"和"15 五洋 02"，发行总额分别为 8 亿元和 5.6 亿元，票面利率都是7.48%，债券期限分别为 3 年和 5 年，并都附有投资者回售选择权，两期债券发行时的债项评级为 AA 级。两期债券合计金额 13.6 亿元，均由德邦证券股份有限公司（简称"德邦证券"）担任主承销商和受托管理人，并在上交所上市。相关统计显示，"15 五洋债"投资者中个人投资者占比 49.09%，机构投资者占比 50.91%；"15 五洋 02"投资者中个人投资者占比 57.68%，机构投资者占比 42.32%。

2017 年 8 月 14 日，"15 五洋债"的受托管理人德邦证券称，浙江民营企业五洋建设集团股份有限公司未能按期完成回售和第 2 年利息的兑付，已构成"15 五洋债"违约。同时，根据《募集说明书》条款，也触发了第二期债券"15 五洋02"的交叉违约。实际上，在 2016 年底，五洋集团发行的一期私募债便出现了流动性风险。受托管理人德邦证券也及时对五洋集团发行的"15 五洋债"和"15 五洋 02"这两期债券提示风险，并表示五洋集团已于 2016 年 12 月被列入全国法院失信被执行人名单，但发行人并未就有关情况进行披露。而在募集资金的使用上，五洋集团也存在违规。五洋债在募集说明书中载明，募集资金可以用于偿还银行贷款和流动性需求；但是 2015 年募集资金一到账，就被划到非关联公司，以及实际控制人控制的银行账户，这显然与募集资金的初衷不同。于是，在五洋建设多次发生负面事件（包括募集资金用途违规、多次进出失信名单等）之后，在 2016 年 12 月28 日，上交所以五洋集团有重大事项没有公布为由，要求"15 五洋债"和"15 五洋 02"即刻停牌。2017 年 7 月复牌后，债券价格暴跌，"15 五洋债"最低跌至 30

余元。与此同时，五洋集团的财报披露也出现了问题。2016 年 8 月以后，五洋集团便再也没有对外界发布新的财务报表。原本应于 2017 年 4 月 30 日公布的 2016 年度财报也陷于无休止的拖延之中。根据此前 2016 年 8 月公布的财报，2016 年上半年，公司营收 78.35 亿元，实现归母净利润 1.57 亿元，同比增长了 37.23%，截至期末的总资产为 93.04 亿元。根据最后发布的这份财务报表，五洋集团有足够的资金去兑付债券利息，但最终却仍陷入了违约风波。

在五洋集团被上交所调查之后，大批投资者也意识到了事情的严重性，纷纷对"15 五洋债"行使回售权，要求向五洋集团回售债券。2017 年 7 月 24 日公布的回售登记结果显示，债券持有人登记的回售数量共计 79.89 万手，回售金额约 7.99 亿元，回售比例达到 99.88%。但是五洋集团并未按照募资协议如期回售，最终导致违约全面爆发。在五洋债违约事件爆发后，在事件迟迟未能得到实质性进展，债券持有人将怒火转向受托管理人德邦证券。在 9 月 1 日晚间，五洋债第 2 次债券持有人会议的决议结果公布。除去要求发行人公布财务状况等常规议案获得通过外，颇受关注的一项议案是罢免德邦证券"15 五洋债"受托管理人资格，以 50.33% 的比例获得投票通过。这是债券市场难得一见的受托管理人被罢免资格的案例，也表现出了"15 五洋债"持有人对债券主承销商、受托管理人德邦证券的严重不满。

社会各界对五洋集团不披露年报、拒绝与中介机构沟通、不理会持有人的态度表示强烈不满，但现阶段公司的实际控制人也对此感到无奈，他表示目前公司日常经营虽然仍在继续，但融资渠道受阻，应收账款回款较慢，导致公司现金流出现了很大问题，其目前正在努力寻找重组方以化解困局。但目前，仍然未看到实质性的重组进展成果。而上交所也在 9 月 22 日晚间对五洋集团债券出现回售付息违约的处置进展情况回应道，目前有关方面正在对发行人开展资产情况核查，强化对发行人日常运行的监督，预防逃废债情况的发生，督促其不放弃包括重组在内的任何机会。

虽然近年来公司债违约的情况偶有发生，但是像五洋债的发行人这般配合度极低的情况却是较为少见的，这也是此次五洋债处置的一个难点。而之后债券持有人希望通过破产程序来让地方政府获得足够重视，并推动此次五洋债违约事件的发展，打破现在的僵局。另外，在进入破产程序后，所有执行中止，所有财产查封解除，这是保有发行人财产的必要措施，而且实践当中只有破产程序能够对发行人整体的债权债务情况、财务状况、资产状况等进行彻底的清查、梳理。因此，目前来看，只有尽早推动破产重组程序进行，才能最大限度地追回债务人的资产。

附录3 不同杠杆率水平下公司债市场波动的压力测试

附表3-1 杠杆投资者的压力测试——阶段性存量债券余额加权收益率

净杠杆倍数	0.5	1	1.5	2	2.5	3	3.5	4	4.5	5
公司债指数下跌1% = 收益率反弹%	0.0512%	0.0512%	0.0512%	0.0512%	0.0512%	0.0512%	0.0512%	0.0512%	0.0512%	0.0512%
套息收益（年化）	6.08%	8.10%	10.13%	12.15%	14.18%	16.20%	18.23%	20.26%	22.28%	24.31%
指数下跌1%的损失	1.50%	2.00%	2.50%	3.00%	3.50%	4.00%	4.50%	5.00%	5.50%	6.00%
杠杆收益（年化）	4.58%	6.10%	7.63%	9.15%	10.68%	12.20%	13.73%	15.26%	16.78%	18.31%
杠杆升至	0.51	1.02	1.54	2.06	2.59	3.13	3.66	4.21	4.76	5.32
公司债指数下跌2% = 收益率反弹%	0.1024%	0.1024%	0.1024%	0.1024%	0.1024%	0.1024%	0.1024%	0.1024%	0.1024%	0.1024%
套息收益（年化）	6.15%	8.20%	10.26%	12.31%	14.36%	16.41%	18.46%	20.51%	22.56%	24.61%
指数下跌2%的损失	3.00%	4.00%	5.00%	6.00%	7.00%	8.00%	9.00%	10.00%	11.00%	12.00%
杠杆收益（年化）	3.15%	4.20%	5.26%	6.31%	7.36%	8.41%	9.46%	10.51%	11.56%	12.61%
杠杆升至	0.52	1.04	1.58	2.13	2.69	3.26	3.85	4.44	5.06	5.68
公司债指数下跌5% = 收益率反弹%	0.2560%	0.2560%	0.2560%	0.2560%	0.2560%	0.2560%	0.2560%	0.2560%	0.2560%	0.2560%

续表

净杠杆倍数	0.5	1	1.5	2	2.5	3	3.5	4	4.5	5
套息收益（年化）	6.38%	8.51%	10.64%	12.77%	14.90%	17.02%	19.15%	21.28%	23.41%	25.54%
指数下跌5%的损失	7.50%	10.00%	12.50%	15.00%	17.50%	20.00%	22.50%	25.00%	27.50%	30.00%
杠杆收益（年化）	-1.12%	-1.49%	-1.86%	-2.23%	-2.60%	-2.98%	-3.35%	-3.72%	-4.09%	-4.46%
杠杆升至	0.54	1.11	1.71	2.35	3.03	3.75	4.52	5.33	6.21	7.14
公司债指数下跌10%＝收益率反弹%	0.5120%	0.5120%	0.5120%	0.5120%	0.5120%	0.5120%	0.5120%	0.5120%	0.5120%	0.5120%
套息收益（年化）	6.77%	9.02%	11.28%	13.54%	15.79%	18.05%	20.30%	22.56%	24.82%	27.07%
指数下跌10%的损失	15.0%	20.0%	25.0%	30.0%	35.0%	40.0%	45.0%	50.0%	55.0%	60.0%
杠杆收益（年化）	-8.2%	-11.0%	-13.7%	-16.5%	-19.2%	-22.0%	-24.7%	-27.4%	-30.2%	-32.9%
杠杆升至	0.59	1.25	2.00	2.86	3.85	5.00	6.36	8.00	10.00	12.50
公司债指数下跌20%＝收益率反弹%	1.0240%	1.0240%	1.0240%	1.0240%	1.0240%	1.0240%	1.0240%	1.0240%	1.0240%	1.0240%
套息收益（年化）	7.54%	10.05%	12.56%	15.07%	17.58%	20.10%	22.61%	25.12%	27.63%	30.14%
指数下跌20%的损失	30.0%	40.0%	50.0%	60.0%	70.0%	80.0%	90.0%	100.0%	110.0%	120.0%
杠杆收益（年化）	-22.5%	-30.0%	-37.4%	-44.9%	-52.4%	-59.9%	-67.4%	-74.9%	-82.4%	-89.9%
杠杆升至	0.71	1.67	3.00	5.00	8.33	15.00	35.00	--	--	--

附表 3-2 杠杆投资者的压力测试——3年至5年产品算术平均加权收益率

净杠杆倍数	0.5	1	1.5	2	2.5	3	3.5	4	4.5	5
公司债指数下跌1%＝收益率反弹%	0.0497%	0.0497%	0.0497%	0.0497%	0.0497%	0.0497%	0.0497%	0.0497%	0.0497%	0.0497%
套息收益（年化）	6.07%	8.10%	10.12%	12.15%	14.17%	16.20%	18.22%	20.25%	22.27%	24.30%

净杠杆倍数	0.5	1	1.5	2	2.5	3	3.5	4	4.5	5
指数下跌1%的损失	1.50%	2.00%	2.50%	3.00%	3.50%	4.00%	4.50%	5.00%	5.50%	6.00%
杠杆收益（年化）	4.57%	6.10%	7.62%	9.15%	10.67%	12.20%	13.72%	15.25%	16.77%	18.30%
杠杆升至	0.51	1.02	1.54	2.06	2.59	3.13	3.66	4.21	4.76	5.32
公司债指数下跌2% = 收益率反弹%	0.0994%	0.0994%	0.0994%	0.0994%	0.0994%	0.0994%	0.0994%	0.0994%	0.0994%	0.0994%
套息收益（年化）	6.15%	8.20%	10.25%	12.30%	14.35%	16.40%	18.45%	20.50%	22.55%	24.60%
指数下跌2%的损失	3.00%	4.00%	5.00%	6.00%	7.00%	8.00%	9.00%	10.00%	11.00%	12.00%
杠杆收益（年化）	3.15%	4.20%	5.25%	6.30%	7.35%	8.40%	9.45%	10.50%	11.55%	12.60%
杠杆升至	0.52	1.04	1.58	2.13	2.69	3.26	3.85	4.44	5.06	5.68
公司债指数下跌5% = 收益率反弹%	0.2485%	0.2485%	0.2485%	0.2485%	0.2485%	0.2485%	0.2485%	0.2485%	0.2485%	0.2485%
套息收益（年化）	6.37%	8.50%	10.62%	12.75%	14.87%	16.99%	19.12%	21.24%	23.37%	25.49%
指数下跌5%的损失	7.50%	10.00%	12.50%	15.00%	17.50%	20.00%	22.50%	25.00%	27.50%	30.00%
杠杆收益（年化）	−1.13%	−1.50%	−1.88%	−2.25%	−2.63%	−3.01%	−3.38%	−3.76%	−4.13%	−4.51%
杠杆升至	0.54	1.11	1.71	2.35	3.03	3.75	4.52	5.33	6.21	7.14
公司债指数下跌10% = 收益率反弹%	0.4970%	0.4970%	0.4970%	0.4970%	0.4970%	0.4970%	0.4970%	0.4970%	0.4970%	0.4970%
套息收益（年化）	6.75%	8.99%	11.24%	13.49%	15.74%	17.99%	20.24%	22.49%	24.73%	26.98%
指数下跌10%的损失	15.0%	20.0%	25.0%	30.0%	35.0%	40.0%	45.0%	50.0%	55.0%	60.0%
杠杆收益（年化）	−8.3%	−11.0%	−13.8%	−16.5%	−19.3%	−22.0%	−24.8%	−27.5%	−30.3%	−33.0%
杠杆升至	0.59	1.25	2.00	2.86	3.85	5.00	6.36	8.00	10.00	12.50

续表

净杠杆倍数	0.5	1	1.5	2	2.5	3	3.5	4	4.5	5
公司债指数下跌20%＝收益率反弹%	0.9940%	0.9940%	0.9940%	0.9940%	0.9940%	0.9940%	0.9940%	0.9940%	0.9940%	0.9940%
套息收益（年化）	7.49%	9.99%	12.49%	14.98%	17.48%	19.98%	22.47%	24.97%	27.47%	29.96%
指数下跌20%的损失	30.0%	40.0%	50.0%	60.0%	70.0%	80.0%	90.0%	100.0%	110.0%	120.0%
杠杆收益（年化）	-22.5%	-30.0%	-37.5%	-45.0%	-52.5%	-60.0%	-67.5%	-75.0%	-82.5%	-90.0%
杠杆升至	0.71	1.67	3.00	5.00	8.33	15.00	35.00	—	—	—

附表 3-3　杠杆投资者的压力测试——6个月至5年产品算术平均加权收益率

净杠杆倍数	0.5	1	1.5	2	2.5	3	3.5	4	4.5	5
公司债指数下跌1%＝收益率反弹%	0.0504%	0.0504%	0.0504%	0.0504%	0.0504%	0.0504%	0.0504%	0.0504%	0.0504%	0.0504%
套息收益（年化）	6.08%	8.10%	10.13%	12.15%	14.18%	16.20%	18.23%	20.25%	22.28%	24.30%
指数下跌1%的损失	1.50%	2.00%	2.50%	3.00%	3.50%	4.00%	4.50%	5.00%	5.50%	6.00%
杠杆收益（年化）	4.58%	6.10%	7.63%	9.15%	10.68%	12.20%	13.73%	15.25%	16.78%	18.30%
杠杆升至	0.51	1.02	1.54	2.06	2.59	3.13	3.66	4.21	4.76	5.32
公司债指数下跌2%＝收益率反弹%	0.1008%	0.1008%	0.1008%	0.1008%	0.1008%	0.1008%	0.1008%	0.1008%	0.1008%	0.1008%
套息收益（年化）	6.15%	8.20%	10.25%	12.30%	14.35%	16.40%	18.45%	20.50%	22.55%	24.60%
指数下跌2%的损失	3.00%	4.00%	5.00%	6.00%	7.00%	8.00%	9.00%	10.00%	11.00%	12.00%
杠杆收益（年化）	3.15%	4.20%	5.25%	6.30%	7.35%	8.40%	9.45%	10.50%	11.55%	12.60%
杠杆升至	0.52	1.04	1.58	2.13	2.69	3.26	3.85	4.44	5.06	5.68

续表

净杠杆倍数	0.5	1	1.5	2	2.5	3	3.5	4	4.5	5
公司债指数下跌 5%＝收益率反弹%	0.2520%	0.2520%	0.2520%	0.2520%	0.2520%	0.2520%	0.2520%	0.2520%	0.2520%	0.2520%
套息收益（年化）	6.38%	8.50%	10.63%	12.76%	14.88%	17.01%	19.13%	21.26%	23.39%	25.51%
指数下跌 5%的损失	7.50%	10.00%	12.50%	15.00%	17.50%	20.00%	22.50%	25.00%	27.50%	30.00%
杠杆收益（年化）	−1.12%	−1.50%	−1.87%	−2.24%	−2.62%	−2.99%	−3.37%	−3.74%	−4.11%	−4.49%
杠杆升至	0.54	1.11	1.71	2.35	3.03	3.75	4.52	5.33	6.21	7.14
公司债指数下跌 10%＝收益率反弹%	0.5040%	0.5040%	0.5040%	0.5040%	0.5040%	0.5040%	0.5040%	0.5040%	0.5040%	0.5040%
套息收益（年化）	6.76%	9.01%	11.26%	13.51%	15.76%	18.02%	20.27%	22.52%	24.77%	27.02%
指数下跌 10%的损失	15.0%	20.0%	25.0%	30.0%	35.0%	40.0%	45.0%	50.0%	55.0%	60.0%
杠杆收益（年化）	−8.2%	−11.0%	−13.7%	−16.5%	−19.2%	−22.0%	−24.7%	−27.5%	−30.2%	−33.0%
杠杆升至	0.59	1.25	2.00	2.86	3.85	5.00	6.36	8.00	10.00	12.50
公司债指数下跌 20%＝收益率反弹%	1.0080%	1.0080%	1.0080%	1.0080%	1.0080%	1.0080%	1.0080%	1.0080%	1.0080%	1.0080%
套息收益（年化）	7.51%	10.02%	12.52%	15.02%	17.53%	20.03%	22.54%	25.04%	27.54%	30.05%
指数下跌 20%的损失	30.0%	40.0%	50.0%	60.0%	70.0%	80.0%	90.0%	100.0%	110.0%	120.0%
杠杆收益（年化）	−22.5%	−30.0%	−37.5%	−45.0%	−52.5%	−60.0%	−67.5%	−75.0%	−82.5%	−90.0%
杠杆升至	0.71	1.67	3.00	5.00	8.33	15.00	35.00	—	—	—

第五章 新冠肺炎疫情冲击下的债券市场违约风险防范研究

　　受新冠肺炎疫情以及中国严格的疫情防控政策的影响，中国2020年第一季度国内生产总值出现罕见负增长，第二季度国内生产总值实现正增长，并好于市场预期。虽然经济持续恢复性增长，就业形势在好转，但高校毕业生、农民工群体等重点人群仍面临较大的就业压力。同时，海外疫情持续蔓延，给中国经济外贸形势带来了持续性负面影响。新冠肺炎疫情也成为影响我国金融政策走向的重要因素。新冠肺炎疫情暴发之后，中央部门和地方政府均出台了扶持性政策，缓冲新冠肺炎疫情给经济带来的冲击。随着新冠肺炎疫情形势的变化，一些扶持性政策也经历了调整。在货币政策方面，中国人民银行和中国银行保险监督管理委员会（简称"银保监会"）启用、创设多项信贷工具，推动银行系统为实体经济提供融资支持，同时，通过降准、降息、引导贷款市场报价利率（LPR）下行等方式降低实体经济融资成本。2020年5月之后，随着国内疫情形势好转，监管层通过抬升货币市场资金价格、公开发声表态货币政策将因疫情形势变化而调整等方式进行预期管理，避免强化利率下行一致性预期。在财政政策方面，决策层定调"积极的财政政策要更加积极有为"，一是财政赤字率从2.8%提高至3.6%以上；二是发行1万亿元的抗疫特别国债；三是大幅增加调入资金及使用结转结余，2020年，全国一般公共预算中的调入资金及使用结转结余较2019年增加了1倍。在新冠肺炎疫情和财政货币政策的共同影响下，股票、债券等资产价格走势波动剧烈。同时，新冠肺炎疫情暴发之后，海外实施了非常宽松的货币政策，全球杠杆率大幅升高，可能为未来埋下了金融危机隐患。

第一节　导言

新型冠状病毒肺炎是近百年来人类遭遇的影响范围最广的全球性大流行病，给包括中国在内的全球经济和金融体系造成重大影响。疫情影响之下，全球经济深陷困境，主要经济体中预计仅中国能实现全年的经济正增长。许多经济分析人士认为，全球将面临与20世纪大萧条或2008年国际金融危机相类似的经济困境。经济增速下滑，企业经营效益下降，将推升债券市场违约风险，给金融体系稳健性带来负面冲击。同时，新冠肺炎疫情暴发之后，海外实施了非常宽松的货币政策。全球央行大规模降息，发达经济体央行重启或加码量化宽松，政府部门和非金融企业部门杠杆率上升明显，可能为未来埋下了金融危机隐患。

我国债券市场存量规模超过100万亿元，是我国金融体系的重要组成部分，防范化解债券市场违约风险是金融防风险的重要内容。自2014年协鑫集成科技股份有限公司发行的"11超日债"发生违约打破了我国债券市场长期以来存在的刚性兑付现象之后，我国信用债违约日趋常态化。自2018年以来，信用债违约出现了集中爆发的态势，2014~2017年，仅有58家主体发生信用债违约，仅2018年一年信用债违约的主体数量就达到40家，2019年发生信用债违约的主体数量也高达40家。集中爆发的债券违约风险给经济运行带来了较大影响，自2018年以来，中国经济增速持续下滑，至2019年末，已下滑至6%的整数关口。

受新冠肺炎疫情在全球蔓延的影响，中国经济正面临持续加大的下行压力，在这样的背景下，有效防范化解债券违约风险、维护债券市场和金融市场稳定对保持经济运行在合理区间有着更为突出的意义。债券市场违约风险事件的爆发会带来多方面的负面结果，投资者利益受损，企业经营陷入困境，资本市场融资秩序受到冲击。因此，债券市场违约风险的防范成为了当前的重要议题，防范债券市场违约风险能够起到减少投资者损失、稳定资本市场和规避系统性风险的作用，这需要多方的配合。从政府层面来讲，一方面要通过施行合理的财政货币政策、给予民营企业融资支持、减税降费等措施来缓解企业经营压力；另一方面要强化债券市场基础设施建设，健全违约债处置机制，密切监控债券市场波动对系统性金融风险的传导渠道。从市场层面来讲，投资者应主动强化自身的风险识别和风险处置能力，建立完善的投资体系，减少债券违约带来的损失；债券发行人应合理化自身负债规模和结构，正确认识自身权利和义务，避免债券欺诈发行、虚假陈述、侵占公司财产、损害投资人利益以及逃废债等问题的发生；债券市场中介机构应明确自身义务和应负责任范围，提升自身专业能力，强化自身内部控制，在自身工作范围和专业领域内做到勤勉尽责，公正履行自身职责。

第二节　新冠肺炎疫情蔓延下的经济、金融影响研究

一、新冠肺炎疫情给中国经济运行带来的重大冲击

新冠肺炎疫情给经济运行带来了重大冲击。疫情暴发初期，政府采取了停产、停工等严格的疫情防控措施，影响了正常的生产和消费秩序，经济下行压力急剧增大。此后，随着疫情形势好转、疫情防控政策放松，经济秩序逐渐恢复，经济走势触底回升，但经济复苏过程不平衡，生产端的恢复速度快于消费端。

1. 第一季度国内生产总值出现罕见负增长，第二季度国内生产总值实现正增长

受严格的疫情防控政策的影响，2020 年第一季度国内生产总值同比下降了6.8%，出现了罕见的负增长。疫情给生产和消费均带来了显著的负面冲击。在国内消费方面，第一季度社会消费品零售总额同比下降了19%；在生产方面，第一季度规模以上工业增加值同比下降了8.4%；在投资方面，第一季度全国固定资产投资同比下降了16.1%。随着疫情得到明显控制，自第二季度起，疫情防控政策趋于

缓和，经济秩序加快恢复，第二季度 GDP 同比增速为 3.2%，好于市场预期。新冠肺炎疫情在湖北得到控制之后，在北京、辽宁等地有过局部的暴发，虽然疫情局部暴发很快得到控制，但疫情仍然给社会心理和经济秩序带来延续性影响，生产端的恢复速度显著快于消费端。2020 年 6 月，规模以上工业增加值同比增长了 4.8%，已基本恢复至正常水平；社会消费品零售总额同比下降了 1.8%，仍处于负增长区间，较上年同期下滑超过 10 个百分点。从整体来看，疫情得到控制的势头延续，经济持续恢复性增长。

2. 失业率走高，重点人群面临较大就业压力

新冠肺炎疫情带来的经济下行压力给就业市场造成了直接冲击。2021 年第一季度，全国城镇调查失业率为 5.8%，环比上升了 0.7 个百分点，同比上升了 0.6 个百分点。至第二季度，6 月份全国城镇调查失业率为 5.7%，连续两个月小幅下降，但仍高出上年同期 0.6 个百分点。2020 年，政府工作报告没有提出经济增长指标，仅提出"优先稳就业保民生"和"城镇新增就业 900 万人以上，城镇调查失业率 6%左右，城镇登记失业率 5.5%左右"的具体目标。根据人力资源和社会保障部的数据，2020 年 1 月至 6 月，城镇新增就业人数 564 万人，已完成全年目标任务的 62.7%，由此来看，完成政府工作报告中提出的全年目标并不困难。虽然就业形势在好转，但高校毕业生、农民工群体等重点人群仍面临较大的就业压力。6 月份，城镇外来农业人口（主要是进城农民工）的失业率同比上升了 0.7 个百分点，高于整体失业率同比上行幅度；全国 20 岁至 24 岁大专及以上人员（主要是新毕业大学生）调查失业率达到 19.3%，比 5 月份上升了 2.1 个百分点，比上年同期上升了 3.9 个百分点。

3. 海外疫情蔓延给中国经济外贸形势带来持续性负面影响

受新冠肺炎疫情在全世界大范围传播的影响，世界各主要经济体面临衰退风险，给中国经济外贸形势带来了持续负面影响。2020 年上半年，货物进出口总额 142379 亿元，同比下降了 3.2%，其中，第一季度同比下降了 6.5%，第二季度同比下降了 0.2%。出口总额 77134 亿元，下降了 3.0%；进口总额 65245 亿元，下降

了 3.3%。5 月份以来，欧洲疫情形势显著好转，经济开始重拾上行动力，相比之下，美国疫情数据持续处于高位，经济重启过程一波三折。作为全球第一大经济体，美国经济因疫情迟迟不能回升至正常水平，给全球经济摆脱疫情打击蒙上了阴影，进而给中国经济外贸形势带来了持续负面影响。

二、新冠肺炎疫情成为影响经济、金融政策走向的重要因素

新冠肺炎疫情暴发之后，中央部门和地方政府均出台了扶持性政策，缓冲新冠肺炎疫情给经济带来的冲击。同时，随着新冠肺炎疫情形势的变化，一些扶持性政策也经历了调整。新冠肺炎疫情应对政策有效缓和了新冠肺炎疫情带来的负面影响，给包括债券市场在内的资本市场带来了巨大影响，并给债券市场违约风险带来了长远影响。

1. 货币政策和信贷政策

2020 年 1 月 31 日，中国人民银行、中华人民共和国财政部、中国银行保险监督管理委员会、中国证券监督管理委员会、国家外汇管理局联合发布了《关于进一步强化金融支持防控新型冠状病毒感染肺炎疫情的通知》（银发〔2020〕29 号），围绕保持流动性合理充裕、加大货币信贷支持力度等出台了 30 条政策，强化了金融对疫情防控工作的支持。2 月 2 日，在春节假期结束、金融市场复market前一天，中国人民银行发布公告称，将在 2 月 3 日开展 1.2 万亿元公开市场逆回购操作投放资金，引导和稳定市场预期。2 月 3 日和 4 日，在金融市场复市之后的前两个交易日，央行累计开展了 1.7 万亿元的公开市场逆回购操作，向市场投放资金，公开市场 7 天和 14 天的中标利率较前期下降了 10 个基点。在 2 月至 4 月，由于严格的疫情防控政策给中国经济带来了较大的负面影响，以及 3 月份以来新冠肺炎疫情在海外快速扩散并引发全球金融市场大幅波动，央行公开市场操作力度始终保持在较高水平，驱动货币市场利率持续下行。至 3 月份，货币市场隔夜资金利率最低降至 0.8% 左右。为进一步打开货币市场利率下行空间，4 月 3 日，央行发布公告决定对中小银行定向降准的同时，将金融机构在央行超额存款准备金利率从 0.72% 下调至 0.35%。

除通过公开市场操作引导货币市场利率之外，央行还通过 MLF 资金利率引导 LPR 利率，进而对信贷市场产生重要影响。2019 年 8 月，中国人民银行发布改革完善贷款市场报价利率（LPR）形成机制公告，深化贷款利率市场化改革，MLF 利率成为 LPR 报价的重要基准，MLF 利率变动也成为 LPR 报价调整的重要信号。新冠肺炎疫情暴发之后，央行首先在 2 月下调 MLF 投放利率 10BP，引导当月 1 年期 LPR 利率下行 10BP，5 年期 LPR 利率下行 5BP。由于 3 月下旬疫情在海外快速蔓延给全球经济带来了重大负面冲击，央行在 4 月下调 MLF 投放利率 20BP，引导当月 1 年期 LPR 利率下行 20BP，5 年期 LPR 利率下行 10BP。

央行货币政策随疫情形势变化而灵活调整。在 4 月末，发生了两件代表性事件，标志着中国疫情防控取得重要阶段性成果，经济秩序将由此加快恢复。一件是两会时间确定。十三届全国人大三次会议于 2020 年 5 月 22 日在北京召开，全国政协十三届三次会议于 2020 年 5 月 21 日在北京召开。"两会"是我国政治经济生活中的一件大事，一般都在每年的 3 月召开，但受疫情影响，"两会"召开时间一直没有确定。"两会"即将召开，表明疫情已经得到有效控制。另一件是湖北应急响应级别下调。5 月 2 日 0 时起，湖北省突发公共卫生事件应急响应级别由一级响应调整为二级，并相应调整相关防控策略。湖北是疫情暴发地，湖北响应级别下调表明疫情在源头基本已经得到有效控制。自 4 月末以来，海外主要经济体如法国、德国、美国的疫情形势也得到控制，各国逐步放开疫情管控，经济秩序陆续开始恢复。此外，疫情暴发之后，资金价格持续下行，出现了企业套取低价信贷资金购买理财、结构化存款等套利的苗头，引起了决策层关注。5 月下旬在"两会"上政府工作报告提出，"加强监管，防止资金'空转'套利"。在这一背景下，央行货币政策开始出现转向。一方面，央行减少公开市场资金投放量，引导货币市场资金价格上行。6 月，DR007 月度均值为 1.98%，较 5 月上行 44BP，7 月 DR007 月度均值进一步上行至 2.10%。6 月份之后，DR007 基本维持在 2% 以上，较 3 月、4 月有明显抬升（见图 5-1）。另一方面，MLF 利率连续按兵不动，释放货币政策持稳观望的信号。6 月 18 日，央行行长易纲在第十二届陆家嘴论坛上表示，疫情应对期间的金融支持政策具有阶段性，要注重政策设计激励相容，防范道德风险，要关注政策的"后遗症"，总量要适度，并提前考虑政策工具的适时退出，明确传递了货币政策将因疫情形势变化而调整的信号。

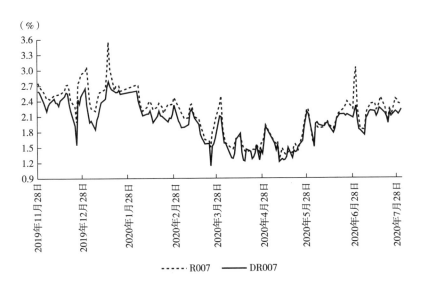

图5-1　新冠肺炎疫情暴发后货币市场资金价格变动情况

资料来源：Wind 数据库。

央行启用、创设多项信贷工具，推动银行系统为实体经济提供信贷和融资。一方面通过再贷款定向支持疫情防控重点领域和企业复产复工。央行根据疫情防控进展先后安排 3000 亿元专项再贷款、5000 亿元再贷款再贴现额度、1 万亿元再贷款再贴现额度，共计 1.8 万亿元，为企业复产复工和经济秩序恢复提供了低成本、普惠性的资金支持。另一方面创设两个直达实体经济的货币政策工具。根据《政府工作报告》的部署，人民银行创设两个直达实体经济的货币政策工具，分别是普惠小微企业贷款延期支持工具和普惠小微企业信用贷款支持计划。其中，普惠小微企业贷款延期支持工具将提供 400 亿元再贷款资金，可以支持地方法人银行延期贷款本金约 3.7 万亿元；普惠小微企业信用贷款支持计划将提供 4000 亿元再贷款资金，可以带动地方法人银行新发放普惠小微企业信用贷款约 1 万亿元，缓解了小微企业融资难的问题。

2. 财政政策

为对冲疫情给经济带来的负面冲击，决策层定调"积极的财政政策要更加积极有为"。积极的财政政策主要体现在三个方面：一是赤字率提高，财政赤字率从 2.8% 提高至 3.6% 以上，赤字规模比 2019 年增加 1 万亿元，达到 3.76 万亿元。二是发行抗疫特别国债，增大政府债券发行规模，并加快发行使用；安排地方政府专项债券 3.75 万亿元，比 2019 年增加 1.6 万亿元，发行 1 万亿元抗疫特别国债。截至 7 月末，1 万亿元抗疫特别国债已发行完毕。三是大幅增加调入资金及使用结转结余；根据 2020 年中央和地方预算草案，2020 年，全国一般公共预算中的调入资金及使用结转结余为 29980 亿元，2019 年的调入资金及使用结转结余为 15144 亿元，即 2020 年调入资金及使用结转结余增幅约 1.5 万亿元。

3. 政策效果及其市场影响

在更加灵活适度的货币政策和更加积极有为的财政政策的共同引导下，2020 年的金融数据增幅明显提高。2020 年上半年，M_2[①] 增速为 11.1%，较 2019 年同期高了 2.6 个百分点；社融存量增速为 12.8%，较 2019 年同期高了 1.6 个百分点。在不同时期，受政策微调的影响，金融数据增幅有着结构性差异。比如，在 3 月和 4 月，由于货币市场资金价格处于低位，债券市场利率大幅下行，信用债市场融资规模大幅增加，企业债券融资规模增量单月超 9000 亿元，创有社会融资规模统计数据以来的新高。4 月之后，由于央行边际收紧货币政策，并向市场传递打击资金空转套利、退出危机应对政策等信号，债券市场利率快速上行，信用债市场融资规模快速萎缩。5 月和 6 月，社融增量中企业债券的融资规模仅有 2879 亿元和 3383 亿元，较 4 月和 5 月萎缩近七成。信用债融资规模萎缩的同时，政府债券发行规模大

---

① M_2 即广义货币供应量，是指流通于银行体系之外的现金加上企业存款、居民储蓄存款以及其他存款，它包括了一切可能成为现实购买力的货币形式，通常反映的是社会总需求变化和未来通胀的压力状态。

幅增加，5月和6月的政府债券累计融资规模为1.9万亿元，较2019年同期增加了约8000亿元。由于政府债券发行规模的增加填补了企业债券融资规模萎缩的缺口，5月和6月的社融存量增速仍保持在较高水平，为支持实体经济复产复工提供了有效的金融支撑。

在新冠肺炎疫情和财政货币政策共同影响下，股票、债券等资产价格走势波动剧烈。在股票市场方面，在春节假期后复市首日，国内股票市场大幅下跌，沪深300指数下跌7.88%，但此后股票市场持续上涨，各主要股票价格指数在2月中下旬即回升至春节前水平。由于3月以来疫情在欧洲、美国等海外主要经济体大幅扩散，加之海外金融市场大幅波动，国内股票市场再次出现较大幅度下跌，并跌破2月时的低位。此后，随着美联储启用多项非常规货币政策工具向金融体系注入流动性，平抑全球金融市场恐慌情绪，国内股票市场再次转而上行。

债券市场走势基本和股票市场走势互呈镜像。受疫情和经济秩序中断的影响，债市利率在假期结束复市后快速下行，3月9日，10年期国债收益率下探2.52%，较春节前下行约50BP。此后，由于中国国内疫情显现出得到控制的迹象，债市利率转而上行。从3月下旬起，由于新冠肺炎疫情在海外大规模暴发，并对全球经济金融体系产生了重大的负面影响，债市利率再次大幅下行，并突破前期低位，10年期国债收益率最低下探至2.48%。自4月末以来，由于国内复产复工进程加快，以及新冠肺炎疫情在海外得到控制，债市利率整体呈上行势头。至7月末，10年期国债收益率收于2.97%，仅低于春节前水平2BP，部分信用债收益率已高于春节前水平，如5年期AAA级中期票据收益率收于3.78%，高出春节前15BP。

三、新冠肺炎疫情暴发后全球杠杆率大幅升高埋下金融危机隐患

新冠肺炎疫情暴发之后，海外实施了非常宽松的货币政策。一是全球央行大规模降息。2020年3月，美联储2次降息累计150BP，将联邦基金目标利率降至0.25%的低位；英格兰银行2次降息累计65BP，将基准利率降至0.10%的低位。二是发达经济体央行重启或加码量化宽松。美联储宣布将根据需要展开资产购买，大

幅扩张资产负债表。至6月份，美联储资产负债表规模超过7.2万亿美元，较新冠肺炎疫情暴发前增加了约70%。欧洲中央银行先加码量化宽松1200亿欧元，后再次宣布年底前再增加7500亿欧元资产购买。日本银行加码量化宽松近8万亿日元。三是主要经济体央行普遍加大流动性支持力度，推动各种定向支持工具向金融体系注入流动性。美联储集中出台一级交易商信贷工具、商业票据融资工具、二级市场公司信贷融资工具等多个紧急流动性救助工具；欧洲中央银行临时开展额外的长期再融资操作；英格兰银行推出新冠肺炎疫情企业融资工具，为大企业提供资金支持，推出支持中小企业的定期融资计划；日本银行新设受困企业特别融资支持机制。

在全球央行宽松货币政策和向金融体系注入流动性的影响下，海外债券市场发行规模大幅增加。2020年第二季度，美国债券市场发行规模为3.1万亿美元，较上年同期增长了59%，创下单季发行规模纪录，其中，企业债券发行规模为8700亿美元，较上年同期激增了153%。欧洲市场上，2020年第二季度，债券发行规模为2.8万亿欧元，较上年同期增长了42%，其中，非金融类企业债券发行规模为3124亿欧元，较上年同期增长了约50%。

债务激增导致各国杠杆率快速攀升。据市场机构测算，美国宏观杠杆率由2019年底的250%提高至2020年5月的274%，上升了24个百分点。日本宏观杠杆率在疫情前便处于全球主要经济体的最高水平（367%），2020年5月，其宏观杠杆率提高至384%，上升了17个百分点。在欧洲国家中，法国宏观杠杆率上升了近40个百分点；意大利、英国宏观杠杆率上升了约20个百分点；德国宏观杠杆率上升了13个百分点。分部门看，居民部门杠杆率水平上升幅度较为有限，部分国家（如美国和印度）的居民部门杠杆率出现下降；政府部门和非金融企业部门杠杆率上升明显，在美国、日本和德国，政府部门和非金融企业部门各自贡献了近半的总体杠杆率。[①]

激增的债务水平和宏观杠杆率有可能从两方面影响未来债券市场违约水平，进而给全球金融系统埋下危机隐患。一是企业部门。新冠肺炎疫情在海外持续蔓延，

---

① 张继强、芦哲：《逆周期风暴后，杠杆率升高几何？——基于BIS和CNBS口径的全球宏观杠杆率跟踪》，华泰证券研究报告，2020年7月24日第1页。

给企业经营带来了困难，已经有一些知名企业陷入破产境地。美国伊利诺伊大学、哈佛商学院和芝加哥大学等联合完成的报告称，自美国疫情3月初出现蔓延以来，已有超过10万家小型企业永久倒闭，占全美小企业数量的2%，其中，餐饮业受影响尤其严重。如果新冠肺炎疫苗研发速度慢于预期，企业破产潮的出现可能导致债券市场违约激增，进而引发金融体系融资功能波动。二是主权债务。新冠肺炎疫情暴发之后，各国大幅增加财政支出以抵御新冠疫情对经济的冲击，导致全球政府债务规模急剧上升。国际货币基金组织（IMF）的数据显示，截至2020年7月，发达经济体债务已升至全球国内生产总值（GDP）的128%，是"二战"以来最高水平。部分欧洲国家和发展中国家是主权债务高风险区域。欧盟统计局数据显示，2020年8月份欧洲多数国家债务率已经超过2009年末欧债危机发生初期的水平，其中，希腊政府债务率接近200%，意大利、葡萄牙、比利时、法国和西班牙均超过100%。联合国贸易和发展会议4月发布的报告显示，未来10年，发展中国家将面临巨大的债务偿还压力；仅2020年和2021年，发展中国家最多需偿还约3.4万亿美元的公共债务。由于治理能力和公共卫生体系相对较为薄弱，新冠肺炎疫情给发展中国家带来的影响较大，未来也将使发展中国家面临更大的主权债务违约风险。历史经验显示，主权债务违约风险虽然发生频率较低，但一旦出现，就会给全球金融体系带来重大冲击。

第三节　债券市场违约风险与金融危机的联系研究

一、债券市场违约风险与金融危机联系的理论分析

金融危机理论层出不穷，包括银行挤兑、道德风险、金融系统不稳定性和金融危机传染等，其中，危机传染模型关注流动性危机通过信息渠道和信贷渠道发生传染的路径（Allen & Gale，2000）。就公司债券市场违约风险传染而言，Theocharides（2007）归纳出由经济基本面、流动性冲击和投资者信心变化引致的信息传导三种债市违约风险传染机制，实证表明，信息传导在美国公司债券市场表现更显著。

Timmer（2018）和郭栋（2019）研究表明，美联储加息会通过新兴市场国内货币政策影响公司债利率上升，新兴市场企业融资会因此恶化，进而引发债券市场违约。李永等（2018）指出，债券投资者的异质性会导致市场非理性反应。另有学者从资产泡沫角度，基于发行期限、发行主体、发行信用等层面，揭示了各类债券泡沫之间的复杂相依结构、泡沫传染效应及传染路径。

当前，机构投资者持有的债券交叉重叠，并频繁采用回购杠杆，一旦公司债券出现大规模违约，投资者的抛售变现和恐慌情绪就会引起整个金融市场的蝴蝶效应，同时，金融市场和实体经济紧密交织，最终会引爆系统性风险，导致经济危机。Valenzuela（2016）使用国际市场公司债数据，证明高比例短债会加速公司债的市场流动性短缺。王雄元和高开娟（2017）的实证研究结果说明了客户集中度对债券投资者的风险效应。纪志宏和曹媛媛（2017）发现，中国公司债信用利差更多反映了流动性风险溢价。债券违约已从最早的私募债市场蔓延到公募债市场，从民营企业债券传染到了国有企业和中央企业债券中偿还能力较为薄弱的债券产品上，但我国债券市场存在政府隐性担保的独有特点。王博森、吕元稹和叶永新（2016）将政府隐性担保定义为债券违约后的政府兜底偿付概率，纳入可违约债券 CIR 模型中考察其在二级市场定价中的作用，发现政府隐性担保实际上降低了债券信用风险，政府对国有发债主体债务违约的帮助能有效增加二级市场中投资者对债券偿付能力的预期，进而出现政府隐性担保溢价。

金融市场显著联动会导致风险相互传染，而风险传染是系统性风险的核心。①债券资产抛售与系统性风险传染。Mitchell 和 Pulvino（2012）通过对 2008 年国际金融危机时各类信用债券的利差研究发现了大量资产抛售现象。Shleifer 和 Vishny（2011）分析了 2008 年国际金融危机时债券等资产抛售过程及其对银行、共同基金和对冲基金的影响。②股债危机传染。胡秋灵和马丽（2011）认为，通货膨胀率、利率、货币供应量和投资者情绪等都会影响股市和债市的波动溢出效应，并存在债市违约风险对股市的单向溢出效应。③债市违约风险对实体经济的影响。Caballero 等（2008）认为，2008 年全球金融危机前房地产泡沫随着危机爆发转移到债市，但债市的风险积累最终影响了实体经济。Caballero 等（2006）认为，适当债券投资有利于权益类泡沫挤出，但债权类资产泡沫对经济破坏性更大。债券投资风险分担弱于股票，债券违约导致杠杆资金链崩溃，引发"多米诺"式崩塌，给实体经济带来了强烈冲击（Gorton & Ordones，2014）。

二、美国债券市场违约风险变化的驱动因素分析

根据现有理论和实证检验，美国公司债券市场违约风险变化的驱动因素既包括股市收益率波动、利率、通货膨胀、GDP 等宏观经济环境因素，又包括美联储货币政策因素。在宏观基本面、企业层面和单个金融市场层面的信息叠加冲击下，股债联动关系不稳定，且变化很大。一方面，当股市波动率增大导致股市投资风险加大时，投资者会转向投资债券，投资债券市场的资金增加，债券价格被抬高，从而信用利差缩小，降低债券市场信用风险。另一方面，尽管在股市异常波动中债券市场在一定程度上起到"资金避险池"的作用，但在企业总体负债水平较高的背景下，股市异常波动导致债市过度波动，可能引发企业偿债能力不足的"雪崩效应"，导致债券违约。

根据 Merton（1974）提出的结构模型，当利率上升时，企业债券的信用利差会变小，信用风险也会变小。居民消费价格指数（CPI）对信用利差的影响主要通过消费、投资、利率和投资者对未来的预期实现。CPI 升高会增加消费支出，投资者倾向于选择更加保守的投资策略，对同等程度的风险要求更高的收益回报；同时，对企业债券的需求也会相应减少，使信用利差增大，进而增加企业债券的信用风险，推升债券违约风险。

美国不管是高等级信用利差还是低等级信用利差，和国债收益率走势均相反，如图 5-2 和图 5-3 所示。信用利差主要受信用风险、流动性风险等因素的影响。一般来说，美国信用利差是信用风险起主导作用。美国国债收益率受经济增速预期的影响，国债收益率下降，意味着经济下行预期增强，此时，信用风险增加，超过货币宽松带来的流动性风险下降，信用利差扩大；反之，则信用利差缩小。

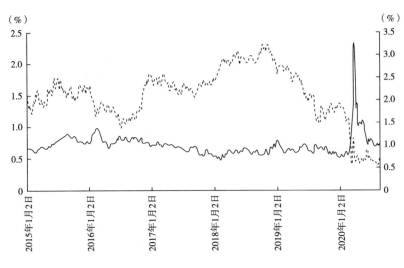

图 5-2　美国高等级信用利差和国债收益率关系

资料来源：Wind 数据库。

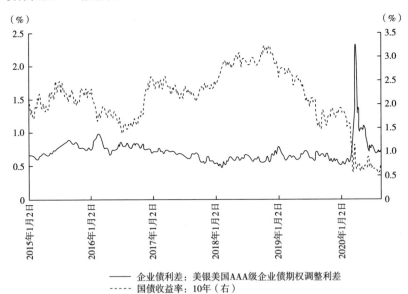

图 5-3　美国低等级信用利差和国债收益率关系

资料来源：Wind 数据库。

三、1929 年经济大萧条及 2008 年全球金融危机期间债券市场违约风险的变化分析

新冠肺炎疫情发生之后，许多经济分析人士均认为，全球将面临与 20 世纪大萧条或 2008 年全球金融危机相类似的经济困境。因此，有必要回顾分析大萧条及 2008 年全球金融危机期间债券市场违约风险的变化分析。

Giesecke 等（2011）对美国 1866 年至 2008 年的债券违约风险进行了分析，他们的研究提供了大萧条期间的债券违约数据。根据他们的统计，大萧条期间债券违约风险高涨，1933 年至 1935 年的累计债券违约率高达 12.88%。[①] 虽然这一违约率在其统计的债券违约率高峰中仅排名第四，但排名前三的债券违约高峰都发生在 19 世纪，即美国经济金融体系尚未发展成熟的时期。如果不考虑 1900 年之前的债券违约情况，大萧条期间的债券违约率将排在第一位。大萧条期间共出现两次债券违约高峰。第一次债券违约高峰出现在 1931 年至 1935 年，违约高峰持续了约 5 年，平均违约率为 3.67%，最高违约率为 6.73%。第二次债券违约高峰出现在 1938 年至 1939 年，债券违约高峰持续了约 2 年，平均违约率为 2.67%，最高违约率为 2.84%。Giesecke 等（2011）研究的数据集更新至 2008 年，因此，对 2008 年全球金融危机期间的债券违约风险涉及不多，但 Giesecke 等也注意到，仅就债券违约率而言，2008 年全球金融危机对债券违约风险的影响较为有限。

Ivashina 和 Scharfstein（2010）对 2008 年全球金融危机期间包括债券市场在内的融资过程进行了研究。他们研究发现，在 2008 年全球金融危机期间，虽然大部分种类的银行借贷规模出现了下降，但大的公司债券发行主体由于面临资本市场融资困境，在其现有信贷额度内大幅增加了银行借贷规模，银行向大企业提供的商业贷款和工业贷款规模出现了显著增加。Friewald 等（2012）对包含 2008 年全球金融危机期间的债券市场数据进行了研究，发现相比于信用恶化，流动性风险是导致债券市场信用风险溢价变化的主要原因，2008 年全球金融危机尤其如此，并且流动

---

① 即 3 年期间债券违约率之和。

性风险给投机级债券带来的冲击更大。

债券违约与经济危机在一定程度上有着互为因果的关系。一方面，经济危机将导致企业经营情况恶化，驱动债券违约风险上行；另一方面，债券违约的增多会通过影响债券市场融资功能、债券价值或抵押品贬值等渠道给经济金融体系带来进一步的冲击。Friedman 和 Schwartz（1963）、Calomiris 和 Joseph（2003）认为，银行持有的企业债券价值贬值是导致大萧条期间银行破产的重要原因。Giesecke 等（2014）发现，债券违约高峰并不会对产出造成显著冲击，但会给物价带来通缩压力，这表明银行危机和债券违约在经济影响方面有着微妙的不同，银行会给产出和物价同时带来压力。

四、美联储非常规货币政策工具对债券市场违约风险的影响分析

1. 美联储推出非常规货币政策的背景

自 2008 年以来，美联储非常规货币政策工具成为美联储应对金融危机的重要工具。次贷危机爆发后，货币市场流动性紧缩带来了高风险溢价，破坏了金融机构之间正常的信贷机制，常规货币政策工具可能失效。2007 年 7 月，在一系列金融机构宣布亏损破产之后，次贷危机开始对金融体系产生冲击，表现为货币市场流动性紧缩。伦敦银行同业拆息与隔夜指数掉期的利差（LIBOR-OIS）在次贷危机爆发前保持在 15 个基点左右，2007 年 8 月 7 日，一跃至 40 个基点；到 2007 年末，一度超过 100 个基点；2008 年，新一波金融冲击使其扩大至 365 个基点。美联储无论是降低联邦基金利率至零利率，还是降低再贴现率，都无法逆转突升的风险溢价所带来的货币市场流动性紧缩。出于对资产状况的担忧，金融机构不可能通过再贴现融资来增加对其他金融机构的信贷，而会先应对自身的流动性危局。

另外，私人部门外部融资的额外成本骤增，金融加速器机制的破坏作用加大。在信贷渠道方面，金融机构可贷资金水平下降冲击实体部门；在资产负债表渠道方面，资产价格下跌导致可担保资产价值下降，同时贷款困难，进一步提高了外部融资的额外成本。信贷创造能力受破坏的金融体系和现金流困难的实体经济结合产生

金融加速器机制，包含巨大的宏观经济风险。金融体系破坏、外部融资额外成本上升，叠加资产价格暴跌，冲击实体经济中的消费、投资、就业等，实体经济恶化将进一步增加金融机构不良资产，破坏金融体系功能，由此形成负向循环效应，放大了宏观经济风险。

为了应对次贷危机和全球金融危机，美联储首先将常规货币政策工具使用至极限，包括将联邦基金利率降至近乎零利率、大幅放宽再贴现政策、对存款准备金和超额准备金支付利息。但因金融机构信贷机制破坏，风险溢价高企，常规货币政策工具的操作未达到预期效果。2008 年，LIBOR-OIS 利差不断创出新高，贝尔斯登、雷曼兄弟等金融巨头相继倒下，实体经济面临衰退。在常规货币政策仍不足以刺激经济复苏的情况下，为了维持金融系统和宏观经济的稳定运行，美联储开始推出非常规货币政策。区别于央行通过降低利率或者公开市场操作来影响短期利率的常规政策，非常规货币政策一方面直接改变央行资产负债表的结构或规模，另一方面改变公众对未来短期利率变化的市场预期。

2. 2008 年以来美联储采用的非常规货币政策工具

（1）利率前瞻性指引。

次贷危机后，由于政策利率已于 2008 年底降至零，2009 年 3 月，美联储开始宣布将延长超低利率期限，利用非常规的利率前瞻性指引来调整货币政策立场。通过利率前瞻性指引，美联储把政策利率下调，并向公众承诺将长期保持政策利率的超低水平，以积极引导长期利率下降。从整体来看，美联储的利率前瞻性指引经历了三个阶段——开放式、时间参照和经济状况参考，如表 5-1 所示。

表 5-1　2008 年至 2015 年美国联邦公开市场委员会声明中的利率前瞻性指引

时间	描述	类型
2008 年 12 月	疲弱的经济条件可能使联邦基金利率在一段时间内维持较低水平	开放式（表述模糊，仅提供定性信息）
2009 年 3 月	疲弱的经济条件会使超低利率延续一段时间	
2010 年 9 月	将对经济前景和金融发展持续监测，随时准备额外的流动性，以支持经济复苏和通胀水平向既定目标转移	

续表

时间	描述	类型
2011 年 8 月	超低利率至少保持至 2013 年中	时间参照 （给出明确退出时点）
2012 年 1 月	超低利率至少保持至 2014 年末	
2012 年 9 月	超低利率至少保持至 2015 年中	
2012 年 12 月	如果失业率高于 6.5%，未来 1~2 年内通胀水平预期低于 2.5%，在较长期通胀预期稳定的前提下，仍将继续维持超低联邦基金利率水平	经济状况参考 （给出经济观察指标，明确指出衡量标准）
2013 年 12 月	美国联邦公开市场委员会强化前瞻性指引，称即使失业率跌至 6.5% 以下，如果预期通胀率仍在 2% 以下，将继续维持超低利率	
2014 年 3 月	通过综合评估通胀 2% 的目标以及就业状况来决定是否对当前联邦基金利率进行调整	
2015 年 4 月	未来经济将恢复增长。在劳动力市场明显改善，以及通胀率回到 2% 左右时，会提高利率	
2015 年 10 月		

资料来源：美国联邦储备银行官方网站。

（2）资产负债表工具：货币政策工具创新和大规模资产购买计划。

为应对危机，美联储通过扩张资产负债表规模向市场注入流动性，即通过设立创新的货币政策工具和长期的资产购买计划实现，并作用于美联储的资产负债表。美联储根据各经济主体信贷紧缩和流动性缺乏的具体情况，针对不同对象推出了不同的创新货币政策工具，如表 5-2 所示。

表 5-2　次贷危机救助过程中美联储推出的各类创新货币政策工具

货币政策工具名称	合格参与者	金额	创新时间
为存款机构以及证券交易商提供流动性的政策工具			
定期拍卖便利（TAF）	存款机构	6000 亿美元	2007 年 12 月
一级交易商信贷便利（PDCF）	一级交易商	470 亿美元	2008 年 3 月
定期证券借贷（TSLF）	一级交易商	2000 亿美元	2008 年 3 月
为私人部门提供信贷融资的政策工具			
资产支持的商业票据货币市场共同基金流动性便利（AMLF）	存款类机构和银行控股公司	270 亿美元	2008 年 9 月

续表

货币政策工具名称	合格参与者	金额	创新时间
商业票据融资便利（CPFF）	票据发行人	3180 亿美元	2008 年 10 月
货币市场投资者融资便利（MMIFF）	货币市场投资者	—	2008 年 10 月
定期资产支持证券贷款便利（TALF）	美国公司和投资基金	2000 亿美元	2009 年 1 月
为美国国际集团和花旗集团设立的政策工具			
美国国际集团初始便利	美国国际集团	1500 亿美元	2008 年 9 月
美国国际集团新便利	为美国国际集团特别成立的梅登巷有限责任公司	—	2008 年 11 月
花旗集团资产担保	花旗集团	2400 亿美元	2008 年 11 月

资料来源：美国联邦储备银行官方网站。

次贷危机以来，美联储共进行了四轮大规模资产购买（即"量化宽松"）以及期限延长计划（也称"扭转操作"）。大规模资产购买计划购买的资产范围主要包括三类：房地美和房利美以及住房贷款银行的机构债券、抵押贷款支持证券（MBS）、中长期国债。美联储的资产购买计划如表5-3所示。

表5-3 次贷危机救助过程中美联储推出的大规模资产购买计划

开始时间	持续时间	购买金额
房利美、房地美以及住房贷款银行的机构债券		
2008 年 11 月 25 日：QE1 开始		1000 亿美元
2009 年 3 月 19 日	2009 年 3 月至 2010 年 3 月	增加 1000 亿美元，总购买规模达到 2000 亿美元
2009 年 11 月 4 日		修改规模为 1750 亿美元
抵押贷款支持证券（MBS）		
2008 年 11 月 25 日		5000 亿美元
2009 年 3 月 19 日	2009 年 3 月至 2010 年 3 月	增加 7500 亿美元，总规模达到 1.25 万亿美元

续表

开始时间	持续时间	购买金额
2012 年 9 月 14 日：QE3 开始	2012 年 9 月至 2014 年 10 月	每月 400 亿美元
中长期国债		
2009 年 3 月 19 日	2009 年 3 月至 2009 年 9 月	3000 亿美元
2010 年 11 月 4 日：QE2 开始	2010 年 11 月至 2011 年 6 月	6000 亿美元
2011 年 9 月 21 日	2011 年 9 月至 2012 年 12 月	4000 亿美元
2012 年 12 月 13 日：QE4 开始	2012 年 12 月至 2014 年 10 月	每月 450 亿美元
2013 年 10 月 30 日	2013 年 10 月至 2014 年 10 月	不削减规模，达到每月 450 亿美元
2014 年 10 月 31 日	美联储宣布推出量化宽松政策（QE）	

资料来源：美国联邦储备银行官方网站。

截至 2010 年 10 月，美联储在危机初期所设立的创新货币政策工具在其资产负债表中的份额已基本降至零水平。在次贷危机的中后期，美联储的资产购买计划对危机救助发挥了更深远的作用。从 2008 年 11 月美联储宣布购买机构债券开始，至 2014 年 10 月美联储宣布结束资产购买计划并推出量化宽松，资产购买计划贯穿了持续六年的危机救助过程。

3. 美联储非常规货币政策工具对债券市场违约风险的影响

研究表明，美联储利率前瞻性指引可改善金融市场环境，在一定程度上可降低债券市场违约风险。Femia 等（2013）考察了第二阶段前瞻性指引对资产价格的影响，直接观察数据发现，国债收益率、利率波动性明显降低，股票价格指数上升，金融环境得到改善，为经济增长创造了条件。Campbell 等（2012）发现，利率前瞻性指引显著影响了国债收益率与公司债收益率，并且对公众的宏观经济预期产生了影响，联邦基金利率的上升意味着美联储预期未来经济会得到改善，在这一判断之下，公众会下调失业率预期，同时上调通胀预期。Filardo 和 Hofmann（2014）观察发现，第一阶段前瞻性指引实施后，远期利率与长期利率下降最多，第二阶段前瞻性指引的实施效果越来越弱，在 2011 年 8 月美联储运用前瞻性指引后，2 年期远期利率下降了 20 多个基点；在 2012 年 1 月与 9 月实施前瞻性指引后，2 年期远期利率下降了 5 个基点，均说明利率前瞻性指引具有改善金融环境的有效性。

量化宽松货币政策的实施对恢复疲弱经济形势具有显著作用，也可大幅降低债券市场违约风险。美联储通过购买大规模的资产，尤其是机构债券和中长期国债，扩张其资产负债表，调整资产负债表结构，降低长期债券利率，最终恢复经济。大量实证研究（Neely，2011；Swanson，2011）发现，量化宽松政策的实施可以大幅降低 10 年期债券利率，推动恢复疲弱经济形势，进而降低债券市场违约概率，减少风险。

但是，利率前瞻性指引与资产购买计划削减的共同作用或加大债券市场违约风险。实际上，长期利率由名义利率的预期路径与期限溢价两部分构成。利率过长时期维持在过低水平，期限溢价的变化会导致长期利率波动。从美联储的经验来看，资产购买计划影响长期利率的期限溢价，前瞻性指引通过政策利率的演变途径影响长期利率，在实施第三阶段利率前瞻性指引的过程中，资产购买规模不断削减，导致期限溢价上升。因此，美联储利率前瞻性指引与资产购买计划削减的共同作用可能引起利率剧烈波动，威胁金融稳定，进而可能提高债券市场违约风险。

另外，短期政策利率前瞻性指引与量化宽松政策的结合会压低固定收益证券的长期收益率。在这种情况下，只能获得最低名义回报的固定收益投资者将转而投资高风险金融工具，资金更倾向于流向套利交易和投机行为，如垃圾债券、新兴市场债券等，造成投资扭曲。比如，对利率极其敏感的房地产价格可能上升，加大房地产市场崩溃风险，影响金融稳定，在金融风险传染机制的作用下，可能推升债券市场违约风险。

第四节　新冠肺炎疫情冲击下我国债券市场违约风险演变分析

一、我国债券市场违约风险的演变过程

2014 年以前，刚性兑付的情况长期存在于我国金融市场，公开市场尚无一例信用债违约事件的发生。自 2014 年 3 月 4 日协鑫集成科技股份有限公司发行的"11 超日债"发生违约打破了我国债券市场长期以来存在的刚性兑付现象之后，信用债违约日趋常态化。我国历史上发生过两次信用债违约潮，一次是 2015 年至 2016 年，另一次是 2018 年以来。

1. 2015 年至 2016 年间的违约潮：以产能过剩行业为主体

2015 年至 2016 年，共计有 54 家信用债发行主体首次发生信用债违约，两年间累计有 83 只债券（涉及金额 515.54 亿元）发生违约（见表 5-4）。这一阶段的信用债违约有三个特征：一是违约主体中国有企业的占比较高。在 2015 年至 2016 年间发生违约的发行主体中，国有企业有 11 家，占全部违约主体的 20%，国有企业发行主体涉及的债券违约额达 264.20 亿元，占此阶段信用债全部违约额的 51.25%。二是违约主要集中在光伏、煤炭、钢铁等产能过剩行业。在光伏行业，共有 5 家发行主体发生违约。2014 年我国债券市场出现的首只违约债券即来自协鑫集成科技股份有限公司，2015 年至 2016 年，光伏行业的山东嘉寓润峰新能源有限公司、保定天威集团有限公司、保定天威英利新能源有限公司和陕西国德电气制造有限公司相继发生违约。在钢铁、煤炭行业，共有 5 家发行主体发生违约，分别是四川省煤炭产业集团有限责任公司、中煤集团山西华昱能源有限公司、东北特殊钢集团股份有限公司、四川圣达集团有限公司、中国中钢股份有限公司，共涉及违约债券 14 只，共计 106.70 亿元。三是违约主体集中在非上市公司。2015 年至 2016 年，发生信用债违约的 54 家主体中，仅有国机重型装备集团股份有限公司、珠海中富实业股份有限公司和中科云网科技集团股份有限公司 3 家为上市公司，信用债

违约主体主要集中在非上市公司。

表 5-4　2015 年至 2016 年违约信用债发行主体一览

发行人	首次债券违约日期	企业性质	是否上市公司	所属 Wind 行业
广州华工百川科技股份有限公司	2016 年 12 月 16 日	地方国有企业	否	基础化工
惠州侨兴电信工业有限公司	2016 年 12 月 15 日	民营企业	否	通信设备
惠州侨兴电讯工业有限公司	2016 年 12 月 15 日	民营企业	否	电子设备和仪器
内蒙古博源控股集团有限公司	2016 年 12 月 5 日	民营企业	否	基础化工
中国城市建设控股集团有限公司	2016 年 11 月 28 日	民营企业	否	建筑与工程
大连机床集团有限责任公司	2016 年 11 月 21 日	民营企业	否	工业机械
河北省物流产业集团有限公司	2016 年 11 月 17 日	地方国有企业	否	航空货运与物流
山东迪浩耐磨管道股份有限公司	2016 年 11 月 14 日	民营企业	否	基础化工
莱芜信通印刷设备有限公司	2016 年 11 月 3 日	民营企业	否	商业印刷
百花医药集团股份有限公司	2016 年 10 月 21 日	民营企业	否	西药
金乡县华光食品进出口有限公司	2016 年 9 月 21 日	民营企业	否	农产品
武汉国裕物流产业集团有限公司	2016 年 8 月 8 日	民营企业	否	航空货运与物流
河南佳源乳业股份有限公司	2016 年 7 月 28 日	民营企业	否	食品加工与肉类
东兴金满堂商贸有限公司	2016 年 6 月 17 日	民营企业	否	贸易公司与工业品经销商
四川省煤炭产业集团有限责任公司	2016 年 6 月 15 日	地方国有企业	否	煤炭与消费用燃料

续表

发行人	首次债券违约日期	企业性质	是否上市公司	所属 Wind 行业
甘肃华协农业生物科技股份有限公司	2016 年 6 月 1 日	民营企业	否	农产品
鄂尔多斯市益通路桥有限公司	2016 年 5 月 29 日	民营企业	否	公路与铁路
春和集团有限公司	2016 年 5 月 16 日	民营企业	否	建筑机械与重型卡车
内蒙古奈伦集团股份有限公司	2016 年 5 月 4 日	民营企业	否	食品加工与肉类
中煤集团山西华昱能源有限公司	2016 年 4 月 6 日	中央国有企业	否	煤炭与消费用燃料
中成新星油田工程技术服务股份有限公司	2016 年 3 月 29 日	民营企业	否	石油天然气设备与服务
东北特殊钢集团股份有限公司	2016 年 3 月 28 日	地方国有企业	否	钢铁
南京雨润食品有限公司	2016 年 3 月 17 日	民营企业	否	食品加工与肉类
江苏中联物流股份有限公司	2016 年 3 月 13 日	民营企业	否	航空货运与物流
广西有色金属集团有限公司	2016 年 3 月 9 日	地方国有企业	否	金属非金属
淄博宏达矿业有限公司	2016 年 3 月 8 日	民营企业	否	金属非金属
上海云峰（集团）有限公司	2016 年 2 月 29 日	地方国有企业	否	贸易公司与工业品经销商
中恒通（福建）机械制造有限公司	2016 年 2 月 29 日	民营企业	否	机动车零配件与设备
亚邦投资控股集团有限公司	2016 年 2 月 14 日	民营企业	否	综合类行业
陕西国德电气制造有限公司	2015 年 12 月 25 日	民营企业	否	电气部件与设备
山东滨州新天阳化工有限责任公司	2015 年 12 月 20 日	民营企业	否	基础化工
四川圣达集团有限公司	2015 年 12 月 7 日	民营企业	否	煤炭与消费用燃料
山东山水水泥集团有限公司	2015 年 11 月 12 日	民营企业	否	建材
莒南县鸿润食品有限公司	2015 年 11 月 6 日	民营企业	否	食品加工与肉类

续表

发行人	首次债券违约日期	企业性质	是否上市公司	所属 Wind 行业
浙江平湖华龙实业股份有限公司	2015 年 10 月 29 日	民营企业	否	综合类行业
中国中钢集团股份有限公司	2015 年 10 月 19 日	中央国有企业	否	钢铁
国机重型装备集团股份有限公司	2015 年 10 月 14 日	中央国有企业	是	工业机械
保定天威英利新能源有限公司	2015 年 10 月 13 日	中外合资企业	否	半导体产品
中国第二重型机械集团有限公司	2015 年 9 月 15 日	中央国有企业	否	工业机械
上海市建设机电安装有限公司	2015 年 8 月 24 日	民营企业	否	建筑与工程
重庆市福星门业（集团）有限公司	2015 年 8 月 7 日	民营企业	否	建筑产品
吉林粮食集团收储经销有限公司	2015 年 7 月 31 日	地方国有企业	否	贸易公司与工业品经销商
江苏大宏纺织集团股份有限公司	2015 年 7 月 15 日	民营企业	否	纺织品
珠海中富实业股份有限公司	2015 年 5 月 25 日	民营企业	是	金属与玻璃容器
天津市泰亨气体有限公司	2015 年 5 月 10 日	民营企业	否	工业气体
山东嘉寓润峰新能源有限公司	2015 年 4 月 24 日	民营企业	否	电气部件与设备
保定天威集团有限公司	2015 年 4 月 21 日	中央国有企业	否	电气部件与设备
内蒙古恒达公路发展有限公司	2015 年 4 月 18 日	民营企业	否	公路与铁路
中科云网科技集团股份有限公司	2015 年 4 月 7 日	民营企业	是	餐馆
申环电缆科技有限公司	2015 年 3 月 27 日	民营企业	否	电气部件与设备
宿迁市致富皮业有限公司	2015 年 2 月 5 日	民营企业	否	服装、服饰与奢侈品
安徽蓝博旺机械集团	2015 年 2 月 4 日	民营企业	否	建筑机械与重型卡车
东飞马佐里纺机有限公司	2015 年 1 月 27 日	中外合资企业	否	工业机械

发行人	首次债券违约日期	企业性质	是否上市公司	所属 Wind 行业
内蒙古奈伦农业科技股份有限公司	2015 年 1 月 9 日	民营企业	否	食品加工与肉类

资料来源：Wind 数据库。

2. 2018 年以来的违约潮：以民营企业为主体

2018 年至 2020 年 6 月末，共有 91 家发行主体首次发生信用债违约，累计有 369 只债券（共计 3456.42 亿元）发生违约，信用债违约的集中爆发程度超过 2015 年至 2016 年（见表 5-5）。此次信用债违约潮主要有三个特征：一是违约主要集中在民营企业。2017 年首次发生违约的 9 家信用债发行主体全部为民营企业；2018 年发生违约的 40 家主体中有 35 家为民营企业，占比达 88%；2019 年有 35 家民营信用债发行主体首次发生违约，占新增违约主体的 83%；在 2020 年上半年新发生违约的 11 家主体中，有 9 家为民营企业，仅北京大学国家大学科技园 1 家为国有企业，民营企业占比达到了 82%，民营企业仍是违约的高发地。二是违约快速向上市公司扩散。2018 年以前，爆发债务违约的信用债发行主体多为非上市公司。自 2014 年 "11 超日债" 发生违约以来，2014 年至 2017 年，仅有 4 家上市公司发生债务违约，占发生债务违约企业的 6.06%。自 2018 年以来，发生违约的上市公司数量明显增加，2018 年共有 15 家上市公司首次发生违约，占当年全部新增违约主体的 38%；2019 年新增的上市公司违约主体有 16 家，占当年全部新增违约主体的 38%；在 2020 年上半年新发生违约的 11 家主体中，上市公司有 3 家，分别是力帆实业、康美药业和天神娱乐，占新增违约主体的 27%。上市公司发生债务违约往往会影响其股价走势，导致违约事件对资本市场的影响进一步扩大。三是违约方式多样化，违约原因复杂化。从违约方式来看，此次债券违约潮中的债券违约涉及本息违约、回售违约、破产重整违约、本息展期、场外兑付、技术性违约等多种形式，如在 2019 年 1 月 24 日首次发生违约的庞大汽贸集团股份有限公司，即是发生展期，而 2019 年 7 月 17 日发生违约的沈阳机床（集团）有限责任公司则是由于破产重整导致债券提前到期，从而发生违约。从违约原因来看，违约企业更多暴露了公司治理方面的问题。近年来，发生违约的主体出现了违规担保、财务造假、实际控制人违规占用资金等问题，虽然融资环境的收紧导致 2018 年以来的信用债市场大规模发生违约，但企业违约的根源在于公司的经营及公司治理方面存在的问题。如 2019 年 1 月发生违约的上市公司康得新复合材料集团股份有限公司，就存在实际控制人违规占用资金以及财务造假问题；2019 年 4 月发生违约的大连天宝绿色食品股份有限公司就发生了信息披露，导致实际控制人被拘。此外，受新冠肺炎疫情的影响，2020 年上半年，发行主体发生债券展期事项增多，11 家主体涉及的 15 只债券发生展期。债券展期虽然可以通过与投资人达成一致协议避免发生实质性违约，但发生展期的这类主体资质较弱，可展期债券后续兑付仍面临较大的不确定性，存在隐患。如北京桑德环境工程有限公司于 2020 年 3 月 2 日发行了境内首单置换债，以非现金方式置换"17 桑德工程 MTN001"，置换债"20 桑德工程 EN001"到期后因仍未完成兑付发生违约。

表 5-5 2018 年至 2020 年上半年违约信用债发行主体一览

发行人	首次债券违约日期	企业性质	是否上市公司	所属 Wind 行业
泰禾集团股份有限公司	2020 年 7 月 6 日	民营企业	是	房地产开发
华讯方舟科技有限公司	2020 年 7 月 2 日	民营企业	否	电子设备和仪器
康美实业投资控股有限公司	2020 年 6 月 24 日	民营企业	否	中药
北京桑德环境工程有限公司	2020 年 6 月 8 日	中外合资企业	否	水务
北京信威通信技术股份有限公司	2020 年 6 月 1 日	民营企业	否	通信设备
宜华企业（集团）有限公司	2020 年 5 月 6 日	民营企业	否	家用器具与特殊消费品
中融新大集团有限公司	2020 年 4 月 20 日	民营企业	否	贸易公司与工业品经销商

续表

发行人	首次债券违约日期	企业性质	是否上市公司	所属 Wind 行业
力帆实业（集团）股份有限公司	2020 年 3 月 16 日	民营企业	是	汽车制造
新华联控股有限公司	2020 年 3 月 6 日	民营企业	否	综合类行业
北京北大科技园建设开发有限公司	2020 年 3 月 6 日	地方国有企业	否	综合类行业
康美药业股份有限公司	2020 年 2 月 3 日	民营企业	是	中药
大连天神娱乐股份有限公司	2020 年 1 月 20 日	公众企业	是	家庭娱乐软件
重庆力帆控股有限公司	2020 年 1 月 15 日	民营企业	否	摩托车制造
东旭集团有限公司	2019 年 12 月 27 日	民营企业	否	综合类行业
呼和浩特经济技术开发区投资开发集团有限责任公司	2019 年 12 月 6 日	地方国有企业	否	建筑与工程
北大方正集团有限公司	2019 年 12 月 2 日	中央国有企业	否	互联网软件与服务
山东玉皇化工有限公司	2019 年 11 月 21 日	民营企业	否	基础化工
东旭光电科技股份有限公司	2019 年 11 月 18 日	民营企业	是	电子元件
贵人鸟股份有限公司	2019 年 11 月 11 日	民营企业	是	服装、服饰与奢侈品
甘肃刚泰控股（集团）股份有限公司	2019 年 11 月 8 日	民营企业	是	服装、服饰与奢侈品
郴州市金贵银业股份有限公司	2019 年 11 月 3 日	民营企业	是	白银
天广中茂股份有限公司	2019 年 10 月 28 日	公众企业	是	建筑与工程
西王集团有限公司	2019 年 10 月 24 日	民营企业	否	食品加工与肉类
辅仁药业集团有限公司	2019 年 10 月 18 日	民营企业	否	中药
广东东方锆业科技股份有限公司	2019 年 10 月 8 日	公众企业	是	金属非金属
青海盐湖工业股份有限公司	2019 年 9 月 30 日	地方国有企业	是	化肥与农用化工
三鼎控股集团有限公司	2019 年 9 月 6 日	民营企业	否	综合类行业
天津物产能源资源发展有限公司	2019 年 8 月 30 日	地方国有企业	否	煤炭与消费用燃料

续表

发行人	首次债券违约日期	企业性质	是否上市公司	所属 Wind 行业
沈阳机床股份有限公司	2019 年 8 月 16 日	地方国有企业	是	工业机械
华泰汽车集团有限公司	2019 年 7 月 26 日	民营企业	否	机动车零配件与设备
天津市浩通物产有限公司	2019 年 7 月 25 日	地方国有企业	否	金属非金属
沈阳机床（集团）有限责任公司	2019 年 7 月 17 日	地方国有企业	否	工业机械
安徽省华安外经建设（集团）有限公司	2019 年 7 月 15 日	民营企业	否	建筑与工程
精功集团有限公司	2019 年 7 月 15 日	民营企业	否	综合类行业
安徽配天投资集团有限公司	2019 年 7 月 12 日	民营企业	否	多领域控股
北讯集团股份有限公司	2019 年 6 月 25 日	民营企业	是	建筑产品
南京建工产业集团有限公司	2019 年 6 月 17 日	民营企业	否	建筑与工程
腾邦集团有限公司	2019 年 6 月 10 日	民营企业	否	多领域控股
金洲慈航集团股份有限公司	2019 年 5 月 15 日	民营企业	是	服装、服饰与奢侈品
中信国安集团有限公司	2019 年 4 月 28 日	公众企业	否	综合类行业
云南中小企业	2019 年 4 月 22 日	民营企业	否	综合类行业
大连天宝绿色食品股份有限公司	2019 年 4 月 9 日	民营企业	是	食品加工与肉类
中国民生投资股份有限公司	2019 年 4 月 8 日	民营企业	否	综合类行业
成都天翔环境股份有限公司	2019 年 3 月 25 日	民营企业	是	环境与设施服务
庞大汽贸集团股份有限公司	2019 年 3 月 20 日	民营企业	是	汽车零售
三胞集团有限公司	2019 年 3 月 19 日	民营企业	否	电脑与电子产品零售
山东胜通集团股份有限公司	2019 年 3 月 19 日	民营企业	否	多元化工
东方金钰股份有限公司	2019 年 3 月 18 日	民营企业	是	服装、服饰与奢侈品
东辰控股集团有限公司	2019 年 3 月 16 日	民营企业	否	基础化工

续表

发行人	首次债券违约日期	企业性质	是否上市公司	所属 Wind 行业
哈尔滨秋林集团股份有限公司	2019 年 3 月 1 日	民营企业	是	百货商店
国购投资有限公司	2019 年 2 月 1 日	民营企业	否	房地产开发
宝塔石化集团有限公司	2019 年 1 月 29 日	民营企业	否	石油与天然气的炼制和销售
河南众品食品有限公司	2019 年 1 月 18 日	民营企业	否	食品加工与肉类
康得新复合材料集团股份有限公司	2019 年 1 月 15 日	民营企业	是	基础化工
河南众品食业股份有限公司	2019 年 1 月 7 日	民营企业	否	食品加工与肉类
银亿股份有限公司	2018 年 12 月 24 日	外资企业	是	机动车零配件与设备
神雾科技集团股份有限公司	2018 年 12 月 15 日	民营企业	否	环境与设施服务
永泰集团有限公司	2018 年 12 月 10 日	民营企业	否	煤炭与消费用燃料
洛娃科技实业集团有限公司	2018 年 12 月 6 日	民营企业	否	食品加工与肉类
龙跃实业集团有限公司	2018 年 12 月 6 日	民营企业	否	调查和咨询服务
深圳市一体投资控股集团有限公司	2018 年 11 月 29 日	民营企业	否	多领域控股
佛山市中基投资有限公司	2018 年 11 月 28 日	民营企业	否	多元资本市场
山东金茂纺织化工集团有限公司	2018 年 11 月 26 日	民营企业	否	基础化工
山东大海集团有限公司	2018 年 11 月 26 日	民营企业	否	多领域控股
江苏宏图高科技股份有限公司	2018 年 11 月 26 日	民营企业	是	电脑与电子产品零售
中科建设开发总公司	2018 年 11 月 19 日	地方国有企业	否	建筑与工程
雏鹰农牧集团股份有限公司	2018 年 11 月 5 日	民营企业	是	食品加工与肉类
深圳市金立通信设备有限公司	2018 年 10 月 29 日	民营企业	否	通信设备
同益实业集团有限公司	2018 年 10 月 19 日	民营企业	否	石油与天然气的炼制和销售
中弘控股股份有限公司	2018 年 10 月 18 日	民营企业	是	房地产开发

续表

发行人	首次债券违约日期	企业性质	是否上市公司	所属 Wind 行业
宁夏上陵实业（集团）有限公司	2018 年 10 月 15 日	民营企业	否	综合类行业
北京华业资本控股股份有限公司	2018 年 10 月 15 日	民营企业	是	房地产开发
大连金玛商城企业集团有限公司	2018 年 10 月 12 日	民营企业	否	综合货品商店
安徽盛运环保（集团）股份有限公司	2018 年 10 月 9 日	民营企业	是	环境与设施服务
中国华阳经贸集团有限公司	2018 年 9 月 30 日	中央国有企业	否	售货目录零售
飞马投资控股有限公司	2018 年 9 月 28 日	民营企业	否	多领域控股
刚泰集团有限公司	2018 年 9 月 26 日	民营企业	否	黄金
新光控股集团有限公司	2018 年 9 月 25 日	民营企业	否	多领域控股
吉林利源精制股份有限公司	2018 年 9 月 25 日	民营企业	是	铝
无锡五洲国际装饰城有限公司	2018 年 9 月 19 日	民营企业	否	建筑产品
印纪娱乐传媒股份有限公司	2018 年 9 月 10 日	民营企业	是	广告
金鸿控股集团股份有限公司	2018 年 8 月 23 日	民营企业	是	燃气
新疆生产建设兵团第六师国有资产经营有限责任公司	2018 年 8 月 13 日	地方国有企业	否	综合类行业
中城投集团第六工程局有限公司	2018 年 8 月 13 日	中央国有企业	否	综合类行业
乐视网信息技术（北京）股份有限公司	2018 年 8 月 3 日	民营企业	是	互联网软件与服务
永泰能源股份有限公司	2018 年 7 月 5 日	民营企业	是	电力
中融双创（北京）科技集团有限公司	2018 年 6 月 13 日	民营企业	否	铝
阳光凯迪新能源集团有限公司	2018 年 6 月 1 日	民营企业	否	建筑与工程

续表

发行人	首次债券违约日期	企业性质	是否上市公司	所属 Wind 行业
上海华信国际集团有限公司	2018 年 5 月 21 日	民营企业	否	石油与天然气的炼制和销售
新疆金特钢铁股份有限公司	2018 年 5 月 17 日	中央国有企业	否	钢铁
凯迪生态环境科技股份有限公司	2018 年 5 月 7 日	公众企业	是	新能源发电业者
中安科股份有限公司	2018 年 5 月 7 日	民营企业	是	信息科技咨询与其他服务
富贵鸟股份有限公司	2018 年 4 月 23 日	民营企业	是	鞋类
神雾环保技术股份有限公司	2018 年 3 月 14 日	民营企业	是	工业机械
亿阳集团股份有限公司	2018 年 1 月 27 日	民营企业	否	综合类行业

资料来源：Wind 数据库。

二、我国债券市场违约风险的驱动因素分析

1. 我国不同阶段债券违约潮出现的主导因素存在差异

2015 年至 2016 年，信用债违约潮爆发的外因是产能过剩行业景气度下降、企业盈利大幅走弱。在光伏行业，2012 年之前的光伏设备制造行业利润高、行业准入门槛低，且优惠政策多，使得我国光伏设备制造产能急剧扩张。光伏行业产能严重过剩导致供大于求，产品价格快速下滑，融资成本升高。以光伏行业中发生违约的天威英利新能源有限公司为例，该公司曾经是中国乃至全世界光伏行业巨头之一，2011 年至 2015 年，销售毛利率持续为负，营业总收入逐年缩减，2015 年，天威英利新能源有限公司的亏损额达 9.01 亿元，自 2011 年以来持续处于亏损状态。在钢铁、煤炭行业，激进投资的问题同样存在，以东北特殊钢集团有限责任公司为例，主要经营特种钢，其用途包括潜艇、火箭等。从 2008 年起，东北特殊钢集团有限责任公司大连基地搬迁改造，导致公司债务负担大幅上升，资产负债率从 2007 年的 65.85% 持续增加至 2010 年的 87.35%，加上后续大型钢材厂的投资，

近年来，公司资产负债率一直保持在84%~85%，债务负担重，偿债能力指标较差。随后，东北特殊钢集团有限责任公司三大基地同步进行了大规模的全面技术改造。大连基地投资160亿元引进国际一流的工艺装备，建成了世界先进的10条现代化特殊钢专业化生产线；抚顺基地斥资百亿元，形成了国防军工和高科技领域国际一流水平的工艺装备；北满基地则规划投资227亿元，进行全面技术改造。三大基地的改造进一步加剧了东北特殊钢集团有限责任公司资金紧张的局面，最终导致违约发生。

金融严监管导致的融资环境收紧是引发2018年以来企业大规模违约的重要原因，这与2014年至2016年钢铁、煤炭、光伏等产能过剩行业景气度下滑引发行业内效率低下的企业盈利大幅下滑所导致的违约潮有所不同。一方面，近年来违约的企业涉及文化传媒、煤炭与消费用燃料、房地产开发、鞋类、新能源等多个行业，违约并未集中在某一类行业，且多数行业景气度较高，如广告行业和房地产行业的上市公司平均毛利率在2018年至2020年均处近30%的高位。煤炭行业的盈利能力持续改善，A股上市的煤炭企业平均资产收益率（ROA）由2015年的0.10%提升到2018年的5.04%，行业整体盈利能力显著回升。另一方面，2018年以来新增的违约主体多数为民营企业，且普遍对外部融资的依赖程度较高。近年来，民营企业外部融资规模快速扩张，截至2017年末，民营企业信用债①存量规模达2.68万亿元，是2014年末的3.04倍。2018年发生违约的上海华信国际集团有限公司在2018年6月末带息负债规模是2014年末的4.43倍；2018年发生违约的永泰能源股份有限公司在2018年6月末带息负债规模是2014年末的2.09倍。可见，金融严监管导致的融资环境收紧是引发2018年以来企业大规模违约的重要外部原因。2018年，金融严监管导致融资环境全面收紧，其原因包括三个方面：一是影子银行萎缩。2018年，以信托贷款、委托贷款和未贴现银行承兑汇票为主的银行表外融资业务收缩2.92万亿元。二是股权融资受到限制。证监会发布的系列新规对定向增发和股票质押融资做出了限制。三是市场风险偏好走低，债券市场融资结构性恶化。

---

① 包含企业债、公司债、短期融资券、中期票据和定向工具。

2018 年至 2019 年，主体评级 AA 级及以下的信用债净融资额持续为负，民营企业债市融资规模持续收缩。2018 年，民营企业信用债市净融资额为 -738.10 亿元，2019 年为 -3938.07 亿元，民营企业债市融资缺口持续扩大。融资环境的收紧导致企业再融资出现困难，导致企业大规模发生债务违约。

虽然金融严监管导致的融资环境收紧是 2018 年以来企业大规模发生债务违约的重要原因，但个体企业发生债务违约却与其自身经营有着密切关系。一是自身主营业务不强，经营利润大幅下滑或出现亏损。上海华信国际集团有限公司 2017 年前三季度及 2016 年的营业净利率仅为 1.51% 和 1.81%，印纪娱乐传媒股份有限公司 2018 年上半年净利润不足上年同期的 10%，凯迪生态环境科技股份有限公司 2017 年及 2018 年上半年分别亏损 21.83 亿元和 9.36 亿元。二是盲目快速扩张，过度依赖外部融资。近年来，主营煤炭与电力的永泰能源股份有限公司通过兼并收购的方式将业务板块延伸至石化贸易、金融等领域，2018 年 6 月末，带息负债规模增长到 2014 年末的 2.09 倍，占总资产的 60%，财务费用对利润造成了严重的侵蚀。金鸿控股在 2017 年纳入合并范围的子公司多达 11 家，2018 年 6 月末，资本固定化率高达 260.47%，日常营运资金严重依赖外部融资。三是负债结构不合理，短债长投。快速扩张的企业多通过短期融资来实现长期投资，对再融资的依存度高，金鸿控股集团股份有限公司和安徽盛运环保（集团）股份有限公司在 2018 年 6 月末的短期有息负债占总有息负债的比重分别达 46.37% 和 49.71%。在外部融资环境收紧的情况下，市场的风险偏好降低，自身经营状况不佳且严重依赖外部融资的企业更易面临再融资困境，资金链断裂引发债务危机。

2. 信用债违约的主要影响因素

从已发生的违约事件来看，信用债的违约并非由某一单一因素导致，而是由外部因素和内部因素共同作用造成的（见图 5-4）。导致信用债违约的外部因素包括宏观环境、行业周期、金融监管政策等；内部因素包括经营状况、财务状况和公司治理等。此外，公司所能获得的外部支持状况也会产生影响。

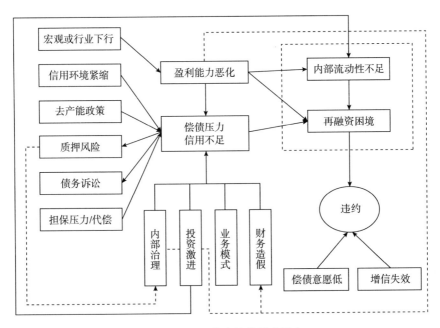

图5-4　信用债违约的影响因素

资料来源：Wind 数据库。

（1）外部因素。

宏观经济状况、行业周期和金融监管政策是债券市场违约风险的主要外部影响因素。宏观经济周期与债券违约有很强的相关性，信用债违约的集中爆发多集中于经济下行时期（见图5-5）。宏观经济处于下行周期之际，企业经营压力显著增大，周期性行业承压，信用债的违约率显著上升。我国历史上两轮信用债违约潮都发生在宏观经济下行时期。2015 年，我国工业企业利润持续负增长；2015 年至 2016 年，出现了以光伏、钢铁、煤炭行业为代表的周期性行业违约潮。进入 2018 年以来，受融资环境收紧和企业经营不确定性增大的影响，宏观经济下行压力显著增大，工业企业利润增速显著回落，我国债券市场爆发了以民营企业违约为主的第二轮违约潮。

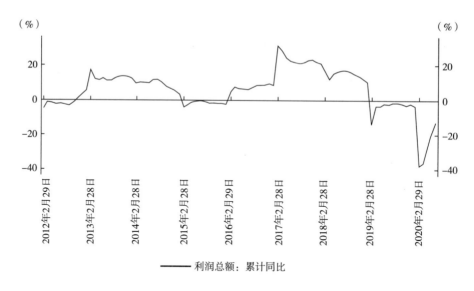

图5-5 我国历史上两轮信用债违约潮

资料来源：Wind 数据库。

债券违约与行业特性和行业运行周期紧密关联，如果一个行业出现产能过剩等趋势性恶化，且短期内难以扭转，那么即使是行业内最好的企业也难逃厄运。以美国为例，国防军工、银行、保险等国民经济基础性行业的违约率最低，而传媒、制造业、能源化工、交通运输等行业的违约率最高。美国历史上的每一次信贷危机大都集中在某一主要行业，如20世纪70年代的能源企业违约，80年代末和90年代初的房地产危机，2000年的网络泡沫导致通信行业的上下游企业出现违约潮。从我国债券市场的违约案例来看，2015年至2016年的违约主要集中在光伏、煤炭和钢铁等产能过剩的周期性行业，一方面此类行业在产能过剩的局面之下出现了明显的亏损；另一方面在2015年底中央经济工作会议提出的去杠杆的叠加作用下，部分过剩的周期性行业出现信用收紧。进入2018年以来，金融严监管导致融资环境显著收紧，而商业贸易、公用事业和综合类行业等需要垫资运营，经营高度依赖外部融资的企业更易发生违约。

金融监管政策的松紧程度与企业再融资的难易程度密切相关。2017年至2018

年上半年，金融"强监管"不断加码，表外业务收缩，定向增发和股票质押融资受到限制，实体部门的信用环境处于紧缩周期，中小民营企业的融资难度增大，融资成本上升，导致企业再融资不畅，致使资金链断裂发生违约。

（2）内部因素。

经营状况、财务状况和公司治理是企业债券违约的主要内部影响因素。企业的经营性现金流是企业偿债资金的主要内部来源。企业的经营状况受宏观经济、行业周期和企业自身业务模式与市场地位的影响。当企业经营战略明晰、主营业务盈利状况良好且市场占有率高时，往往能够拥有充足的经营性净现金流以满足企业经营的流动性需求。在企业财务状况方面，主要关注企业的投资状况和资产负债结构。激进投资会加剧企业的现金流压力，导致企业的流动性不足，如快速扩张、过度并购、高杠杆投资、短债长投等。

企业内部治理存在的严重问题则会为企业埋下违约隐患，而这类问题往往难以通过宏观、财务分析、信息披露等手段察觉。实控人风险，如实控人涉诉、死亡等负面信息是债券违约导火索，尤其在民营企业中，企业信用与其实控人密切相关，实控人的负面信息将直接削弱企业的再融资能力。内部控制失效，如违规担保、募集资金挪作他用、投资决策机制等内部控制失效问题，必然会带来违约问题，管理层异常变更或长期缺失、控股权纷争也反映出企业存在内部控制失效问题。

（3）其他因素：恶意违约或增信失效。

恶意违约和增信失效直接导致违约。恶意违约的企业通常伴随虚假财务信息、资产转移、股权套现等行为。一旦相关违法违规的负面信息被挖掘，引发企业负面形象、司法诉讼、资产或股权冻结、银行抽贷等，最终将导致企业资金链断裂。增信措施是债券本息偿付的最后防线，但在抵押瑕疵、担保人拒绝代偿或偿债能力弱的情况下，增信措施有可能形同虚设。

三、2020 年上半年我国债券市场违约风险现状分析

1. 债市违约频发且集中在民营企业

2020 年以来信用债违约企业有所减少，但违约仍旧频发（见图 5-6）。2020 年

上半年，累计有 66 只债券（涉及金额 816 亿元）发生违约，违约债券数量与涉及违约额较上年同期均有所减少。其中，新增违约主体 11 家，新增违约主体数量较上年同期有所下降，主要是因为宽松货币环境下的企业融资得到了改善。

图 5-6　历年信用债违约情况（截至 2020 年 6 月末）

资料来源：Wind 数据库。

违约主要集中在民营企业，上市公司违约仍旧频发（见图 5-7、图 5-8）。在 2020 年上半年新发生违约的 11 家主体中，有 10 家为民营企业，仅北大科技园 1 家

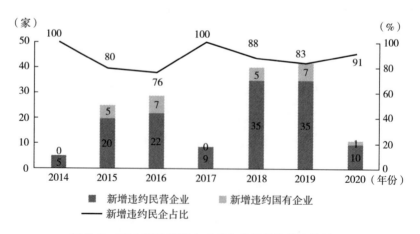

图 5-7　2014 年至 2020 年上半年信用债违约主体情况

资料来源：Wind 数据库。

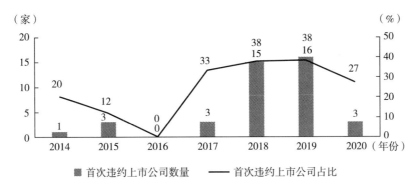

图 5-8　2014 年至 2020 年上半年上市公司违约占比情况

资料来源：Wind 数据库。

为国有企业，民营企业占比达到了 91%，民营企业仍是违约的高发地。从违约主体的企业性质来看，2020 年上半年新发生违约的 11 家主体中，上市公司有 3 家，分别是力帆实业（集团）股份有限公司、康美药业股份有限公司和大连天神娱乐股份有限公司，占新增违约主体的比重为 27%。

2. 违约行业呈分散化特征

与 2014 年至 2016 年钢铁、煤炭、光伏等产能过剩行业景气度下滑引发行业内效率低下的企业盈利大幅下滑所导致的违约潮有所不同，当前信用债违约并未集中在某一类特定的行业，违约行业呈现出分散化的特征（见图 5-9）。2020 年上半年，信用债发生违约的 28 家企业涉及建筑与工程、综合类行业、中药、白银和电力等 22 个行业（以 Wind 数据库行业分类为准）。

3. 违约方式多样化，延期兑付案例增多

2018 年以来，债券违约涉及本息违约、回售违约、破产重整违约、本息展期、场外兑付、技术性违约等多种形式，如 2019 年 1 月 24 日首次发生违约的庞大汽贸集团股份有限公司，即是发生展期，而 2019 年 7 月 17 日发生违约的沈阳机床（集团）股份有限公司则是由于破产重整导致债券提前到期，从而发生违约，2020 年 2 月 3 日发生违约的康美药业股份有限公司由于未能按期兑付回售款和利息导致发生违约。

（家）

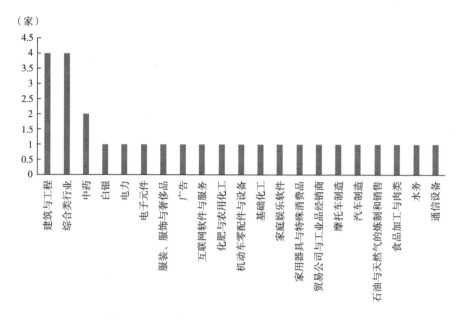

图 5-9　2020 年上半年违约信用债行业分布情况

资料来源：Wind 数据库。

2020 年上半年，信用债的展期事项明显增多。虽然 2020 年以来信用债新增违约主体数量和违约额较上年同期有所下降，但展期事项增多。2020 年上半年，共有 11 家主体涉及的 15 只债券发生展期（见表 5-6）。债券展期通过与投资人达成一致协议避免发生实质性违约，但发生展期的这类主体资质较弱，可展期债券后续兑付仍面临较大的不确定性，存在隐患。如桑德工程于 2020 年 3 月 2 日发行了境内首单置换债，以非现金方式置换"17 桑德工程 MTN001"，置换债"20 桑德工程 EN001"到期后因仍未完成兑付发生违约。

表 5-6　2020 年发生展期的发行主体一览

序号	发行主体	首次展期时间	企业性质	是否上市公司	所属行业	涉及债券
1	山东如意科技集团有限公司	2020 年 3 月 17 日	中外合资企业	否	纺织品	19 如意科技 MTN001

续表

序号	发行主体	首次展期时间	企业性质	是否上市公司	所属行业	涉及债券
2	重庆爱普地产（集团）有限公司	2020年6月8日	民营企业	否	房地产开发	16隆地02
3	三亚凤凰国际机场有限责任公司	2020年3月20日	地方国有企业	否	机场服务	19凤凰机场CP001、19凤凰机场SCP001
4	海航资本集团有限公司	2020年4月29日	地方国有企业	否	综合支持服务	14海资01、14海资债01
5	延安必康制药股份有限公司	2020年4月27日	民营企业	是	西药	18必康01
6	新华联控股有限公司	2020年4月20日	民营企业	否	综合	19新华联控MTN001、18新华联控MTN001
7	海南航空控股股份有限公司	2020年4月17日	地方国有企业	是	航空	19海南航空SCP002
8	海航集团有限公司	2020年4月15日	地方国有企业	否	航空	13海航债
9	北京桑德环境工程环境有限公司	2020年2月21日	中外合资企业	否	水务	19桑德工程SCP001、17桑德工程MTN001
10	中融新大集团有限公司	2020年3月2日	民营企业	否	贸易公司与工业品经销商	18中融新大MTN001
11	宁夏远高实业集团有限公司	2020年2月27日	民营企业	否	贵金属与矿石	19远高实业CP001

资料来源：Wind 数据库。

4. 违约之后的回收率较低

信用债发生违约后的回收率偏低，主要原因是违约主体的偿付能力弱、偿付意愿低。自 2014 年我国债券市场出现首家违约主体以来，2014 年至 2020 年上半年，共有 151 家主体发生违约，而这期间有本金兑付记录的发行主体有 37 家。2019 年，共有 184 只债券发生违约，共计 1483.04 亿元；2019 年，共有 25 只违约债发生兑付，涉及 14 家债券发行人，兑付本息合计约 130 亿元。按照回收率＝当年回收额÷当年违约额的公式进行测算，2019 年的违约债券回收率约为 9%，处于较低水平。

四、新冠肺炎疫情对我国债券市场违约风险的影响

1. 新冠肺炎疫情冲击下的市场风险偏好走低，信用债等级利差及期限利差均走阔

市场风险偏好走低，信用债等级利差上行。进入 2020 年 3 月以来，新冠肺炎疫情迅速在全球范围内扩散，全球经济衰退，风险增大，市场风险偏好走低，中高等级信用债等受青睐，信用债等级利差快速走高。进入 5 月以来，受到经济企稳预期增强和货币政策边际收紧的影响，债券市场快速调整，前期涨幅更大的中高等级信用债调整幅度更大，带动信用债等级利差回落，但整体仍保持较高水平（见图 5-10）。

市场配置需求集中在中短久期，信用债期限利差上行。进入 2020 年 3 月以来，货币政策持续发力以强化逆周期调节，伴随着资金利率快速走低，市场配置需求多集中在中短久期，信用债市场出现了牛陡行情，中短端信用债收益率明显下行，带动期限利差快速走高。进入 5 月以来，在债券市场快速调整的影响下，前期涨幅更大的中高等级信用债调整幅度更大，信用债期限利差明显回落，但仍处于较高水平（见图 5-11）。受此影响，弱资质企业长期限融资难度持续上升，对这类企业的偿债能力形成了负面影响。

（基点）

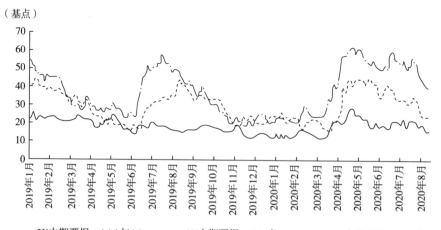

—— 3Y中期票据：AAA与AA+　----- 3Y中期票据：AA+与AA　－·－ 3Y中期票据：AAA与AA

图 5-10　2019 年至 2020 年上半年信用债等级利差变动情况

资料来源：Wind 数据库。

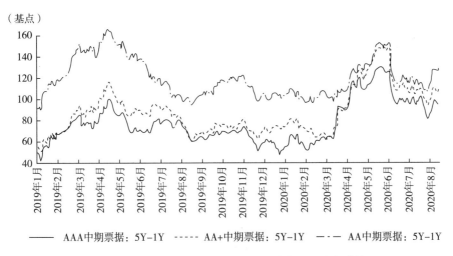

（基点）

——— AAA中期票据：5Y-1Y　　----- AA+中期票据：5Y-1Y　　—·— AA中期票据：5Y-1Y

图 5-11　2019 年至 2020 年上半年信用债期限利差变动情况

资料来源：Wind 数据库。

2. 新冠肺炎疫情下逆周期调节政策持续发力，企业融资改善缓释信用风险

新冠肺炎疫情暴发以来，逆周期调节作用持续发力，企业融资情况持续改善。新冠肺炎疫情暴发以来，逆周期调节政策持续发力以缓解企业经营困境，企业融资难度有所减弱，融资成本下降。一是春节假期结束后公开市场操作价量齐松，资金利率维持低位，货币政策有序引导实际利率下行；二是加大对疫情防控重点企业及区域的差异化融资支持力度；三是加大对小微、民营企业的融资支持力度；四是改善金融业务流程，提高金融服务效率，以确保企业顺利实现资金链的正常运转。2020 年 3 月末召开的国务院常务会议指出，"引导公司信用类债券净融资比上年多增 1 万亿元，为民营和中小微企业低成本融资拓宽渠道"。在逆周期调节作用的持续发力下，2020 年 3 月至 5 月，社融存量规模同比增速明显加快，民营企业债市净融资额自 2 月持续转正，贷款市场报价利率自 LPR 形成机制改革以来已下降 40BP（见图 5-12、图 5-13）。

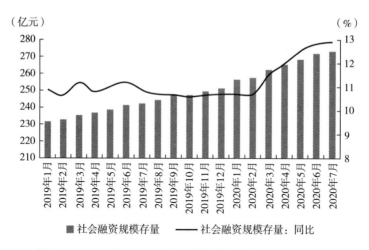

图 5-12　2019 年至 2020 年上半年社会融资规模变化情况

资料来源：Wind 数据库。

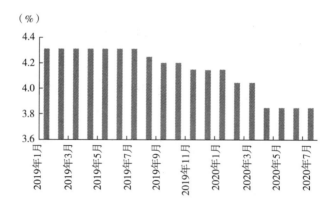

图 5-13　2019 年至 2020 年上半年贷款市场报价利率变化情况

资料来源：Wind 数据库。

引导实际利率下行，缓解中小企业融资难和融资贵的问题仍是下一阶段政策发力的重点，企业融资将持续改善，信用债市信用风险边际改善。2020 年 6 月 17 日召开的国务院常务会议指出，要引导贷款利率和债券利率下行，推动金融系统向各类企业合理让利 1.5 万亿元，同时运用降准、再贷款等工具，保持市场流动性合理、充裕，表明维持货币总量宽松的政策并未改变，降低中小企业融资难度和融资成本仍是政策下一阶段发力的重点，预计企业融资还将持续改善，信用债市信用风险短期内边际改善。

3. 新冠肺炎疫情冲击下的企业经营严重受创，部分行业信用风险抬升

新型冠状病毒肺炎疫情的发酵严重冲击了企业经营。自 2020 年 1 月新冠肺炎疫情在全国蔓延以来，为了防止疫情扩散，全国范围内采取了关闭公共场所、限制人员出行、延长复工时间等措施进行疫情防控，第一季度全国经济近乎停摆。2020年第一季度上市公司营业收入和归母净利润同比增速分别回落 11.21% 和 41.91%，亏损企业占比达到了 31.59%，较 2019 年 12.61% 的亏损企业占比上升了 18.98 个百分点。

第二季度随着复工复产的推进，上市公司经营逐步恢复，但疫情负面影响仍存在。2020 年上半年，全部 A 股上市公司（非金融及"两桶油"）的营业收入同比下降了 1.5%，降幅较 2020 年第一季度的 −11.21% 缩小了 9.71 个百分点；2020年上半年，全部 A 股上市公司（非金融及"两桶油"）的归母净利润同比下降了14.95%，降幅较 2020 年第一季度的 −41.91% 缩小了 26.96 个百分点（见图 5-14）。

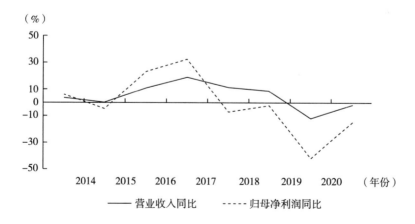

图 5-14　A 股上市公司盈利状况（截至 2020 年上半年）

资料来源：Wind 数据库。

从企业具体的盈利状况来看，2020年上半年，共有777家上市公司亏损，占全部上市公司的19.81%，较2020年第一季度1219家亏损企业和31.59%的亏损企业占比有明显改善，但企业盈利仍弱于以往年度（见图5-15）。这表明随着国内复工复产的推进，经济持续修复，企业经营状况明显改善，但疫情对企业经营的影响仍存在。

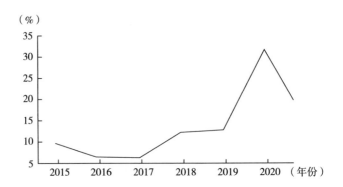

图5-15 A股上市公司亏损企业占比变化情况（截至2020年上半年）

资料来源：Wind数据库。

新冠肺炎疫情对国有企业经营造成了更大的冲击，第二季度国有企业及民营企业经营状况均有显著改善。在新冠肺炎疫情的冲击下，2020年第一季度出现亏损的国有上市公司达678家，较2019年亏损的国有上市公司数量增加了454家；同期民营上市公司有963家出现亏损，较2019年亏损的民营上市公司数量增加了364家，这表明疫情对国有企业经营的冲击更为显著（见图5-16、图5-17）。截至2020年6月末，国有企业的亏损数量缩减到318家，民营企业的亏损数量缩减到694家，分别占对应属性上市公司的28%和24%，表明随着复工复产的有序推进，企业经营逐步恢复，国有企业和民营企业的盈利情况均出现了显著修复。

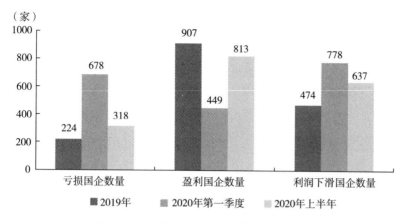

图 5-16　国有上市企业盈利状况变化趋势

资料来源：Wind 数据库。

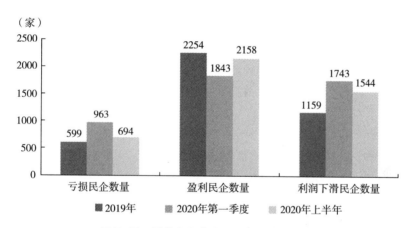

图 5-17　民营上市企业盈利状况变化趋势

资料来源：Wind 数据库。

交通运输、休闲服务业是受疫情冲击最大的行业。从行业盈利情况来看，申万 28 个行业在 2020 年第一季度有 24 个行业实现盈利，而化工、交通运输、休闲服务和计算机这四个行业在第一季度整体亏损，主要原因是第一季度延长复工复产和限制出行等疫情管控措施对此类行业造成了直接冲击。进入第二季度，28 个行业全部实现盈利。在行业利润增速方面，申万 28 个行业在第二季度有 12 个行业的归母净利润实现同比正增长,其中,农林牧渔、机械设备、电气设备和公用事业行业的归母净利润同比增速最快;16个行业的归母净利润同比负增长,其中,化工、交通运输、采掘和休闲服务行业的归母净利润同比回落最为明显,但降幅均较第一季度有所减小(见图5-18)。

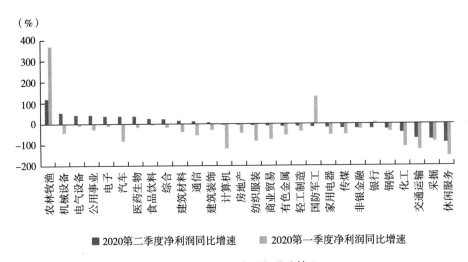

图5-18 各行业净利润增速情况

资料来源:Wind 数据库。

疫情对休闲服务、交通运输、采掘和化工等行业的影响仍显著存在。综合申万28个行业2020年上半年的扣非净利润同比增速、净资产收益率(扣非)和已获利息倍数三个指标的当期值及较2019年年同期变动情况,休闲服务、交通运输、采掘、化工和纺织服装五个行业的盈利能力及偿债能力指标整体出现了较为显著的弱化趋势,且指标水平居于申万28个行业的末位(见表5-7)。主因是当前全球疫情拐点未现,国内部分区域疫情仍有起伏,疫情防控形势仍较严峻,这类行业的经营仍受到疫情的持续影响。

表 5-7　2020 年上半年各行业财务指标综合情况

申万行业	扣非净利润同比增速（%）		净资产收益率（扣非）（%）		已获利息倍数（息税前利润/利息费用）	
	2020 年上半年	较 2019 年同期	2020 年上半年	较 2019 年同期	2020 年上半年	较 2019 年同期
农林牧渔	217.63	49.38	9.47	5.81	13.27	7.31
采掘	-85.23	-89.95	0.59	-3.29	3.26	-3.57
化工	-79.31	-62.12	0.90	-3.53	2.80	-4.82
钢铁	-31.49	6.96	2.80	-1.60	4.76	-0.54
有色金属	-35.76	4.98	1.31	-0.82	2.49	-0.51
电子	27.20	38.20	3.09	0.30	6.50	0.95
家用电器	-32.38	-39.20	6.00	-3.85	—	—
食品饮料	5.98	-15.89	10.89	-0.54	—	—
纺织服装	-74.42	-56.75	0.77	-2.32	4.84	-3.62
轻工制造	-35.31	-7.90	2.24	-1.40	3.98	-0.68
医药生物	8.10	8.67	5.33	0.05	11.93	0.99
公用事业	2.16	-15.30	3.64	-0.33	3.09	-0.09
交通运输	-104.73	-114.68	-0.13	-4.32	1.16	-3.94
房地产	-16.44	-34.28	4.29	-1.38	5.44	-1.70
商业贸易	-37.17	-47.50	1.33	-0.89	3.94	-2.03
休闲服务	-157.54	-167.20	-2.85	-7.62	-2.31	-21.66
综合	14.37	-26.86	1.05	0.09	3.33	0.43
建筑材料	-6.99	-32.10	6.60	-1.41	13.50	0.52
建筑装饰	-8.09	-7.64	3.74	-0.80	6.17	0.00
电气设备	32.02	26.60	3.20	0.56	7.50	2.10
国防军工	11.18	15.92	1.16	-0.04	—	—
计算机	-50.68	-47.27	0.94	-1.04	7.38	-3.72
传媒	-44.98	-21.02	1.71	-1.28	11.25	-2.63
通信	-16.83	51.69	1.78	-0.46	9.78	1.11
银行	-9.30	-16.16	5.42	-1.41	—	—
非银金融	-15.85	-70.40	5.16	-1.51	4.06	-0.09
汽车	-41.83	-4.93	1.62	-1.28	8.12	-0.56
机械设备	7.81	-27.74	3.41	-0.02	9.48	0.91

资料来源：Wind 数据库。

4. 经营亏损是企业评级下调的主因，警惕部分企业风险暴露

2020 年 1 月至 8 月，发生评级下调的主体有 94 家（重复多次发生评级下调的主体仅计一次），较 2019 年同期的 109 家有所减少，主要原因是部分经营和公司治理存在问题的企业已在前期出清，加之疫情冲击下宽信用政策的持续发力，缓释了部分企业信用风险。从企业性质来看，2020 年 1 月至 8 月，发生评级下调的民营企业有 63 家，占全部评级下调主体的 67%，民营企业是评级下调的重灾区（见图 5-19）。整体来看，2020 年发生企业主体评级下调的理由主要有两点，一是经营亏损，二是债务逾期，偿债压力显著增大。

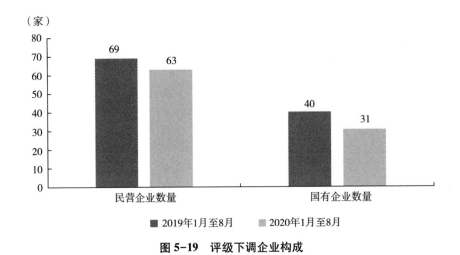

图 5-19　评级下调企业构成

资料来源：Wind 数据库。

2020 年 1 月至 8 月，评级下调的 94 个主体共发生 160 次评级下调，其中，建筑装饰、综合和医药生物行业发行评级下调的次数最多（见表 5-8）。从隐含评级的下调次数来看，银行、建筑装饰、综合、房地产和交通运输业的隐含评级下调次数最多。这表明新冠肺炎疫情冲击下，部分行业经营受到冲击，导致信用资质出现了较为明显的弱化。

表 5-8　2020 年 1 月至 8 月各行业债券发行主体评级变动情况

行业	评级下调次数	隐含评级下调次数	列入评级观察次数
建筑装饰	21	322	19
综合	19	295	4
医药生物	17	36	15
房地产	16	120	21
交通运输	14	97	3
计算机	12	26	0
商业贸易	11	47	4
公用事业	7	35	15
银行	5	795	0
通信	5	15	7
纺织服装	4	20	0
非银金融	3	63	5
有色金属	3	62	0
电子	3	46	3
汽车	3	23	19
化工	3	12	9
机械设备	3	2	4
采掘	2	36	3
轻工制造	2	12	10
传媒	2	16	3
食品饮料	2	9	0
休闲服务	1	24	2
电气设备	1	16	0
农林牧渔	1	1	0
家用电器	0	1	0
国防军工	0	0	0
建筑材料	0	0	0
钢铁	0	0	0

资料来源：Wind 数据库。

第五节　新冠肺炎疫情冲击下债券市场违约风险对系统性金融风险的影响研究

金融和风险共生共存，有金融就会有金融风险，信贷市场存在信贷违约风险，股票市场存在下跌风险，债券市场存在债券违约风险。金融防风险主要是防范系统性风险，对于非系统性风险并不需要过度关注。债券市场是金融市场的一个组成部分，普通、局部的债券市场风险事件不会演变为全局性的系统性金融风险。债券市场违约风险演变、扩散为系统性金融风险需要通过货币政策和信用传导、流动性冲击、预期冲击等角度发生，这些传导渠道是防范债券市场风险的重要内容。

一、基于货币政策和信用传导角度的分析

根据信用货币理论，银行体系是货币政策和信用传导的主要渠道（孙国峰，2001）。正是由于这个原因，银行体系是系统性金融风险的主要爆发场所，所有的金融危机归根结底都是银行危机。债券是银行的重要投资对象，债券市场的波动会从经济预期、资产负债表等渠道影响银行信贷行为，进而给货币政策和信用传导带来冲击。需要注意的是，银行信贷决策和债券市场波动之间存在严重的内生性，可能受监管政策、经济形势等共同性因素的影响。

2018 年以来，受经济下行压力持续增大和融资环境收紧背景下企业风险加速暴露的影响，货币政策整体维持宽松，市场流动性充裕，但由于信用债违约的集中爆发显著降低市场风险偏好，宽货币向宽信用传导的路径存在一定的障碍。一是宽货币向宽信用的传导存在一定的滞后性。2018 年以来，央行多次实施定向降准，并加大公开市场操作力度，以维持市场流动性的充裕，但社会融资规模增速在 2018 年持续走低。在地方政府专项债纳入社融规模以后，2018 年 12 月，社融增速为 10.26%，较年初下降了 3.17 个百分点，表明货币政策传导存在明显的滞后。主要原因在于企业信用风险的加速暴露，加之金融监管趋严，机构投资意愿降低。二是信贷的总量传导较为通畅，但结构性失衡的现象较为明显。受市场风险偏好低的影

响，自2018年以来，民营企业债市融资明显走弱（见图5-20）。2018年，民营企业债市净融资额为-718.10亿元；2019年，民营企业债市净融资额为-3934.70亿元，民营企业融资缺口持续扩大。进入2020年，受货币超预期宽松的影响，民企债市融资出现了一定程度的回暖，但仍明显弱于国有企业。低评级主体的融资同样偏弱，2018年、2019年和2020年上半年，主体评级AA级及以下的信用债净融资额分别为-4331.23亿元、-498.01亿元和1308.76亿元（见图5-21）。三是政策利

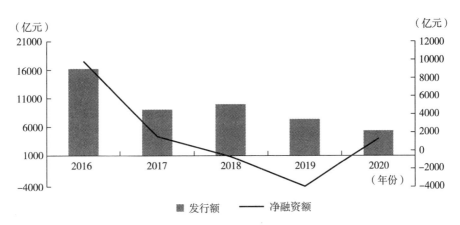

图5-20　2016年至2020年民营企业融资情况（截至2020年上半年）

资料来源：Wind数据库。

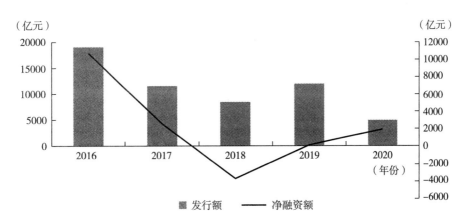

图5-21　2016年至2020年AA级及以下评级主体融资情况（截至2020年上半年）

资料来源：Wind数据库。

率的传导存在障碍，实体融资成本未出现明显的下行。2018 年以来，在货币政策整体维持宽松的局面下，资金利率显著下行，但信用债违约的集中爆发导致市场风险偏好显著走低，民营企业信用债信用利差快速走高，显示出民营企业的融资成本在疫情的影响下长期处于高位（见图 5-22）。

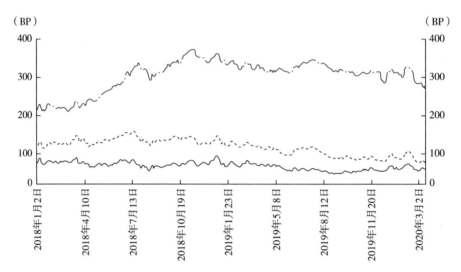

图 5-22　2018 年以来民营企业信用利差变动情况

资料来源：Wind 数据库。

此外，就后疫情时代而言，需要密切关注银行体系对债券市场的风险暴露。2020 年 9 月，债券市场收益率已经超过疫情暴发前水平，但由于 LPR 利率下行，银行信贷资产回报率走低，相比于信贷，债券能给银行带来更好的投资回报。2020 年 7 月，社融存量中的企业债券的增速为 21.1%，较社融存量中的贷款增速高了 7.8 个百分点，债券正成为包括银行体系在内的金融体系的重要配置内容。监管层应监控银行对债券市场的投资内容，包括投资久期、债券评级、投资集中度等，避免债券市场波动成为影响银行信贷决策的重要方面。

二、基于流动性冲击角度的分析

债券市场违约的集中爆发或冲击市场的流动性引发了流动性风险。一方面，信用违约的集中爆发将导致资产被集中抛售。信用违约风险的频繁爆发会触发投资者对低等级债券的担忧，造成低评级债券被集中抛售，对应的债券收益率快速上行，加速持有此类债券的金融产品的净值下跌，从而增大其赎回压力。而金融产品赎回压力的增大又会进一步导致资产的集中抛售，从而导致整个资本市场资产价格的下跌，形成"价格下跌—净值下降—抛售增加—价格进一步下跌"的负向反馈机制。另一方面，债券违约的集中爆发会引发货币市场流动性分层现象的出现。债券违约的集中爆发导致市场对中小金融机构的信用状况产生担忧，导致部分资质较差的中小金融机构资金融资难度增大，流动性分层现象明显。2019 年 5 月 24 日，中国人民银行和银保监会联合发布公告对包商银行股份有限公司实行接管，释放出了打破同业刚兑的信号。包商银行股份有限公司被接管引发了市场对同业信用风险的担忧，对市场流动性造成了一定的冲击。在接管公告发布后的首个交易日，同业存单发行遇冷，商业银行融出资金谨慎，金融机构资金需求堆积，银行间市场资金利率大幅上行，部分中小非银机构资金融入困难（见图 5–23）。

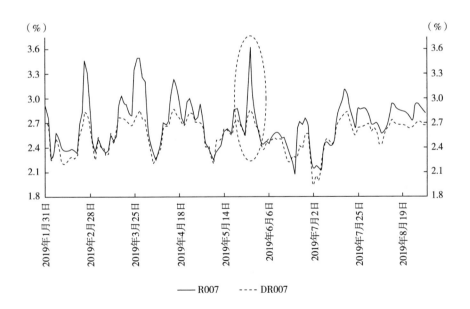

图 5–23　包商银行股份有限公司被监管后资金利率快速上行

资料来源：Wind 数据库。

防范化解包括债券市场在内的整个金融体系的流动性风险是央行宏观审慎监管的重要职能。2020 年 3 月，在全球金融体系剧烈波动、市场出现美元荒的情况下，美联储创设多项货币政策工具向金融体系注入流动性，就是为了化解金融体系出现的流动性危机。目前，央行关于流动性风险的宏观审慎监管职能仍主要针对银行体系，但随着债券市场重要性、影响力的提升，有必要将债券市场流动性风险也纳入关注视野之内。当债券市场出现流动性风险，且流动性风险向金融体系其他领域蔓延时，央行应及时、果断采取措施，通过向金融体系注入流动性、预期管理等方式平抑金融体系中的流动性冲击。

三、基于预期冲击角度的分析

信用债违约的集中爆发降低了市场的风险偏好，进一步加剧了企业融资结构性恶化问题的出现。信用债违约增多显著降低了市场风险偏好，体现在两方面：一方面，债券违约的集中爆发会导致投资者对风险资产的配置需求减少，体现在债券市场上则为一级市场走弱，推迟和取消发行的债券增多，低评级主体和民营主体发债规模大幅下降。另一方面，债券违约的集中爆发推高了投资者对风险补偿的要求，体现在债券市场上则为信用债的发行利率相较于利率债走高，低评级主体和民营主体的发债成本显著上升。因此，债券违约的集中爆发易形成"债券违约—市场风险偏好下降—弱资质主体融资难度增大—债券违约进一步增加"的负向反馈机制以及相对应的悲观预期。

资本市场一旦出现一致性悲观预期，可能会导致金融市场出现剧烈波动，进而引发金融风险。2020 年 3 月，新冠肺炎疫情在美国、欧洲等全球主要经济体快速蔓延，资本市场形成了疫情给经济形势、企业利润带来负面冲击的一致性预期，由于一致性预期的存在，股票市场上抛盘和接盘严重失衡，甚至仅剩抛盘而没有接盘，股票价格出现跳跃式下跌，导致美国股票市场大幅、快速下跌，数次触发熔断。相比之下，2008 年国际金融危机期间，在雷曼兄弟破产之前，金融市场上一直存在次贷危机是否会演变为大型金融危机的非一致性预期（因为就规模而言，次贷市场仅是美国金融市场的一小部分），因此，股票市场虽然整体呈下行走势，但下行过程较为连续，并未出现像 2020 年一样的跳跃式下跌。虽然 2020 年 3 月美国股市数次熔断，俄罗斯和沙特阿拉伯开打价格战导致石油价格大幅下跌，全球金融体系出现美元荒等情况，但从整体来看，新冠肺炎疫情暴发导致全球经济下行的一致性预期仍是最主要原因。当然，在新冠肺炎疫情暴发导致全球经济下行的一致性预期致使美股数次熔断的同时，给债券市场也带来了重大影响。例如，美银美国 BBB 级企业债期权调整利差在短短 15 天内上行约 300BP（见图 5-24）。虽然企业债利差峰值仍不及 2008 年国际金融危机的峰值数据，但在一致性预期的影响下，企业债利差上行速度大幅超过 2008 年国际金融危机期间的上行速度。

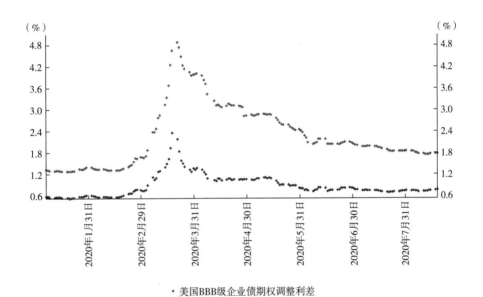

图 5-24　新冠肺炎疫情影响下的美国债券市场利差变动情况

资料来源：Wind 数据库。

债券市场违约风险对系统性金融风险的其他传导渠道，如货币政策、信用传导、流动性冲击，实际上都和预期传导有着密切联系。因此，及时切断"债券违约—市场风险偏好下降—弱资质主体融资难度增大—债券违约进一步增加"等一致性悲观预期，可以有效缓解债券市场违约风险对系统性金融风险的其他传导渠道的影响效率，进而扭转债券市场违约风险向系统性金融风险的扩散。包括中国人民银行、银保监会等在内的监管机构应充分利用各种政策工具，及时引导市场预期运行在合理轨道上。

第六节 防范化解债券市场违约风险的对策建议

一、关于宏观经济政策的对策建议

货币政策更加灵活适度，依靠市场化力量推动实体经济融资成本下行。根据文献总结和海外市场经验，从短期来看，债券市场违约风险主要和市场流动性相关；从长期来看，债券违约风险和企业经营效益密切相关。实施较为宽松的货币政策，一方面可以提升债券市场流动性水平，提高债券发行主体融资便利性；另一方面可以"放水养鱼"，通过营造良好的宏观经济环境，改善企业经营效益。

2020年7月末，中共中央政治局召开的分析年中经济形势的会议要求，"要保持货币供应量和社会融资规模合理增长，推动综合融资成本明显下降"。至8月中旬，10年期国债收益率已基本处于疫情暴发前水平，债券市场融资价格（如5年期AAA级中期票据收益率）则明显高于疫情暴发前融资价格，债券市场上的融资成本已高于疫情暴发前水平。同时，疫情暴发以来，央行已经引导1年期LPR利率累计下行30BP，5年期LPR利率累计下行15BP，以LPR为重要定价基准的银行信贷价格出现下行。以信贷资金价格衡量，企业融资成本有明显下降；但以债券市场收益率衡量，企业融资成本不升反降。信贷资金价格走势和债券收益率走势背离，反映出了两者背后驱动因素的不同。信贷资金价格与银行监管政策和宏观审慎政策等有着更密切的联系，而债券市场收益率的市场化程度更高，这表明信贷资金价格下行在相当程度上是监管驱动的，也就是银行让利。显然，依靠银行让利降低企业融资成本是不可持续的，也违背了市场经济的运行规律。应择机进一步实施降准降息，调降央行在货币市场的资金投放价格，提高金融体系流动性充裕水平，依靠市场化力量推动实体经济融资成本下行。

提升金融领域改革开放水平，减少央行货币政策制约。纵观近年来的金融政策，对宏观杠杆率的担忧、对宽松货币政策驱使人民币汇率贬值和消耗外汇储备的担忧，以及对以房地产市场为代表的资产泡沫的担忧，在很大程度上给央行货币政策、银行监管政策等造成了限制，也限制了货币政策对实体经济的提振能力，降低了货币政策和财政政策的协调效力。相比之下，宏观杠杆率、房地产市场资产泡沫、美元汇率给美联储货币政策的制约显著小于中国，在新冠肺炎疫情大规模暴发后，美联储迅速将货币市场操作利率调降至0.25%的历史性低位，并且实施了多个非常规的货币政策操作。虽然中国央行的货币政策称得上稳健适度，但这实际上也是中国央行货币政策受限较多、灵活性不足的结果。

加大金融领域改革开放水平，提升国内资本市场和国际资本市场的融合程度，有助于解决宏观杠杆率、房地产市场资产泡沫等对央行货币政策的制约。宏观杠杆率、房地产市场资产泡沫均和国内货币多发但可投资领域较少有关，背后则是国内资本市场发育程度较低、国内资本市场和国际资本市场隔离等因素。提升国内资本市场和国际资本市场的融合程度，可以增加国内人民币资产的投资出路，使人民币不再局限于房地产、企业债务等少数投资渠道，进而从根本上解决宏观杠杆率偏高、资产泡沫等问题。应积极推动资本市场双向开放，逐步减少对资本账户项目下资金流动的约束，通过资本账户项目向外大量输送人民币，同时，积极发展和培育国内资本市场，为海外人民币提供进出顺畅的投融资渠道。

二、关于金融监管层的对策建议

强化债券信息披露。信息披露的问题主要有信息披露真实性和准确性存疑或信息披露存在明显的时滞。信息披露的真实性和准确性存疑会导致投资者无法准确获取发行主体的有效信息并据此做出投资决策，信息披露存在明显时滞则会增大投资者损失。对此，监管层应建立并完善以风险和问题为导向的信息披露制度，保证发行人能够及时披露债券存续期内发生的可能影响其偿债能力或债券价格的重大事项，强化信息披露的监督和违规处罚机制，增强信息披露的针对性和风险揭示作用。

强化主体责任，加大违法违规惩处力度。我国金融体系长期存在着监督不足、违法违规成本低、出现纠纷时缺乏有效的司法救济途径等问题。构建符合债券市场发展规律的债券纠纷司法救济制度，加强债券市场司法保障，明确债券违约纠纷、欺诈发行、虚假陈述以及发行人破产等债券违约相关事项的处置方式，强化主体责任，加大各责任方违法违规的惩处力度，能够切实保护投资者的合法权益。

建立健全多元的债券违约处置机制。当前的债券违约处置有自主协商和司法途径两个办法，存在处置流程不清晰、效率低下、受政府介入程度影响大等问题，随着违约事件的增加，建立健全多元的债券违约处置机制，提升债券违约处置的市场化程度，能够有效减小投资人损失，提升违约债处置效率。一是要畅通违约债的司法救济途径；二是探索合适的违约债券定价机制，以促进违约债的交易流转，引入资产管理公司等多类机构参与违约债市场；三是要积极推进信用衍生品创新，持续优化和完善信用衍生品设计，明晰信用事件的触发情形与后续处理流程，鼓励机构参与信用衍生工具的创设及投资。

密切监控债券市场波动对系统性金融风险的传导渠道。监控银行对债券市场的投资暴露，包括投资久期、债券评级、投资集中度等，避免债券市场波动成为影响银行信贷决策的重要因素。将债券市场流动性风险纳入央行宏观审慎监管视野之内，当债券市场出现流动性风险，且流动性风险向金融体系其他领域蔓延时，央行应及时、果断采取措施，通过向金融体系注入流动性、预期管理等方式平抑金融体系中的流动性冲击；充分利用各种政策工具，及时引导市场预期运行在合理轨道上。

三、关于债券市场参与者的对策建议

关于投资者。当前我国债券市场违约日趋常态化，投资者应主动强化自身的风险识别和风险处置能力，建立完善的投资体系，减少债券违约带来的投资损失。一是在投资标的的选择上，加强主体研判，了解投资标的的风险收益状况，并选择与自身风险承受能力相匹配的投资标的；二是在持有期强化风险预警机制，实时跟踪投资标的的信用风险变化情况；三是合理运用信用风险缓释工具，减小违约风险，降低违约损失；四是熟悉违约债的主要处置方式，强化违约债处置能力，减小违约事后损失。

关于发行人。债券发行人负有按期还本付息、履行信息披露义务、不侵害债权人利益的责任。发行人应正确认识自身权利和义务，正确认识违法违约成本，切实履行自身责任，避免债券欺诈发行、虚假陈述、侵占公司财产、损害投资人利益以及逃废债等问题的发生。另外，近年来，信用债大规模违约除了受宏观经济下行和融资环境收紧的影响外，还与企业自身负债结构不合理、短债长投、对外部融资的依存度高有关，发行人需合理化负债结构和规模，丰富融资渠道，以降低违约风险。

关于中介机构。债券市场的中介机构包括债券承销机构、增信机构、会计师事务所、律师事务所、信用评级机构、资产评估机构等。债券市场中介机构应明确自身义务和应负责任范围，提升自身专业能力，强化自身内部控制，在自身工作范围和专业领域内做到勤勉尽责，公正履行自身职责；避免出现故意或者过失而导致其制作、出具的信息披露文件存在虚假记载、误导性陈述或者重大遗漏的问题，影响投资人对发行人的偿债能力做出合理判断。

参考文献

[1] Abarbanell J. S. , "Do Analysts' Earnings Forecasts Incorporate Information in Prior Stock Price Changes", *Journal of Accounting and Economics*, Vol. 14, No. 2, 1991, pp. 147-165.

[2] Allen F. , Gale D. , "Bubbles and Crises", *Economic Journal*, Vol. 110, No. 460, 2000, pp. 236-255.

[3] Backus D. , Foresi S. , Mozumdar A. , Wu L. R. , "Predictable Changes in Yields and Forward Rates", *Journal of Financial Economics*, Vol. 59, No. 3, 2001, pp. 281-311.

[4] Baker M. , Jeffrey W. , "Investor Sentiment and the Cross Section of Stock Return", *Journal of Finance*, Vol. 61, No. 4, 2006, pp. 1645-1680.

[5] Balduzzi P. , Bertola G. , Foresi S. , "A Model of Target Changes and the Term Structure of Interest Rates", *Journal of Monetary Economics*, Vol. 39, No. 2, 1997, pp. 23-24.

[6] Bansal N. , Connolly R. A. , Stivers C. , "The Stock-Bond Return Relation, the Term Structure's Slope, and Asset-Class Risk Dynamics", *Journal of Financial and Quantitative Analysis*, Vol. 49, No. 3, 2014, pp. 699-724.

[7] Berkaert G. , Hodrick R. , Marshal D. , "On Biases in the Tests of the Expecta-

tions Hypothesis of the Term Structure of Interest Rates", *Journal of Financial Economics*, Vol. 44, No. 3, 1997, pp. 309-348.

[8] Bird R., Daniel F. S., Yeung C. D., "Market Uncertainty, Market Sentiment and the Post-Earnings Announcement Drift", *Review of Quantitative Finance and Accounting*, Vol. 43, No. 1, 2014, pp. 45-73.

[9] Bottazzi G., Dindo P., "Evolution and Market Behavior with Endogenous Investment Rules", *Journal of Economic Dynamics and Control*, Vol. 48, No. C, 2014, pp. 121-146.

[10] Bradley D. J., JordanB. D., RitterJ. R., "Analyst Behavior Following IPOs: the Bubble Period Evidence", *Review of Financial Studies*, Vol. 21, No. 1, 2008, pp. 101-133.

[11] Bradshaw M. T., Brown L. D., Huang K., "Do Sell-Side Analysts Exhibit Differential Target Price Forecasting Ability", *Review Accounting Studies*, Vol. 18, No. 4, 2013, pp. 930-955.

[12] Breaban A., Noussair C. N., "Emotional State and Market Behavior", *Cent ER Discussion Paper Series*, 2013.

[13] Brennan M. J., Subrahmanyam A., "Investment Analysis and Price Formation in Securities Markets", *Journal of Financial Economics*, Vol. 38, No. 3, 1995, pp. 361-381.

[14] Brown L. D., Call A. C., Clement M. B., Sharp N. Y., "Inside the 'Black Box' of Sell-Side Financial Analysts", *Journal of Accounting Research*, Vol. 53, No. 1, 2015, pp. 1-47.

[15] Brown L. D., Hagerman R. L., Griffin P. A., "Security Analysts Superiority Relative to Univariate Time-series Models in Forecasting Quarterly Earnings", *Journal of Accounting and Economics*, Vol. 87, No. 9, 1987, pp. 61-87.

[16] Brown L. D., Hugon A., "Team Eamings Forecasting", *Review of Accounting*

Studies, Vol. 14, No. 4, 2009, pp. 587–607.

[17] Caballero R. J., Farhi E., Pierre–Olivier G., "Financial Crash, Commodity Prices, and Global Imbalances", *Brookings Papers on Economic Activity*, No. 2, 2008, pp. 1–55.

[18] Caballero R. J., Krishnamurthy A., "Bubbles and Capital Flow Volatility: Causes and Risk Management", *Journal of Monetary Economics*, Vol. 53, No. 1, 2006, pp. 35–53.

[19] Call A. C., "Analysts' Cash Flow Forecasts and the Predictive Ability and Pricing of Operating Cash", *Working Paper*, 2008.

[20] Call A., Chen S., Tong Y., "Are Analysts' Earnings Forecasts More Accurate When Accompanied by Cash Flow Forecasts?", *Review of Accounting Studies*, Vol. 14, No. 2, 2009, pp. 358–391.

[21] Calomiris C. W., Joseph R. M., "Fundamentals, Panics, and Bank Distress during the Depression", *American Economic Review*, Vol. 93, 2003, pp. 1615–1647.

[22] Campbell J. R., Evans C. L., Fisher J. D. M., JustinianoA., "Macroeconomic Effects of Federal Reserve Forward Guidance", *Brookings Papers on Economic Activity*, Vol. 43, No. 1, 2012, pp. 1–80.

[23] Campbell J., "A Dense of Traditional Hypothesis about the Term–Structure of Interest Rates", *Journal of Finance*, Vol. 41, No. 1, 1986, pp. 183–193.

[24] Chiang T. C., Li J. D., Yang S. Y., "Dynamic Stock–Bond Return Correlations and Financial Market Uncertainty", *Review of Quantitative Finance and Accounting*, Vol. 45, No. 1, 2015, pp. 59–88.

[25] Chih–Chiang W., Zih–Ying L., "An Economic Evaluation of Stock–Bond Return Comovements with Copula–based GARCH Models", *Quantitative Finance*, Vol. 7, 2014, pp. 1283–1296.

[26] Choi N., Skiba H., "Institutional Herding in International Markets", *Journal*

of Banking and Finance, Vol. 55, 2015, pp. 246-259.

［27］ DeBondt M. , Bange M. , "Inflation Forecast Errors and Time-Variation in the Term Premia", *Journal of Financial and Quantitative Analysis*, Vol. 27, No. 4, 1992, pp. 358-373.

［28］ Degeorge F. , Derrien F. , Kecskes A. , Michenaud S. , "Do Analysts' Preferences Affect Corporate Policies?", *Swiss Finance Institute Research Paper*, No. 13 - 22, 2013, pp. 1-45.

［29］ Faccio M. , Lang L. H. P. , Young L. , "Dividends and Expropriation", *American Economic Review*, Vol. 91, No. 1, 2001, pp. 54-78.

［30］ Faugère C. , Shawky H. A. , "Volatility and Institutional Investor Holdings in a Declining Market: A Study of Nasdaq during the Year 2000", *Journal of Applied Finance*, No. 2, 2003, pp. 32-42.

［31］ Femia K. , Friedman S. , Sack B. P. , "The Effects of Policy Guidance on Perceptions of the Fed's Reaction Function", *FRB of New York Staff Report*, 2013.

［32］ Filardo A. , Hofmann B. , "Forward Guidance at the Zero Lower Bound", *BIS Quarterly Review*, 2014.

［33］ Friedman M. , Schwartz A. J. *A Monetary History of the United States*, Princeton, NJ: Princeton University Press, 1963.

［34］ Friewald N. , Jankowitsch R. , Subrahmanyam M. G. , "Illiquidity or Credit Deterioration: A Study of Liquidity in the US Corporate Bond Market during Financial Crises", *Journal of Financial Economics*, Vol. 105, No. 1, 2012, pp. 18-36.

［35］ Giesecke K. , Longstaff F. A. , Schaefer S. , Strebulaev I. A. , "Macroeconomic Effects of Corporate Default Crisis: A Long-Term Perspective", *Journal of Financial Economics*, Vol. 111, No. 2, 2014, pp. 297-310.

［36］ Giesecke K. , Longstaff F. A. , Schaefer S. , Strebulaev I. A. , "Corporate Bond Default Risk: A 150-Year Perspective", *Journal of Financial Economics*, Vol. 102,

No. 2, pp. 233-250.

[37] Gorton G. B. , Ordonez G. , "Collateral Crises", *American Economic Review*, Vol. 104, No. 2, 2014, pp. 343-378.

[38] Gregoire J. , Marcet F. , "Analysts' Target Price Accuracy and Investors' Reaction: Chilean Stock Market Evidence", *Revista Mexicana de Economics Financial*, Vol. 9, No. 2, 2014, pp. 153-173.

[39] Hong K. , Kubie J. , "Analyzing the Analysts: Career Concerns and Biased Earning Forecasts", *Journal of Finance*, Vol. 18, No. 1, 2003, pp. 313-351.

[40] Hribar P. , McInnis J. , "Investor Sentiment and Analysts' Earnings Forecast Errors", *Management Science*, Vol. 58, No. 2, 2012, pp. 293-307.

[41] IvashinaV. , Scharfstein D. , "Bank Lending during the Financial Crisis of 2008", *Journal of Financial Economics*, Vol. 97, No. 3, 2010, pp. 319-338.

[42] Jackson A. R. , "Trade Generation, Reputation and Sell-Side Analysts", *Journal of Finance*, Vol. 60, No. 2, 2005, pp. 673-717.

[43] Jegadeesh N. , Kim J. , "Do Analysts Herd? An Analysis of Recommendations and Market Reactions", *The Reviews of Financial Studies*, Vol. 23, No. 2, 2010, pp. 901-937.

[44] Jegadeesh N. , Kim J. , Krische S. D. , Lee C. M. C. , "Analyzing the Analysts: When Do Recommendations Add Value?", *Journal of Finance*, Vol. 59, No. 3, 2004, pp. 1083-1124.

[45] Jensen M. C. , Meckling W. H. , "Theory of the Firm: Managerial Behavior, Agency Costs, and Ownership Structure", *Journal of Financial Economic*, Vol. 3, No. 4, 1976, pp. 305-360.

[46] He J. , Ng L. K. , Wang Q. H. , "Quarterly Trading Patterns of Financial Institutions", *Journal of Business*, Vol. 77, No. 3, 2004, pp. 493-509.

[47] Jiraporn P. , Kim J. C. , Kim Y. S. , "Dividend Payouts and Corporate Gov-

ernance Quality: An Empirical Investigation", *The Financial Review*, Vol. 46, No. 2, 2011, pp. 251-279.

[48] John K., Knyazeva A., "Payout Policy, Agency Conflicts, and Corporate Governance", *SSRN Electronic Journal*, Vol. 9, No. 9, 2006, pp. 1156-1160.

[49] Kelly B., Ljungqvist A., "Testing Asymmetric-Information Asset Pricing Models", *Review of Financial Studies*, Vol. 25, No. 5, 2012, pp. 1366-1413.

[50] Lee W. J., Jiang C. X., Indro D. C., "Stock Market Volatility, Excess Returns, and the Role of Investor Sentiment", *Journal of Banking and Finance*, Vol. 26, No. 12, 2002, pp. 2277-2299.

[51] Lehavy R., Li F., Merkley K., "The Effect of Annual Report Readability on Analyst Following and the Properties of Their Earnings Forecasts", *Accounting Review*, Vol. 86, No. 3, 2011, pp. 1087-1115.

[52] Lin H. W., McNichols M. F., "Underwriting Relationships, Analysts' Earning Forecasts and Investment Recommendations", *Journal of Accounting and Economics*, Vol. 25, No. 1, 1998, pp. 101-127.

[53] Ludvigson S., Ng S., "Macro Factor in Bond Risk Premia", *The Review of Financial Studies*, Vol. 22, No. 12, 2009, pp. 5027-5067.

[54] Mclnnis J., Collins D. W., "The Effect of Cash Flow Forecasts on Accrual Quality and Benchmark Beating", *Journal of Accounting and Economics*, Vol. 51, No. 3, 2011, pp. 219-239.

[55] Merkley K., Michaely R., Pacelli J. M., "Does the Scope of Sell-Side Analyst Industry Matter? An Examination of Bias, Accuracy and Information Content of Analyst Reports", *Working Paper*, 2015.

[56] Merton R. C., "On the Pricing of Corporate Debt: The Risk Structure of Interest Rates", *Journal of Finance*, Vol. 29, No. 2, 1974, pp. 449-470.

[57] Metcalf G. E., Malkiel B. G., "The Wall Street Journal Contests: The Ex-

371

perts, the Darts, and the Efficient Market Hypothesis", *Applied Financial Economics*, Vol. 4, No. 5, 1994, pp. 371-374.

[58] Mitchell M., Pulvino T., "Arbitrage Crashes and the Speed of Capital", *Journal of Financial Economics*, Vol. 104, No. 3, 2012, pp. 469-490.

[59] Mola S., Guidolin M., "Affiliated Mutual Funds and Analyst Optimism", *Journal of Financial Economics*, Vol. 93, No. 1, 2009, pp. 108-137.

[60] Neely C. J., "The Large Scale Assets Purchases had Large International Effects", *Federak Reserve Bank of St. LouisWorking paper*, 2011.

[61] Porta R. L., Lopez-de-Silanes F., Shleifer A., Vishny R., "Investor Protection and Corporate Governance", *Journal of Financial Economics*, Vol. 58, 2000, pp. 3-27.

[62] Rankin E., Idil M. S., "A Century of Stock-Bond Correlations", *RBA Bulletin*, 2014, pp. 67-74.

[63] Shleifer A., Vishny R., "Fire Sales in Finance and Macroeconomics", *Journal of Economic Perspectives*, Vol. 25, No. 1, 2011, pp. 29-48.

[64] Stickel S. E., "Reputation and Performance among Security Analyst", *Journal of Finance*, Vol. 47, No. 5, 1992, pp. 1811-1836.

[65] Swanson E. T., "Let's Twist Again: A High-Frequency Event-Study Anaysis of Operation Twist and its Implications for QE2", *Federal Reserve Bank of San Francisco-Working Paper*, 2011.

[66] Theocharides G., "Contagion: Evidence from the Bond Market", *Cyprus International Institute of ManagementWorking Paper*, 2007.

[67] Timmer Y., "Emerging Market Corporate Bond Yields and Monetary Policy", *Emerging Markets Review*, Vol. 36, 2018, pp. 130-143.

[68] Trivedi J., "Modeling Volatility and Financial Market Behavior Using Symmetric and Asymmetric Models: The Case Study of Athex Stock Exchange", *International Jour-*

nal of Business Quantitative Economics and Applied Management Research, Vol. 1, No. 2, 2014, pp. 72-87.

[69] Trueman B., "Analyst Forecasts and Herding Behavior", *Review of Financial Studies*, Vol. 7, No. 1, 1994, pp. 97-124.

[70] Valenzuela P., "Rollover Risk and Credit Spreads: Evidence from International Corporate Bonds", *Review of Finance*, Vol. 20, No. 2, 2016, pp. 631-661.

[71] Xue Z., Wang C., "Information Competition or Supplement: Securities Analyst Role Play-based on An Empirical Analysis of The Securities Market in Our Country", *Journal of Financial Research*, No. 11, 2011, pp. 167-182.

[72] Yao J., Ma C. C., He W. P., "Investor Herding Behaviour of Chinese Stock Market", *International Review of Economics and Finance*, Vol. 29, 2014, pp. 12-29.

[73] 巴曙松:《债券市场快速发展更需关注市场风险管理体系建设》,《经济》2011 年第 6 期。

[74] 蔡庆丰、杨侃、林剑波:《羊群行为的叠加及其市场影响——基于证券分析师与机构投资者行为的实证研究》,《中国工业经济》2011 年第 12 期。

[75] 曹萍:《交易所债券回购市场发展状况与风险防范》,《农村金融研究》2012 年第 12 期。

[76] 陈洪涛、黄国良:《中国上市公司股权结构与现金股利政策的实证研究》,《统计与决策》2005 年第 20 期。

[77] 陈鹏程、周孝华:《机构投资者私人信息、散户投资者情绪与 IPO 首日回报率》,《中国管理科学》2016 年第 4 期。

[78] 陈晓莉、孟艳:《香港人民币债券市场:发展特征、存在风险及防范对策》,《财政研究》2014 年第 6 期。

[79] 陈信元、陈冬华、时旭:《公司治理与现金股利:基于佛山照明的案例研究》,《管理世界》2003 年第 8 期。

[80] 陈秀梅:《我国债券市场信用风险管理的现状及对策建议》,《宏观经济

研究》2012 年第 2 期。

[81] 陈云玲：《半强制分红政策的实施效果研究》，《金融研究》2014 年第 8 期。

[82] 董大勇、张尉、赖晓东、刘海斌：《谁领先发布：中国证券分析师领先—跟随影响因素的实证研究》，《南开管理评论》2012 年第 5 期。

[83] 范龙振、张处：《中国债券市场债券风险溢酬的宏观因素影响分析》，《管理科学学报》2009 年第 6 期。

[84] 冯光华：《公司信用类债券市场创新发展与信用风险防范》，《金融市场研究》2014 年第 7 期。

[85] 龚玉婷、陈强、郑旭：《谁真正影响了股票和债券市场的相关性？——基于混频 Copula 模型的视角》，《经济学（季刊）》2016 年第 3 期。

[86] 管总平、黄文锋：《证券分析师特征、利益冲突与盈余预测准确性》，《中国会计评论》2012 年第 4 期。

[87] 郭栋：《美国国债利率对中国债市宏观基金面冲击及两国利率联动时变效应研究——基于 GVAR 和 VAR 模型的实证分析》，《国际金融研究》2019 年第 4 期。

[88] 郭杰、洪洁瑛：《中国证券分析师的盈余预测行为有效性研究》，《经济研究》2009 年第 11 期。

[89] 郭文伟：《股市泡沫与债市泡沫之关系：此消彼长抑或相互促进？——兼论货币政策及资本市场改革措施的影响》，《中央财经大学学报》2018 年第 7 期。

[90] 何贤杰、肖土盛、朱红军：《所有权性质、治理环境与企业社会责任信息披露的经济后果：基于分析师盈利预测的研究视角》，《中国会计与财务研究》2013 年第 2 期。

[91] 侯青川、靳庆鲁、苏玲、于潇潇：《放松卖空管制与大股东"掏空"》，《经济学（季刊）》2017 年第 3 期。

[92] 侯县平、黄登仕、张虎、徐凯：《交易所与银行间债券市场动态风险及

差异性》，《金融经济学研究》2013 年第 5 期。

［93］胡秋灵、马丽：《我国股票市场和债券市场波动溢出效应分析》，《金融研究》2011 年第 11 期。

［94］黄瑜琴、李莉、陶利斌：《机构投资者报价行为、承销商定价策略与 IPO 市场表现研究》，《金融研究》2013 年第 7 期。

［95］纪志宏、曹媛媛：《信用风险溢价还是市场流动性溢价：基于中国信用债定价的实证研究》，《金融研究》2017 年第 2 期。

［96］贾琬娇、洪剑峭、徐媛媛：《我国证券分析师实地调研有价值吗？——基于盈余预测准确性的一项实证研究》，《投资研究》2015 年第 4 期。

［97］姜姝：《利益冲突对分析师盈利预测的影响化》，《科学技术与工程》2010 年第 33 期。

［98］李常青、魏志华、吴世农：《半强制分红政策的市场反应研究》，《经济研究》2010 年第 3 期。

［99］李广川、邱菀华、刘善存：《投资者结构与股价波动：基于过度自信和注意力分配的理论分析》，《南方经济》2009 年第 4 期。

［100］李扬：《中国债券市场 2015》，社会科学文献出版社 2015 年版。

［101］李永、王亚琳、邓伟伟：《投资者情绪、异质性与公司债券信用利差》，《财贸研究》2018 年第 3 期。

［102］李志辉、王颖：《中国金融市场间风险传染效应分析——基于 VEC 模型分析的视角》，《现代财经（天津财经大学学报）》2012 年第 7 期。

［103］李竹薇：《中国证券投资者结构和行为实证研究》，东北财经大学博士学位论文，2011 年。

［104］廖珂、崔宸瑜、谢德仁：《控股股东股权质押与上市公司股利政策选择》，《金融研究》2018 年第 4 期。

［105］廖明情：《买方分析师与卖方分析师的预测行为差异及其经济后果研究》，中国经济出版社 2015 年版。

［106］刘峰、贺建刚：《股权结构与大股东利益实现方式的选择——中国资本市场利益输送的初步研究》，《中国会计评论》2004 年第 1 期。

［107］刘淑莲、胡燕鸿：《中国上市公司现金分红实证分析》，《会计研究》2003 年第 4 期。

［108］刘翔峰：《中国债券市场风险分析及对策》，《中国经贸导刊》2015 年第 36 期。

［109］刘银国、焦健：《股利政策、自由现金流与过度投资——基于公司治理机制的考察》，《创新世界周刊》2018 年第 5 期。

［110］罗琦、李辉：《企业生命周期、股利决策与投资效率》，《经济评论》2015 年第 2 期。

［111］吕长江：《现金股利与股票股利的比较分析》，《经济管理》2002 年第 8 期。

［112］祁斌、黄明、陈卓思：《机构投资者与股市波动性》，《金融研究》2006 年第 9 期。

［113］乔涵：《金融风险内部传染效应分析——基于中国债券市场、股票市场、外汇市场的传染机制》，《金融经济》2013 年第 16 期。

［114］沈炳熙、曹媛媛：《中国债券市场：30 年改革与发展（第 2 版）》，北京大学出版社 2014 年版。

［115］宋冬林、毕子男、沈正阳：《机构投资者与市场波动性关系的研究——基于中国 A 股市场的实证分析》，《经济科学》2007 年第 3 期。

［116］宋福铁、屈文洲：《基于企业生命周期理论的现金股利分配实证研究》，《中国工业经济》2010 年第 2 期。

［117］宋玉、李卓：《最终控制人特征与上市公司现金股利政策》，《审计与经济研究》2007 年第 5 期。

［118］苏大伟、朱婷、王望：《债券市场、利率波动及风险成因探究》，《首都经济贸易大学学报》2007 年第 5 期。

［119］孙国峰：《信用货币制度下的货币创造和银行运行》，《经济研究》2001年第2期。

［120］孙玲：《美国机构投资者发展的实证研究》，湖北人民出版社 2011年版。

［121］唐建新、蔡立辉：《中国上市公司股利政策成因的实证研究》，《经济管理》2002年第20期。

［122］王斌会、郑辉、陈金飞：《中国股市、汇市和债市间溢出效应的实证研究》，《暨南学报（哲学社会科学版）》2010年第4期。

［123］王博森、吕元稹、叶永新：《政府隐性担保风险定价：基于我国债券交易市场的探讨》，《经济研究》2016年第10期。

［124］王春峰、李晔、房振明：《中国银行间债券市场回购交易动态行为研究——基于已实现跳跃风险的分析》，《管理学报》2010年第7期。

［125］王帆、倪娟：《融资约束、财务柔性与股利政策选择》，《经济学家》2016年第4期。

［126］王化成、李春玲、卢闯：《控股股东对上市公司现金股利政策影响的实证研究》，《管理世界》2007年第1期。

［127］王璐：《股市和债市波动溢出马尔科夫体制转换特征的数量研究》，《经济数学》2013年第2期。

［128］王雄元、高开娟：《客户集中度与公司债二级市场信用利差》，《金融研究》2017年第1期。

［129］王叙果、崔沁馨、沈红波：《GDP 挂钩债券与地方政府债务风险防范》，《财政研究》2014年第6期。

［130］王茵田、文志瑛：《股票市场和债券市场的流动性溢出效应研究》，《金融研究》2010年第3期。

［131］王宇熹、肖峻、陈伟忠：《我国证券分析师荐股绩效量化统计评估方法研究——以〈新财富〉杂志最佳分析师为例》，《统计与决策》2007年第3期。

［132］魏刚、蒋义宏：《中国上市公司股利分配问卷调查报告》，《经济科学》2001 年第 4 期。

［133］魏刚：《非对称信息下的股利政策》，《经济科学》2000 年第 2 期。

［134］温彬、张友先、汪川：《我国债券市场分割问题研究》，《宏观经济研究》2010 年第 11 期。

［135］吴超鹏、张媛：《风险投资对上市公司股利政策影响的实证研究》，《金融研究》2017 年第 9 期。

［136］吴超鹏、郑方镳、杨世杰：《证券分析师的盈余预测和股票评级是否具有独立性?》，《经济学（季刊）》2013 年第 3 期。

［137］吴晓求：《中国资本市场：面临新的选择》，《经济理论与经济管理》2002 年第 7 期。

［138］吴悠悠：《散户、机构投资者宏微观情绪：互动关系与市场收益》，《会计研究》2017 年第 11 期。

［139］伍利娜、高强、彭燕：《中国上市公司"异常高派现"影响因素研究》，《经济科学》2003 年第 1 期。

［140］武晓春：《我国上市公司的股权结构与股利政策》，《经济问题》2003 年第 4 期。

［141］肖珉：《现金股利、内部现金流与投资效率》，《金融研究》2010 年第 10 期。

［142］肖作平、苏忠秦：《现金股利是"掏空"的工具还是掩饰"掏空"的面具？——来自中国上市公司的经验证据》，《管理工程学报》2012 年第 2 期。

［143］萧松华、肖志源：《声誉机制与证券分析师的利益冲突行为研巧》，《南方金融》2009 年第 12 期。

［144］徐浩峰、朱松：《机构投资者与股市泡沫的形成》，《中国管理科学》2012 年第 4 期。

［145］许年行、江轩宇、伊志宏、徐信忠：《分析师利益冲突、乐观偏差与股

价崩盘风险》，《经济研究》2012 年第 7 期。

［146］杨继生、阳建辉：《行政垄断、政治庇佑与国有企业的超额成本》，《经济研究》2015 年第 4 期。

［147］杨淑娥、王勇、白革萍：《我国股利分配政策影响因素的实证分析》，《会计研究》2000 年第 2 期。

［148］于李胜、王艳艳：《信息不确定性与盈余公告后股价漂移现象（PEAD）——来自中国上市公司的经验证据》，《管理世界》2006 年第 3 期。

［149］余明桂、夏新平、吴少凡：《公司治理研究新趋势——控股股东与小股东之间的代理问题》，《外国经济与管理》2004 年第 2 期。

［150］袁晨、傅强：《我国金融市场间投资转移和市场传染的阶段时变特征——股票与债券、黄金间关联性的实证分析》，《系统工程》2010 年第 5 期。

［151］袁振兴、杨淑娥：《现金股利政策：法律保护的结果还是法律保护的替代——来自我国上市公司的证据》，《财贸研究》2006 年第 5 期。

［152］原红旗：《中国上市公司股利政策分析》，《财经研究》2001 年第 3 期。

［153］岳跃、邢昀：《交易所债市高杠杆之忧》，《财新周刊》2015 年第 42 期。

［154］张跃文：《我国上市公司现金分红决策研究》，《证券市场导报》2012 年第 9 期。

［155］张自力：《美国垃圾债券市场违约风险监管的实践与政策改进》，《金融理论与实践》2009 年第 7 期。

［156］中国国债协会赴英国培训考察团：《英国债券市场管理与风险控制》，《中国财政》2010 年第 10 期。

［157］周晓苏、吴锡皓：《稳健性对非经常性损益价值相关性的影响研究——基于不同投资者类型的分析视角》，《管理评论》2014 年第 4 期。

［158］周学农、彭丹：《机构投资者对中国股市波动性影响的实证研究》，《系统工程》2007 年第 12 期。

［159］朱红军、何贤杰、陶林：《中国的证券分析师能够提高资本市场的效率吗——基于股价同步性和股价信息含量的经验证据》，《金融研究》2007 年第 2 期。

［160］朱伟骅：《中国投资者结构、交易策略与股票价格泡沫分析》，《价格理论与实践》2007 年第 11 期。